PAROLES DE SOLDATS

HUBERT LE ROUX
ANTOINE SABBAGH

PAROLES DE SOLDATS

LES FRANÇAIS EN GUERRE
1983-2015

TALLANDIER

2, rue Rotrou – 75006 Paris
www.tallandier.com

SOMMAIRE

Table des cartes

Liste des principaux termes et sigles figurant dans l'ouvrage

AK47	Fusil de fabrication soviétique
ALAT	Aviation légère de l'Armée de Terre
ANA	Afghan National Army
ANP	Afghan National Police
AQMI	Al-Qaida au Maghreb islamique
AWACS	Airborne warning and control system
CABAT	Cellule d'aide aux blessés de l'Armée de Terre
CB	Citizen band
CEDEAO	Communauté économique des États d'Afrique de l'Ouest
CISPAT	Cellule d'intervention et de soutien psychologique de l'Armée de Terre
CNT	Conseil national de transition
COS	Commandement des opérations spéciales
CPCO	Centre de planification et de conduite des opérations
CRAP	Commandos de recherche et d'action dans la profondeur
DLB	Division légère blindée
DRM	Direction du renseignement miltaire
EMIA	École militaire interarmes
EOR	Élèves officiers de réserve
FAMAS	Fusil d'assaut français
FINUL	Force internationale des Nations unies au Liban
FORPRONU	Force de protection des Nations unies
FRAG	Gilet pare-balles
GTIA	Groupements tactiques interarmes
HK417	Fusil d'assaut
IED	Improvised explosive device

JDO	Journal des opérations
KAIA	Kaboul International Airport
MINUAR	Mission des Nations unies pour l'assistance au Rwanda
MISCA	Mission internationale de soutien à la Centrafrique
MISMA	Mission internationale de soutien au Mali
MNLA	Mouvement pour la libération de l'Azawad
MSR	Main Superior Road
MSR	Main Supply RoadVermont
MUJAO	Mouvement pour l'unicité et le jihad en Afrique de l'Ouest
NBC	(Alerte) nucléaire bactériologique chimique
OAEA	Officiers d'active des écoles d'armes
OPEX	Opération extérieure
OPS	Opérations
PGM	Fusil de grande précision
PID	Positive identification
PKM	Mitrailleuse Kalachnikov
RAMa	Régiment d'artillerie de marine
RCP	Régiment de chasseurs parachutistes
RDP	Régiment des dragons parachutistes
RENS	Renseignement militaire
REP	Régiment étranger de parachutistes
RGP	Régiment du génie parachutiste
RHP	Régiment de hussards parachutistes
RI	Régiment d'infanterie
RIMa	Régiment d'infanterie de marine
RPIMa	Régiment de parachutistes d'infanterie de marine
RPK	Fusil mitrailleur Kalachnikov
SFOR	Stabilization Force
SIRPA	Service d'information et de relations publiques des armées
VAB	Véhicule de l'avant blindé

PRÉFACE

L'année 2014 marque l'entrée dans un long cycle de célébrations : celles du centenaire de la Première Guerre mondiale, du 70e anniversaire des débarquements en France, sans oublier le soixantième anniversaire de la bataille de Diên Biên Phu qui scella la guerre d'Indochine. Elle constitue un moment unique dans le devoir de mémoire qui honore tous ceux, femmes et hommes, soldats et chefs, qui ont « simplement » fait leur devoir au cours de ces événements tragiques de notre histoire, qui ont choisi entre le confort et l'incertitude, parfois entre l'obéissance et l'honneur.

Les cérémonies de notre fête nationale, le 14 juillet, se sont bien naturellement inscrites dans ce cadre général. Réunissant des soldats d'aujourd'hui de soixante-dix pays impliqués dans la Grande Guerre, ces combattants du monde entier, dont le défilé s'est ouvert par des poilus français, ont ainsi montré la continuité des valeurs éternelles qui les animent.

Si les conflits de ces trente dernières années, pudiquement appelés « opérations extérieures », ne peuvent se comparer en ampleur et en intensité aux conflits de la première moitié du XXe siècle, il faut pourtant être conscient que nos soldats les ont vécus avec le désagréable sentiment d'un oubli passif, à défaut d'une aversion déclarée.

C'est pourquoi, aujourd'hui, il est légitime de se demander pour quelles raisons de jeunes Français quittent le doux cocon d'une société du confort et de la sécurité pour, comme les volontaires de l'an II dont ils sont les vrais descendants, s'engager au sens propre du terme pour le service des armes de la France. Ils savent ce qu'ils risquent, ils savent qu'ils ne seront plus maîtres de leur destin. Mais surtout ils apprennent et ils acceptent les rites de la cohésion et de la fraternité d'armes qui est le ciment de la force de nos armées, en décalage absolu avec l'individualisme et le communautarisme qui rongent notre société. Quel beau pays qui dispose d'enfants si ordinaires, capables pour son service et en son nom d'actions extraordinaires, souvent dans la plus grande humilité, l'anonymat, voire l'indifférence !

Paroles de soldats s'inscrit pleinement dans cet esprit de continuité et ce devoir de mémoire qui nous relient aux engagements opérationnels actuels. Nous retrouvons dans ces pages le fluide qui irrigue les veines du soldat français d'aujourd'hui, celui pour qui « camarade » est le plus beau qualificatif, nettoyé de ses considérations partisanes ou sectaires.

Ce livre est un « coffret d'histoires inédites » qui n'a pas pour but de résumer les opérations récentes. C'est une belle œuvre de mémoire qui complète les nombreux et remarquables recueils de photographies.

Ces paroles de soldats trouvent une place tout à fait originale dans la mémoire collective et s'inscrivent dans ce devoir de reconnaissance de la nation, dans cette quête de justice et de considération de ses enfants.

Ces soldats, je les connais bien ; leur langue et leurs émotions me sont familières et je les retrouve ici avec plaisir et fierté !

Général de corps d'armée Hervé Charpentier
Gouverneur militaire de Paris
Ancien commandant des Forces terrestres (2010-2012)

« Monsieur, dit le défunt, peut-être savez-vous que je commandais un régiment de cavalerie à Eylau. J'ai été pour beaucoup dans le succès de la célèbre charge que fit Murat, et qui décida le gain de la bataille. Malheureusement pour moi, ma mort est un fait historique consigné dans les Victoires et Conquêtes, où elle est rapportée en détail. Nous fendîmes en deux les trois lignes russes, qui, s'étant aussitôt reformées, nous obligèrent à les retraverser en sens contraire. Au moment où nous revenions vers l'Empereur, après avoir dispersé les Russes, je rencontrai un gros de cavalerie ennemie. Je me précipitai sur ces entêtés-là. Deux officiers russes, deux vrais géants, m'attaquèrent à la fois. L'un d'eux m'appliqua sur la tête un coup de sabre qui fendit tout jusqu'à un bonnet de soie noire que j'avais sur la tête, et m'ouvrit profondément le crâne. Je tombai de cheval. [...] *Mon cheval avait reçu un boulet dans le flanc au moment où je fus blessé moi-même. La bête et le cavalier s'étaient donc abattus comme des capucins de cartes. En me renversant, soit à droite, soit à gauche, j'avais été sans doute couvert par le corps de mon cheval qui m'empêcha d'être écrasé par les chevaux, ou atteint par des boulets. Lorsque je revins à moi, monsieur, j'étais dans une position et dans une atmosphère dont je ne vous donnerais pas une idée en vous en entretenant jusqu'à demain. Le peu d'air que je respirais était méphitique. Je voulus me mouvoir, et ne trouvai point d'espace. En ouvrant les yeux, je ne vis rien. La rareté de l'air fut l'accident le plus menaçant, et qui m'éclaira le plus vivement sur ma position. Je compris que là où j'étais, l'air ne se renouvelait point, et que j'allais mourir. Cette pensée m'ôta le sentiment de la douleur inexprimable par laquelle j'avais été réveillé. Mes oreilles tintèrent violemment. J'entendis, ou crus entendre, je ne veux rien affirmer, des gémissements poussés par le monde de cadavres au milieu duquel je gisais. Quoique la mémoire de ces moments soit bien ténébreuse, quoique mes souvenirs soient bien confus, malgré les impressions de souffrances encore plus profondes que je devais éprouver et qui ont brouillé mes idées, il y a des nuits où je crois encore entendre ces soupirs étouffés !*

Mais il y a eu quelque chose de plus horrible que les cris, un silence que je n'ai jamais retrouvé nulle part, le vrai silence du tombeau. Enfin, en levant les mains, en tâtant les morts, je reconnus un vide entre ma tête et le fumier humain supérieur. Je pus donc mesurer l'espace qui m'avait été laissé par un hasard dont la cause m'était inconnue. Il paraît, grâce à l'insouciance ou à la précipitation avec laquelle on nous avait jetés pêle-mêle, que deux morts s'étaient croisés au-dessus de moi de manière à décrire un angle semblable à celui de deux cartes mises l'une contre l'autre par un enfant qui pose les fondements d'un château. En furetant avec promptitude, car il ne fallait pas flâner, je rencontrai fort heureusement un bras qui ne tenait à rien, le bras d'un Hercule ! Un bon os auquel je dus mon salut. Sans ce secours inespéré, je périssais ! Mais, avec une rage que vous devez concevoir, je me mis à travailler les cadavres qui me séparaient de la couche de terre sans doute jetée sur nous, je dis "nous", comme s'il y eût eu des vivants ! J'y allais ferme, monsieur, car me voici ! »

Honoré de Balzac, *Le Colonel Chabert*

INTRODUCTION

Sur l'avenue de la Grande-Armée, les voitures se sont écartées, pas les scooters qui continuent de rouler à toute vitesse vers la place de l'Étoile. Les feux sont rouges, mais les piétons impatients sont bloqués par les agents de police. Venant des Batignolles, le cortège officiel remonte vers l'Arc de triomphe. Les motards forment un V comme pour l'escorte du président de la République, mais ce n'est pas le chef de l'État qui se déplace. La garde républicaine en grand uniforme escorte un simple fourgon mortuaire, celui d'un légionnaire de trente-deux ans, l'adjudant Harold Vormezeele, tué dans l'Adrar des Ifoghas au nord-est du Mali, le 19 février 2013. Quelques passants s'inclinent devant le cortège, mais la foule de la grande ville pressée reprend bientôt son activité, sans véritablement comprendre que la scène qui se déroule est le début de l'hommage officiel de la République à l'un de ses soldats mort au combat.

Pour la majorité des Français, un demi-siècle de paix a heureusement éloigné la guerre, désormais réduite pour la plupart à une séquence télévisée venue du bout du monde. La suspension du service militaire a fait disparaître du paysage familier, des places, des trains et des gares, les groupes bruyants de conscrits fêtant la quille et la fin du régiment comme un rite de passage accompli.

Les Français en guerre

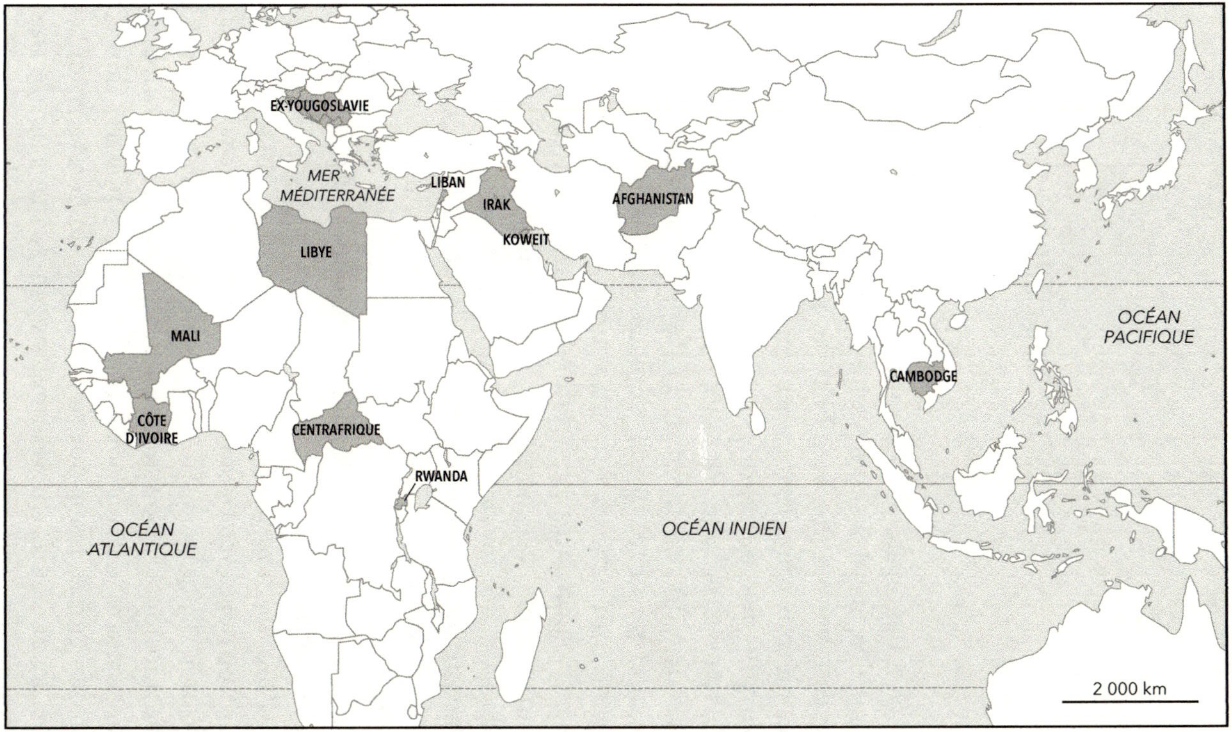

Réduite aux rondes rassurantes des patrouilles de Vigipirate, la présence des soldats est ainsi peu à peu passée au lointain arrière-plan de la vie collective. Seules les villes de garnison et les familles de militaires ont continué de vivre au rythme d'une armée de plus en plus tournée vers l'extérieur.

À intervalles réguliers pourtant, depuis dix ans, les photos choc parues dans la presse et les reportages de la télévision ont montré l'extrême brutalité des combats auxquels les soldats français participaient, au loin, sans parvenir tout à fait à rompre l'épaisseur de l'ignorance et de l'indifférence de leur vie quotidienne.

Paradoxalement, la guerre n'a jamais été aussi présente dans les imaginaires. Romans, séries, films, bandes dessinées, la guerre est partout. Sur fond de rap et de guerre urbaine pour *Call of Duty*, l'un des jeux vidéo les plus vendus en France, en costume d'époque, dans les tranchées de Verdun, le désert libyen en 1942… La guerre est bien là, mais vécue comme une épopée révolue ou une fiction, et la fascination qu'elle suscite est inversement proportionnelle à l'oubli dans lequel sont tombés les soldats.

Malgré le dynamisme visuel des campagnes de recrutement, l'image des soldats a tour à tour été recouverte par celle du GI en Irak ou en Afghanistan, du tenace poilu campé dans sa tranchée, du héros débarquant à Omaha Beach ou sautant d'hélicoptère dans la jungle vietnamienne, ou même du rude montagnard défendant, fusil de chasse à la main, son village et sa religion contre des forces étrangères. Pour l'essentiel, des images venues du passé ou de très loin.

Les références à l'armée et aux combats se résument, monuments et programmes scolaires obligent, à la Grande Guerre ou à la Seconde Guerre mondiale.

La célébration du centenaire de la guerre de 1914 a ainsi donné lieu à l'exhumation d'une foule de témoignages d'époque, dessins, carnets de poilus, correspondances de guerre, faisant entendre les voix du passé. Ces mots de soldats écrits dans l'attente, avant l'attaque, le soir, font revivre l'épopée héroïque de 14-18. La Seconde Guerre, elle, est bien davantage le temps des images, d'archives ou de fictions. Les souvenirs d'Algérie, ont pour la plupart été écrits après coup, à l'exception sans doute des *Carnets d'Algérie* d'Antoine Prost, tenus au jour le jour, dans lesquels le jeune professeur d'histoire, qui est aussi sous-lieutenant à la tête d'une section, décrit avec rigueur et détachement la montée à l'assaut, l'étonnement intime devant le corps qui s'affole, les jambes qui flageolent au milieu des tirs de mitrailleuses ennemies.

Le demi-siècle qui sépare les lettres de poilus des carnets d'Algérie est encore le temps de l'écrit familier et quotidien. Cinquante ans plus tard, à l'autre extrémité de la galaxie Gutenberg, le temps des SMS, des mails et des réseaux sociaux a transformé les récits du présent. Quelques mots, parfois des images, prises avec un portable, mais plus souvent aujourd'hui par une Go-pro attachée au casque de combat, même quand c'est interdit, filmant des images qu'on se repasse après, entre potes, et qu'on ne montrera peut-être pas à l'épouse, mais au beau-père qui a « fait » la guerre d'Algérie.

Les récits très nombreux des guerres d'aujourd'hui sont des textes élaborés de journalistes *embedded*, ou de combattants de tous grades qui écrivent leurs souvenirs une fois passée la jeunesse des combats.

La description quotidienne, banale, brutale des conditions de vie, des moments de guerre vécus par les soldats, manque souvent.

C'est précisément pour faire resurgir ces moments d'intensité particulière, venant non d'hier mais d'aujourd'hui, que nous avons eu l'idée de collecter ces paroles de soldats, pour en faire les archives vivantes de ces guerres menées par la France depuis une trentaine d'années.

Au départ, on aurait pu penser que le passé de la « Grande Muette » pesant encore lourd sur l'institution militaire, les langues ne se délieraient pas : il n'en a rien été.

L'entretien que le général Benoît Royal a bien voulu nous accorder nous a montré que l'armée avait, bon an mal an, rejoint le reste des grandes institutions, gardant pour elle, comme le ministère des Finances, celui de l'Intérieur ou celui des Affaires étrangères, les documents et les rapports les plus confidentiels, mais avait, malgré tout, fini par accepter la prise de parole et le récit public de ses militaires. Le « besoin de parole », évoqué par le général Royal, nous l'avons immédiatement vérifié.

Les rencontres se sont enchaînées le plus souvent par le biais du bouche à oreille : deux légionnaires rencontrés un 14 juillet, un plongeur qui nous avait été recommandé, un pilote de Mirage devenu une légende, une infirmière, une femme de pilote d'hélicoptère. Cela aurait pu être une enquête fleuve, un travail de plusieurs années, nous avons choisi de nous limiter à une année. Au total, une quarantaine d'entretiens avec toujours le sentiment que nous n'atteindrions ni à l'exhaustivité ni à l'objectivité. Les témoins que nous avons trouvés et choisis, parfois par le plus grand des hasards, nous ont semblé former au bout du compte un bon échantillon aléatoire des soldats engagés en opérations extérieures.

Il fallait fixer des bornes chronologiques. Nous avions pensé commencer nos entretiens avec la guerre du Golfe. Le général Charpentier, gouverneur militaire de Paris, nous a montré l'intérêt de remonter plus loin dans le temps, en 1983, au moment de l'envoi des casques bleus français au Liban. La suite s'est déroulée suivant les grandes étapes rythmant les conflits contemporains. Guerre du Golfe, Bosnie, Rwanda, Afghanistan, Libye, Mali, Centrafrique sont les seules séquences que nous avons retenues, délaissant des dizaines d'autres, au Tchad, en Côte-d'Ivoire, à Djibouti ou encore au Congo.

À mesure que nous commencions nos entretiens, nous avons réfléchi aux témoignages que nous voulions obtenir : des soldats, des sous-officiers, des officiers, des grands chefs, des hommes des forces spéciales, des légionnaires, des médecins militaires, des infirmiers, des hommes et des femmes.

Par commodité, mais aussi parce qu'ils nous semblaient à tort ou à raison incarner aujourd'hui la tradition du combat la plus ancienne, nous avons centré, mais sans exclusive, les témoignages sur ceux provenant de l'armée de Terre.

À une exception près, ces témoignages ont été donnés spontanément, parfois dans une enceinte militaire, parfois à l'extérieur. Une seule fois, un officier a demandé à écouter ses hommes : il agissait, faut-il le préciser, de sa propre initiative et nous n'avons pas retenu l'entretien.

Nous n'avons pas non plus retenu le témoignage pourtant remarquable du capitaine César, grand blessé, tétraplégique, dont l'accident en Mauritanie est survenu au cours d'un entraînement. Ni celui de Marc, chef d'engin, décrivant l'arrivée des « éléphants de fer » lors de la fulgurante opération menée au Congo en 2003.

Une seule fois également, la hiérarchie est intervenue pour demander à viser le texte d'un entretien et pour biffer le mot « tuer » qu'elle a souhaité voir remplacé par le mot « neutraliser », ce que nous avons accepté bien volontiers.

Ces exceptions mises à part, toutes les portes nous ont été largement ouvertes, nous laissant une liberté absolue.

À tous nous avons demandé s'ils acceptaient de témoigner en leur nom. Trois d'entre eux ont préféré masquer leur identité et, comme l'une des expressions les plus fréquentes qui revenaient dans nos entretiens était celle de « frères d'armes », nous avons choisi de ne faire figurer que des prénoms avec la date et le lieu d'engagement.

Nos rencontres se sont faites en face à face, quelquefois aussi à plusieurs, et ce sont ces échanges croisés que nous avons recueillis. Chaque fois, pour laisser la parole plus fluide, nous avons effacé les questions pour ne retenir que ce qui nous avait été dit.

Le résultat : une centaine d'heures d'entretiens, tous enregistrés, transcrits, soumis à nos interlocuteurs, puis compactés sans que soient changés ni les mots ni les phrases des propos tenus.

Comme tous les professionnels, les militaires ont leur jargon. Ils parlent volontiers de « personnel » pour dire un homme, de « projection sur zone », de « délivrance d'armement » et, comme tous les informaticiens ou les administratifs, se délectent de sigles innombrables et un peu abscons pour le grand public. Dans la mesure du possible et sans que le sens en soit altéré, nous en avons fait grâce au lecteur.

Sur des sujets aussi sensibles que l'épreuve du feu, nous savions évidemment que nos interlocuteurs nous diraient ce qu'ils voudraient, gardant pour eux tel ou tel fait, telle ou telle émotion. C'est la limite de l'exercice. Ce qui est dit ici des conflits, a forcément un caractère lacunaire, laissant dans l'ombre des points qui auraient mérité élucidation. Notre propos a consisté à recueillir sans jugement ce qui nous était dit pour faire surgir dans la quotidienneté de l'expression les différentes facettes de l'expérience au combat.

Chacun de nos entretiens, d'une durée moyenne de deux heures et demie, a été l'occasion de découvrir une étonnante variété d'hommes et de femmes. Des très jeunes, de ceux que l'on croise tous les jours dans la rue ou dans les transports et en qui l'on imagine mal le tireur d'élite en Afghanistan ou le sous-officier des forces spéciales. Des silencieux, au regard marqué par la brutalité de quelques instants qui les ont projetés hors du temps et de la vie ordinaire. Des quinquagénaires subitement secoués de larmes à l'évocation d'un moment dramatique. Une étonnante bande de potes, officier, sous-officier, soldats, soudés par les mois passés en commun dans les montagnes afghanes. Des officiers expérimentés, lucides et parfois un peu moqueurs, parvenant sans peine à s'affranchir de la langue de bois institutionnelle.

Du plus gradé au simple soldat, tous nous ont dit ne pas aimer la guerre, n'être surtout pas des guerriers mais des professionnels, parlant avec précision de leur métier, de l'importance de la cohésion dans l'action, évoquant aussi, presque en s'excusant, les valeurs qui les avaient amenés à s'engager.

Tous ces témoignages regroupés chronologiquement sont précédés d'introductions rappelant les moments d'histoire dans lesquels ces récits interviennent. Car ces paroles de soldats disant le quotidien et l'incroyable sont avant tout des récits, et ce sont les voix de ceux que nous avons rencontrés que le lecteur va entendre, des voix qui racontent avec les mots familiers de tous les jours le bruit et la fureur des guerres d'aujourd'hui.

L'INTERVENTION FRANÇAISE AU LIBAN 1979-1984

Vingt ans s'écoulent entre la fin de la guerre d'Algérie et l'envoi de forces françaises au Liban. Deux décennies qui ont été vécues comme un temps de repli par une armée meurtrie tout à la fois par la sale guerre algérienne, par la contestation d'une large partie de la jeunesse d'après 1968 et par la décision des gouvernements successifs de mettre la dissuasion nucléaire au centre des politiques de défense. Les opérations menées en Afrique durant les années 1970 passent inaperçues à l'exception du sauvetage de Kolwezi. Au début des années 1980, l'envoi au Liban de militaires français amorce un virage tout à la fois dans la perception de l'armée et dans les missions qui lui sont confiées. L'envoi au Liban de « soldats de la paix » chargés de protéger les populations civiles ouvre une nouvelle page dans l'histoire des opérations extérieures jusque-là assimilées à la seule protection des intérêts français. L'exposition des soldats aux risques de la guerre urbaine, aux attentats et embuscades frappe l'opinion publique, tandis que le pouvoir politique voit à nouveau dans le déploiement des militaires à l'étranger le moyen d'affirmer efficacement l'autonomie de sa politique étrangère.

La décision d'engager des soldats français au Liban s'explique à la fois par l'histoire commune des deux pays et par l'engrenage de la guerre civile dans laquelle le Liban se trouve alors plongé.

Guerre civile au Liban, 1978-1983

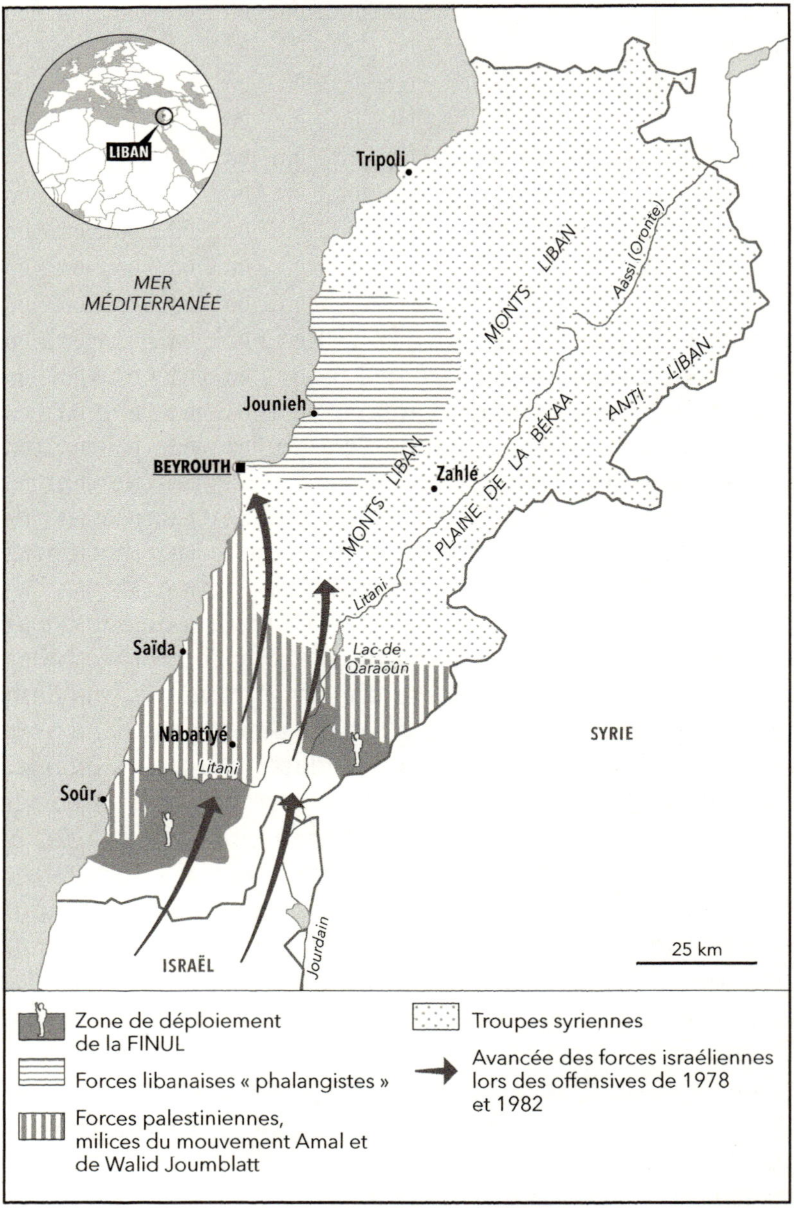

Les liens entre la France et le Liban remontent au Moyen Âge, aux croisades, et c'est d'abord la solidarité avec les chrétiens d'Orient qui a tissé l'union. Au lendemain de la Première Guerre mondiale, l'Empire ottoman n'existe plus. La France obtient de la Société des nations un mandat lui permettant d'administrer la Syrie et le Liban qui ne devient indépendant qu'en 1943. L'après-guerre est dominé par la nouvelle donne proche-orientale caractérisée par l'émergence du nationalisme arabe et la création de l'État d'Israël. Le Liban qui a adhéré à la Ligue arabe dès 1946 se trouve progressivement aspiré dans le jeu des ambitions de ses voisins. Au sud, Israël mène entre 1947 et 1973 une succession de guerres victorieuses contre les pays arabes. Au nord, la Syrie qui rivalise avec l'Égypte pour le leadership du monde arabe est devenue un élément clé du front anti-israélien. Au début des années 1970, la présence au Sud-Liban de mouvements armés palestiniens, l'opposition croissante des différentes communautés musulmanes et druzes à l'hégémonie des chrétiens au pouvoir affaiblissent graduellement l'État libanais au moment où les ambitions régionales de Hafez El Hassad font du Liban un pré carré syrien où Damas peut intervenir sans limite. La droite conservatrice libanaise incarnée par les phalanges libanaises s'oppose ouvertement aux Syriens qui contrôlent le nord du pays et aux Palestiniens de l'OLP qui transforment le sud du pays en base arrière contre Israël.

À partir de 1975, le Liban, miné par les jeux de pouvoir, l'action violente des milices, la multiplication des attentats, des enlèvements, plonge dans la guerre civile, d'un côté les Syriens, les chiites libanais et les Palestiniens, de l'autre, les phalangistes chrétiens. Beyrouth est divisé en deux, à l'ouest les quartiers chrétiens, à l'est les quartiers musulmans. Entre les deux, la ligne verte, ligne de front, au milieu des immeubles en ruine. Après une première incursion de l'armée israélienne au Sud-Liban en 1978, une force d'interposition des Nations unies est déployée entre le Liban et Israël. Le contingent français qui fait partie de cette première FINUL[1] est rapatrié en 1979. Trois plus tard, ce qui reste des forces des Nations unies à la frontière sud du Liban ne suffit plus à enrayer les tirs de roquette palestiniens bombardant Israël. En représailles, le gouvernement israélien déclenche le 6 juin 1982 l'opération « Paix en Galilée ». L'armée israélienne envahit le Sud-Liban, bombarde les positions palestiniennes et syriennes, parvient jusqu'à Beyrouth où elle fait la jonction avec l'armée régulière libanaise et les forces phalangistes de Bachir Gemayel, ennemies elles aussi des Syriens et des Palestiniens. L'invasion est immédiatement condamnée par les Nations unies et désormais le Liban devient une zone de crise majeure dans le renouveau des tensions Est-Ouest de ce début des années 1980. L'URSS soutient son allié syrien ainsi que les mouvements révolutionnaires palestiniens. Les États-Unis, tout en appuyant les Israéliens, cherchent à mettre en œuvre une médiation internationale. L'état-major de l'OLP de Yasser Arafat s'est réfugié dans Beyrouth. Pour le contraindre à capituler, l'armée israélienne bombarde ses positions et organise le blocus alimentaire de la ville. Le président américain Reagan dissuade Ariel Sharon, le ministre de la Défense israélien, de prendre la ville d'assaut. Le 19 août, les Israéliens acceptent la médiation américaine, l'arrêt des hostilités à Beyrouth, l'envoi sur place d'une force multinationale d'interposition composés de soldats américains, français, italiens. Ils obtiennent en contrepartie le départ des Palestiniens de Beyrouth. L'aéroport de Beyrouth étant sous contrôle israélien, le départ des Palestiniens se fera par bateau. Dès le 21 août, sous la protection militaire de

1. FINUL : Force internationale des Nations unies au Liban.

la marine française, onze mille Palestiniens embarquent du port de Beyrouth pour la Tunisie. Yasser Arafat quitte la ville avec les derniers combattants le 31 août. Quelques jours plus tôt, le 23 août, le chef des phalanges libanaises, l'allié des Israéliens, Bachir Gemayel, est élu président de la République libanaise, à l'âge de trente-quatre ans. La crise semble passée. Les soldats américains quittent Beyrouth le 10 septembre, les Italiens, le 11, les Français le 14. Le même jour, à la veille de son entrée en fonctions, Gemayel est assassiné lors d'un attentat à la bombe qui fait exploser le quartier général des phalangistes. L'armée israélienne qui s'apprêtait à quitter Beyrouth prend alors position autour des camps palestiniens de Sabra et Chatila où, selon Ariel Sharon, il reste encore « deux mille terroristes ». Deux jours plus tard, les phalangistes pénètrent dans les camps de Sabra et Chatila, et massacrent plusieurs centaines de Palestiniens, hommes, femmes, enfants, sans que l'armée israélienne intervienne. Le scandale international causé par ce massacre provoque l'envoi d'une deuxième force internationale à Beyrouth. Le 20 septembre 1982, à 22 h 55, le président de la République François Mitterrand annonce aux Français sa décision d'envoyer des troupes au Liban après « le massacre des innocents palestiniens qui bouleverse la conscience universelle ».

Quatre jours plus tard, un premier contingent français gagne le Liban. Au total deux mille soldats français sont envoyés à Beyrouth, essentiellement des parachutistes du 3e RPIMa[1], du 8e RPIMa, du 17e RGP, des soldats confirmés, la plupart engagés mais certains étant des appelés, volontaires pour un service long de vingt-quatre mois. La mission des militaires français consiste avant tout en des patrouilles conjointes avec les forces libanaises, mais il y a également le déminage des immeubles, des voitures.

1. RPIMa : Régiment de parachutistes d'infanterie de marine.

Plus de cent soixante-dix immeubles, plus de deux cents véhicules piégés seront désamorcés. Parfois touchés par des tirs, les soldats n'ont pas explicitement le droit de riposter et l'usage de la force est strictement contrôlé.

Sur les six mille soldats de la force internationale, le contingent français est le deuxième en nombre après celui des États-Unis, mais la diplomatie occidentale menée au Liban est avant tout conduite par les Américains dont l'objectif est d'obtenir le départ des Syriens et des Israéliens pour confier le Liban à leur allié, Amine Gemayel, frère de Bachir, qui a été élu président de la République à son tour après l'assassinat de son frère. En mai 1983, les États-Unis obtiennent la signature d'un accord entre Israéliens et Libanais qui prévoit le retrait du pays de toutes les forces étrangères, syriennes, israéliennes, palestiniennes. La Syrie et ses alliés libanais, notamment le mouvement chiite Amal, refusent cet accord tout comme les Palestiniens. À l'été 1983, les combats entre les forces israéliennes d'un côté et les combattants chiites et palestiniens soutenus par les Syriens reprennent de plus belle. Dans la montagne au-dessus de Beyrouth, les forces régulières libanaises multiplient les exactions contre les villages druzes qui penchent du côté palestinien. Dans son avancée pour reconquérir le territoire, l'armée libanaise demande l'appui de la force multinationale. Le gouvernement américain autorise les navires de la sixième flotte à bombarder les positions rebelles au gouvernement de Gemayel. Cette action militaire américaine fait clairement basculer du côté du gouvernement Gemayel l'ensemble des soldats de la force internationale qui deviennent dès ce moment des cibles pour les adversaires des phalangistes au pouvoir. Entre septembre 1982 et juin 1983, un seul soldat français a été tué, mais entre le 22 juin et le 23 octobre, seize soldats trouvent la mort.

Le 23 octobre à 6 h 18, une première explosion secoue Beyrouth-Ouest suivie deux minutes plus tard d'une deuxième. La première explosion, un attentat à la voiture piégée, détruit l'immeuble abritant le 1er bataillon du 8e régiment de marines et fait deux cent quarante et une victimes. La deuxième explosion détruit l'immeuble Drakkar occupé par le détachement français. Les secours parviennent à sortir des décombres quelques blessés, mais cinquante-huit parachutistes français ainsi que six civils libanais sont tués sur le coup. Jamais depuis la guerre d'Algérie les Français n'ont eu à subir de pertes aussi importantes. Dans les mois qui suivent l'attentat du Drakkar, d'autres Français sont tués. Au total, entre le premier déploiement des Français en 1978 et le retrait des troupes en février 1984, cent trente-trois légionnaires ou parachutistes ont été tués au Liban. L'attentat du Drakkar fait revivre le spectre de la guerre urbaine et des attentats du temps de la guerre d'Algérie. La double explosion du 23 octobre contraint la force multinationale au départ, laissant Beyrouth sombrer dans le chaos à partir du printemps 1984. Pour le gouvernement français, la responsabilité de l'attentat est à chercher du côté des Iraniens qui auraient ainsi fait payer à la France son soutien à l'Irak dans la guerre que se livrent alors les deux pays. Les chiites libanais du Hezbollah, ce tout nouveau parti islamiste apparu en 1982, auraient aussi pu prendre l'initiative des attentats, et notamment l'un de ses leaders, Imad Mougniyah, qui trouvera à son tour la mort dans l'explosion de sa voiture à Damas en février 2008. On ignore encore si l'explosion du Drakkar a été causée par un camion piégé ou par une bombe cachée dans les soussols de l'immeuble.

Drakkar, 22 octobre 1983

Farid, Sylvain, Daniel, caporaux, vingt ans en 1983

Sylvain

Moi je roule. C'est ma thérapie, la route. Ça fait vingt-huit ans que je suis sur la route pour éviter de penser à ces trucs. Je fais que de la région parisienne.

Farid

Moi ça va, je suis vivant. C'est pareil, j'ai fait le travail de nuit pendant vingt-cinq ans, pour pas avoir à dormir. On a chacun notre combine.

Daniel

Le ministre, on l'a rencontré, c'est parfait mais cela va faire un an, il y a toujours rien. Ils devaient nous contacter, on attend encore. Je m'en fais beaucoup pour mes camarades. Éric Mohamed, qu'est-ce qu'il fait actuellement ? On sait pas. Le trentième anniversaire, ça a fait une entrée avec les médias, mais lui, il en est toujours au même point. Il a réussi à avoir l'argent pour payer ses loyers en retard, on lui a refait toutes ses dents, on lui a tout arraché, on lui a mis un appareil, mais bon, il est toujours sans rien, il est au RMI. Il s'enferme dans sa chambre, il remue tout ça, le Drakkar... Il pourra jamais s'en sortir. Un petit travail à droite à gauche, ça lui ferait pas de mal.

Farid

De toute façon, il faut retravailler, retravailler. Je travaillais à l'époque. J'avais vingt ans. J'étais mécanicien, chaudronnier-soudeur. J'étais pas marié, mais j'avais une femme, elle était enceinte. J'ai passé mes trois jours et ils ont pas arrêté de me relancer pour que j'entre dans les parachutistes. Le boulot, j'en avais marre et j'ai dit, puisque c'est comme ça, je pars dans les paras, ça permettra de voyager. Ma famille est originaire de Paris. En fait, il faut dire que ma famille je l'ai très peu connue, je suis de la DASS, j'ai été abandonné à l'âge de sept ans. Après j'ai été mis en famille d'accueil, dans le centre de la France à côté de Nevers.

Daniel

Je suis entré à l'armée le 1er avril 1983. J'étais appelé. J'ai fait trois semaines de classe. J'avais pas encore mes vingt ans. On m'a demandé si j'étais volontaire pour partir avec la compagnie d'éclairage et d'appui au Gabon. J'ai téléphoné à mes parents de Toulouse, pour leur dire, voilà, maman, je pars au Gabon. Ma sœur en larmes a dit : « Mais qu'est-ce que tu vas faire là-bas ? Tu vas te faire tuer ! » Elle commençait à me foutre les boules. Je suis parti quatre mois au Gabon, là-bas j'ai signé un contrat appelé service long. Je suis rentré en France, on a eu une permission de soixante-douze heures et je crois que le 26 septembre on s'est embarqués pour le Liban.

Sylvain

Moi aussi, je suis arrivé au régiment à mes vingt ans, en avril 1983. J'ai fait mes deux mois de classes en tant que chauffeur et après, comme j'étais un bon citoyen, ils m'ont mis au peloton d'élèves gradés, j'ai fait mes deux mois, après j'ai été muté à la troisième compagnie et entre-temps départ au Liban. Je suis parti et puis, pareil, moi j'ai téléphoné à ma mère la veille de partir, elle a pas trop apprécié. On partait pour six mois, la mission c'était rassurer la population, protéger la population chrétienne. Avant, ils nous ont passé des films. On voyait des cadavres, des trucs comme ça, des personnes coupées en deux. Sabra et Chatila, on nous en a parlé sur place.

Daniel

On est partis de Toulouse à Chypre en avion, un avion affrété par l'armée, un 747. On est arrivés à Chypre à Larnaka. On a pris le bus pour aller jusqu'au port et là on a embarqué sur l'*Ouragan*, un truc de transport. La traversée a duré toute la nuit.

Farid

À l'époque, on se connaissait pas. On a dormi dans la cale. Je me souviens, c'était très humide. Il y avait des cafards et des grillons qui chantaient. On est arrivés au port de Beyrouth vers 5 heures du matin. On est montés dans les barges de débarquement. On était contents. Il faisait beau. Tout le monde souriait. Mais au fur à mesure qu'on avançait dans le port, on a vu les trous dans les bâtiments, la fumée au-dessus de la ville.

Daniel

Des bâtiments défoncés comme ça, j'avais vu ça que dans les films. On avait l'impression que c'était un truc de tournage.

Sylvain

C'était incroyable, on se demandait comment les bâtiments tenaient, tellement il y avait de trous.

Farid

On est montés dans les camions et on est partis à tombeau ouvert. Il fallait traverser tout Beyrouth. On a pris la direction du sud. Les gens savaient même pas où on allait. On voyait les ruines, pas beaucoup de gens. On a appris après qu'ils sortaient la nuit, beaucoup vivaient dans les sous-sols.

Sylvain

Quand on est arrivés là-bas, on n'était pas prévus. On nous a donné ce bâtiment. Deux ou trois jours après, on lui a donné le nom de « Drakkar ». Tous les bâtiments où étaient les Français avaient des noms de bateaux, « Goélette », « Catamaran », « Drakkar ». On travaillait et on logeait là, c'était notre poste de combat. C'était isolé par rapport aux autres qui étaient plus au centre de la ville. Nous, on était à l'extérieur, on voyait la mer. On est arrivés face au bâtiment. Derrière, c'était un terrain vague, il y avait des chèvres, il y avait rien carrément. À des kilomètres, il y avait l'aéroport, et entre nous et l'aéroport, c'était un désert. Un bâtiment isolé, avec des ambassades aux alentours, l'ambassade de Chine et l'ambassade d'Iran. Il y avait très peu de circulation, la route se terminait et, pour accéder au bâtiment, c'était un chemin de terre. Il y avait huit étages plus la terrasse de toit. C'était un hôtel mais il ne restait plus que le concierge et sa famille. Les deux derniers étages, c'était un seul appartement, tout en marbre, royal, très beau. C'était pour des gens très riches. Mais tout avait été saccagé. Les Syriens l'avaient occupé. Ils avaient fait leurs crottes et tout, il a fallu nettoyer. Il n'y avait pas d'eau, pas d'électricité. Par jour, on n'avait droit chacun qu'à deux bouteilles d'eau, pour boire et se laver. Toute la compagnie occupait le bâtiment, chaque section à un étage. Sur la terrasse, au neuvième étage, il y avait le poste de garde, avec la 12,7[1]. Sur chaque façade, il y avait aussi un poste de garde. Au premier c'était le poste de garde. On était six par chambre. On avait des lits Picot, on dormait avec le treillis. On avait une petite cuisine qui donnait derrière, on cuisinait là. Il a fallu qu'on s'éclaire à la bougie, à la lampe à gaz. On a réussi à avoir un groupe électrogène que quinze jours après notre arrivée. Trois ou quatre jours après notre installation, des bulls sont arrivés. Ils ont fait un parking, dégagé une digue pour qu'on puisse protéger les VAB[2], ils ont fait des chicanes, posé trois ou quatre blocs de béton.

Le matin on faisait du sport, mais à l'intérieur du bâtiment. On faisait du footing. Chaque section avait une mission. Une journée c'était escorte, après c'était patrouille ou garde sur place. Il y avait aussi la protection de l'ambassadeur à la résidence des Pins. On se promenait dans Beyrouth, on rassurait les gens, on partait à pied ou en camion.

1. Mitrailleuse de 12,7 mm.
2. VAB : véhicule de l'avant blindé.

Daniel

Avant d'entreprendre les patrouilles, on avait sécurisé le poste, les étages avec des sacs de sable sur les balcons. Quand on avait rempli les sacs de sable, on était à découvert, à l'extérieur, on nous avait tiré dessus.

Farid

Je me rappelle avoir vu un trou dans un sac, mais c'était plus de la balle perdue qu'autre chose. Le soir, de temps en temps, quand on regardait la ville à la jumelle, on entendait une balle qui sifflait…

Daniel

On entendait des coups de feu mais il n'y avait pas de tension, ça restait détendu. Le plus dur, c'était la chaleur, l'absence de sanitaires. Avant que les événements s'enchaînent, ils ont fait venir des gars pour former des chauffeurs. Ils ont rassemblé ceux qui comme moi avaient déjà le permis. On a passé le permis poids lourd et VAB. Celui qui faisait le plus de missions, c'était le chauffeur. Il partait jour et nuit. La nuit, il faisait le préchauffage des VAB pour intervenir sur les lieux hostiles. Le jour, les patrouilles étaient à pied ou en véhicule. La nuit, on roulait escortés par des Libanais. Il fallait toujours circuler sans s'arrêter. Les voitures garées, on les égratignait, parfois on leur passait dessus. Je me souviens d'une grosse Mercedes qu'on avait écrasée…

Sylvain

On partait deux, trois heures. Dans notre quartier, il y avait un salon de coiffure, un café. Chaque fois qu'on passait devant, il fallait qu'on s'arrête pour boire le café.

Ces patrouilles, c'était pas des moments de tension parce que la population ne montrait pas qu'elle était hostile. La nuit, par contre, ça n'avait rien à voir. Le jour ils pouvaient sourire et nous tirer dessus la nuit.

Farid

On avait l'habitude de dire : « Dans la journée ils vont en cours, à l'université, le soir, ils mettent le bandeau, ils partent à la guerre. » La nuit, on entendait des balles et même les orgues de Staline[1], mais c'était pas pour nous. Ça partait du sud de Beyrouth, plus bas que nous et ça allait dans le Chouf, dans les montagnes. Le soir, on montait sur la terrasse et on voyait les bateaux américains, le *New Jersey*, qui tiraient sur la montagne.

Daniel

Cela faisait presque un mois qu'on était là. Le samedi soir, le commandant rassemble les chefs de section. Selon les renseignements, une menace se préparait sur un de nos postes.

Farid

C'était l'alerte noire, la plus importante. On devait tous garder les treillis, les rangers, l'arme au pied.

Daniel

Le capitaine était très inquiet. À 6 heures du matin, comme j'étais déjà habillé, je descends dans mon VAB récupérer mon sac d'alerte avec les munitions. Je montais les escaliers quand j'entends une violente explosion du côté des Américains. À vol d'oiseau, ils étaient à trois,

1. Orgues de Staline : lance-missiles soviétique.

quatre kilomètres. Je pose mon sac dans le hall de mon étage et je me précipite sur le balcon. J'ai vu à ce moment un champignon de poussière qui s'élevait comme un truc nucléaire, il était vers 6 h 20.

Sylvain

La veille, j'avais été envoyé à la résidence des Pins. On était en train de se préparer quand on a vu très haut le champignon.

Farid

Quand j'ai entendu la déflagration, je suis allé sur le balcon avec Daniel. Il y avait aussi Éric et Fassi. Quelqu'un a dit : « Les Américains ont morflé. » Je suis rentré dans le bâtiment pour finir de me préparer et, à ce moment-là, il y a eu l'explosion. Le souffle est passé par la cage d'escalier. J'ai vu un bloc de béton m'arriver en pleine figure. Je me suis senti projeté sur le balcon, contre les sacs de sable. J'ai senti le bâtiment monter, tous les étages montaient et après, en une fraction de seconde, l'immeuble s'est effondré. J'étais KO. Mes tympans avaient explosé, je n'entendais plus rien, juste un bourdonnement énorme. Je sentais les morceaux de ferraille qui me tailladaient. Au-dessus, au-dessous de moi, il y avait les étages qui m'écrasaient. J'étais complètement dans les vaps. Ce sont les sacs de sable qui m'ont sauvé.

Daniel

J'étais sur le balcon du quatrième, contre les sacs de sable avec Farid. Je me souviens parfaitement d'une flamme qui est sortie de sous terre, en bas du bâtiment. Après, il y a eu un grand boum et ensuite comme un tremblement de terre. J'ai perdu l'équilibre, je suis tombé, j'ai senti les étages qui me tombaient dessus. J'ai pensé que c'était une roquette de RPG, en fait, c'est le balcon du cinquième qui descendait et j'ai été enseveli.

Farid

Tout d'un coup ça s'est arrêté. Plus rien. Le noir complet. Je suis conscient, j'ai du mal à respirer. Je ne sais pas où je suis, des gravats, une poussière irrespirable. Je n'ai plus d'air, je suffoque. À côté de moi, j'entends un de mes camarades qui hurle, c'est Mohammed, il est coincé. Il y en a d'autres qui hurlent aussi, c'est insupportable. Il y a Rani à côté de moi. Je ne peux pas parler. Ma tête n'a pas été écrasée mais le bras gauche oui. Mon thorax a été comprimé. Mon bras droit est valide. Je ne sais pas ce qui se passe. J'entends que ça marche au-dessus mais je ne sais pas si c'est des ennemis. J'ouvre l'œil, je vois un trou, du jour au-dessus de moi. Je ne peux pas rester comme ça. Je gratte, je me glisse à travers les morceaux de ferraille, j'arrive à sortir du trou. Un parachutiste me chope : « Ça y est, arrête, calme-toi, calme toi ! – Non ! Je veux retourner dans le bâtiment, ils sont là, mes camarades ! » Je retourne la tête la première dans le trou, il me retire, on m'amène dans une ambulance. Je suis en pantalon de rangers, torse nu, je suis esquinté, surtout sur les bras. Après, j'arrive à la résidence des Pins.

Daniel

Mes camarades savaient que j'étais en dessous, mais je ne répondais pas, j'étais mort. En fait, j'étais toujours en vie, mais entre la vie et la mort. La souffrance est tellement forte. Des bouffées de chaleur m'envahissaient, j'étais complètement perdu. Et puis, à un moment, j'ai oublié la souffrance, j'ai pensé à ma famille, je me sentais partir. Je me suis senti bien et, là, j'ai vu de la lumière. Les sauveteurs avaient encerclé le trou, une main s'est tendue vers moi. J'avais une main valide, je l'ai agrippée fortement. Mon bras était coincé par les gravats, les parpaings. J'ai senti un arrachement dans l'épaule, on me tirait. C'était comme si on me sortait de mon tombeau. Ils m'ont mis sur une civière, ont découpé le treillis avec un ciseau, je me suis retrouvé nu. Ils m'ont mis sous perfusion et après ils m'ont mis dans une couverture et m'ont embarqué dans l'ambulance à la résidence des Pins.

Il y avait deux tentes, une pour recevoir les blessés, l'autre les cadavres. Ils ne nous ont pas dit qu'il y avait des morts, ils nous ont rassurés. J'étais quand même amoché. Le blast, c'était au niveau des poumons. J'étais tout violet, j'avais triplé de volume. Les oreilles sifflaient énormément, on n'entendait pratiquement rien parce que les tympans étaient perforés. J'ai été le dernier à être sorti des gravats.

Farid

Moi aussi. Ça vous vide. Quand on est hypercomprimé, on n'a plus d'air, vous devenez violet. Ils m'avaient bandé les bras. J'avais une paralysie de l'avant-bras, ils savaient pas trop si j'allais le perdre.

Sylvain

Le matin, à 7 heures, on devait être relevés et rentrer au bâtiment. On était vingt et un sur place. À 6 h 20, quand ça a pété pour les Américains, on l'a vu, le champignon, et après on a entendu le deuxième coup. On a su deux ou trois heures après que c'était Drakkar, et c'est là qu'on a demandé pourquoi on ne rentrait pas.

Daniel

C'est étrange qu'on ne vous ait rien dit à la résidence. Il y avait trois gars qui avaient quitté Drakkar vers 6 heures pour aller chercher des croissants. Ils étaient sur le chemin du retour quand ils ont entendu l'explosion. À la radio, Catamaran a annoncé : « Drakkar n'est plus. »

Sylvain

On nous a dit : « Vous restez là pour l'instant. » Les premiers corps sont arrivés en fin de matinée. Ils les ont alignés dans la cour. Ils nous ont demandé d'être là à l'ouverture des sacs. Ça a duré toute la journée. Ils en ont amené cinquante-huit. Chaque fois, on se disait, c'est qui ? Ils ouvraient le sac et nous... on devait donner un nom. On y allait les uns après les autres. On les a reconnus, on se voyait tous les jours. Pour certains, c'était facile, ils avaient leurs plaques mais souvent, quand on dormait, on la mettait à côté.

Daniel

Il y a en a qui n'étaient pas identifiables. Les sauveteurs m'ont dit qu'il y en a un qui a été transpercé par une barre, l'autre il a explosé. Le capitaine, ils l'ont retrouvé coupé en deux, le haut contre la grille, le bas sous les décombres.

Sylvain

On a mis en cause les Syriens, mais ça n'a jamais été revendiqué.

Farid

À l'époque on nous a aussi laissé entendre que c'était les Iraniens, on ne sait pas.

Sylvain

La veille, il y avait eu la fête chez les Américains. Les équipages des bateaux étaient descendus à terre pour écouter un concert. Ils étaient restés dormir sur place. Deux cent quarante et un morts. À mon avis ça a dû être bien ciblé.

Daniel

Deux ou trois jours avant l'explosion, j'étais de garde, la nuit, près des VAB, devant l'entrée du sous-sol. J'entendais du bruit. Je ne voyais rien mais j'entendais gratter. Aujourd'hui, je me dis qu'il aurait pu suffire que quelqu'un mette une charge dessous. Après l'explosion des Américains, hop, il a suffi au gars de mettre une mèche lente étalonnée à deux ou trois minutes. Il allume, le temps de quitter la galerie, tout saute.

Sylvain

L'après-midi, Mitterrand est arrivé à la résidence des Pins. Faut un piquet d'honneur pour ces messieurs. Le Président nous a dit : « C'est bien, vous êtes des guerriers. » On était contents d'être des guerriers, on avait perdu tous nos camarades ! Après ils nous ont désarmés, on nous a même enlevé nos baïonnettes. On a dormi le dimanche soir à la résidence. On était là, les vingt et un, plus les trois des croissants. Le lundi matin on a traversé Beyrouth en camion jusqu'au port. Là, ils nous ont laissé trois jours sur l'*Ouragan* à rien faire, à tirer sur des bidons, dans la flotte.

Daniel

On était quinze blessés. Il y en a un, Lalou, qui est tombé avec le bâtiment, il n'a rien eu du tout, il a été éjecté par la fenêtre. Il a continué sa mission. Je crois qu'il n'a pas été rapatrié. Nous, on était sous perfusion. On nous a transférés à bord du porte-avion *Clemenceau* qui partait pour Chypre. Et là, on a appris que les présidents Mitterrand et Gemayel étaient à l'aéroport et qu'ils voulaient voir les blessés. On nous a héliportés du *Clemenceau* jusqu'à l'aéroport. Les présidents sont venus prendre de nos nouvelles.

Farid

Mitterrand a dit : « Ne vous inquiétez pas, on s'occupe de vous. »

Sylvain

L'aumônier, le père Lallemand, a poussé un coup de gueule quand il a su qu'on nous laissait moisir sur le bateau. On a été rapatriés comme des voleurs. Le vendredi après l'attentat, on nous a ramenés direct à l'aéroport. On a pris le vol qui ramenait à Marseille les pompiers et leurs chiens. De là, on a été directement au régiment, à Pau. Là, on nous a dit : « Déshabillez-vous ! Vous vous mettez là-bas, on ne veut pas vous voir ! » On nous avait donné à tous le même survêtement, on déambulait dans Pau, on n'avait pas le droit de parler aux familles, pas le droit de parler aux journalistes. Ils nous avaient casés dans des familles, comme ça, pfft !

Daniel

Le Transall[1] s'est posé à Villacoublay. Il y avait les autorités, Mauroy, les généraux, les médias. Ensuite, toutes sirènes hurlantes, on a été évacués dans différents hôpitaux. Moi j'étais à Bégin.

Farid

Moi, à Dominique-Larrey, à Versailles. À l'hôpital, on avait un planton en permanence devant les portes, on ne pouvait pas sortir. Cela a duré quinze jours, trois semaines !

Daniel

On ne pouvait pas communiquer. Les infirmiers montaient la garde devant notre chambre, ensuite on a eu des gendarmes. Ils étaient là pour empêcher les journalistes de s'infiltrer dans l'hôpital. Mes parents n'ont pas été prévenus. Ils ont su deux ou trois jours après, par des amis.

Farid

On a même interdit à ma famille de venir. Au mois de décembre, ils m'ont donné une première permission pour passer Noël avec mon amie. Après le jour de l'an, je suis retourné à l'hôpital jusqu'au 15 janvier. J'y ai passé pratiquement trois mois. Je suis ensuite retourné au régiment. Je n'avais plus de papiers, rien. Je voulais continuer. L'adjudant-chef qui m'a reçu m'a dit : « Je crois savoir que tu as une petite fille, une femme. Tu vas aller t'occuper d'eux. » C'est comme ça qu'ils ont cassé mon contrat.

---

1. C-160 Transall : avion de transport militaire.

Daniel

Moi, je suis resté à l'hôpital jusqu'en mars. J'étais tout nu, je n'avais pas le droit aux visites, je n'avais rien. L'adjudant-chef qui partageait ma chambre m'a prêté un survêt. Il a fait venir l'assistante sociale pour débloquer 1 000 francs pour que je puisse m'acheter des habits. Il m'a accompagné chez Tati, et là j'ai pu acheter des habits pour pouvoir rentrer chez moi.

Sylvain

À la fin de mon service, le dernier jour, j'ai été convoqué par un psy. Je me suis présenté. Première question : « Qu'est-ce que vous avez pensé de votre service militaire ? » Je l'ai regardé. J'ai fait : « Comment ? – Oui, qu'est-ce que vous avez pensé de votre service ? – Si vous n'avez que ça comme question, monsieur, je n'ai rien à vous dire. » Je me suis levé et je me suis barré. J'ai été libéré en avril 1985.

Daniel

Après j'ai continué mon service. Chaque fois qu'on en parlait, on nous disait de nous taire, on nous a toujours mis de côté. Après mon contrat ASL, il y a eu une interruption d'un jour et je me suis retrouvé au 13e DPA. J'ai fait vingt-deux ans d'armée, j'ai quitté en 2004, au grade de brigadier-chef.

Farid

On a toujours été considérés comme des pestiférés, on n'a pas compris. J'ai quitté l'armée pratiquement tout de suite, j'ai été libéré le 4 avril 1984. Au revoir et merci. Je voulais faire carrière et plus rien. On m'a redonné le peu d'argent qu'on avait mis sur un compte postal, c'était vraiment minime, 500 francs. J'ai été voir mon amie, ma fille avait neuf mois, et je me retrouve au chômage. Ma femme au chômage parce qu'elle élevait la petite, donc qu'est-ce qu'il faut faire ? On a frappé à toutes les portes, pas le droit au chômage parce que je sors de l'armée. Je fais des petits boulots à droite à gauche, la plonge, du jardinage, l'élagage. À bout d'un moment ma copine, elle en a marre, elle se barre, je me retrouve tout seul, parce qu'en même temps j'étais aussi fou, je supportais pas la nuit. Physiquement, ça allait. J'étais juste énormément perturbé la nuit. La journée, il y avait le soleil, tout allait bien mais, quand arrivait le soir, ça n'allait pas. La nuit, je ne dormais pas. Je n'étais jamais là. Je partais, je faisais de la moto, je revenais quand j'avais usé mon plein d'essence, il était tôt le matin, et là je dormais. Ça a duré comme ça pendant deux ans, elle a pas supporté cette situation.

Sylvain

Au début, je ne dormais pas, c'était très dur. Aller voir le médecin ? Non, on ne fonctionnait pas trop comme ça à l'époque. On était des paras, des durs, des machines, on n'allait pas pleurer un médicament.

Farid et Daniel en même temps

On culpabilise.

Farid

Au départ, moi je veux les secourir…

Daniel

Et moi, pourquoi je suis ici ? Pourquoi ils sont morts et nous en vie ?

Farid

Pourquoi eux, pourquoi pas nous ? Encore maintenant, j'essaie de repousser l'échéance pour dormir le plus tard possible, jusqu'à ce que je puisse plus tenir. Ça peut être 1 heure, 2 heures, 3 heures, 4 heures du matin. Quand je m'endors, c'est très très souvent, je suis sur le bâtiment, je marche dessus, je leur marche dessus. Pourtant ça fait trente ans, quand même !

Daniel

Dans mes cauchemars, je me vois sur le bâtiment avec le père Lallemand, en train de dégager des cadavres. Ce qui est étrange, c'est que ces rêves sont si pénétrants qu'on a l'impression d'être dedans. Le lendemain, le cauchemar reprend à l'endroit où il s'est arrêté. On a l'impression qu'on le vit au présent, au détail près.

Sylvain

C'est toujours la même image, l'ouverture. On n'est pas une journée sans y penser.

Farid

Oui. On y pense très très souvent...

Daniel

Après les attentats à New York, les deux tours, un officier féminin est venue me voir : « Vous avez vu à la télé ? – Oui. – Ça vous fait rien ? – Ben non. – Avec ce que vous avez vécu et tout ? – Non. »

Quelques jours après, j'ai eu des douleurs dans tous les membres, je ne pouvais plus marcher. Je ne pouvais plus rien faire. J'ai été hospitalisé au Val-de-Grâce. Là bien sûr, cauchemars, je voyais des plantes pousser dans ma chambre, des monstres, je ne sais pas ce qu'ils me donnaient. Le professeur Foccard est venu me voir : « Vous voulez voir un psychiatre ? – Pourquoi ? – Parce que les douleurs que vous avez aujourd'hui proviennent de votre accident au Liban. – Pas possible ! » C'est là que j'ai commencé à voir des psychiatres.

Sylvain

Mon épouse, c'est elle qui m'a tenu. C'est elle qui m'a gardé. Elle m'a connu avant, elle m'a connu après. Elle pourra vous dire que c'est pas du tout le même. Au départ, j'étais un petit garçon tout timide et après je suis devenu un vrai con, à la moindre réflexion je partais en vrille, j'ai eu beaucoup de problèmes, de bagarres. J'étais méchant avec tout le monde.

Daniel

Moi, j'ai du mal à montrer mon chagrin, il y a des gens qui pleurent, j'aurais du mal à pleurer et, par contre, j'irais exploser quelque part.

Farid

Moi, ça n'allait pas jusqu'au bout, je ne gardais pas mes compagnes. Il a fallu que j'attende Frédérica qui, elle, a réussi. Ça fait maintenant une vingtaine d'années. Elle a tout pris en charge. À l'époque, je l'ai connue par l'intermédiaire de ma cousine, elles étaient amies. Elle ne m'a jamais parlé de mon histoire, elle la connaissait mais elle ne m'en a jamais parlé. Elle connaissait mes médailles, tout ça, elle me disait souvent : « Pourquoi tu veux pas te faire soigner ? » Je lui disais : « Je vais très bien, je suis normal, il y a juste la nuit, il y a que la nuit, t'inquiète pas, je suis normal. » Et puis un jour, il y a à peu près une dizaine d'années, elle me dit : « Tiens, ils ont fait un nouveau site, ça s'appelle *Copains d'avant*, tu veux pas te mettre dessus ? » C'est elle qui m'a fait retrouver ces deux lascars.

Sylvain

Le pire, c'est qu'à chaque cérémonie, on se demandait si on avait retrouvé des gens, des morts, des cadavres. On m'avait dit, de toute manière, Farid il a eu un accident de moto, il est mort. On avait arrêté de faire des recherches et puis une fois, je vois sa photo sur *Copains d'avant* !

Farid

Ma femme, c'est surtout qu'elle avait compris ma douleur, donc elle voulait faire crever l'abcès. Elle voulait retrouver mes camarades pour me reconstruire, voir qu'ils avaient les mêmes peines que moi. Maintenant on a même plus trop besoin d'en parler, on sait qu'on n'est pas tout seul, on a le même vécu, il suffit de se voir ou de s'appeler. Le vingt-cinquième anniversaire de Drakkar, ça m'a fait un choc émotionnel terrible et après j'ai développé un diabète. Oui, là je suis immuno-dépendant, avant il n'y avait rien, ça a été reconnu par le médecin. Le trentième anniversaire ? J'y étais pas. J'étais pas bien. Vraiment pas bien du tout. Je me sentais pas d'y aller.

Daniel

Moi, j'étais engagé. Il y avait des cérémonies commémoratives qui se faisaient chaque année mais les autres, ils étaient appelés, ils avaient quitté le régiment. Ils étaient dans leur coin, esseulés, perdus. C'est par l'intermédiaire d'internet que j'ai eu le contact avec l'épouse de Farid.

On s'est téléphoné, on s'est revus, ça a été vraiment quelque chose d'intense. On était sur le balcon ensemble, on a souffert ensemble, on se connaissait bien. Je lui ai parlé des pensions et tout. Il n'avait rien. Je me suis occupé de son cas. Je lui ai dit : « Tu fais ça, ça et ça. »

Il m'a suivi à la lettre et maintenant il est pensionné à 50 %. La souffrance est la même, on vit avec les mêmes fantômes et tout, et on voit la détresse de chacun. On connaît la souffrance du Drakkar mais on ne connaît pas la souffrance des rescapés et, aujourd'hui, je voudrais qu'on nous écoute.

Entretien réalisé à l'Hôtel national des Invalides,
10 mai 2014

Beyrouth en guerre

Colin, vingt-huit ans, capitaine

Je me souviens très bien des circonstances de l'attentat. À cette époque, j'étais l'adjoint de l'officier renseignement du 3e RPIMa, j'avais sous mes ordres le groupement des commandos parachutistes du régiment, nommés les CRAP[1] à cette époque. De mémoire, on était arrivés mi-septembre. À la différence de mes camarades qui avaient des secteurs d'opérations de quelques dizaines de rues pour chaque compagnie, moi, avec mes commandos, j'avais une mission beaucoup plus vaste. Le colonel Roudeilhac m'avait demandé de connaître parfaitement toute la zone d'opérations et Beyrouth au sens large. Beyrouth, c'était pas Tombouctou ! Il y avait un centre d'affaires. C'était déjà une ville assez magnifique, coincée entre la mer et les contreforts du Chouf, le Chouf enneigé, un peu comme le Pays basque…

On n'avait pas besoin d'interprète, tout le monde parlait français. Drakkar, j'y étais passé parce que c'était la sortie vers l'aéroport. C'était important pour nous de connaître tous les axes d'accès à l'aéroport.

Ma base, c'était le poste de Frégate, entre le Centre culturel français et le stade du Chaila. Je ne sais plus si

1. CRAP : commandos de recherche et d'action dans la profondeur.

Beyrouth, 1982-1983

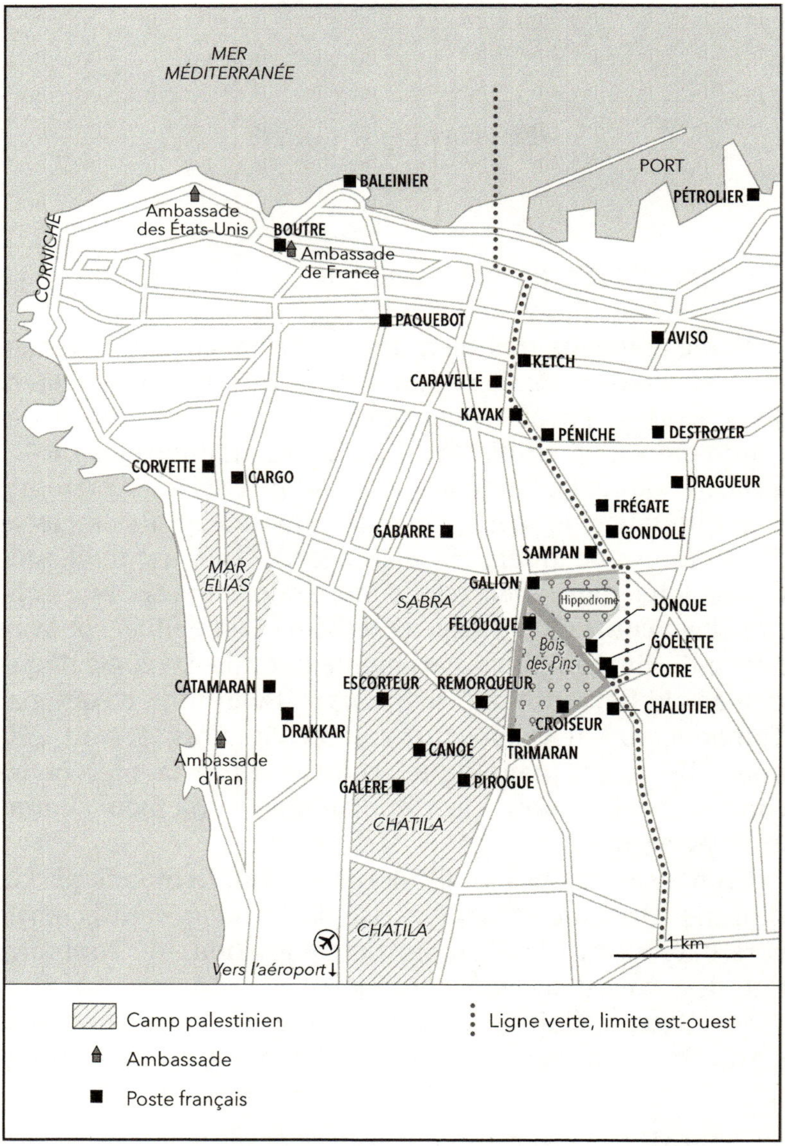

je sortais d'une nuit de quart à la salle d'opérations ou si j'avais été sur le terrain avec mes commandos. C'était un dimanche matin. Premier gros pétard. Le temps qu'on se lève, qu'on reprenne nos esprits, boum ! Deuxième explosion ! Là, on saute dans les rangers, on met les équipements et on descend à la salle radio, contacts avec tous les postes du régiment : RAS chez moi, explosion dans telle distance, on commence à entendre des ambulances.

La pression monte et puis le commandement de la force, le général Canne, nous apprend que c'est le poste de Drakkar tenu par le 9e RCP[1] qui a été touché : « *A priori*, pas de survivants. »

Je ne sais même pas si on avait perdu un gars avant cet attentat ! J'ai tout de suite été mis en alerte pour aller sécuriser le périmètre. Le colonel Roudeilhac me dit : « Tiens-toi prêt avec tes gars. » Donc, mesures de précaution maximales, on arrête tous les déplacements, on fait le compte de ses billes, on rappelle tout le monde. J'ai basculé là-bas en début de matinée. Mon commando tenait dans trois jeeps. Le régiment avait déjà envoyé des forces. Il y avait quelques miraculés, un gars qui avait été chercher des croissants, un gars tombé du toit. Et puis on voit cet empilement, cet immeuble devenu une millefeuille, toutes les strates du plancher décalées, réduites à une dizaine de mètres de haut, alors que ça devait en faire cinquante, les premiers blessés, les premiers morts. Ça a été le début d'un long calvaire, quatre jours durant. J'avais vingt-huit ans. Après Saint-Cyr, j'avais fait trois ans au 8e RPIMa avec des opérations en Centrafrique, aux Nouvelles-Hébrides et un séjour au Sénégal. Je n'avais pas encore fait le stage de capitaine.

À cette époque-là, la guerre à laquelle on se préparait, c'était une guerre conventionnelle, avec ses horreurs,

1. RCP : régiment de chasseurs parachutistes.

chimiques, nucléaires. L'ennemi, c'était la grande horde blindée mécanisée soviétique qui devait nous envahir. On pensait que les villes seraient pour nous le meilleur moyen pour les engluer. Mais l'attentat urbain, au milieu des civils, ça ne faisait pas partie de nos schémas de travail. Drakkar, ça a été d'abord la stupeur émotionnelle, devant ce trou, sous ce ciel d'été, de fête. Et puis aussi sur le plan professionnel ! Stupeur aussi car tout à coup, pour nous, c'était clair : l'ennemi était à vue de Drakkar. De l'emplacement de Drakkar, on voyait l'ambassade d'Iran. C'était à quelques centaines de mètres. Aujourd'hui, la zone est complètement urbanisée, à l'époque beaucoup moins.

On suivait l'actualité, la France était extrêmement présente sur le front anti-iranien. On soutenait l'Irak ouvertement dans son conflit avec l'Iran. L'Iran était le grand Satan de l'armée américaine. On a tout de suite compris qui était le méchant et on s'est dit : « On va leur faire sauter la tête à coups de Milan ! » J'ai senti chez mes gars la haine s'installer. Mes gars, mes commandos, c'était des professionnels, tous plus anciens que moi. Ils avaient fait comme moi Barracuda, certains avaient connu les combats du Tchad des années 1975, mais on ne savait pas ce que c'était que la haine. Là, on l'a découvert. On s'est demandé : qu'est-ce qu'on peut faire ? Je ne sais pas s'il y a eu une revendication du Hezbollah. En tout cas, pour nous, c'était l'ennemi. On a imaginé des trucs complètement fous, préparer des opérations de rétorsion, faire sauter tel local du Hezbollah, alors que c'était dans un immeuble plein de civils…

Cette idée de rétorsion, je me demande si ce n'est pas moi qui l'ai proposée à mon chef de corps. Très vite, on est redescendus, on s'est dit : « Attendez, on est fous, c'est pas comme ça qu'on fait. » Notre régiment, le 3e RPIMa, était à cheval sur la ligne verte, on était vraiment sur la ligne de confrontation. On a étudié les manœuvres possibles mais tout ça a été totalement abandonné.

On s'est contentés d'assurer régulièrement la sécurité du site. Ça a duré un bout de temps, les travaux de déblaiement, on était couverts de poussière. Je revois le père Lallemand, notre aumônier, il est resté quatre jours et quatre nuits sans manger, pour soigner les blessés, il a été jusqu'à l'épuisement. Au bout du deuxième jour, avec la chaleur, ça sentait mauvais… Avec mes gars, j'ai dû trimballer les caillasses. Petit à petit, les grues sont arrivées. Ça a duré plusieurs jours, peut-être deux ou trois semaines, avant de s'arrêter complètement, de bouger ces énormes blocs de ciment.

En fait, il y a eu un avant et un après Drakkar. Les cinquante-huit morts de Drakkar, c'est les premiers ; mais après, on en a quatre-vingts au moins pendant notre mandat. Ça a été le début d'une série d'agressions, d'attentats. Le colonel Genest, qui commandait le 1er RHP[1] a reçu en pleine rue une grenade dans sa jeep, l'officier qui était derrière lui a juste eu le temps de la rejeter. Les attentats se sont multipliés. Il y a eu des attentats pendant les patrouilles, des soldats autour de la résidence des Pins se sont fait descendre par des snipers.

Avec mes commandos, je suis revenu dans la zone d'opérations du régiment, j'ai poursuivi mes missions de reconnaissance. Dans mes patrouilles sur la ligne verte, je voyais les phalangistes, j'avais des contacts avec Gemayel, avec le commandant des Kataeb[2] de Beyrouth. On n'a jamais craint d'attentats venant des chrétiens mais, dans les semaines qui ont suivi, on a déménagé le poste de

1. RHP : régiment de hussards parachutistes.
2. Al Kataeb Al Lubnaniyya : parti des Phalanges libanaises.

Caravelle, le PC de la première compagnie de combat qui était complètement enclavé dans une zone Amal, chez les chiites. La situation était devenue trop tendue et le poste n'était plus défendable. Dans les zones musulmanes où l'on patrouillait, on sentait bien l'insécurité absolue ; mais, même si le Hezbollah maintenait la pression en multipliant les attentats individuels et collectifs sur nos forces, on n'a jamais eu d'affrontements armés à ce moment-là.

Après Drakkar, la France engage des mesures de rétorsion contre l'Iran et contre les chiites du Hezbollah. Il y a des tirs de la force. Je revois des tirs du croiseur *Missouri* ou *Mississipi* qui partent de la mer et atterrissent soixante bornes plus loin dans la Bekaa.

Côté français, il y a toute une gesticulation, à la fois riposte et vengeance. Les Superétendards[1] vont bombarder des objectifs Hezbollah dans la plaine de la Bekaa, et puis il y a l'action des services secrets contre l'ambassade d'Iran. Une attaque qui s'est soldée par un abominable fiasco.

Mon commando connaissait Beyrouth, on avait pris des photos de l'ambassade d'Iran. On m'a demandé de soutenir le Service action. Ce soutien devait se faire de manière très discrète pour ne pas éveiller l'attention des Libanais et du Hezbollah qui nous suivait à la trace : dès qu'on passait en zone Hezbollah, on était photographiés ou suivis par les enfants...

Avec mes commandos, nous avons servi de guide, d'appui et de soutien à nos « cousins » du Service action pendant toutes leurs activités. Au lieu d'être à trois jeeps, on circulait à cinq. Mes commandos et moi avions trente ans en moyenne. Nos « cousins » qui étaient comme nous en uniforme avaient quinze ans de plus : forcément, ils ne pouvaient pas passer inaperçus !

1. Superétendard : avion de chasse embarqué à bord d'un porte-avions.

L'objectif c'était, en réponse à Drakkar, de balancer contre l'ambassade d'Iran une jeep militaire chargée d'explosifs. Nous, on assurait la sécurité du commando. Ça s'est passé de nuit. Il n'y avait personne. On installe le dispositif. La mise à feu est programmée. On se met à distance. Rien. Ça n'explose pas, la jeep reste intacte. Les gars ne manquaient pas de courage. Ils m'ont dit : « Mon capitaine, t'es prêt à nous ramener ? » J'ai dit : « Vous savez ce que vous faites, les gars ? La surprise est passée ! – Ouais, mais il faut qu'on y aille. » On y est repartis, ça a duré toute la nuit, de 22 heures à 5 heures du matin. Mais là, quand on est retournés, ça s'est mis à tirer depuis l'ambassade, la surprise, c'était fini. Il y a même eu une colonne de l'armée libanaise qui est arrivée. Je me suis interposé en disant : « Non, non ! Il ne se passe rien... » Je voulais laisser au commando le temps de régler son problème comme il l'entendait. Ils pensaient tirer au lance-roquette dans la jeep pour la faire exploser. Je ne sais plus s'ils ont réussi à tirer, s'ils ont pu s'approcher de la jeep : en tout cas, la moitié de la ville était réveillée... Ça a été un flop total !

Le lendemain, le général Cann a déclaré aux autorités libanaises la disparition d'une jeep... Le chef d'état-major libanais, qu'il connaissait bien, l'a rassuré : « Mon général, nous savons que ça ne peut pas être une jeep de l'armée française ! Il s'agit évidemment d'un vol, on attend votre déclaration... » En fait, les Libanais avaient depuis septembre appris à nous connaître, ils avaient très bien compris.

On pense aujourd'hui que l'échec de l'attentat avait en fait été programmé, mais un seul des membres du commando savait que la jeep n'allait pas exploser. C'était une manière d'avertissement à l'encontre du Hezbollah. Rétrospectivement, je pense que tout cela était honteux ! Quand une formation politique comme le Hezbollah bascule dans le terrorisme de masse, qu'elle est prête à tuer soixante soldats pour faire plier, on est bien dans la poursuite de la guerre, ce n'est plus le moment de l'intox, ni avec le Hezbollah ni avec l'Iran !

Cette action a mis en danger tous les militaires qui y ont participé, pour un effet zéro. L'opération a servi à ce qu'on devienne une vraie cible. D'ailleurs notre poste, qui était aussi le PC du régiment, a sauté le 21 décembre. J'étais en patrouille à ce moment-là. L'attentat a eu lieu en fin de journée. Ça a été le retour à l'envoyeur. Un camion piégé. Le conducteur a quitté le volant en laissant sa camionnette dévaler la pente doucement vers le portail arrière du poste. Sous l'effet du blast, la sentinelle est morte, c'était le première classe Chabra. On a eu cinq ou six blessés très graves, des éclats de verre partout. Si l'attentat avait eu lieu quelques dizaines de minutes plus tôt, à l'heure du dîner, on aurait eu beaucoup, beaucoup plus de victimes.

Une semaine plus tard, mon chef de corps m'exfiltrait manu militari pour que je retourne faire en France mon stage de capitaine. Là, je peux vous dire que je lui en ai vraiment beaucoup voulu. Abandonner mes gars comme ça, alors qu'on avait sauté huit jours avant, ça a été horrible pour moi. On était trois jeunes capitaines à partir. Je nous revois survoler la ville en pleine nuit. On a fait un premier bond sur le porte-avions et ensuite on a pris l'avion à Larnaka.

On a déboulé comme ça à Carcassonne, sans sac, sans rien. J'ai fait mon stage complètement décontracté, c'était un peu mon « sas de décompression » à moi, comme disent aujourd'hui ceux qui rentrent d'opération ! Je savais que j'allais commander une compagnie de combat au 3e RPIMa. Quand on refaisait du combat urbain à Montpellier, à la ferme du camp des Garrigues ou dans les environs, je leur disais en rigolant : « Les mecs, c'est pas ça la guerre urbaine ! » À cette époque, c'était encore une armée d'appelés, on était très peu à être passés sur ce théâtre d'opérations.

Le régiment a quitté Beyrouth en février. Drakkar et le Liban marquaient le début d'une nouvelle ère. Après, il y a eu une bascule. Dix ans plus tard, ce sera Sarajevo, la bataille en ville et là, de nouveau, la population prise en otage, les snipers et les attentats sauvages.

Entretien réalisé à l'Hôtel national des Invalides, 28 janvier 2014

Le Golfe en guerre

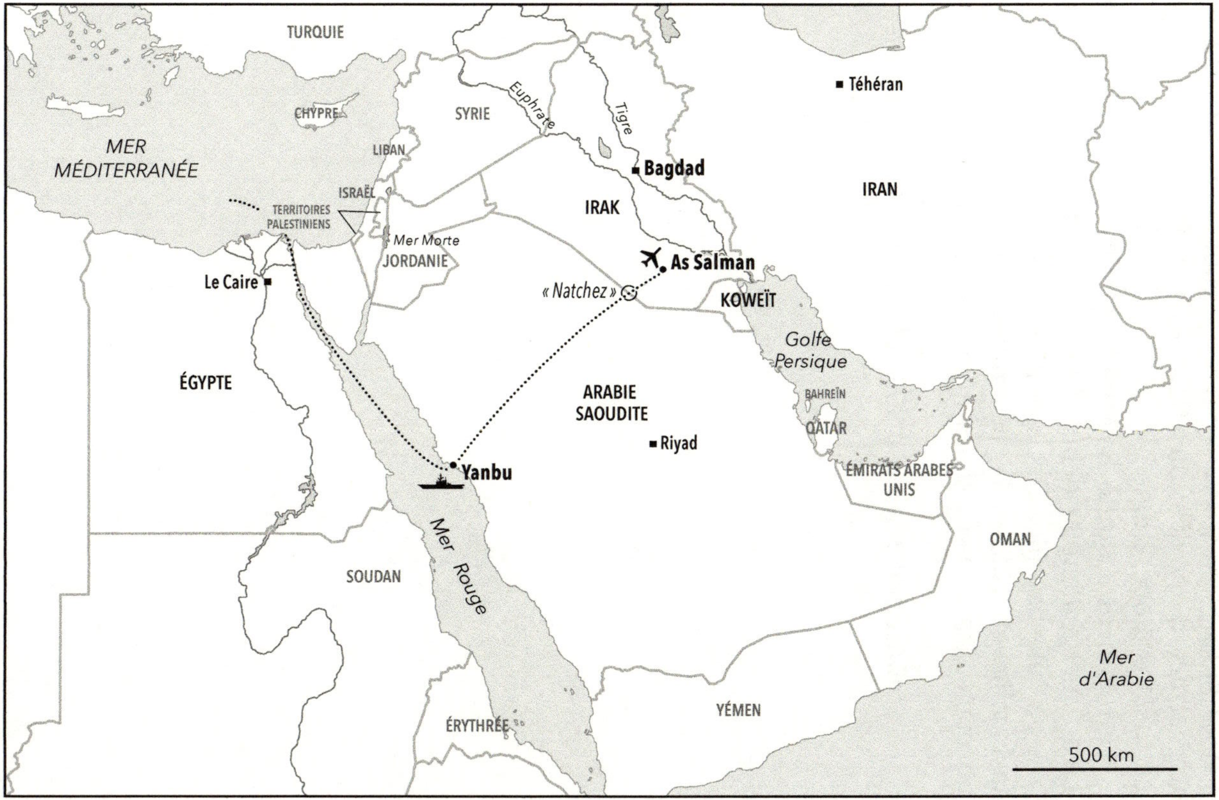

GUERRE DANS LE GOLFE
ÉTÉ 1990-FÉVRIER 1991

À la fin du XIXe siècle, les Britanniques ont établi leur protectorat sur les principautés du Golfe persique qui deviendront plus tard les Émirats arabes unis. Pour se protéger des incursions de ses voisins wahhabites, le cheikh koweïti Mubarak demande à son tour aide et protection à la Grande-Bretagne : elles lui sont accordées en 1899. Neuf ans plus tard, du pétrole est découvert dans la région. Le protectorat britannique est officiellement établi avec accord ottoman en 1913.

Au lendemain du premier conflit mondial, la SDN entérine de fait les accords Sykes-Picot signés en 1916 qui anticipent le démembrement à venir de l'Empire ottoman et attribuent à la Grande-Bretagne les régions pétrolières de l'Empire, notamment l'Irak. La délimitation des frontières des nouveaux États arabes est établie en 1922. Sur le littoral du Golfe persique, entre la côte appartenant à l'Iran et celle dévolue au Koweït, l'Irak ne reçoit qu'une bande côtière de dix-neuf kilomètres de large.

À peine l'indépendance obtenue en 1932, la monarchie irakienne revendique sans succès une révision de la frontière maritime pour désenclaver le pays. En 1941, la tentative de rapprochement du gouvernement nationaliste irakien avec l'Allemagne hitlérienne débouche sur une intervention militaire britannique et, jusqu'en 1958, la monarchie irakienne demeure l'un des pivots des intérêts britanniques et occidentaux au Moyen-Orient. Le mécontentement des nationalistes panarabes éclate en 1958. Sur le modèle de la révolution nassérienne, un coup d'État militaire renverse la monarchie, le roi Fayçal est assassiné. Le général Quassem, Premier ministre favorable aux Soviétiques, tourne le dos à l'alliance occidentale. Trois ans plus tard, l'indépendance accordée par la Grande-Bretagne au Koweït permet à Quassem de réactiver la revendication de l'Irak sur ce territoire. Il masse ses troupes à la frontière mais le 1er juillet 1961, l'envoi de troupes britanniques le contraint à renoncer à l'invasion. Pendant près de dix ans, les Occidentaux gardent leurs distances à l'égard de l'instable régime irakien dont le dernier soubresaut porte au pouvoir, en 1968, le parti Baas, prosoviétique. Saddam Hussein n'est officiellement que vice-président, mais dirige de fait le pays jusqu'à son accession à la présidence en 1979.

Entre-temps, la donne internationale a changé avec le choc pétrolier de 1973 et celui de 1979 lié à la révolution islamique en Iran. Les pays occidentaux commencent à amorcer un rapprochement économique avec l'Irak devenu un des premiers producteurs de pétrole de la région.

En 1975 est signé un accord de coopération nucléaire franco-irakien qui prévoit la construction de centrales nucléaires en Irak et en échange, la fourniture de pétrole irakien. À partir de 1979 l'obsession antiaméricaine de l'ayatollah Khomeiny, la prise d'otages de l'ambassade américaine à Téhéran et les attentats antiaméricains commandités par la République islamique convainquent les États-Unis de se rapprocher de Saddam Hussein dans la guerre que celui-ci a déclarée à l'Iran en 1980. Guerre déclarée précisément pour obtenir sur le Golfe persique, mais cette fois au détriment de l'Iran, une révision de frontières en sa faveur.

Les relations entre les États-Unis et l'Irak sont normalisées, les officiers américains renseignent Bagdad sur l'état des forces iraniennes. La caution gouvernementale de Washington permet à Saddam Hussein d'acquérir pour un milliard et demi de dollars en matériel américain civil et militaire. De leur côté, les Français vendent à l'Irak plus d'une centaine de Mirages.

Ronald Reagan feint d'ignorer l'utilisation par Saddam Hussein de gaz de combat d'abord contre les Iraniens en 1983, puis contre les Kurdes en 1988. Lorsque la guerre Iran-Irak se termine en 1988, l'Irak semble devenu pour les États-Unis un acteur clé de la stabilité du Golfe et un rempart contre les progrès de l'islamisme. Au point qu'au début de l'année 1990, l'ambassadrice américaine à Bagdad, April Glaspie, écrit au ministre des Affaires étrangères irakien que « le président Bush veut de bonnes relations avec l'Irak, des relations bâties sur la compréhension et la confiance ».

Mais l'Irak est exsangue, son voisin koweïtien plus prospère que jamais. Avec les ressources pétrolières du Koweït, la production pétrolière d'Irak avoisinerait celle de l'Arabie Saoudite… La vieille revendication frontalière sur le littoral koweïtien sert donc de prétexte aux exigences de Saddam qui conteste l'exploitation du champ pétrolier frontalier de Roumaïlia dont les Koweïtiens épuiseraient, selon lui, la ressource.

Au printemps 1990, Saddam Hussein prépare l'invasion du Koweït. Ses préparatifs militaires ne préoccupent pas les États-Unis. Le 25 juillet, alors que les divisions irakiennes sont massées à la frontière du Koweït, Saddam Hussein demande à April Glaspie ce que George Bush pense de la situation. L'ambassadrice répond : « Nous n'avons pas d'opinion concernant vos conflits interarabes à propos de la frontière du Koweït. » Le 2 août à 2 heures du matin, l'invasion commence.

En quarante-huit heures, l'armée irakienne contrôle le pays. Saddam Hussein déclare que le Koweït est devenu la dix-neuvième province d'Irak. George Bush a visiblement été pris de court par l'invasion irakienne qui remet en cause le fragile équilibre régional. L'annexion est condamnable en droit international, elle menace par ailleurs l'équilibre économique mondial en donnant à Saddam Hussein le contrôle de 20 % des réserves pétrolières mondiales.

Dès le 2 août le Conseil de sécurité de l'Onu condamne l'agression et réclame un retrait immédiat des forces irakiennes. La Ligue arabe condamne à son tour l'invasion. L'émir du Koweït en exil réclame une intervention américaine.

La CIA signale au président américain l'avancée des troupes irakiennes au Koweït vers la frontière saoudienne, ce qui est interprété comme le prélude à une deuxième phase : l'invasion de l'Arabie Saoudite. Cela suffit à convaincre le roi Fahd qui, le 6 août, autorise les Américains à déployer des troupes sur son territoire. Dans les jours qui suivent, les États-Unis commencent à envoyer des troupes dans la région. Côté français, François Mitterrand décide dès le 9 août d'envoyer dans le Golfe le porte-avions *Clemenceau* avec à son bord des hélicoptères de combat.

Durant trois mois une intense activité diplomatique et militaire est déployée pour tenter de faire pression sur l'Irak. Le 9 septembre, à Helsinki, George Bush rencontre Mikhaïl Gorbatchev. Tous deux se disent unis et déterminés à condamner l'agression, même si Gorbatchev reste pour l'heure hostile à toute intervention militaire. Le 14 septembre, les ambassades occidentales à Koweït City, dont celle de France, sont pillées par les Irakiens. Dès le lendemain, François Mitterrand lance l'opération « Daguet ». Six mille hommes, des chars légers, des avions de combat, placés sous le commandement du général Roquejoffre, sont envoyés en Arabie Saoudite. Au fil des semaines, l'isolement diplomatique de l'Irak est croissant. À la fin octobre, l'Onu a déjà adopté dix résolutions condamnant l'Irak. Le 29 novembre, la résolution 678 autorise les États membres à user de tous les moyens nécessaires au cas où les forces irakiennes n'auraient pas quitté le Koweït le 15 janvier.

Persuadés que la résistance irakienne va être acharnée, le président américain veut à tout prix éviter l'enlisement d'un nouveau Vietnam. L'opération militaire qui se prépare sera une opération alliée sous commandement américain. L'état-major persuade George Bush de privilégier l'*air war*, une guerre d'abord aérienne à base de bombardements massifs, suivie de l'invasion terrestre.

Pour préparer l'opinion, les médias américains et occidentaux reprennent en boucle les propos comparant Saddam à Hitler, évoquant ses crimes contre l'humanité : « Sa capacité à faire le mal. » L'évocation de l'armée irakienne présentée comme la quatrième armée du monde contribue à créer un climat de psychose et à convaincre de la nécessité du conflit. De son côté, Saddam Hussein menace de noyer les Américains sous des « fleuves de sang ». En cas d'invasion, sa première cible, annonce-t-il, sera Israël.

En janvier, les derniers pourparlers échouent. Le 14 janvier, Saddam Hussein le laïc appelle à la guerre sainte contre la coalition. Le 15, une ultime médiation française échoue. Le 16 janvier, l'opération « Tempête du désert » commence. Les bombardements sur l'Irak débutent le 17 janvier. Seule chaîne occidentale encore autorisée à Bagdad, CNN voit son audience exploser : un milliard de spectateurs regardent en boucle les images de bombardements alliés. Pendant trente-huit jours, les 2 400 avions de la coalition vont effectuer 35 000 missions d'attaque et de bombardement ; 85 000 tonnes de bombes sont larguées sur les installations militaires de Saddam Hussein, au Koweït mais aussi en Irak. Bassorah, Bagdad sont bombardés. En représailles, des scuds irakiens sont lancés sur Israël. Les forces américaines utilisent pour la première fois les missiles Tomahawk, des missiles antimissiles, des avions furtifs. La coalition a mobilisé 800 000 soldats dans le Golfe dont la moitié sera au combat face à l'ennemi. Les 16 000 soldats de la division Daguet sont à l'extrême ouest du dispositif, face au désert irakien. Côté irakien, les divisions de première ligne, protégées par des fossés antichars ou des tranchées remplies de pétrole, subissent un pilonnage intensif. En quelques semaines les effectifs fondent : sur les 360 000 soldats estimés de l'armée irakienne, la moitié a déserté avant même l'assaut allié. L'attaque alliée commence à l'aube du 24 février. En moins de cent heures, le dispositif irakien est mis en déroute, Koweït City est libéré. La division Daguet s'empare de la 45e division d'infanterie irakienne et de l'aéroport d'As Salman. Le potentiel militaire irakien est détruit aux deux tiers ; 86 000 soldats irakiens sont faits prisonniers. Le 28 février, Saddam Hussein accepte le cessez-le-feu, le retrait du Koweït et les conditions imposées par les alliés, pourvu qu'on lui laisse mater les deux révoltes qui viennent d'éclater dans son propre pays, celle des Kurdes au Nord et celle des chiites au Sud.

Une répression sauvage s'abat sur les minorités irakiennes. Épuisée par les années de guerre avec l'Iran, assommée par les bombardements alliés, la population irakienne entre dès lors dans un cycle de violences, de guerre civile et d'affrontements intercommunautaires, qui dure jusqu'à aujourd'hui.

Désert saoudien, hiver 1990

Patrice, vingt-sept ans, chef de peloton de chars

J'ai une lourde hérédité : je suis fils et petit-fils d'officiers. À vingt-trois ans, quand je me suis marié, j'avais déménagé dix-sept fois. Ni mon père ni mes grands-parents ne m'avaient poussé dans la carrière militaire, en me disant : tu seras officier, mon fils, tu feras Saint-Cyr. J'avais fait des études de chimie. Le chromosome kaki s'est réveillé quand j'ai fait mon service militaire en tant qu'aspirant. Là, je me suis vraiment épanoui. Le commandement des hommes, j'ai senti que ça devait être mon métier.

J'ai fait les EOR[1] à Saumur en 1984. Après je suis allé au premier régiment de spahis pendant trois ans comme aspirant, sous-lieutenant, puis lieutenant. Je suis rentré entre guillemets dans l'armée par la petite porte, d'abord comme officier de réserve, puis, grâce à ma licence de chimie, comme officier d'active. J'ai rejoint mes camarades, qui sortaient de Coëtquidan, à Saumur pendant un an et, en 1989, j'ai choisi de nouveau le 1er spahis, le régiment de mon cœur dans lequel j'ai servi encore pendant trois ans comme chef de peloton de blindés légers. C'était à l'époque, avec le 1er régiment étranger de cavalerie, un des deux régiments blindés de la 6e DLB[2], l'état-major était à Nîmes.

---

1. EOR : cours des élèves officiers de réserve.
2. DLB : division légère blindée.

En août 1990, je suis avec mon escadron à Mayotte. Début août, c'est l'invasion du Koweït. Tout début septembre, c'est le déclenchement de l'opération « Daguet ». Nous, au fin fond de l'océan Indien, on voit les gros titres de la presse, la radio, on écoute la télé. On vit l'actualité en trépignant, parce qu'en l'espace de soixante-douze heures, nos petits camarades du 1er spahis sont montés en puissance pour partir. On appelle nos femmes en disant : « Putain, c'est dégueulasse, les petits copains ils s'en vont et nous on fait les cons à Mayotte, on se promène, on fait de la nomadisation... »

Surtout, à la une du *Dauphiné* qu'on recevait à Mayotte, on voit les engins du 1er spahis peints en sable. Je vois mon camarade Jacques Ducrocz, qui se pavane sur mon 10 RC[1]. Nous les cavaliers, on est assez accrochés à notre engin, c'est l'engin de l'équipage, on le bichonne. Le mien, la fin de l'immatriculation c'était 191 et son nom Naplouse. Les blindés sont baptisés du nom de lieux qui retracent l'histoire du régiment. Naplouse, c'est parce que le régiment avait fait la campagne de Syrie, juste avant la Seconde Guerre mondiale. En première page du *Dauphiné*, la photo avec comme légende : « Les spahis partent dans le Golfe. » Ça m'avait doublement vexé, le régiment dans la première vague de « Daguet » et en plus mon 10 RC sans moi ! Fin septembre on rentre de Mayotte, on y était depuis quatre mois.

On arrive à Valence un dimanche. Le régiment est déjà parti, il n'y a plus qu'une base arrière commandée par le commandant en second. À midi, le commandant en second nous reçoit. « Voilà, nous dit-il, vos camarades étaient en train de manœuvrer ou en permission, leurs engins étaient en révision. On leur a donné l'ordre de partir dans les trois jours avec des blindés nickel. En

1. Engin blindé AMX 10 roues.

soixante-douze heures, ils pouvaient pas être prêts. Ils ont pris ceux qui étaient prêts. » À Mayotte, nous on était à pied. Avant de partir, on avait stocké nos engins, on avait eu une revue des matériels et nos engins étaient dans les garages, bien graissés, tout propres, tout beaux, prêts à partir le cas où. Nos petits camarades avaient pris nos engins. Ils nous avaient laissé douze 10 RC en mauvais état, douze poubelles. Le commandant en second a ajouté : « Ils sont partis et, pour vous, la mission, c'est de les rejoindre le plus tôt possible avec les douze engins qui restent. On vous laisse rentrer, voir vos familles deux heures et, à 14 heures, tout le monde est sur le pont, en combinaison d'entretien et en avant ! » Et tout ça, un dimanche !

Pendant une vingtaine de jours, on se démène comme des beaux diables pour mettre à niveau les engins, chercher un peu partout des pièces en France, même en Allemagne. Ces 10 RC, ils avaient déjà une bonne vingtaine d'années ! L'AMX 10 RC c'est un engin qui a six roues sur pneus, un système hydraulique, qui monte et descend et qui peut faire de l'amphibie. Dessus, il y a un canon de 105 mm. L'équipage, c'est quatre personnes : un pilote dans la caisse, et, dans la tourelle, un tireur, un chargeur, un chef d'engin. Moi, je suis chef de peloton, je commande trois engins 10 RC et une escouade avec trois P4, des Peugeot (comme des jeeps), et un camion pour transporter le matériel logistique. Dans un peloton, on est vingt et un. Un lieutenant, trois sous-officiers, et dix-sept soldats, dix-sept spahis.

Donc on passe une bonne vingtaine de jours, le temps de mettre en place le départ. On a un week-end libre sur les trois semaines, pour voir un peu nos familles, et puis on part. Les engins par bateau depuis Toulon, nous par avion, depuis Istres.

On atterrit à Yanbu, pas très loin de Djeddah, sur la côte de la mer Rouge. Sur le port de Yanbu, je retrouve mon père qui est attaché militaire de défense en Arabie Saoudite. On récupère nos engins au bout d'une semaine. Nos petits camarades sont à plusieurs centaines de kilomètres, de l'autre côté de l'Arabie Saoudite, en attente en plein désert, près du camp du roi Khaled. C'est là qu'est déployée toute la division Daguet. Yanbu, c'est un port, une grosse base où arrivent les renforts, la logistique qui alimente la division Daguet. À l'époque, en 1990, il était pas question d'envoyer des appelés, il ne fallait envoyer que des unités professionnelles, les unités de la Force d'action rapide qui existait depuis 1984, des régiments entièrement professionnalisés. Pour rejoindre la division, sept cents à huit cents kilomètres plus loin vers la frontière nord avec l'Irak, on met les chars sur de gros porte-engins conduits par des Saoudiens. La route est très large, quatre, cinq voies, très bien goudronnée. Premières angoisses : les Saoudiens conduisent comme ils ont envie, ne respectent pas les distances réglementaires, se doublent et je ne sais plus du tout où est le reste de mon peloton. On bivouaque le soir et, miracle, tous les camions sont alignés, les chauffeurs saoudiens se sont arrêtés pour faire leurs prières, leurs ablutions, pour manger, en dépit de tout ordre carré qu'en bon militaire on a l'habitude d'avoir pour faire des mouvements de grande ampleur… Bivouac, deux journées de route, on arrive.

Le régiment est en place depuis à peu près un mois. Il ne s'est rien passé à part la campagne aérienne. Les avions français venaient des Émirats, les avions américains, de partout. Il y avait les porte-avions, l'aéronavale et on a bien bombardé les positions irakiennes. Le camp du roi Khaled, c'est une base militaire saoudienne avec des bâtiments, des commerces, mais on n'y stationne pas. On est dans le désert et c'est déjà une configuration rustique. On est organisé en olives régimentaires, grosso modo, le PC du régiment au milieu, tous les escadrons face au nord, l'escadron de logistique face au sud. Tout autour, un merlon d'à peu près un mètre cinquante avec des chicanes pour rentrer dans la base. La seule menace dont on nous parle alors, c'est la menace terroriste. On nous dit : « Attention, des 4x4 de bédouins vont peut-être essayer de pénétrer le dispositif pour se faire exploser sur vos engins... » Il y a aussi les scuds, la menace scud est chimique. À l'époque, on nous explique que les satellites américains sont capables de détecter le moment où les réservoirs de combustible des scuds sont en préchauffage, au moins trois quarts d'heure avant le départ du missile. Aussitôt la chaîne d'alerte se met en route et ça redescend jusqu'à nous. Dès qu'il y a alerte rouge, on se met en configuration NBC[1], et clac on se referme dans nos engins, prêts à recevoir le scud. On est protégés des effets chimiques, pas forcément des radiations. Dès qu'on a fermé, le joint de tourelle se gonfle pour rendre l'engin hermétique. Le blindé est pressurisé, nous on a la combinaison de protection. Toute l'industrie d'armement française s'est mise à notre disposition. Nous sommes équipés comme il faut, avec les premières caméras thermiques. On a aussi perçu des obus-flèches plus performants que les obus à charge creuse, et qui sont censés transpercer encore mieux les blindages et à très grande vitesse.

Jusqu'à la mi-janvier, les alertes scuds sont les seules menaces. On est encore à deux ou trois cents kilomètres de la frontière. Du Koweït jusqu'au nord-ouest de l'Arabie Saoudite, il y a un certain nombre de divisions américaines avec la division française sur l'aile gauche. La division Daguet est le flanc garde de l'opération américaine. On n'a personne sur notre flanc gauche. On passe

1. Alerte NBC : alerte nucléaire bactériologique chimique.

presque trois mois et demi dans cette zone désertique à se préparer à l'engagement.

Et, d'abord, il faut occuper les hommes. On les entraîne à faire de l'identification, on a des comptes rendus quasiment tous les jours, un point de situation renseignement qui nous permet de dire : « Face à vous, il y a telle division irakienne, tant d'engins embossés à tel endroit. Les positions d'artillerie sont là. On entraîne le régiment à la manœuvre, en plein désert, un désert mixte, de sable et de pierres, très peu de dunes, du sable dur, quasiment tout plat. Deux ou trois jours par semaine, on manœuvre en plein désert, on fait des raids blindés, sur cinquante, cent bornes. De jour, de nuit. On a de mauvaises cartes, les premiers GPS, de grosses boîtes comme ça mais qui sont pas du tout fiables. On se perd souvent. Nos blindés, les 10 RC, ce sont vraiment les Rolls Royce du désert, le seul risque, c'est la crevaison. Pendant l'engagement, moi j'ai crevé trois fois ! On fait aussi du tir, on teste nos obus-flèches. On n'a pas de cibles, bien sûr, on s'entraîne sur des fûts remplis de sable. On simule des attaques. Le régiment a un escadron de VAB Hot, des blindés lance-missiles qui tirent à quatre mille mètres. Il y a un régiment d'hélicos aussi, avec des Gazelles, équipées de missiles. On met au point l'affrontement avec les colonnes blindées irakiennes, les VAB Hot tirant sur le début de la colonne ennemie, les 10 RC attaquant sur les flancs et se retirant rapidement avant de réattaquer. Mais pendant ces trois mois et demi, on ne sait pas s'il faut attaquer, si on va attaquer. On se tient au courant des négociations politiques qui disent tantôt on y va, tantôt on n'y va pas. On suit les infos sur RFI. On nous dit que l'armée irakienne est la quatrième ou cinquième armée du monde. Une armée extrêmement bien entraînée, bien équipée, avec du matériel de guerre électronique, des armes chimiques. Toutes les semaines, on reçoit le courrier de nos familles, qui nous écrivent que c'est la troisième guerre mondiale. On nous a prévenus : « Si vous rentrez en Irak, vous allez prendre une raclée. » Je sais qu'il y a certains officiers qui ont envoyé des testaments à leur femme, des trucs comme ça... Mais honnêtement, pour moi personnellement, il n'y a pas de stress. On est soldats, on se prépare, on est surentraînés. Sauf que, quand on tourne en rond, qu'on est bloqués sur le bivouac, avec pas tant d'activité que ça, que rien ne se passe sinon l'attente, ça finit par devenir extrêmement pesant. Toutes les nuits, on entend les avions qui passent, on sait qu'ils bombardent, qu'ils sont en train de saper le moral des Irakiens qu'il y a en face, mais nous, on ne voit pas d'ennemis, personne. C'est le désert des Tartares. Avec simplement quelques bédouins, leurs chameaux, les femmes tout en noir.

Le gros souci pour le jeune lieutenant que je suis, c'est d'entretenir la cohésion et le bon moral de mon peloton. On continue à faire un peu de sport, mais à cause des menaces scuds, NBC, derrière les vingt bonshommes qui courent, il y en a toujours un qui conduit la jeep avec à l'arrière les combinaisons de protection en cas d'alerte.

On dort sous tente, les fameuses tentes 56 qui datent de 1956, avec les tubes métalliques, pas très confortables. Pour mon peloton, il y a deux tentes, deux grandes tentes 56, une dizaine par tente, le chef de peloton a le privilège d'avoir une petite tente 54, toute petite, la tente du chef, et deux tentes mises bout à bout qui servent de zone de repas. Pour l'alimentation en eau, tous les jours, le conducteur du camion va remplir la citerne d'eau à la base logistique arrière. La nourriture ? C'est essentiellement des rations. Au début, le commissaire du régiment a essayé de s'approvisionner sur les marchés locaux en fruits, en légumes, en viande de chameau, mais ça a été désastreux. Il y a eu une tourista monumentale et même une période très critique avec une épidémie de varicelle. On essaie d'agrémenter notre quotidien avec le fameux système D, gaulois, typiquement français. Pendant plusieurs semaines, on n'avait pas de douches. L'adjudant d'escadron, le monsieur débrouillard de l'escadron, récupère des motos-pompes NBC, qui permettent de rincer les engins et les personnels après une attaque chimique, il installe un système sous une tente en creusant un bac dans le sable, une espèce de piscine, avec des néoprènes. Les tubes métalliques qui traversent la tente, il les perce, un peu comme les pommeaux de douche, l'eau passe dans les tubes avec sa moto-pompe ! Bon, l'eau était pas chaude mais au moins la douche pour le peloton quasiment tous les jours, ça nous semble un grand luxe !

Tout est bon pour tuer le temps. Je lis le bouquin d'Agatha Christie que ma femme m'a envoyé : *Rendez-vous à Bagdad* ! Au bout de deux ou trois mois, un grand mouvement de solidarité nationale se met en place. On commence à recevoir beaucoup de colis. La période de Noël approche. Pour entretenir le moral, des associations comme « Un soldat dans le Golfe » mettent en place des correspondances avec des marraines de guerre ! C'était vraiment la première opération de l'armée de Terre française depuis fort longtemps, en dehors des troupes professionnalisées qui dans les années 1980 avaient fait le Tchad ou le Liban. Un de mes spahis, sa marraine de guerre est une jeune fille, licenciée de lettres modernes. Et lui, il est pas complètement illettré mais presque. Comme il a honte d'écrire, il me demande de faire les lettres à sa place. Ils se sont mariés après. J'ai encore des nouvelles. Ils sont toujours mariés, ils ont quatre enfants...

À l'époque, avec ce que disent les médias, ma femme est très angoissée, mes beaux-parents aussi. Je me souviens d'une réflexion de ma belle-mère quand je suis rentré : « Quand je vois la bonne mine que tu as et le souci que je me suis fait pour toi, c'est dégueulasse ! » On écrit pour rassurer : « Tout ce qui se raconte, c'est faux, pour l'instant tout se passe bien, ne vous inquiétez pas. » Rassurer, c'est l'objet prioritaire de nos lettres. À part le courrier, il y a aussi le téléphone. De temps en temps, on va au camp du roi Khaled à trois quarts d'heure de piste. Il faut faire deux heures de queue pour accéder à une cabine téléphonique. Ça coûte la peau des fesses, cinquante francs la minute. On parle trois minutes à nos chères et tendres et puis c'est tout. Au mois de décembre, un journaliste du Sirpa[1] vient faire un film sur le peloton, un petit reportage d'une dizaine de minutes, *Courrier d'Arabie*. Il a une valise satellitaire téléphone. Pour nous remercier, il dit au peloton, aux vingt et un : vous avez chacun trois minutes pour appeler vos familles. C'était sympa, en plein désert...

Mi-janvier, arrive le moment où on se déploie face à la frontière irakienne. Là, on monte d'un cran. On quitte le camp du roi Khaled. On nous dit : « Ça y est, on part à la guerre ! Plus de logistique. Vous vous débrouillez. Vous prenez tout ce que vous pouvez et on brûle tout. » On brûle ce qui reste du bivouac, on enterre tout et on part, cette fois-ci sur la frontière irakienne. Le premier spahi est déployé face au fameux poste-frontière Natchez. La frontière ? Il y a un thalweg, avec un oued au fond qui est à sec. Au-dessus, pas de végétation, de l'herbe à chameau, un dénivelé de cent, cent cinquante mètres et une ligne de crête qu'on voit bien, avec une piste qui monte en zigzag jusqu'au poste-frontière, un fortin qui se découpe sur l'horizon, avec un drapeau irakien.

De l'autre côté, c'est l'Irak, à environ sept kilomètres. Toutes les forces alliées sont déployées face à la frontière.

1. Sirpa : Service d'information et de relations publiques des armées.

Le 1er spahis est en première ligne, sur l'aile gauche, disposé sur cinq kilomètres, mon peloton sur au moins cinq cents mètres. De jour, avec la réverbération, on ne voit pas grand-chose mais de nuit, avec ma caméra thermique, je vois très bien le poste-frontière. L'ennemi ? En fait, il y a quasiment pas d'ennemis, c'est des mecs à pied, des gardes-frontières, on voit aucun mouvement de troupe. On ne voit pas mais le renseignement nous informe que face à nous il y a tel et tel bataillon de chars. Les bombardements aériens continuent. Ils sont maintenant doublés de tirs d'artillerie, des batteries de M109 américains. Ils sont à l'arrière de nos positions, à trois ou quatre kilomètres. Le sol vibre et la première fois que ça tire, vous vous demandez si c'est les Irakiens qui vous tirent dessus… On reste là pendant plus d'un mois, du 16 janvier au 23 février. Sans bouger, face à l'ennemi.

On s'est embossés. On a creusé le sable pour cacher les engins dans des trous. Il y a juste que la tourelle qui sort. On n'a plus de tentes, on n'a plus rien. Pour la flotte on a quand même la logistique qui nous apporte la citerne, mais c'est tout. Là ça va durer presque un mois. Avec nos pelles, on s'est fait une espèce de terrier, qu'on a recouvert avec la bâche du blindé, on a mis un tapis de sol. La zone vie, elle fait trois mètres sur deux. Il y a un premier trou en avant, où on peut se tenir assis, on fait la tambouille, on peut mettre notre réchaud et cuisiner nos rations. Au-dessus, on fait une sorte de petite mezzanine où on peut s'allonger, tous les quatre, côte à côte sur des tapis de sol. On bivouaque là-dedans, on y dort. La nuit, on s'y protège du froid, parce qu'on a même eu du gel. Le jour, on est dans nos engins. Sur les 10 RC, il y a une lunette chef : c'est une sorte de périscope sur le haut de la tourelle qui tourne à 360 degrés et grossit huit fois. On est en mission d'observation. Les quatre membres de l'équipage se relaient vingt-quatre heures sur vingt-quatre sur cette lunette pour observer la frontière. Quand les unités américaines d'artillerie tirent, leurs observateurs viennent sur nos positions, on parle un peu avec eux, on échange nos rations, parce que nous, ça fait trois mois et demi qu'on mange les rations, du mouton haricots, des trucs comme ça, on en a marre. Les Américains sont très friands de nos barquettes de plats cuisinés, et on échange contre ce qu'ils appellent des MRE, des Meal Ready to Eat, essentiellement lyophilisés, des spaghettis bolognaise qu'on mange à la paille, ce n'est pas très bon mais ça change notre goût. Pour tout l'escadron, cent vingt mecs, il y a une douche de campagne à un kilomètre et demi derrière nous. On va se laver une fois par semaine. Dans l'escadron, il y a un dispositif d'écoute, de guerre électronique avec une équipe américaine et une femme sous-officier. Comme tout le monde, elle va à la douche une fois par semaine. La douche est à l'air libre, visible de tous. Inutile de dire qu'à ce moment, les lunettes de tourelle ne sont plus tournées vers le désert mais dans sa direction…

Après son briefing avec le chef de corps, le capitaine nous dit : « On est toujours à J–2. » À partir du moment où l'alliance décide de rentrer en Irak, on passera à J–1, on aura notre ordre d'opération et on pourra se mettre dans tel ordre de bataille pour attaquer l'Irak. En fait, c'est une période assez tendue parce que les mecs attendent mon retour pendant trente jours, je rentre et je leur dis : « Les gars, on est à J–2, ça n'a pas bougé. » Si ça se trouve, demain, on va nous dire : vous pliez vos gaules et vous rentrez ou bien demain matin, J–1, dans vingt-quatre heures, on rentre en Irak.

Et là, le stress s'installe. On n'est pas au contact, on ne voit pas l'ennemi mais on voit la frontière. L'artillerie américaine, et c'est autre chose que les avions, tire pratiquement tous les quarante-huit/soixante-douze heures. Ils tirent sur des unités irakiennes qui sont sur une profondeur de dix kilomètres après la frontière. Il n'y a pas de riposte. Pendant ce gros mois, c'est l'attente encore plus intense que ce qu'on a vécu trois mois avant au camp du roi Khaled. Toutes les nuits, deux pelotons de reconnaissance qui étaient assez autonomes s'avançaient au plus près du poste-frontière, à environ deux ou trois kilomètres pour observer les mouvements avec les caméras thermiques de leurs Milans. Derrière, à trois kilomètres, les pelotons du spahi allaient à tour de rôle se placer en appui. Une nuit, ça devait être le 11 ou le 12 février, je suis en position pour soutenir le peloton de reconnaissance. Comme on est sur la frontière, la consigne est de ne pas parler sur le réseau radio, silence radio sauf contact et événement grave. Le chef du peloton de reconnaissance voit tout à coup des fantassins descendre du poste-frontière. Panique à bord. Il rend compte sur le réseau radio de la division sans m'informer. « J'ai un groupe de fantassins qui descend sur ma position, demande conduite à tenir. Je ne peux pas tirer, j'ai des armes légères d'infanterie mais pas pour tirer de nuit. J'ai juste le missile Milan. » Ordre lui est donné de tirer le Milan sur le groupe de fantassins. Il tire. Moi, j'entends quasiment rien parce qu'un Milan, ça siffle comme ça et puis après, si ça touche un impact, ça fait du bruit, mais là, en l'occurrence, il a dû passer au ras de la tête d'un Irakien et taper dans le sable. Il rend compte. « Le groupe s'est éparpillé, je sais pas où ils sont, je ne peux pas aller au résultat. » L'état-major de la division décide de tirer à l'artillerie. La batterie d'artillerie est à deux kilomètres derrière moi. Elle tire. Alors là ! Quand vous ne savez pas que vos amis vont tirer, pendant trente secondes, en pleine nuit, c'est la panique ! Mes petits mecs de l'escouade qui ne sont pas sous blindage foncent me voir : « Mon lieutenant ! On nous tire dessus ! » On reprend nos esprits. Mon tireur me dit : « Non, non ! Ça tire sur Natchez ! » Avec la caméra thermique, on voit les obus arriver sur le poste-frontière, boum, boum ! Pendant une dizaine de minutes le sol tremble encore plus que quand les batteries américaines tirent. J'ouvre le réseau radio, je rends compte à mon capitaine : « Qu'est-ce qui se passe ? – Vous inquiétez pas, c'est la division qui a donné l'ordre de tirer. Tout est sous contrôle... » Voilà, une belle trouille et une organisation du commandement complètement foireuse, parce que moi, j'avais tous les engins, et tous les moyens qu'il fallait pour attaquer, pour neutraliser des fantassins. La division avait mis un pion là et un pion là, et ces deux pions étaient incapables de se parler !

Une semaine après, on se retrouve, les quatre chefs de peloton avec le capitaine dans son VAB. Je revois très bien ce moment où il arrive avec un demi-sourire : « Ça y est, nous dit-il, on est à J–1. » C'est paradoxal mais c'est une forme de soulagement, même de plénitude de dire : « Ah, enfin ! » Ça fait un mois qu'on se prépare. Tout est prêt, ça va enfin bouger, on va passer à l'action. Je crois qu'on aurait été aussi contents si on avait dit : vous rentrez à la maison, parce que ça faisait tellement longtemps... La nuit qui précède, je dors. Honnêtement oui, j'ai pas souvenir d'avoir gambergé.

On est rentrés en Irak le 23 février. L'action s'est déroulée sur quatre jours. Ça commence de nuit, très tôt le matin en fait. On fait mouvement dans la nuit, vers 2, 3 heures, pour aborder le poste-frontière à l'aube. L'ordre tombe à la radio : en avant. Il y a une demi-heure de route pour rejoindre Natchez. Je suis en tête de l'escadron, parce que je suis le premier peloton du premier escadron du 1er spahis. Dans la nuit, le poste frontière a été neutralisé par les forces spéciales, de toute façon, il n'y avait quasiment plus personne. La piste est escarpée, la division passe à la queue leu leu au niveau du poste-frontière. Ensuite, on se redéploie pour aller en direction de l'objectif qui est plus au nord, l'aéroport d'As Salman. On doit l'avoir dépassé dans trois jours.

Passée la frontière, le paysage reste identique, le désert, mais là, il y a des positions ennemies qu'on voit distinctement. On voit exactement, au blindé près, ce que le renseignement nous avait indiqué et qu'on avait noté sur nos cartes, là, j'ai un MTLB[1], là j'ai un T55[2] qui est embossé, là j'ai un PC de compagnie... Quand on arrive, le dispositif ennemi n'est plus occupé. Il n'y a que de petits nœuds de résistance, quasiment plus rien. Chaque peloton avance, on fait exactement ce pour quoi on s'est préparés plus spécialement pendant quatre mois, mais aussi tout au long de notre vie de soldats, tout ce qu'on a appris pour l'engagement. L'adrénaline est à 300 pour cent, on est dans l'action. Tout se passe bien. On est un peu sur nos gardes parce que le terrain est extrêmement pollué par une multitude de sous-munitions, de postes piégés. Nos chefs nous ont dit qu'on allait peut-être détruire des stocks chimiques et on nous a donné de la pyridostigmine, des cachets, qu'on doit prendre toutes les six heures contre les gaz neurotoxiques. Toutes les positions irakiennes sont embossées. Ils sont dans leurs trous. Il n'y a que nous qui bougeons. Quand on a face à nous des engins embossés, on demande un tir d'artillerie, boum boum boum ! On observe le tir d'artillerie, ça commence à bouger, ça riposte un peu, l'ALAT[3] arrive : boum boum boum ! Ça balance les missiles, et après nous on tire ; je me souviens plus de mon indicatif, les rouges, machin, feu ! on tire ! et puis pouf, drapeau blanc... Après, les blindés s'approchent de la position,

1. Véhicule de transport de troupes soviétique.
2. Char soviétique.
3. ALAT : aviation légère de l'armée de Terre – les hélicoptères.

les jeeps, les P4 viennent derrière. Et une fois qu'on est à deux cents, trois cents mètres des positions, nos fantassins de l'escouade investissent la position et font les prisonniers.

Les premiers prisonniers que je vois, c'est des pauvres soldats dans leurs trous, il n'y a quasiment aucun sous-officier, aucun officier, ils ont été abandonnés par leurs chefs. Ils sautent sur nos rations, ils ont plus d'eau, ils ont plus rien. Le peloton a fait, je crois, une vingtaine de prisonniers.

On est en terrain ennemi, on progresse sans anicroche. Le stress, il vient après, quand l'action est terminée. La première nuit, on est en plein désert, sur une position à peu près sécurisée, tout le monde est aux aguets à surveiller. Rétrospectivement on se dit, mince, t'as vu comment t'es rentré en Irak ? Alors qu'on t'avait dit que c'était la quatrième armée du monde ! On a encore une centaine de bornes avant d'atteindre As Salman. En fait, on n'a plus ni route ni piste, rien que des cailloux et du sable. C'est pour ça que je vais crever trois fois en une journée.

On n'est pas pris à partie, ou uniquement par des armes légères d'infanterie, des AK47[1], des barouds d'honneur de petites poches de résistance, quelques irréductibles qui accrochent les gars de mon escouade, mais on n'a pas de blessés. Tout se déroule affreusement normalement, j'allais dire. À un moment, on est sur une position, on vient de récupérer des prisonniers, je vois un de mes spahis ramasser une espèce d'orange métallique dans sa poche, c'est une cluster bomb, les Américains en balancent des containers de ces petites bombinettes qui polluent le sol, quatre à cinq cents sur une centaine de mètres carrés. Le champ de bataille est vraiment dévasté, il y a plein

1. Fusil de fabrication soviétique, le plus répandu au monde.

de carcasses d'engins détruits, de véhicules abîmés. Le réflexe de nos soldats, c'est de garder des souvenirs, j'ai la tête hors de ma tourelle et je l'engueule : « T'es con ou quoi ? Fous moi ça en l'air ! » Il la jette et boum ! Le truc explose !

Tout le long de notre progression, on voit quelques blessés irakiens, notamment un avec un bras arraché qui s'était soigné et n'avait pas l'air de trop souffrir, des morts aussi, beaucoup de cadavres : mais c'est le résultat des tirs d'artillerie, des bombardements. Leurs premières lignes ont été laminées par les bombardements, c'est pour ça qu'on est rentrés comme dans du beurre. J'ai pris quelques photos de ce champ de bataille dévasté, des engins irakiens complètement carbonisés. Des blindés carbonisés, avec l'équipage, les cadavres qui sortent des portières explosées, un paysage de désolation. On voit sur les clichés les rafales d'obus de 30 de l'A10, un avion américain qu'on appelle le chasseur de chars, équipé de mitrailleuses à obus de 30 mm en uranium appauvri. Un avion extrêmement maniable, qui lance une première rafale, fait un looping rapidement et revient après. Pendant quatre mois de bombardements, ils ont pris tellement d'obus sur la gueule en restant embossés dans des abris un peu minables, c'est pour ça qu'ensuite, nous, on est entrés comme dans du beurre.

Deux jours après, on arrive à As-Salman, un carrefour de routes important, un dépôt de munitions, d'essence, un gros point névralgique qui était l'objectif de la division Daguet. Là, c'est le feu d'artifice, tous les escadrons sont à l'artillerie, tout le monde tire. Il y a une résistance. Ce n'est pas la garde républicaine, elle n'est plus là depuis un moment, ce sont des divisions irakiennes de seconde zone.

Les seuls ennemis qu'on rencontre, ce sont des combattants à pied qui font le baroud d'honneur. Les équipages irakiens ont abandonné leurs blindés. On tire pour finir le travail, détruire tout ce qui reste encore debout. Face à nous, c'est pas une armée organisée, c'est la déroute. On n'a eu ni blessés ni tués. Les seuls tués, ce sont des mecs des forces spéciales qui se sont fait péter dans le fort d'As-Salman avec un container de munitions piégé. Je crois qu'il y a eu deux ou trois morts, un caporal-chef et peut-être deux sous-officiers, mais ce sont les seuls pour faits de guerre. Il n'y a pas eu d'autres morts à Daguet dans les troupes combattantes.

Le troisième jour, au moment où on se dispose au nord d'As-Salman, une tempête de sable se lève. On n'y voit pas à trente centimètres, on est complètement bloqués, scotchés. Les mécanos de l'escadron sont en train d'intervenir sur un blindé et tout à coup ils tombent sur trois Irakiens avec un lance-roquettes, cachés dans un trou, en pleine tempête de sable. Ils ont heureusement beaucoup plus envie de se rendre que de se battre. Au moment où la tempête de sable s'arrête, la nouvelle tombe : cessez-le-feu ! C'est fini. Quoi, on ne va pas à Bagdad ? On ne va même pas aller jusqu'à l'Euphrate ? Énorme frustration ! On se met face au nord, en dispositif de défense, au cas où...

À un moment, face au peloton s'amène un bédouin avec sa famille, deux, trois enfants, ses moutons, son chameau. Tous les bédouins, dans ce coin-là, ont un fusil de chasse. Lui, c'est une espèce de pétoire pourrie. Les gars de mon peloton s'approchent, veulent le désarmer. Mon adjoint doit lui enlever l'arme de force et j'ai l'impression qu'on est en train de lui arracher sa vie. Il comprend que je suis le chef, se jette à mes pieds, complètement désemparé, à me faire des salamalecs, à réclamer son vieux fusil tout rouillé. Ce n'était pas les consignes, mais je lui ai rendu parce que la scène était complètement décalée : en plein désert, au milieu de nulle part, des soldats français qui étaient stoppés là sans plus trop savoir pourquoi, et puis là, ce pauvre mec qui sait peut-être même pas qu'il y a la guerre, qui sait même pas que les Américains ou les Français ont investi l'Irak, qui continue à vivre sa vie, à nomadiser… *Yalla, yalla,* il est reparti tout content, mais s'est vite sauvé en se disant pourvu qu'il change pas d'avis…

Je n'ai pas fait le bilan exact de mon peloton, mais il y a trente-six obus dans la tourelle. Pendant les cinq jours de combat, je crois que tout le peloton a dû tirer cinquante-trois ou cinquante-quatre obus. Il n'y a quasiment pas eu de combats. On a fait le coup de feu parce qu'on nous demandait de tirer pour faire de la « prévention », mais il n'y a pas eu de contacts avec un ennemi dynamique, virulent. Ceux qui racontent qu'ils ont eu des combats de chars ne sont pas honnêtes. Je pourrai très bien dire que j'ai détruit un char. J'ai tiré sur des chars, oui, mais il n'y avait pas d'équipage dedans. Alors, c'est vrai, j'ai des camarades qui ont essayé de vendre leurs films à CNN en faisant croire qu'ils avaient abattu, descendu je ne sais combien de chars T55. Quand on est rentrés en Irak, ils avaient filmé au caméscope les blindés détruits. Il n'était pas très difficile ensuite de dire que c'étaient leurs propres faits d'armes. Il y a aussi ceux qui évoquent les Irakiens qu'ils ont égorgés ou tués. En réalité, on a très bien fait notre travail, ça s'est bien passé, mais on n'a pas connu le combat de haute intensité. Après le cessez-le-feu, bien sûr, il ne fallait pas ramener de munitions, cela coûtait trop cher de les reconditionner pour qu'elles repartent en France. On ne pouvait pas non plus les laisser sur place. On s'est fait plaisir, on a vidé les soutes. On a tiré sur les carcasses de chars dans lesquelles il n'y avait personne… On a même mis des fûts d'essence dedans pour intensifier l'effet. On a filmé. Une des images montre la tourelle d'un T55 transformée en boule de feu ! Très spectaculaire ! Mais c'était après le combat, à l'entraînement...

On reste encore une petite semaine sur place avant de repartir en Arabie Saoudite. On rembarque nos blindés sur les porte-chars saoudiens civils, direction Yanbu, et là, on rentre en ferry. On sent la lassitude, l'envie de rentrer rapidement. On a glandé quatre mois et demi, quatre jours d'adrénaline à 300 pour cent et puis après le soufflé retombe. Pas d'euphorie mais le plus important, c'est que tout s'est bien passé. On a utilisé nos moyens le mieux possible. Pour moi, maintenir la puissance opérationnelle, la cohésion et le moral de mon peloton pendant cinq mois, ça a été vraiment une grande aventure humaine. Avec mes hommes, on s'est pas quittés ces cinq mois, on a tissé des liens très forts, c'était vraiment exaltant.

Dix jours de bateau, canal de Suez, traversée de la Méditerranée, arrivée à Toulon où l'on doit défiler. On est au tout début avril, on récupère nos engins, on se met tout beaux dans le 10 RC avec nos treillis sable et on défile sur la grande avenue de Toulon qui passe devant la rade. Et là, une foule considérable ! Six rangées sur les trottoirs, des gens avec des drapeaux français sur les balcons ! On prend l'autoroute et jusqu'à Aix, sur toutes les passerelles d'autoroute, il y a un monde fou, des gens qui agitent des petits drapeaux, les bagnoles en face klaxonnent, balancent des appels de phares. À Valence, l'accueil est encore plus incroyable. Une partie du régiment y est arrivée avant nous. La foule est massée dans les rues, des jeunes, des vieux avec des drapeaux, les gars sont acclamés, on s'arrache leurs bérets. La nuit tombe quand on arrive à proximité de la ville, il est trop tard pour défiler. On bivouaque comme des cloches sur nos tourelles sur un parking d'autoroute et le lendemain matin, lorsque les blindés entrent dans la ville, la foule en délire nous acclame jusqu'au quartier sur les hauteurs.

Rétrospectivement, on se dit que c'était complètement démesuré, mais on s'attendait pas du tout à ça, ça faisait chaud au cœur. On avait vraiment l'impression de libérer Valence !

Je n'ai pas raconté cela à mes enfants, peut-être parce que mon père lui-même n'a jamais voulu me raconter ce qu'il a vécu en Algérie. De toute façon, je ne suis pas très loquace, j'intériorise beaucoup. Je n'en éprouve pas le besoin parce que j'ai juste fait mon travail. Plus au sud, il y a eu des engagements. Du côté anglais, américain, c'était plus rude, eux ils ont eu la garde républicaine, mais Daguet, les dix mille hommes de la division, on n'a pas été confrontés à un vrai ennemi... Mon père a peut-être plus risqué sa vie à Riyad. Là il y avait des scuds. Il y a des photos où on voit les scuds arriver en pleine nuit. À cause des scuds et de la menace chimique, tout ce qu'on a pu dire à l'époque dans les médias est monté rapidement en mayonnaise.

Pour moi, un des enseignements de « Daguet », c'est précisément le rapport aux médias. À l'époque, j'étais complètement traumatisé, parce que, chaque fois qu'un journaliste débarquait, on était briefé par quinze personnes. Il y avait le capitaine qui disait : voilà, il faut dire ça, il ne faut pas dire ça. Après, c'était le chef de corps ou le chef du Bureau des opérations, qui disait : bon, attention, il ne faut pas dire ça, il ne faut pas dire qu'on a fait ça, il ne faut pas dire qu'on reçoit de temps en temps des bouteilles d'alcool. Et puis, il y avait l'officier de presse du régiment qui venait et nous disait : attention, le journaliste va t'interroger sur ça. Il y avait aussi l'officier de presse de la division, l'officier de presse qui accompagnait le journaliste qui nous rebrieffait à son tour. Et nous, on se retrouvait comme des benêts devant le journaliste, manquant cruellement de naturel, de spontanéité, heu, heu... Des générations d'officiers ont été traumatisées par ça. Maintenant, ça va beaucoup mieux parce qu'on nous prépare dans nos écoles de formation, on nous apprend à communiquer. Dans les ordres d'opération, il y a même une annexe communication, éléments de langage, comportement à avoir face aux journalistes. C'est beaucoup mieux maîtrisé.

Vingt ans après, le souvenir global, c'est les liens très forts que j'ai pu tisser avec mes hommes. J'étais jeune lieutenant, on ne s'est pas quittés pendant ces cinq mois et demi qu'on a vécus ensemble dans des conditions rustiques de vie très spartiate. En permanence aux aguets pour veiller à la sérénité, au moral de mes soldats. Et puis il y avait l'adrénaline aussi. Tout ça reste très ancré dans notre inconscient collectif.

Entretien réalisé à Paris, rue Rotrou, 18 février 2014

Rwanda

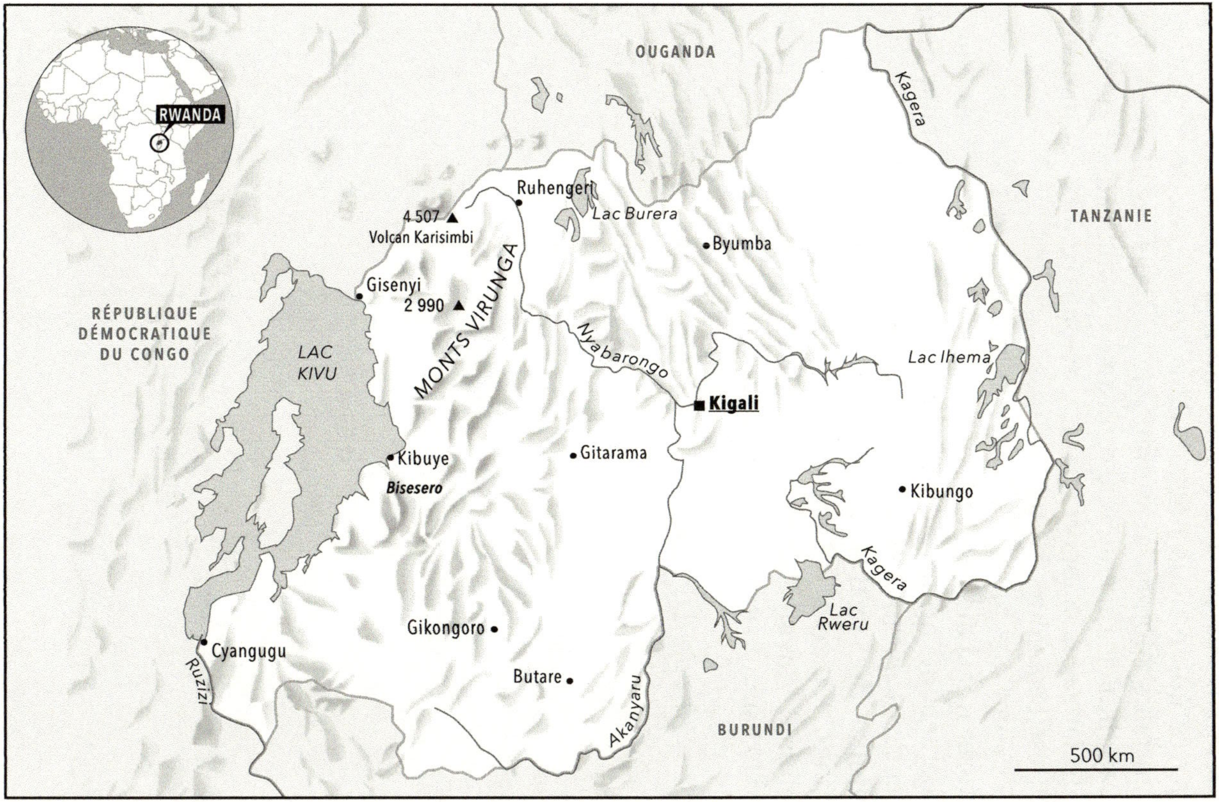

RWANDA
OUGANDA
TANZANIE
RÉPUBLIQUE DÉMOCRATIQUE DU CONGO
BURUNDI
Kagera
Ruhengeri
Lac Burera
Byumba
4 507
Volcan Karisimbi
Gisenyi
2 990
MONTS VIRUNGA
LAC KIVU
Nyabarongo
Kigali
Lac Ihema
Kibuye
Bisesero
Gitarama
Kibungo
Kagera
Lac Rweru
Gikongoro
Cyangugu
Ruzizi
Butare
Akanyaru
500 km

LA FRANCE AU RWANDA 1994

Sous la présidence de François Mitterrand, entre 1981 et 1994, la France intervient dix-neuf fois en Afrique, de l'opération « Manta » au Tchad à l'opération « Turquoise » au Rwanda. Autant et peut-être plus que ses prédécesseurs, François Mitterrand est persuadé que la France a une ambition en Afrique. « La France, déclare-t-il en novembre 1994, ne serait pas tout à fait elle-même aux yeux du monde si elle refusait d'être présente en Afrique. » Sous ses deux septennats, non seulement les accords de coopération militaire, mais les interventions de l'armée française se sont multipliés avec un triple objectif : garantir la stabilité des régimes amis quels qu'ils soient, y compris les plus autoritaires, empêcher les agressions extérieures les menaçant, accroître enfin le « pré carré » français sur le continent africain. Historiquement présente en Afrique de l'Ouest depuis la colonisation, l'influence française s'est étendue à l'Afrique des Grands Lacs dans les années 1970. Pays francophone, le Rwanda, initialement colonie allemande puis belge, devenu indépendant en 1962, signe à partir des années 1970 des accords de coopération civile et militaire avec la France.

Le pays des mille collines, grand comme l'Auvergne, a connu dès avant l'indépendance les premiers massacres de Tutsis. À l'origine, la différence entre Hutus et Tutsis était sociale. Entre l'aristocratie des Tutsis éleveurs et la foule des Hutus agriculteurs, l'opposition sur laquelle les colonisateurs se sont appuyés s'est peu à peu institutionnalisée et racialisée. Dès 1931 existe une carte d'identité ethnique spécifiant l'appartenance hutue ou tutsie. En novembre 1959, sur le modèle algérien, éclate la Toussaint rwandaise. Les Hutus massacrent des milliers de Tutsis, supposés soutiens des colonisateurs. La moitié de la minorité tutsie s'enfuit dans les pays voisins : Ouganda, Burundi, Congo. En décembre 1963, une première offensive tutsie venue de l'extérieur déclenche en réponse un massacre contre les Tutsis de l'intérieur : plus de dix mille d'entre eux sont tués. Radio Vatican parle alors du « plus terrible génocide jamais perpétré après celui des Juifs ».

L'histoire du Rwanda est alors inséparable de celle du Burundi où la majorité, tutsie cette fois, organise en 1972 le massacre de près de deux cent mille Hutus. De l'autre côté de la frontière, au Rwanda, chaque crise interne du régime voit se multiplier les violences contre les Tutsis qui deviennent les boucs émissaires désignés par les journaux populaires qui les appellent les *inyenzi*, les cafards. Bien que Tutsis et Hutus cohabitent souvent dans les mêmes villages et que les mariages mixtes soient fréquents, les Tutsis n'ont droit alors qu'à un quota de 14 % dans les écoles du pays. Depuis 1957, la bible des intellectuels hutus est un texte raciste, le manifeste Banhutu, qui dénonce les Tutsis comme une race étrangère au Rwanda et qui doit en être chassée. Parmi les signataires de ce texte, Juvénal Habyarimana, qui devient chef de l'État en 1973.

Le premier accord de coopération militaire entre la France et le Rwanda est signé en 1975. Il s'agit alors exclusivement de la formation de la gendarmerie rwandaise. L'accord est renouvelé en 1983, mais il n'y a pour l'instant qu'une vingtaine de conseillers militaires français au Rwanda.

À l'extérieur du Rwanda, l'opposition tutsie au régime d'Habyarimana s'est structurée. Le Front patriotique rwandais (FPR) de Paul Kagamé, soutenu par le président ougandais, prépare de l'extérieur une reconquête militaire du Rwanda. En octobre 1990, l'offensive militaire du FPR au nord du Rwanda menace le pouvoir hutu d'Habyarimana qui demande l'aide de la France. Le Rwanda devient à ce moment la grande préoccupation africaine du président français. Les incursions du FPR de plus en plus offensives menacent un gouvernement ami de la France et François Mitterrand décide alors d'accroître l'aide française. Pour évacuer les ressortissants français de Kigali, la France a envoyé deux compagnies parachutistes du 2e REP[1]. C'est l'opération « Noroît ».

À la demande du président rwandais, François Mitterrand accepte, une fois l'évacuation assurée, de laisser sur place une compagnie de légionnaires. Trois mois plus tard, une nouvelle attaque du FPR se déclenche. François Mitterrand décide de renforcer le dispositif en envoyant une nouvelle aide, un détachement d'assistance militaire d'observation (DAMI Panda).

En moins de deux ans, l'aide militaire française augmente graduellement à mesure des nouveaux succès du FPR. Le nombre de conseillers militaires est porté à cent, des soldats sont de nouveau envoyés, cent cinquante début février 1992, puis encore deux cent cinquante à la fin du mois. Au printemps 1994, on compte ainsi six cent quatre-vingt-dix militaires français au Rwanda.

Initialement limitées à l'instruction des troupes rwandaises, les missions du DAMI Panda se sont progressivement alignées sur celles de l'armée rwandaise, au point que le 26 février 1992 le ministre de la Défense, Pierre Joxe, attire l'attention du président de la République sur le risque de « situations incontrôlables » à Kigali : « l'in-

1. REP : régiment étranger de parachutistes (Légion étrangère).

transigeance politique d'Habyarimana et son incapacité à mobiliser son armée » sont telles que le ministre ajoute : « Le seul moyen de persuasion un peu fort qui nous reste – l'intervention directe étant exclue –, me semble l'éventualité de notre désengagement[1]. »

Neuf mois plus tard, le 16 novembre à l'Assemblée nationale, dans une question écrite au gouvernement, le député des Yvelines Étienne Pinte attire l'attention du ministre des Affaires étrangères « sur la situation dramatique que vit le peuple rwandais depuis le déclenchement de la guerre civile en 1990. Il lui demande quel est le rôle exact que jouent les militaires français sur ce territoire et si leur présence ne cautionne pas implicitement la politique d'un régime dictatorial[2] ». Malgré ces mises en garde, relayées par celles d'officiers français présents au Rwanda comme le général Jean Varret[3], l'aide au régime rwandais ne cessera pas. Les succès militaires du FPR démultiplient dans l'entourage du président Habyarimana le fantasme d'un complot tutsi faisant de tous les Tutsis du pays une cinquième colonne au service de l'ennemi. Les ultranationalistes hutus ont désormais une radio, la radio des Mille Collines, et des journaux ; ils sont rejoints par des intellectuels proches du pouvoir qui appellent tous à l'élimination physique des Tutsis. En réalité, celle-ci a déjà commencé au printemps 1991 dans le nord du pays. En 1992, des escadrons de la mort, le « réseau zéro »

---

1. Pierre Joxe, note au président de la République, n° 006816, du 26 février 1993.

2. Étienne Pinte, question écrite au ministre des Affaires étrangères, 16 novembre 1992, http://archives.assemblee-nationale.fr, 1992. P 5154.

3. Général Jean Varret, chef de la mission militaire de coopération au Rwanda d'octobre 1990 à avril 1993. Audition devant la Mission d'information parlementaire sur le Rwanda, le 6 mai 1998.

comme zéro Tutsi, massacrent deux cent soixante-dix-sept Tutsis à Bugesera. Chaque fois le scénario est identique : à l'appel de la radio annonçant un complot tutsi visant à assassiner les Hutus, des commandos, souvent même l'armée rwandaise, lancent les paysans hutus à l'assaut des Tutsis présentés comme les ennemis venus de l'extérieur.

En janvier 1993, de retour du Rwanda après une mission humanitaire pour le compte de la Fédération internationale des droits de l'homme, le président de l'association Survie, Jean Carbonare, fait sensation au journal de 20 heures d'Antenne 2, en expliquant qu'un génocide est en préparation au Rwanda[1]. L'avancée des troupes du FPR a contraint le gouvernement rwandais à accepter l'ouverture de négociations à Arusha, en Tanzanie. Le 4 août 1993, un cessez-le-feu provisoire est signé. Il prévoit non seulement un partage du pouvoir entre Hutus et Tutsis, mais également le déploiement d'une force des Nations unies, la Minuar[2]. Dans la pratique, le président Habyarimana déclare devant ses partisans que les accords d'Arusha sont un « chiffon de papier ».

Au début de l'année 1994, alors qu'un gouvernement de transition peine à voir le jour, l'offensive FPR reprend. Les meurtres de Tutsis se multiplient. Le 6 avril 1994, l'avion qui ramène Juvénal Habyarimana du Burundi est abattu par un missile juste avant son atterrissage à Kigali. Sans qu'il soit possible de savoir qui a commandité cet attentat, l'assassinat d'Habyarimana sert de détonateur au déclenchement du génocide tutsi. Encadrés par les miliciens extrémistes, les Interahamwés, et parfois aussi par l'armée rwandaise, la population hutu organise dans

1. http://www.dailymotion.com/video/xt071_jean-carbonare-n-est-plus_news

2. Minuar : Mission des Nations unies pour l'assistance au Rwanda.

chaque village l'assassinat systématique de tous les Tutsis. En l'espace de trois mois, entre huit cent mille et un million de Tutsis sont exterminés, le plus souvent à la machette. Un meurtre de masse sans précédent depuis 1945. En proie à une violence sans pareille, le Rwanda sombre dans le chaos, au moment où les forces du FPR s'emparent progressivement de tout le pays.

L'opinion internationale dénonce immédiatement les massacres sans d'abord savoir s'il s'agit de la répétition des massacres antérieurs, de massacres interethniques de Tutsis et de Hutus, d'un génocide ou d'un double génocide. Après l'assassinat de militaires belges de la Minuar, l'Onu a retiré une partie des forces internationales et tarde à envoyer des renforts sur place. La proposition de la France d'envoyer au Rwanda une force militaire à mission humanitaire est acceptée à l'unanimité du Conseil de sécurité. Le 20 juin, lorsque les deux mille cinq cents hommes de la force Turquoise sont déployés, les massacres continuent un peu partout sur fond de combat entre troupes rwandaises et soldats du FPR.

En juillet, la victoire du FPR provoque la panique et la fuite d'un million de Hutus vers le Congo voisin, mêlant sur les routes génocidaires et villageois terrorisés, bientôt frappés par une épidémie de choléra. Malgré le sauvetage de milliers de Tutsis, l'opération « Turquoise » est sans doute l'opération extérieure qui a été le plus critiquée à l'étranger comme en France.

Vue de l'étranger, « Turquoise » a d'abord été considérée comme un nouveau soutien apporté aux forces rwandaises dans leur combat contre le FPR. Par la suite, lorsque l'ampleur du génocide a été reconnue, d'autres accusations sont apparues concernant non seulement le dispositif dans son ensemble, mais également les responsables militaires français accusés d'avoir contribué au génocide.

Il faudra attendre le long travail de la Mission d'information parlementaire mené en 1998 pour que la représentation nationale se prononce clairement sur la question : les députés rejetteront alors l'idée de double génocide ou de massacres interethniques, mais reconnaîtront l'existence d'un génocide préparé de longue date contre les Tutsis. Ils souligneront également la lenteur de réaction de la communauté internationale face à l'extermination.

Enfin, tout en écartant les accusations à l'égard des militaires français, les différents témoignages recueillis par les parlementaires permettront de comprendre la confusion dans laquelle les choix politiques du président de l'époque avaient plongé les militaires présents sur le terrain.

L'adjudant Thierry Prungnaud racontera : « On regardait, on voyait les gens tous les soirs qui se tiraient dessus. On disait : bon, tiens, c'est les Tutsis qui zigouillent les Hutus. On avait ordre de ne pas bouger, de ne rien faire, surtout pas bouger, rien faire… Les gens nous parlaient d'une vallée, Bisesero, où il y aurait des Tutsis armés jusqu'aux dents. Un jour, on a découvert le pot aux roses : c'est une vallée où dix mille victimes avaient été tuées. Il en restait huit cents dans un état lamentable. Là on s'est rendu compte que c'était pas du tout les Tutsis qui tuaient les Hutus, c'étaient les Hutus qui tuaient les Tutsis, qui les massacraient carrément[1]. »

Le général Lafourcade, commandant l'opération « Turquoise », expliquera de son côté aux parlementaires la

1. Adjudant-chef Thierry Prungnaud, ancien gendarme du GIGN, chevalier de la Légion d'honneur. Entretien sur France Culture le 22 avril 2005, repris et analysé dans « Le rôle de la France au Rwanda en question », article de Patrick de Saint-Exupéry, ancien envoyé spécial au Rwanda, *Le Figaro*, 15 octobre 2007.

profonde incertitude des officiers présents au Rwanda : « Le gouvernement a successivement demandé aux mêmes officiers de contribuer à la formation de militaires rwandais contre le FPR, puis, brutalement, d'engager l'opération “Turquoise” sur des bases d'impartialité totale, dans un contexte où il n'y avait plus d'ennemis et où il fallait éventuellement discuter avec le FPR[1]. »

Vingt ans après le génocide, la question de la responsabilité des différents acteurs politiques et militaires reste brûlante. En France, elle nourrit d'innombrables controverses, mais aussi des actions en justice concernant l'intervention des militaires présents au Rwanda en 1994. À l'étranger, elle explique le froid persistant entre l'actuel président du Rwanda, Paul Kagamé, et la République française.

En juillet 2014, Paul Kagamé expliquait ainsi à l'antenne de RFI : « Si les problèmes entre la France et le Rwanda pouvaient se résoudre par des réunions, cela serait déjà fait depuis longtemps. Mais il semble que des réunions, ça ne suffit pas. Je crois qu'il faut qu'il y ait plus que cela. Il faut une introspection de la part de certaines personnes, de leurs responsabilités, de l'honnêteté aussi dans la volonté de tourner la page. Nous, nous avons été dans ces réunions avec le simple objectif de tourner la page et d'aller de l'avant, mais cela ne se passe pas de cette manière quand les gens sont sur la défensive, dans le déni. Même s'ils pensent que leur responsabilité c'est juste ça, alors ils devraient vraiment s'excuser. Quand quelqu'un voit sa responsabilité de manière différente de celle qu'elle est, alors il y a un problème. Donc, je le laisse à l'appréciation du public : qui a tort et qu'est-ce qui doit être fait ? »

---

1. Témoignage du général Lafourcade, Mission d'information parlementaire sur le Rwanda, 1998, p. 323.

Qui a tort ? Que s'est-il réellement passé ? Des interrogations rwandaises partagées par les témoins français qui acceptent aujourd'hui de parler de leur mission au Rwanda.

Opération « Turquoise », juin 1994

Colin, lieutenant-colonel, 1er RPIMa

Je crois que c'est le week-end de l'Ascension. On pend la crémaillère d'un officier de mon état-major qui avait acheté une nouvelle maison sur les hauteurs de Bayonne. C'est le 29 mai. Il fait grand beau, on est en chemisette, il doit faire 25 degrés. Le biper sonne, il n'y avait pas de portable à cette époque-là. Je vois le numéro du chef de corps, je rappelle. Le chef de corps me dit : « Bon, c'est parti pour le Rwanda... » Je lui réponds : « Écoute, ça tombe bien, ils sont tous là, il est 21 h 30, il nous faut une demi-heure pour vider nos verres et ramener les épouses, et on peut être tous à la citadelle dans une heure, raisonnablement dans une heure. – Ok, me dit-il, dans une heure et demie rassemblement de tous les officiers à la salle ops pour le premier briefing. » J'ai raccompagné mon épouse chez nous, je suis parti à la citadelle, je suis revenu à 3 heures du matin faire mon sac, j'ai laissé un Post-it disant « Mes chéries, à bientôt » et on est partis ; on ne disait pas où on allait à ce moment-là. Mais mon épouse était habituée, elle ouvrait le poste de télé et elle voyait bien de quoi on parlait. En général, elle se trompait pas trop...

On est entrés au Rwanda par Bukavu et Goma. À ce moment, je suis lieutenant-colonel. Mais j'avais les mêmes armes que les autres. La hiérarchie s'écrase un peu dans les forces spéciales. Comme on est toujours en petit nombre, tout le monde participe à tout et parfois aux actions de combat. À dix, on a l'armement de vingt, on a beaucoup plus de moyens de vision nocturne, des moyens technologiques qui décuplent notre action, et puis une certaine maturité professionnelle. Les forces spéciales ne sont pas les forces conventionnelles, c'est un peu un laboratoire, un laboratoire humain, laboratoire d'armement, de techniques qui après seront mises à la disposition des forces conventionnelles. On est très autonomes, étonnamment plus légers. Notre zone d'action, c'est quelques dizaines de kilomètres. On était combien ? En tout on devait être deux cent cinquante forces spéciales. Quand je dis deux cent cinquante, je suis sûr que c'est en dessous. Nous, on avait récupéré les gars qui étaient en mission en Côte-d'Ivoire. Quand on arrive, l'offensive du FPR est dans sa phase finale, on n'a pas de souci d'autonomie, le ravitaillement arrive, mais on met un certain temps à récupérer tous les matériels, dont les véhicules et nos équipements. Notre objectif, c'est d'essayer de comprendre ce qui se passe dans la zone et créer une zone d'exclusion dans laquelle la population ne serait plus massacrée. Le FPR de Kagamé continue à avancer, les massacres ont commencé trois mois avant, mais ils continuent. À Butare, on a les premiers affrontements. On est pris à partie par le FPR qui lui poursuit son offensive du Nord vers le Sud. Notre mission est de monter au contact des forces du FPR, de bloquer leur avance, de créer une zone tampon. On faisait des reconnaissances. Les curés nous disaient : « Là-bas, il y a un camp, des gens qui ont fui la zone des combats » ; en particulier il y avait le gros camp de Nyarushishi, je me rappelle bien, et puis Butare plus loin et d'autres…

Quand on partait en patrouille, on avait des semblants de cartes, on disait : « Sur cet axe-là, sur vingt-cinq kilomètres, tu vas jusqu'à tel point, il y a cinq villages. Voilà, tu rends compte à chaque village. »

Je suis un peu du Limousin. Avec mes gars, quand on rentrait dans un village, pour s'éviter toute description, on disait : « Oradour-sur-Glane », c'était le mot code : Oradour. On arrivait dans un village qu'on trouvait pratiquement vide, un village brûlé. Sur la place centrale du village, l'église brûlée. C'était des églises en briques dans ce pays, pas du torchis. À l'intérieur de l'église, des cadavres. On disait : Ok, Oradour... Ça voulait dire plus de vivants, les survivants se cachent, les massacres ont eu lieu.

Combien de fois c'est arrivé ? Pfft, tous ces premiers jours... Notre problème était qu'on était pas beaucoup et donc on pouvait pas occuper le terrain. La force est arrivée derrière, une force africanisée, des Sénégalais, des Marocains. Il y a un groupement qui est arrivé de Djibouti, sous les ordres du lieutenant-colonel Hogard.

Donc derrière nous, petit à petit, les forces arrivaient. On s'était infiltrés derrière les lignes du FPR, j'avais été sollicité par deux curés pour aller sauver un séminaire où il y avait, semble-t-il, beaucoup de bonnes sœurs et de réfugiés. En fin d'après-midi, on est partis de Butare, guidés par ces curés, on savait même pas où on allait. La nuit tombe tout de suite à 17-18 heures. On était dans cette patrouille profonde et, pratiquement à l'arrivée sur objectif, on est tombés dans une embuscade. La voiture des curés qui était devant nous a brusquement été transformée en brasier, tout a brûlé. La voiture a pris des rafales et une roquette. Les deux curés sont morts dans l'explosion. Les gens du FPR étaient tout autour. On n'avait plus de guide. J'ai voulu faire demi-tour mais la jeep s'est renversée dans le fossé.

J'ai été blessé à la jambe, un de mes sous-officiers a été blessé lui aussi mais on a pu s'extraire et rejoindre Butare.

Un avion des forces spéciales est venu nous chercher en se posant de nuit sur la toute petite piste du village. Pour moi, c'était la fin de partie. À peu près au même moment, mon camarade Marin Gillier s'est retrouvé un soir avec son commando de dix hommes au milieu d'un groupe de réfugiés qui demandaient de l'aide. Il leur a dit qu'il allait chercher des renforts. Le lendemain matin, les réfugiés avaient été massacrés et Gillier a été mis en cause pour non-assistance !

Ce qui nous a été insupportable, c'est de nous voir ainsi traités de génocidaires. Cette accusation a largement été relayée dans la presse anglo-saxonne, en Afrique anglophone : Que viennent faire les Français ? L'impérialisme français revient ! Ils ont armé les génocidaires ! Ça, c'est dur. Certains de mes camarades ont été interrogés par les tribunaux, ils ont été protégés aussi heureusement, certains hommes politiques ont eu beaucoup de courage en prenant leur parti mais il y a des moments où on se sent bien seul ! La présence militaire française au Rwanda avait été ordonnée en 1990-1991 par le président Mitterrand, au profit du premier président rwandais élu au suffrage universel, Habyarimana, mais au détriment des Tutsis minoritaires que les Belges avaient laissés au pouvoir et dont ils avaient fait une caste dirigeante. Cela a déclenché le sentiment viscéralement antifrançais de Paul Kagamé. Nous, nous avions été au Rwanda pour encadrer l'armée d'Habyarimana. On avait été jusqu'au combat contre les gars de Kagamé, on les avait fait reculer, c'est pour ça qu'il y a eu cette haine à l'égard de l'armée française. Kagamé s'est révélé dans cette affaire un maître, le champion du monde de la *psyop*[1], voire de l'intoxication psychologique. Tout le monde connaissait

1. Pour *psychological operation* : opération de guerre psychologique.

le génocide. Les ambassades étaient en place et l'Onu avait été abreuvée de messages de la communauté internationale. À ce moment-là, il n'y avait plus un militaire français en dehors du conseiller de l'ambassade, mais on savait exactement ce qui se passait. Un peu comme dans le scénario centrafricain, la presse a alerté durant de longues semaines, évoquant les massacres de population. La communauté internationale n'a pas trop bougé et tout à coup, c'est « Turquoise ». On y est allés et on est tombés dans un scénario dantesque...

Hôtel national des Invalides, 6 décembre 2013

Réfugiés, juin 1994

Henri, vingt-huit ans, capitaine

Je me souviens que c'était un lundi matin, vers le mois de mai, je crois. Aux couleurs, le chef de corps dit : « Telle compagnie va à tel endroit, en France, la compagnie du capitaine Henri sera mercredi au Zaïre, pour franchir et se retrouver quelque jours après au Rwanda. » Là, j'ai senti le poids du regard de mes hommes : « Le capitaine nous a pas dit... »

En fait, je l'apprenais comme eux. On savait ce qui s'y passait parce qu'on avait la télévision, c'était pas les bandeaux continus, mais presque, qui expliquaient... On voyait des massacres, à la machette, avec des morceaux de bois et des clous... Dès qu'on nous avait dit le Rwanda, on se doutait qu'on allait être dans cet environnement-là... On apprend ça le matin, on part dans la semaine. Les véhicules embarquent à Istres, direction Bangui en RCA[1]. Moi et mes hommes, on est partis par Libreville par Air France, ensuite on a fait Goma au Zaïre, et là j'ai attendu mes véhicules. On a été accueillis par un petit lieutenant-colonel, vieux, cheveux blancs, de la logistique, qui était tout seul sur la piste. J'ai vu personne, pas d'autres militaires, je sais pas ce qu'il foutait là. Il m'a dit : « Vous faites partie des premiers. » En fait

1. RCA : République centrafricaine.

les forces spéciales étaient déjà arrivées depuis quelques jours et avaient déjà passé la frontière. « Bon, vous allez vous installer là. Vous attendez avec vos soldats, vous attendez vos véhicules, vos munitions et tout. » Il m'a installé en bout de piste, dans une cuvette où il y avait un avion qui était en épave. On n'était pas loin de deux cents en tout.

Pendant trois jours on a attendu. Démontage et remontage de l'armement, on fait un peu le tour de la zone pour pas être surpris. Le matériel est arrivé trois ou quatre jours après, des norias d'avions, des Antonov 124. Et puis, je sais pas d'où c'est arrivé, j'ai eu une petite jeep, une P4, et un véhicule léger et on nous a offert une mission de reconnaissance de l'autre côté de la frontière, au Rwanda. Ma mission ? Ce que je vais faire exactement ?... Je sais que je vais me mettre sous les ordres de quelqu'un, je suis projeté à un endroit et on me donnera mes ordres à ce moment-là. Je passe de l'autre côté de la frontière, pas très loin, juste une dizaine de kilomètres. Ce jour-là, il y avait de la grêle ! J'ai jamais vu des grêlons aussi gros. Ça a cassé le pare-brise ! Et puis je vois quelques Rwandais, ils sont pas hostiles. Je reviens. Peu après, ma mission se clarifie. Pendant quinze jours, je suis près d'un camp, presque à la frontière. On croise les gars du COS[1], les forces spéciales. Dans le camp il y a entre huit mille et dix mille Tutsis. Ce sont des Tutsis qui ont échappé au massacre. Les forces spéciales nous disent : « C'est ces gens-là qui ont survécu, les autres ont été tués, donc nous on les protège. On recherche s'il y a d'autres gens à sauver, et vous, vous recevrez des ordres particuliers une fois que vous aurez tous vos hommes. »

On s'installe donc dans le camp, enfin, pas dans le camp, à côté du camp. J'y tiens, parce qu'on n'est jamais

1. Commandement des opérations spéciales.

vraiment entrés dans le camp. Une ou deux fois c'est tout, au début. Je voulais préserver mes hommes. Je voulais pas qu'on soit au contact de la population, parce que c'est une masse, une foule. Et puis il y avait les ONG qui étaient là, quelques ONG qui distribuaient de la nourriture. Ils avaient pas besoin de nous, en fait. Ils avaient besoin de nous pour la sécurité. On avait quelques baraquements qui avaient pas d'électricité, mais c'était à l'abri du vent et de la chaleur, c'était sur une colline. Il y a beaucoup de collines là-bas.

La sécurité, on a dit, on va la faire à l'extérieur. À l'intérieur, c'est eux qui la font. On a fait des règles assez simples. Et en fait, rapidement, on m'a donné une zone d'action très très vaste, une centaine de kilomètres sur plusieurs dizaines. À un moment donné, j'avais des gars qui étaient très éloignés. On m'a aussi demandé d'aller au Nord. Là, avec nos mecs, on a pas arrêté de sillonner toutes les pistes possibles et on notait toutes celles où ils étaient passés pour pas y repasser une deuxième fois et surtout pour identifier les endroits où on était pas passés. On a fait beaucoup, beaucoup, beaucoup de kilomètres. On a rencontré beaucoup de gens. On a rencontré des gens qui étaient apeurés, qui étaient cachés, qu'il a fallu rassurer. On les emmenait pas en fait, parce que l'idée c'était pas de créer des camps de réfugiés, l'idée c'était de leur dire que le sang avait trop coulé et qu'il fallait ranger les machettes. Parmi ces gens, il y avait des Hutus modérés. Les Hutus modérés, ils vivaient en bonne entente avec les Tutsis mais les Interahamwés avaient fait pression sur eux pour qu'ils tuent des Tutsis. Parfois, on est intervenus sur des débuts d'exactions, là on maîtrisait les gens. Moi perso, j'ai pas assisté, mais d'autres chefs de détachement ont vu ça : des gars en train de courir après des femmes, des enfants… Mais c'était quoi ? Des affaires de droit commun ? Des affaires familiales ? Nous, on chopait les gars. Certains étaient armés, mais la machette là-bas, c'est comme en Centrafrique actuellement, c'est l'outil pour tout, c'est le couteau suisse qu'on a dans la poche, pour couper le régime de bananes, pour tuer le serpent, pour se défendre. Dans ces cas-là on les maîtrisait. On est tombés aussi sur des gens en armes, on a fait aussi des fouilles préventives dans les villages, on a récupéré des grenades et tout. Une nuit, là par exemple j'y étais, il y avait un prêtre et des religieuses qui étaient en danger. La nuit précédente, les gens étaient venus pour les menacer de les tuer, ils s'étaient enfermés, ils avaient réussi à nous prévenir. On y est allés de nuit, en s'infiltrant au plus près. Quand on a vu qu'il y avait pas de méchants autour, on est rentrés chercher le prêtre, les sœurs, on les a embarqués, on les a exfiltrés. Ce prêtre, il a eu une drôle de réaction parce qu'il voulait qu'on emmène son frigo, ses meubles... On lui a expliqué qu'on pouvait pas. Voilà. En fait, ce genre de choses, ça se fait très vite. Parfois c'est la rumeur, parfois on nous envoie sur des fausses pistes. Nous, le but c'est pas de courir après la rumeur, c'est d'aller sauver des gens. Mais on peut pas sauver tout le monde. C'est comme deux enfants qui se disputent, on cherche pas à savoir qui a raison, qui a tort, on les met chacun au fond du ring, voilà...

Au départ, on n'avait pas de carte du Rwanda. Je suis parti avec des photocopies de l'atlas de ma femme, format entre l'A4 et l'A3... Après, il y avait aussi les panneaux. Au bout d'un mois, les Belges ont donné la matrice des cartes. On a fait nous-mêmes nos cartes. Petit à petit, on a eu les cartes, on pouvait renseigner quelque chose. On avait des gens du renseignement qui analysaient, peut-être pas les écoutes, qui nous disaient : là il y a eu des exactions, ou : là il pourrait y avoir des exactions. Les mecs en reconnaissance se déplaçaient en véhicule ou à pied. On avait en tout entre vingt-cinq et trente véhicules.

Et puis y a eu une bascule. Devant l'avancée du FPR, Les chefs hutus ont dit : « On fait terre brûlée, et on bascule au Zaïre. » Des réfugiés sont arrivés de l'est, des Hutus. C'était la fuite, des colonnes de réfugiés avec leurs baluchons, essentiellement des femmes et des enfants, quelques hommes, des vieillards. Un jour j'étais en jeep, on remontait depuis un bon moment des colonnes sans fin qui se dirigeaient vers la frontière. À la sortie d'un virage, plus rien, la colonne finissait là. Et puis plus loin, au beau milieu de la route, je vois un petit enfant, tout seul, qui hurlait, hurlait, un enfant de quatre ans... je continue et là je sais pas, je dis non ! Je regarde mon conducteur et je fais demi-tour. On a récupéré l'enfant. Franchement quand je suis arrivé et que je l'ai pris, il a hurlé encore davantage. J'ai rattrapé la colonne. Elle était loin. Une femme a fini par reconnaître les cris de son enfant. Je lui ai mis dans les bras, en lui disant : « Tu le gardes ! » Les gens se déplaçaient, abandonnaient leurs parents. C'était chacun pour soi. Il en avait qui avaient pris un coup de fusil. Ils avaient plus de gueule, ils avaient la langue qui pendait...

Au sud, le long de la frontière avec le Burundi, il y avait en permanence un flot de réfugiés, dans les deux sens, vers le Burundi et vers le Rwanda et une petite ville qui s'appelait Muganza, je crois. J'y étais passé, les gens étaient là. Il y avait rien d'anormal. Pour moi, dans ma tête, j'avais coché, on sentait qu'il n'y avait pas eu de charniers ou, en tout cas, c'était pas visible et il y avait une petite vie qui existait. Et puis, une nuit où on était rentrés exténués, je suis convoqué par mon colonel qui me dit : « Écoute, Henri, je suis bien emmerdé, Muganza ça va mal, il paraît que ça pète de partout, on va aller voir là-bas... » Mes hommes étaient rincés, en véhicule toute la journée, et puis les patrouilles à pied... ça monte, ça descend, ça faisait trois bonnes semaines qu'on était là. Je dis : « Ok, je vais y aller aussi, pour pas que les mecs s'endorment au volant. » La situation, on la sentait pas. Je suis arrivé là-bas, on s'est mis sur une colline, à l'extérieur de la ville, on a mis les moyens thermiques en marche et on a vu qu'il y avait des gens avec des Kalachnikovs. Il y avait une dizaine de gars, ils étaient par groupes de trois qui étaient entre guillemets en faction. On s'est infiltrés jusqu'à eux, ils ont été sidérés. On les a cravatés, on leur a cassé la gueule, on les a mis contre le sol et on a piqué leurs armes. On a patrouillé dans la ville. Il y avait plus personne. On est rentrés dans les édifices publics, tout était cassé. La population avait fui dans une sorte de rizière qui était à côté. C'était un certain Yussuf qui agitait ces gens-là. Dans les camps que j'avais vus, il y avait huit mille à dix mille Tutsis, mais il y en avait autant qui avaient été *a priori* massacrés par le fameux Yussuf. À un moment donné, j'ai su où était sa maison. Je me suis dit : lui maintenant, ça suffit ! On va entrer dans sa maison. On est partis avec quelques sous-officiers en nombre limité pour éviter les tirs fratricides et puis j'ai voulu entrer dans la maison. Au dernier moment, juste derrière la porte, j'ai dit non, ça vaut pas la peine. De quel droit je fais ça ? Donc là, je maintiens mon dispositif autour de la ville. Un matin je reviens et là, je vois un petit pick-up arriver vers moi. Je reconnais le conducteur, j'avais vu des photos de lui, c'était Yussuf. J'avais un pistolet et un Famas[1]. Je prends mon Famas, je l'arme et… là non plus, je ne tire pas… J'aurais pu faire justice. J'ai eu un sentiment de vouloir faire justice moi-même. Ça va très vite dans votre tête. Mes règles, c'est légitime défense élargie. On se pose plein de questions : je vais abattre quelqu'un qui ne m'a pas tiré dessus, qui a commandité des meurtres, mais je

1. Fusil d'assaut français.

suis pas un tribunal. Il m'a vu, il a eu peur aussi. C'était peut-être pas Yussuf mais un brave mec, j'en sais rien. En tout cas, il lui ressemblait fortement. On a essayé de le poursuivre dans la rizière, on l'a jamais attrapé.

Je suis resté au Rwanda deux mois et demi, c'était la première fois qu'on voyait des trucs pareils, mais en même temps c'était ma plus belle mission, parce qu'on a eu l'impression de sauver les gens. Je sais que les camarades des forces spéciales sont tombés dans des endroits où les premiers qui étaient morts c'était les enfants, ensuite les femmes, ensuite les hommes, parce que les enfants couraient moins vite. Nous, on est allés dans des endroits où on est arrivés AVANT les Interahamwés et on est tombés sur les Interahamwés. Ils étaient armés, on les a menacés et on les a désarmés. Ceux qui comprenaient pas, on leur a flanqué une raclée. Quelqu'un qui se débat et qui comprend pas, vous le collez contre un mur, vous le collez au sol, et voilà. Après, on s'acharne pas sur lui à donner des coups. Le gars, vous prenez l'ascendant sur lui, mais c'est pour pas arriver à un acte extrême. Dans ces cas-là, le taux d'adrénaline monte très vite et il faut des chefs qui disent : Ok, c'est bon. Une fois qu'il est désarmé, c'est bon. Je ne sais pas si on a empêché un massacre à Muganza, j'en sais rien, parce qu'ils étaient tous partis. En revanche, je suis arrivé dans une autre ville qui s'appelait Rwamatumu. Là, il y avait eu des mouvements de foule, des exécutions, des gens qui avaient été retrouvés avec des balles dans la tête. Les gens étaient fous et on savait pas ce qui se passait. J'arrive, j'appelle mes gens à la radio, je leur donne rendez-vous près de la ville : « On va rétablir l'ordre. » La ville est sens dessus dessous, mais j'en sais pas plus. Je me mets sur une hauteur, je vois des mouvements de gens, ça hurle... J'appelle mes gars. Il faut faire un genre de tâche qui se répande dans la ville, contrôler les carrefours les uns après les autres. Si jamais il y a des salopards, les attraper. S'ils nous tirent dessus, les tuer. C'est aussi simple que ça. Plusieurs solutions : entourer complètement la ville et resserrer progressivement vers l'intérieur… mais pour ça, on n'est pas assez nombreux. Progresser le long de deux axes et se rejoindre. J'ai deux groupes, là, je dis à mes gars d'aller dans l'autre sens et sur mon ordre seulement, de revenir vers moi. Les autres et moi on va avancer dans les véhicules… Partir à droite, partir à gauche, dans les rues. Je descends, je me mets au milieu de la rue. J'ai dit à mes hommes, je veux que vous maîtrisiez le feu. Vous tirez en dernière extrémité. Parce qu'on sait plus. Il y a pas d'ennemi. Encore une fois, c'est qui l'ennemi ? Ça s'est fait comme à la parade. On descend, les gens nous voient, prennent peur. À un moment, on arrive à un carrefour central, l'autre section arrive en face. On tombe sur les gens qui étaient en train de faire des exactions, des règlements de comptes, à la Kalachnikov. On a chopé des gens qui avaient tué, ouais, quatre, cinq personnes juste avant. On les a désarmés et puis nous on est tombés sur des gars qui avaient pris des coups de machette, qui étaient morts. Je suis pas sûr que c'était ethnique. Parce que là, il n'y avait plus de règle, plus d'État, plus de préfet, plus de gendarme. Chacun pour soi ! On en profite pour régler ses comptes, voler ce qu'on convoitait peut-être depuis des mois.

Pour reprendre le contrôle de la ville, ça a pris une heure et demie. Après, il fallait y rester. On a laissé un petit détachement. On a créé une prison tenue par les Rwandais, parce que nous on n'avait pas le droit. Mais fallait voir la gueule de la prison… On a essayé de réinstaurer un « souffle de vie de société »… Parce que, dans le village, il doit y avoir quelqu'un qui a une autorité, il y a quelqu'un qui fait la loi, qui s'occupe de la nourriture, de l'eau. Tout ça, ça avait disparu. On a mis en place des préfets, on a réarmé des gendarmes. Mais on savait que notre action était limitée en temps. Le FPR n'était pas encore là, mais les milices du FPR tutsi allaient arriver.

À un moment donné, c'était vers la fin, il a fallu organiser cela, pour préparer un sorte d'« alternance », avant que la Minuar, essentiellement des Éthiopiens, nous remplace. C'était à Rwamatumu dans un stade. Il y avait plein de miliciens tutsis, peut-être trois fois plus que nous ! Quatre ministres du FPR, dont une femme, étaient venus pour dire aux notables et à la population qu'il ne fallait pas avoir peur. Nous, on craignait l'attentat. Ce qui était terrible, c'est que les gens nous disaient : « Ne nous abandonnez pas. » Les gens qui étaient là, c'était des Tutsis, des Hutus modérés. Après notre départ, et pas seulement à Rwamatumu, les gens qu'on avait remis en place, ceux qu'on appelait maintenant les collaborateurs des Français, on nous a dit qu'ils avaient été tués au coupe-coupe. Tous ceux qui avaient collaboré avec les Français. Et ça, ouais, je savais que c'était un risque. Parce que l'histoire de France me l'avait expliqué. Hélie de Saint-Marc a raconté ce qui s'était passé en Indochine, donc ça, nous on le savait et les gens là-bas le savaient aussi. Mais je n'ai pas eu de sentiment d'abandon. Ces gens, je m'étais pas attaché à eux. Ma mission, je l'avais faite dans un cadre espace-temps donné, le mieux que je pouvais. Le seul qui a craqué dans mon unité, c'est le médecin, quand on est partis. Parce qu'il était au cœur de la misère et il savait qu'on abandonnait les gens. Quand je suis revenu en France, des journalistes nous ont posé des questions sur la mission, on a répondu par une phrase banale : « Satisfaction du devoir accompli. » Mais ça a été une belle mission. Le soldat français, contrairement à ce qu'on peut croire parfois, il a un grand cœur. On a fait des kilomètres et des kilomètres à pied, dans la latérite ou en véhicule pour chercher des femmes, des enfants.

On a tiré sur des gens qui nous avaient accrochés, on en a blessé quelques-uns, mais ce n'était pas une mission de combat.

Et puis là, tout récemment, je vois qu'on vient nous chercher des poux : on découvre qu'il y a des femmes qui ont dit que des hommes les avaient violées dans les camps. Qu'ils avaient fait des viols de masse. Des jeunes femmes. Elles ont porté plainte dix-sept ans après. Moi, c'est la première fois que j'entends parler de cela. Je pense que les soldats se sont bien comportés. D'abord parce qu'ils étaient commandés, ensuite, honnêtement, on n'était pas dans les camps. On est intervenus une fois au début, pour voir ce que c'était, et une ou deux fois à l'intérieur parce qu'il y avait des gens qui s'étaient infiltrés, qui voulaient tuer les gens à la machette. Et donc voilà, de nuit, on est intervenus, on a chopé les mecs... mais autrement, on n'est jamais allés dans les camps. En plus, les gars tournaient, c'était jamais les mêmes, ils étaient tellement fatigués... Et puis mes hommes, ils savent se comporter. À Sarajevo, il y avait pas de femmes pendant six mois, il y avait pas de bordel, il y avait rien, ils savent se tenir. Et on nous sort cette affaire-là ?

Les gens mis en cause ? Il y a pas de noms. Est-ce que c'est un coup de désinformation ? J'en sais rien, je veux pas entrer dans ce débat-là, mais je trouve que c'est quand même fort de café, ces choses-là. Après, ça peut donner des doutes. On se dit, merde, j'ai peut-être loupé des choses, un comportement individuel peut-être ? Mais honnêtement, j'ai trouvé ça tellement gros que... Au début, bon voilà, vous vous dites que vous avez rien à vous reprocher, après... La façon dont c'est présenté, c'est que c'était quelque chose de systématique. Il y avait des gens qui venaient consommer, qui venaient chercher des filles, bon voilà, ces choses-là... Jusqu'en 2011, je n'en ai jamais entendu parler. Je suis tombé des nues parce que les gars étaient pas seuls, parce qu'ils étaient commandés, parce que malgré nos exigences assez dures on est toujours dans l'humanité dans tout. À part que vous avez toujours le doute. Vous vous dites : mais merde, peut-être un ? Et à partir de là, ils ont brodé, ils ont sorti ça dix-sept ans après ! Mais, même un ? Je ne peux pas le croire…

École militaire, 14 janvier 2014

Les fosses, août 1994

Jean-Louis, adjudant, circulateur

Je suis du Nord, de Lille, mais j'ai quitté Lille vers dix ans. Avec mon père on est allés en Guadeloupe, à la Réunion, puis on s'est installés à Martigues, là où il avait été muté. Je suis entré dans l'armée j'avais presque vingt et un ans. J'ai passé mon bac et après je savais pas trop quoi faire. J'étais parti dans l'idée de faire une fac de droit, à Aix. Et puis, à l'époque j'étais un peu feignant, je me suis dit que si j'allais en fac j'allais pas bosser, dépenser l'argent de mes parents pour rien. Donc j'ai bossé un petit peu, huit mois dans une raffinerie, des petits boulots par-ci par-là, et puis bon, je suis d'une famille de militaires, de gendarmes, mon père, mes cousins, deux oncles, alors je me suis dit, tiens, je vais m'engager dans l'armée. Je savais pas franchement où je mettais les pieds. Je savais pas ce que j'allais faire, ce que j'allais gagner. Mais je ne regrette rien. Je me suis engagé directement dans le train, à Tours. Et la gendarmerie ça me disait rien. Je voulais pas vivre la vie de mon père. Le fait d'être dérangé tout le temps pour un vol, un accident, se mettre au bord de la route, plus la paperasse, non… Moi, ce qui m'a le plus intéressé, c'était le terrain. Ma vie c'était le terrain. Je suis circulateur, c'est-à-dire que je m'occupais de la mise en œuvre de toute la signalisation qui va de l'arrière vers le front, pour permettre le flux des forces et l'approvisionnement.

Je vais essayer de parler de ce dont je me souviens parce que c'était en 1994. Et je me suis rendu compte que j'avais enfoui ça tellement profondément que les dates je m'en souviens plus, ça c'est clair. Je suis parti deux mois du 16 juillet au 17 septembre.

À l'époque j'étais adjudant, chef de peloton de commandement et de logistique au 602e régiment de circulation routière à Fontainebleau. J'étais en base arrière parce que mon escadron était parti en Guyane et ils ont demandé deux officiers et un sous-officier pour partir au Rwanda. Je me suis porté volontaire et j'ai été désigné. Je savais ce qui se passait au Rwanda, mais j'imaginais pas voir ce que j'allais voir. Notre action c'était de venir exfiltrer, extraire les forces françaises qui étaient au Rwanda, les faire retourner en France et faciliter l'arrivée de la force africaine d'interposition. Globalement notre mission c'était ça. Mon rôle c'était de répertorier tout ce qui arrivait par les avions, les containers, préparer les plans de charge des avions qui repartaient vers la France. Je préparais le plan des véhicules qu'on chargeait, c'était des gros transporteurs, des Antonov 124, des Iliouchine. C'était ma première expérience en Afrique. On est arrivés à Goma, au Zaïre, à la frontière avec le Rwanda. Le bataillon de soutien était implanté depuis un mois. On était à côté de l'aéroport parce que c'était le meilleur endroit pour contrôler les flux logistiques. Le PC, lui, était en plein centre-ville. Chaque jour, on descendait au PC où se trouvaient les grands chefs interarmées pour prendre les ordres. Il fallait fendre cette foule incroyable de réfugiés qui avançait en provenance du Rwanda. Pour s'en protéger, tout autour de notre camp, il y avait un réseau de barbelés. Les Hutus quittaient le Rwanda. En permanence, en permanence... Au début la foule s'arrêtait à la nuit pour dormir sur place et après il y a eu les camps de réfugiés. Après leur passage ça faisait comme une nuée de sauterelles, il y avait plus rien. Mon impression, c'est que la foule savait pas où elle allait, les mecs suivaient le mec qui était devant, c'est tout. Ils avaient pas d'autre but que quitter le pays dans lequel ils se faisaient massacrer et Goma, un million de réfugiés y sont passés parce que c'était le seul passage possible entre le lac et les montagnes. C'était véritablement un exode. Ce qui était impressionnant c'est que c'était un flot continu et aussi important. C'étaient des civils mais au milieu du flot de réfugiés, il y avait aussi des militaires qui avaient abandonné leurs armes. Je ne sais pas s'ils se sont réarmés en arrivant au Zaïre. La foule était résignée. Ces gens avançaient, avançaient, avançaient. Quand on les regardait, on n'avait pas l'impression qu'ils avaient un but, ils avançaient, c'est tout. Ni agressifs, absolument pas, ni quémandeurs, ils avaient rien mais ils nous demandaient rien. Ils devaient avoir un peu de riz. Le soir, ils coupaient tous les arbres qui étaient autour d'eux. Ils brûlaient tout et faisaient cuire leurs marmites, je ne sais pas ce qu'il y avait dedans. Le camp était totalement enfumé, c'était suffocant. Une fumée incroyable. On n'est jamais entrés en contact directement avec la foule, jamais. Aucun échange. Ça s'est pas présenté. Une fois, il y a des gamins qui étaient entrés dans le camp pour chaparder. Le poste de sécurité les a attrapés et mis dans une caisse en bois, une heure ou deux, avant de les relâcher. Pour leur faire peur, pour pas qu'ils reviennent parce qu'ils auraient tenté leur chance tôt ou tard. La presse, plein de télés anglaises, américaines étaient venues s'installer à côté du camp. On n'avait pas pour mission de les écarter.

J'avais une mission logistique mais bientôt on nous a envoyés sur le terrain avec des missions un peu spécifiques. On partait avec des camions pour ramasser les corps parce que tous les jours, sur le bord de la route, on avait des petits paquets comme là, sur cette photo, où on voit ces cadavres allongés sur le bord de la piste… C'étaient les morts de la nuit, morts d'épuisement ou de leurs blessures très souvent à coups de machette, de maladie aussi, le choléra, ou de malnutrition. Morts à Goma. À aucun moment pour les réfugiés, je n'ai vu de gens s'occuper des cadavres. Ils devaient les ficeler au petit matin et puis partir. Ce qui est complètement ahurissant, c'est de voir leur résistance à ces gens-là, parce que certains ont continué à avancer avec leurs blessures faites à la machette, des blessures pas vraiment anodines… sur les corps, les membres, des blessures très violentes, impressionnantes à voir. Ceux qui arrivaient à l'hôpital, on les soignait si possible, mais on pouvait pas toujours. Sur le camp on était coupés de l'extérieur. Mais quand même ! Deux mois au contact tous les jours des cadavres et de la foule…

Comme on ne pouvait pas rester avec ces cadavres partout, à cause de l'odeur et des risques de maladie, tous les jours nos camions partaient, faisaient tout le tour de la ville et ramassaient les cadavres pour les mettre dans les fosses. Il y en avait beaucoup, oui, énormément… À Goma je pense qu'on en a enterré quelque chose comme vingt-cinq mille, trente mille. En fait quarante mille, quarante-cinq mille en un peu plus de deux mois. C'est difficile à chiffrer par jour, mais c'était quelque chose d'énorme. Ils mouraient dans la nuit et je pense que les familles ou les voisins les avaient emballés et mis dans des paillasses au bord de la route. Jamais vu de famille en pleurs à côté, jamais, jamais… Que des paquets… Les gens passaient à côté, il y avait tous ces cadavres par terre et les gens passaient sans même un regard.

Dans ces tournées, les conducteurs descendaient avec les camions. On avait embauché des locaux pour ramasser les cadavres et les mettre dans les camions de façon à les amener dans les fosses. Toujours des locaux pour charger et décharger. Ils étaient payés, je sais pas combien mais ils étaient payés. Les fosses existaient pas avant, c'est nous qui les avons faites.

Un matin, je me souviens, il y a quelqu'un d'une ONG qui est venu voir le chef de corps en lui disant qu'il y avait un problème dans un camping où des militaires rwandais hutus étaient venus s'installer. Il y avait des cadavres et ils entassaient ces cadavres. Ça risquait de déclencher des problèmes sanitaires, donc là j'y suis allé. On est arrivés avec nos camions. Effectivement, il y avait un tas de cadavres. Ils étaient entassés comme on entasse des fagots. Tous les morts étaient les uns sur les autres comme ça. *A priori* ça durait depuis pas mal de jours. Les locaux ont commencé à ramasser les cadavres. Au début ça se passait bien parce que les cadavres étaient… « frais », quoi… mais quand on est arrivés vers la fin, les cadavres étaient à moitié en décomposition. J'ai une image qui me reste, c'est… c'est… un… un des gars qui étaient payés pour ramasser, il s'est penché, il a pris le cadavre, il l'a jeté sur son épaule pour pouvoir le jeter dans le camion, parce que c'est le terme, c'est jeter hein, et le cadavre s'est… le cadavre s'est coupé en deux sur son épaule. Il s'est retrouvé avec tous les viscères, le sang… c'est… enfin… l'horreur. Et puis en plus, en plus, cette odeur… Une odeur… mais je… c'est… je sais pas comment l'expliquer, c'est une odeur qui vous colle à la peau. Le soir on prenait la douche, on se lavait et on avait toujours cette odeur de mort. Toujours ça collait. Impossible de s'en défaire. Et ça c'est terrible. On était une dizaine, guère plus, à supporter ça ce jour-là.

Sur le moment on éprouve, je ne vais pas dire rien, parce que c'est pas vrai, mais on est dans la mission. Est-ce qu'on s'habitue ? Je sais pas… je sais pas si on peut dire qu'on s'habitue. En fait, au départ, il y a une espèce de voyeurisme malsain, ça dure une minute, deux, trois minutes à peine, et puis après c'est du dégoût. Du dégoût...

J'avais déjà vu des morts, nos morts, nos beaux morts dans les cercueils, refaits pour être présentés à la famille. Mais comme ça non... En plus de ça, de voir le traitement des cadavres, jetés, ramassés, jetés... c'est de la viande, c'est quelque chose de dégoûtant dont il faut se débarrasser rapidement. Les Rwandais, je sais pas si ça leur faisait rien mais, vu de l'extérieur, aucune émotion, ils regardaient, mais rien. Moi personnellement je prenais beaucoup de recul par rapport à tout ça : une protection, ouais... l'impression de vivre à côté de moi, d'avoir le moi physique présent et d'en être spectateur. Le subconscient loin derrière, quoi... Jamais on a touché les cadavres... Que des locaux. Et il y avait jamais une prière, rien. En fait, les fosses c'est une décharge, c'est tout. C'est pour ça qu'on a été désignés pour travailler à tour de rôle pour les fosses, pour assurer la surveillance, pour éviter que les locaux fassent n'importe quoi, pour éviter qu'ils jettent les cadavres n'importe où, n'importe comment.

Moi je ne crois en rien, j'ai eu une éducation religieuse parce que c'était la norme mais je pense qu'il n'y a rien. Aujourd'hui, ça me choque plus quand on en parle qu'au moment où je l'ai vécu. Parce que j'étais dans la mission. Quand même, c'est quelque chose de choquant de voir quelqu'un qui a été un être humain traité comme ça, son corps jeté sans aucun égard, sans aucun respect, comme un vulgaire détritus qu'on jette à la poubelle le matin, quand on part au travail.

Le tas de cadavres dans le camping, c'était vraiment un tas, il y en avait plusieurs dizaines, une bonne centaine, facile. Il n'y a pas eu d'interrogatoire des militaires rwandais, on n'était pas là pour ça. Pas d'identification des corps, pas d'officier de police judiciaire, rien. En une matinée c'était réglé. Ça été le moment le plus terrible de la mission.

Ça... et puis les fosses...

La mission de surveillance était réservée aux gradés, pas aux simples soldats. On était avec les gendarmes zaïrois. Les fosses, dans mon souvenir, elles étaient à moins de dix kilomètres de la ville. C'est ça, là, sur les photos, des tranchées larges et profondes creusées à la pelleteuse. Le bulldozer passe, il creuse et après on jette. Oui, on jette il y a pas d'autre mot. On dépose pas, on jette. Les camions, la benne ne basculait pas : mais il y aurait eu des bennes basculantes c'était pareil... J'ai pas pris beaucoup de photos parce que au bout d'un moment... et là effectivement... ça c'est pareil... de voir qu'au bout d'un moment... des êtres humains sont réduits à ça, quoi... vulgaires morceaux de viande qu'on jette au fond d'une fosse... c'est... À un moment quand je suis allé travailler sur les fosses, une petite camionnette frigorifique est arrivée. Ils l'ont ouverte. Il y avait des cadavres à l'intérieur et là, pareil, l'odeur. J'imagine que ça avait dû rester dans le camion un certain temps. Avec la chaleur, une odeur insupportable. Insupportable. Nous, on tournait avec le vent de façon à éviter l'odeur. Pas de nausées, sur le moment mais... je sais pas... c'était...

On commençait vers 8, 9 heures et on repartait en fin d'après-midi. La première chose, en rentrant, c'est d'aller prendre une douche. Toujours cette odeur. Elle colle, elle colle à la peau, cette odeur. Aujourd'hui c'est fini heureusement, mais je l'ai gardée longtemps. À tel point qu'on allait travailler sur les fosses avec des masques et dans le masque on avait mis une compresse imbibée de parfum, mais ça servait à rien. Cette odeur de mort ça prend le pas sur tout, ça prend vraiment le pas sur tout.

Sur le moment, je sais même pas si on pense beaucoup, parce qu'on voit ces cadavres qui s'entassent, mais à aucun moment je me suis imaginé que ça a pu être quelqu'un de vivant, qui a eu une famille, qui a pu vivre, quoi, un peu comme moi avec son père, sa mère, sa femme, ses enfants. Et il y a aussi des femmes et des enfants, on les voit. Je les ai vus en marchant le long de la tranchée, mais ça n'allait pas au-delà. On cherchait pas à savoir qui ou quoi. Je pense qu'il valait mieux pas... C'était une façon de se blinder, de se protéger. Les bulldozers préparaient la tranchée et ils mettaient de la chaux et après les locaux, eh ben, ils jetaient comme des déchets. Nous, on était là pour s'assurer que les cadavres étaient mis dans les fosses et éviter qu'ils soient jetés un peu partout sur la zone. On était très peu nombreux sur les fosses. Encore une fois, on était les seuls à pouvoir le faire. À Goma, ils auraient tout laissé comme ça, et là, ça aurait été une épidémie incroyable. D'ailleurs le choléra s'est déclaré. De la chaux, des cadavres, encore un peu de chaux, d'autres cadavres et on recouvrait. Au-dessus, rien, pas de signe particulier. Mais je pense que ça a été localisé. La seule marque qu'on a laissée c'est ça, cette croix blanche. Au bataillon, on avait monté une petite chapelle parce qu'on avait avec nous des soldats du Pacifique, extrêmement croyants. On avait un aumônier qui disait la messe le dimanche et quand on a démonté le camp, qu'on a tout retiré, on a amené la croix de l'autel sur les fosses. Elles étaient toutes regroupées au même endroit, je ne peux pas dire combien il y en avait. Il y avait peut-être d'autres endroits parce que, après, le camp de réfugiés s'est déplacé un peu plus loin en dehors de la ville. Mais moi, je n'y suis jamais allé. J'imagine qu'il y a eu d'autres morts et il a fallu les enterrer aussi.

Je ne sais pas combien ont duré les fosses. Mais tant qu'il y avait des cadavres, il y avait des fosses. Il y avait un roulement pour éviter que ce soit toujours les mêmes personnes qui aillent affronter ce spectacle-là. Certains conducteurs faisaient des cauchemars la nuit à force de voir ça. Moi je n'y suis allé qu'une seule fois, en août je crois. Eux, ils y allaient tous les jours. Le soir, quand on rentrait, on parlait de tout sauf de ça. On discutait, on plaisantait un peu et on était surtout obnubilés par la bouffe. On était en rations, des boîtes de conserve tout le temps. Les trois quarts du temps on parlait que de bouffe. Les rations, on en pouvait plus. On rêvait tous d'un steak-frites. Au bout d'un certain temps on a reçu l'autorisation d'acheter de la viande sur place, contrôlée par les vétérinaires, et là je me souviens qu'un soir on s'est fait un steak-frites. Avec les moyens du bord mais... C'est incroyable de voir comment un truc qui peut paraître complètement basique était pour nous un supercadeau. On attendait tellement ça, le steak-frites... Un simple steak-frites... On n'avait pas de relation avec la métropole, pas de téléphone, pas de radio, pas de télé. On dormait sous tente. La nuit, je dormais bien. Vous pensez qu'on aurait du mal à dormir le soir, mais c'est parce que vous le voyez de l'extérieur, vous le vivez pas. Nous, on était dans la mission. Le soir on dort bien. La chaleur dans la journée, l'altitude, la tension nerveuse, le froid le soir. Dans les couvertures, on dort bien.

Pour notre mission, on était en fait les seuls suffisamment organisés pour faire ça. Mais quand même on s'attendait pas à ça... Vingt-cinq mille. C'est un chiffre que j'ai en mémoire, c'est forcément quelqu'un qui me l'a dit. Mais quand je vois la foule et quand je vois le nombre de cadavres qu'on a enterrés, je me dis que c'est quelque chose de phénoménal. Et on est partis parce que la mission était finie. C'était vraiment pas une mission à laquelle on était préparés. Quand on est rentrés en France, on a tous été reçus par des psys à l'hôpital. Ça a duré un quart d'heure, une demi-heure. Globalement les gens n'ont pas craqué, ils se sont comportés de façon très professionnelle. On était en mission pour faire un job et voilà. Après, ce qui se passe dans la tête des gens on peut pas savoir. J'ai revu des gars qui étaient là-bas avec moi mais on n'en a jamais reparlé. Je n'ai rien noté de cette époque. Je n'ai rien rapporté non plus comme souvenir de cette mission. Mon seul souvenir c'est ma mémoire. Non je n'ai rien ramené, rien. Là-bas, au Rwanda, je me suis créé une carapace complète. Il fallait. Après, j'ai vite retrouvé le boulot. J'ai tourné la page et c'était tout. J'en parlerai pas à mon fils : ça voudra rien dire pour lui. En fait, ce sont des souvenirs que j'ai mis au fond de moi et puis je les ressors pas. De temps en temps pourtant ça revient.

Je n'ai jamais rien lu sur le Rwanda, regardé aucune émission, aucun film. Quand je suis rentré en France, la mission était finie et tout était fini. Je voulais plus en entendre parler. De toute ma carrière militaire, c'est le moment le plus difficile, pas douloureux, mais difficile... à cause de tous ces gens qui sont morts et jetés comme ça sans aucune considération. Ici en France, on ferait pas ça avec des bêtes. Je garde tout ça au fond, bien au fond de moi. De temps en temps ça m'arrive d'y repenser mais j'évite. J'y repense quand je discute avec des gens qui se plaignent de petites choses de la vie. Alors ça refait surface et je me dis qu'il faut relativiser quand même, par rapport à ce que ces gens ont connu.

De retour en France, quand j'ai vu le psy, il m'a juste demandé ce que j'avais vu, ressenti et si j'arrivais à dormir. Depuis, je sais comment je l'ai vécu et il n'y a pas de problème. Dans quinze ans on peut me redemander, ce sera pareil. Aujourd'hui, si mon intervention pouvait servir à quelque chose, je repartirais sur une même mission. Là-bas, avec le bataillon, on a quand même limité les risques d'infection, débarrassé la ville des cadavres, apporté une aide à la population, l'eau, l'hôpital militaire, des vaccins. Ce qu'on a fait était positif. Moi, j'étais juste le maillon d'une chaîne, c'est tout. J'ai pas eu l'occasion de sortir de Goma et d'aller me balader. On voyait bien que c'est un beau pays, mais j'aurais pas envie de retourner là-bas, ça non... Je sais pas comment je réagirais par rapport à tout ça... peut-être que ça me ferait rien, peut-être pas. C'est pas des bons souvenirs. La mission on l'a faite parce qu'il fallait la faire, c'est tout...

Ce que j'ai vécu, il faut le transmettre parce qu'il faut que les gens sachent que ça s'est produit et que ça peut se reproduire. Je sais pas si ce que j'ai vécu, c'est ce qu'il y a de plus violent, mais c'est horrible, ça c'est clair, c'est sûr. Après, forcément, plus rien ne peut être comme avant, forcément. J'en veux à personne en particulier, j'en veux pas à l'armée, j'aime mon uniforme. J'ai fait des choses que personne fera dans sa vie, même si c'est pas forcément agréable. Mais j'aime mon métier. J'ai eu beaucoup de satisfactions, mais je ne vois pas ce dont je peux être spécialement fier. L'important c'est de faire son travail normal. D'accomplir sa mission.

Au fond, la pire des choses qui puisse arriver sur cette planète, c'est l'être humain. J'en veux à l'être humain. Beaucoup. J'en veux beaucoup à l'être humain. Parce que là honnêtement on dit c'est des Noirs, c'est des sauvages, mais Hitler et sa bande c'était des Blancs, c'était des Européens. Finalement on est tous les mêmes. Les images qu'on voit des bulldozers allemands, c'est pas pareil pour moi : ça, ici, je l'ai vécu... C'est plus fort parce que je l'ai vu. Je l'ai vu et je l'ai senti. Alors ça me rappelle les images de la Seconde Guerre mondiale, mais celles des camps d'extermination, elles ne me parlent pas.

Goma, ça me parle, parce que j'étais là. Les images de la Seconde Guerre mondiale on dit que c'est l'horreur du XXe siècle, mais là, c'est exactement pareil ! Et est-ce que vous pensez vraiment que les gens s'en inquiètent ? Même si on leur reparlait de ça, ils vont regarder, ça va durer cinq minutes, dix, un quart d'heure, ils vont dire : « Ah ! effectivement », une demi-heure après, page de pub et on passe à autre chose.

On peut être désabusés. Voilà, c'est mon histoire. En fait c'est un peu comme un gâteau : vous achetez un gâteau. Tout le monde le trouve super beau, mais il faut le manger pour savoir s'il est bon ou pas. Les gens qui le voient sans prendre une part, ça leur parle pas plus que ça. Moi, ce moment de ma vie, ce gâteau-là, je l'ai mangé et il était dégueulasse. Ceux qui étaient avec moi, ils l'ont compris.

Et maintenant, après l'armée, j'ai envisagé de continuer à travailler. Mais quelque chose de peinard, je veux un truc peinard, gardien d'immeuble, oui, mais dans les beaux quartiers... Voilà, c'est tout...

Fort neuf de Vincennes, 14 octobre 2013

GUERRE CIVILE DANS L'EX-YOUGOSLAVIE, 1993-2000

Après des siècles de domination ottomane, l'émergence des nationalismes dans les Balkans fait naître à la fin du XIXe siècle des États pluriethniques où coexistent des peuples aux langues et aux religions différentes. Le modèle de l'État-nation d'Europe occidentale s'applique avec difficulté dans cette mosaïque de peuples. Dès cette époque, les dirigeants de ces pays revendiquent une homogénéisation ethnique et déplacent souvent avec une extrême violence les populations minoritaires.

La Première Guerre mondiale commence par le coup de feu du 28 juin à Sarajevo. Au lendemain de la guerre de 1914, la Serbie alliée des vainqueurs est le grand gagnant régional. Le pays prend en 1918 le nom de royaume des Serbes, Croates et Slovènes. En 1929, il est rebaptisé royaume de Yougoslavie, c'est-à-dire des Slaves du Sud, un royaume de fait dominé par les Serbes. L'agitation des minorités explose dès les années 1930 : en visite à Marseille, en octobre 1934, le roi Alexandre de Yougoslavie est assassiné par un terroriste croate.

Pendant la Seconde Guerre mondiale, les nazis qui occupent la Yougoslavie s'appuient sur le parti fasciste croate des Oustachis tandis qu'au sein de la résistance serbe, les communistes menés par Tito prennent peu à peu le pouvoir et libèrent le pays qui devient une république populaire en novembre 1945. Le pays est alors

Bosnie, 1993

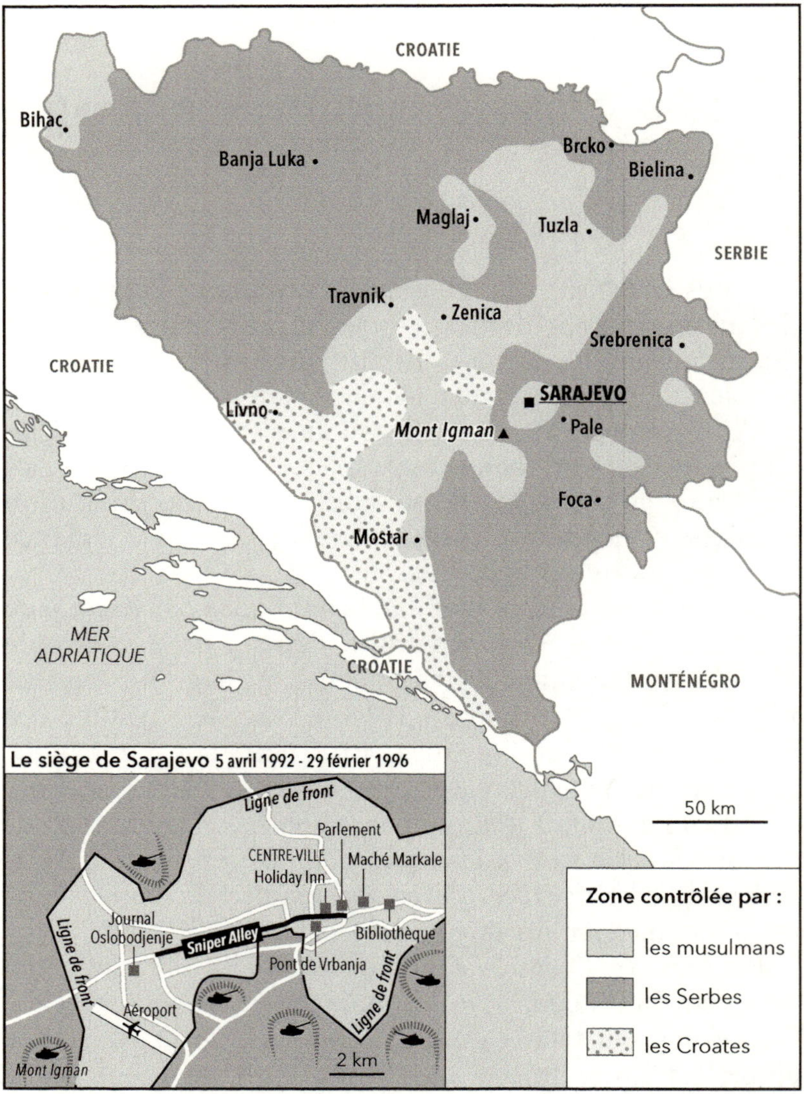
CROATIE
Bihac
Banja Luka
Brcko
Bielina
Maglaj
Tuzla
SERBIE
Travnik
Zenica
Srebrenica
CROATIE
SARAJEVO
Livno
Mont Igman
Pale
Foca
Mostar
MER ADRIATIQUE
CROATIE
MONTÉNÉGRO
50 km
Le siège de Sarajevo 5 avril 1992 - 29 février 1996
Ligne de front
Parlement
CENTRE-VILLE
Maché Markale
Holiday Inn
Journal Oslobodjenje
Sniper Alley
Bibliothèque
Pont de Vrbanja
Ligne de front
Ligne de front
Aéroport
Mont Igman
2 km
Zone contrôlée par :
les musulmans
les Serbes
les Croates

dirigé par Tito à la tête du parti communiste yougoslave qui rompt très tôt avec l'URSS dès 1947. Les destructions et les atrocités commises par les nazis font provisoirement passer au second plan les rivalités entre peuples.

La Yougoslavie est une fédération de républiques : Slovénie, Croatie, Monténégro, Bosnie-Herzégovine, Serbie et Macédoine ; mais, de fait, le pouvoir appartient toujours aux Serbes. Tito meurt en 1980. La fin de la décennie est marquée dans toute l'Europe par le réveil des peuples soumis à la domination soviétique. La chute du Mur de Berlin en novembre 1989 et l'indépendance revendiquée des Pays baltes sont les premiers signes de l'éclatement annoncé de l'Union soviétique.

L'agitation nationaliste gagne au même moment la fédération yougoslave menacée par les difficultés économiques et par la confiscation du pouvoir par le parti communiste yougoslave qui, sous la direction de Slobodan Milosevic, se transforme alors en un parti favorable aux tendances serbes ultranationalistes.

L'année 1991 est à la fois celle de la victoire alliée dans le Golfe, de l'effacement progressif de l'URSS qui disparaît officiellement en décembre 1991 et enfin de l'éclatement de la fédération yougoslave. Le 25 juin, la Croatie et la Slovénie proclament unilatéralement leur indépendance. À Belgrade, le gouvernement fédéral décide de reconquérir les républiques séparatistes en déclarant la guerre d'abord à la Slovénie le 27 juin, puis à la Croatie en août. À la fin de l'automne, l'armée serbe a reconquis les deux tiers du territoire perdu. En novembre, au terme d'un siège de trois mois, l'armée et les milices proserbes pénètrent dans la ville croate de Vukovar. Dans la ville en ruine où les observateurs internationaux sont tenus à distance, les civils sont torturés, les femmes violées, plus de deux cents personnes – blessés, réfugiés, personnels de l'hôpital –, sont exécutées par les milices pro-serbes. Le monde découvre alors l'horreur de la guerre civile yougoslave.

En Europe, dès le mois de décembre, l'Allemagne est la première à reconnaître l'indépendance de la Croatie et de la Slovénie. Elle est suivie, le 15 janvier 1992, par l'ensemble de la Communauté européenne. Un cessez-le-feu sur le terrain a été signé le 3 janvier. La désintégration de la Yougoslavie porte la guerre sur le sol européen, à trois heures d'avion de Paris. Depuis près d'un siècle, la diplomatie française a toujours soutenu la Serbie et François Mitterrand voit les indépendances de la Slovénie et de la Croatie comme des sécessions. Comme le Premier ministre anglais, John Major, il est alors plutôt favorable à la restauration d'une Yougoslavie sous le contrôle des Serbes.

Le 21 février, l'Onu a décidé l'envoi d'une force d'intervention, la Forpronu[1]. Sur le terrain, le conflit s'est déplacé dans la partie la plus multiethnique du pays, la Bosnie-Herzégovine.

À Sarajevo, la capitale, 45 % des habitants sont musulmans, 30 % sont Serbes, 17 % Croates. Au parlement régional, les nationalistes bosniaques musulmans sont majoritaires. Le 3 mars 1992, l'indépendance de la Bosnie-Herzégovine est proclamée. Les Serbes de Bosnie refusent immédiatement cette décision. Leurs milices dirigées par Radovan Karadzic encerclent Sarajevo.

La Communauté internationale reconnaît le 6 avril la Bosnie indépendante mais les anciens ennemis de la veille, Serbes et Croates, se sont entendus pour se partager le territoire. Le même jour, l'armée serbe encercle Sarajevo. La terreur s'abat sur la Bosnie : dans chaque village, les milices armées mettent en œuvre la purification ethnique en massacrant les civils du camp opposé.

1. Forpronu : Force de protection des Nations unies.

Commencé le 5 avril 1992, le siège de Sarajevo sera le plus long de l'histoire du XXe siècle, plus de mille quatre cents jours. La ville est bombardée quotidiennement, totalement isolée du monde. Ni eau, ni nourriture, ni médicaments, pas de chauffage ou d'électricité. Les routes sont coupées, l'aéroport bombardé. L'armée serbe contrôle les hauteurs de la ville. Des tireurs isolés, les snipers, tirent à tout va. Au total, le siège fera dix mille morts parmi les civils.

Les premiers soldats de la Forpronu sont arrivés en avril d'abord à Zagreb, puis en Krajina. Les soldats français forment un bataillon de soutien logistique mais, à partir de la fin juin, l'Onu décide d'augmenter la force internationale en raison du conflit en Bosnie. À la fin du mois de juin, le voyage de François Mitterrand à Sarajevo a en effet convaincu le Conseil de sécurité d'augmenter les effectifs de la Forpronu. François Mitterrand a choisi pour son voyage une date emblématique : le 28 juin. Tenue secrète, son arrivée à Sarajevo est spectaculaire : sur l'aéroport bombardé, avec trois gendarmes pour seule escorte, le président français fait figure de sauveur de Sarajevo assiégé. De fait, il obtiendra des Nations unies les forces nécessaires pour rouvrir l'aéroport ; mais dans le même temps, François Mitterrand refuse toute aide militaire à la Bosnie. « Je ne vais pas, dira-t-il, rajouter de la guerre à la guerre en livrant des armes à la Bosnie. » Le voyage du Président est avant tout humanitaire ; pour le reste, le soutien de Berlin à la Croatie inquiète Mitterrand qui craint un vaste déséquilibre de l'Europe au profit de l'Allemagne tout juste réunifiée. À tout prendre, la Serbie lui semble un élément de stabilité.

Dès l'été 1992, la France déploie un bataillon d'infanterie à Sarajevo, assure la remise en fonction de l'aéroport, la sécurité des axes logistiques et l'acheminement de centaines de convois humanitaires.

À partir de septembre, la Forpronu est dirigée par un Français, le général Philippe Morillon. En trois ans, les effectifs de la force internationale vont passer de 10 000 à 45 000 hommes, dont 7 100 pour les seuls Français qui constituent le bataillon le plus important.

Malgré le déploiement dans l'ensemble des zones de combat et même si l'asphyxie de Sarajevo est évitée, la présence de la Forpronu n'empêche par la guerre civile yougoslave de se prolonger et de s'intensifier. Les règles fixées par les Nations unies ne laissent à la force internationale qu'un rôle d'interposition où l'usage des armes est strictement limité : petits calibres, légitime défense. Il s'agit donc de maintenir la paix avec les moyens le plus faibles possible tout en faisant « zéro mort » ! Exposés sur la ligne de front, menacés, attaqués par des forces de tous bords, les casques bleus se sentent souvent otages d'un conflit où ils se trouvent confrontés tout à la fois au brouillard de la guerre et à leur propre impuissance.

En juin 1993, malgré l'intensité des pourparlers diplomatiques, le plan de paix proposé par l'Américain Cyrus Vance, délégué par l'Onu, et par David Owen, représentant de la CEE, est rejeté par l'assemblée bosniaque. Depuis le début de l'année, le contraste entre la situation dramatique sur le terrain et l'impuissance internationale a conduit le général Morillon à un coup d'éclat médiatique : il annonce à la presse qu'il n'abandonnera jamais la population musulmane assiégée notamment dans l'enclave de Srebrenica. Le Conseil de sécurité réagit alors immédiatement en décidant la protection de cinq enclaves musulmanes, mais sans pour autant obtenir des forces serbes du général Mladic qu'elles se retirent de la zone.

L'étau serbe autour de Sarajevo s'est resserré depuis l'été 1993. Sept mois plus tard, en février 1994, un obus tombe sur le marché central de Sarajevo, tuant soixante-huit civils. L'Otan adresse alors un ultimatum aux Serbes qui doivent reculer leurs armes lourdes à vingt kilomètres de Sarajevo, dont le ciel est désormais classé comme zone d'exclusion aérienne.

La diplomatie américaine obtient au printemps 1994 un cessez-le-feu entre Croates et musulmans de Bosnie, mais, au fil des mois, l'intensification des bombardements sur Sarajevo conduit l'Otan à effectuer en représailles des frappes aériennes sur la ville de Pale, capitale des Serbes de Bosnie d'où partent les attaques contre Sarajevo. En riposte, au mois de mai 1995, les Serbes prennent en otage 367 casques bleus dont 175 Français qui doivent servir de bouclier aérien en cas de frappe alliée.

Jacques Chirac vient à peine d'être élu président de la République. Il décide de réagir vite contre ce qu'il ressent être une humiliation inacceptable. Sur son ordre, les troupes françaises dotées pour la première fois de matériel lourd passent à l'offensive face aux Serbes. Jacques Chirac obtient surtout de l'Otan puis de l'Onu la création d'une force d'intervention rapide qui est acceptée le 15 juin par le Conseil de sécurité et dont l'objectif est de désenclaver définitivement Sarajevo en reprenant notamment aux Serbes le mont Igman qui domine la ville.

Au mois de juillet, les Serbes reculent devant l'avancée alliée, mais au même moment, du 13 au 16 juillet, l'armée du général Mladic s'empare de Srebrenica théoriquement protégé par les casques bleus. Huit mille hommes de plus de quinze ans, tous musulmans, sont massacrés par les forces serbes. Six semaines plus tard, un obus explose de nouveau en plein marché de Sarajevo, tuant trente-sept civils. Devant cette recrudescence du conflit, l'Otan décide une riposte sans précédent : bombardements, attaques aériennes intenses. Le 15 septembre, Sarajevo est enfin désenclavé.

Sous la pression américaine, le processus de paix est réamorcé et débouche sur les accords de paix de Dayton en novembre 1995. La paix est signée à Paris en janvier 1996. Le siège de Sarajevo est définitivement levé le 29 février. Succédant à la Forpronu, différentes forces internationales dirigées par l'Otan ou l'Union européenne seront déployées en Bosnie jusqu'en 2005 pour assurer le retour à la paix après une guerre longue de quatre ans.

Cent soixante-sept soldats de la Forpronu dont cinquante-cinq Français ont trouvé la mort pendant le conflit. La guerre civile yougoslave a fait cent mille victimes et bouleversé l'opinion internationale par sa violence à l'égard des civils, les exactions commises dans les deux camps, la systématisation des viols de guerre, la purification ethnique, la déportation de populations entières, le recours enfin au génocide sur le sol même de l'Europe.

Sur la route, en Bosnie, 1993

Michel, chef de peloton d'appelés volontaires pour les actions extérieures

Je suis arrivé à Verdun au début de l'année 1993. J'étais lieutenant, chef de peloton de chars. Six mois plus tard, mon chef de corps me dit : « Voilà, on nous demande de monter en Bosnie un peloton de transport qui n'a rien à voir avec les chars. Un peloton d'appelés. » Les appelés ne partaient pas en opération extérieure. Mais ceux qui le voulaient pouvaient, tout en restant appelés, signer un contrat d'appelés volontaires pour les actions extérieures. Au régiment, on avait déjà un escadron d'engagés qui venait de partir en mission de combat en Bosnie-Herzégovine, sur la Krajina. J'avais six mois pour monter mon peloton et près de quatre-vingts volontaires. On a repris toute la formation du combattant depuis le début et pendant six mois on a vécu en autarcie complète au sein du régiment. Je n'avais aucun capitaine au-dessus de moi. L'objectif était qu'on vive dans notre coin et qu'on forme un groupe avec une forte cohésion. À la fin, j'avais sélectionné quarante-deux appelés, quarante soldats, deux sous-officiers.

La mission, c'était du transport, mais on ne savait pas ce qu'on allait rencontrer. On n'avait pas de vision précise du conflit. Les troupes de l'Onu étaient arrivées dans une période assez calme et, au bout de six mois, les combats étaient devenus très violents dans la Krajina, les casques bleus avaient été confrontés à des moments très durs. Il y avait eu les premiers morts. Il y avait un risque, particulièrement en partant avec des appelés. On m'avait dit : « Vous êtes pas un va-t'en guerre, ne prenez pas de risque inutile. » En réalité, à partir du moment où on y mettait les pieds, on prenait des risques !

Toutes les semaines je venais en directe ligne faire mon compte rendu au chef de corps. S'il fallait sortir un escadron, on le sortait. Ce peloton c'était vraiment le bébé du régiment ! Avec des jeunes extrêmement volontaires et motivés. Les médias parlaient beaucoup du conflit. Il y avait des gens qui mouraient de faim à une heure et demie de Paris en avion. Nous, on allait approvisionner les militaires, mais dans nos convois il y avait aussi des véhicules humanitaires. L'énorme problème, c'était les familles. Les fistons disaient : « Papa, maman je pars en ex-Yougoslavie, faire des convois humanitaires pour l'Onu. » La réponse, c'était : « C'est dangereux, tu vas mourir ! Si tu t'en vas, je vais faire une dépression, ta mère va mourir de chagrin… » Les appelés étaient jeunes, dix-huit à vingt-deux ans, plus de 50 % étaient bacheliers, mais au bout du compte, cela a fait un peloton d'une qualité assez rare.

On est partis en octobre 1993. Les véhicules étaient déjà sur place. On s'est envolés de Roissy avec un avion d'Aeroflot, qui a atterri à Zagreb. On était ravis, c'est une ville magnifique ! C'était pas la guerre là-bas ! On s'est dit : on va en profiter. On s'est installés dans d'anciens bâtiments de l'armée de l'air sur l'aéroport de Zagreb, très spartiate mais propre. Il y avait un restaurant genre ordinaire avec des civils partout, de la nourriture en quantité. Ce qui nous a le plus surpris, c'est la dimension internationale de l'opération, on était avec des Hollandais, des Anglais, des Suédois, des Danois. On a été dans le bain très vite. Quarante-huit heures à peine après notre arrivée, j'ai dû envoyer quatre équipages avec les porte-chars, huit personnes en tout, partir dépanner et transporter un blindé indien. Ils sont partis avec du linge et de la nourriture pour quinze jours. Il y avait un tel besoin de porte-chars que je ne les ai revus qu'un mois et demi plus tard ! Pendant tout ce temps, je n'avais aucun contact avec eux, parfois je ne savais même pas où ils étaient parce qu'on se les refilait de bataillon en bataillon pour régler les problèmes de transport de chars. On ne vous renvoie pas vos escouades parce qu'on en a encore besoin. On a prêté ces équipages au bataillon canadien qui les a prêtés au bataillon nigérian ! Ils m'ont échappé complètement. Une semaine plus tard, je partais avec mon premier convoi pour Sarajevo.

J'avais la nuit pour préparer le déplacement, enregistrer les papiers, vérifier le convoi marqué Nations unies. Cinquante, soixante véhicules, une grosse moitié de camions. J'étais dans la jeep de tête avec un chauffeur. Les convois, c'était de l'alimentation, des produits de première nécessité pour nos militaires, ou pour les militaires de la Forpronu : j'ai même approvisionné des Américains à Skopje. Les camions civils, c'était de l'humanitaire avec un peu de tout, de la bouffe, des médicaments. Il y avait parfois des convois purs humanitaires mais eux, ils se démerdaient tous seuls. Mes camions c'étaient du superlourd, des semi-remorques pilotés par des types en civil des Nations unies… Enfin, j'ai toujours eu des doutes sur eux. Quelques Britanniques… sans doute des types des services spéciaux. Leurs réactions, c'était plutôt celles de militaires… Les camions étaient plombés. Leurs documents identiques à ceux des douanes, de l'Onu, détaillaient ce qu'il y avait à l'intérieur mais, pendant deux mois, on n'a pas eu de contrôle. Les deux jeeps avec des mitrailleuses 7,62 mm servaient d'escorte de protection, on les mettait toutes les deux devant en reconnaissance, elles prenaient quatre à cinq kilomètres d'avance, parfois plus pour voir ce qui nous attendait sur la route. Au bout de deux mois, il a dû y avoir des indiscrétions parce qu'un jour j'ai été arrêté à un check point serbe. Ils m'ont demandé d'ouvrir deux des camions qui leur semblaient suspects. On est restés bloqués plus de trois semaines. Les camions ne sont pas passés parce que effectivement, à l'intérieur, il y avait du matériel militaire, ce que je ne savais pas. À partir de là, on a pu contrôler le contenu des transports, mais les camions sont restés plombés. Il y avait toujours beaucoup de gens qui se raccrochaient à nos convois, des militaires, cinq ou six véhicules de gens qui devaient se rendre à Sarajevo. Et puis une ou deux jeeps des forces spéciales, du 13e RDP[1]. Eux, on savait qu'ils étaient là. Ils étaient intégrés au convoi, mais de temps à autre ils me disaient : « On vous quitte une heure ou deux... » Ils revenaient après être allés, bon, reconnaître des points certainement ou... je ne sais pas... Mais ils revenaient de toute façon pour passer les check points avec nous. On n'a jamais eu d'interprète. L'expérience avait été faite et le problème, c'est que les soldats qui parlaient croate ou serbe étaient toujours suspects, considérés comme des traîtres. Donc pas de traducteur, on se débrouillait par gestes, en baragouinant anglais, il y avait même des types qui parlaient le français...

Pour éviter tout danger, il était interdit au cours des arrêts d'aller plus loin que le bord de la route. Quand on allait à Sarajevo, on passait une nuit sur l'énorme parking d'un routier serbe, sympa, qui recevait régulièrement les convois. Si la nuit nous surprenait au bord de la route, pardonnez-moi l'expression, mais c'était caca dans la boîte de ration et pas bouger du véhicule pendant

1. RDP : régiment de dragons parachutistes.

toute la nuit. On emmenait un camion vide dans lequel on mettait les lits Picot et on dormait comme ça. Le trajet le plus long pour aller à Sarajevo ça a quand même été trois semaines et demie pour faire trois cent cinquante kilomètres ! Normalement, ça se faisait en trois, quatre jours et autant pour revenir, avec tous les check points serbes. Mais on savait que, lorsqu'ils nous disaient vous ne passerez pas, c'était pas la peine de tergiverser, on ne passerait pas !

Entre Zagreb et Sarajevo, il y avait deux gros check points fixes, l'un à l'entrée de la zone des Serbes de Bosnie, l'autre à la sortie. Il y avait aussi des check points mobiles n'importe où ! Et partout, il y avait toujours quelque chose à négocier : du carburant, des fringues, un peu de nourriture… Nos consignes étaient claires : quitte à ne pas passer, ne rien donner. C'était plutôt facile pour nous, c'était moins simple pour les humanitaires purs, ceux qui n'étaient pas dans nos convois. J'ai assisté à des scènes hallucinantes où les billets circulaient d'une main à l'autre : j'en avais fait le reproche à un chef de convoi humanitaire en lui disant : vous leur donnez des habitudes que nous combattons parce que, après, ils nous demandent la même chose. Dès le premier convoi on avait compris qu'on était dans un pays en guerre, si on voulait jouer au plus malin, ils nous tireraient dessus. D'ailleurs, ils nous le disaient : « Faites les malins et nous on va rafaler vos camions. »

Je me rappelle un de ces check points au milieu de nulle part, juste un vague truc clouté sur la route, un bidon avec du feu dedans parce qu'il fait toujours froid, et un type genre paysan avec un fusil de chasse qui nous arrête : pas passer ! Ce serait facile de lui mettre une claque, de virer le truc clouté et de continuer, mais on nous a dit de ne pas le faire. D'accord, on ne passe pas. Derrière moi arrivent deux VAB de la Légion. Le légionnaire, un type charmant, me dit : « Ne vous inquiétez pas, je vais vous faire passer, vous allez voir ! » Il palabre avec le paysan qui reste buté : non, on passe pas ! Tu vas voir si je passe pas ! Il fait signe à son VAB, le tireur, crrriiic, arme la mitrailleuse de 12,7 mm, hop, et pointe le bonhomme qui se met à rigoler avec ses deux chicots branlants. Derrière lui, il y avait un petit chemin et un fossé, et soudain, dans un gros nuage de fumée sort du fossé un char énorme, un T54[1] qui pointe sa tourelle vers nous. « Là, on a un gros problème », me dit le légionnaire avant de me dire au revoir ! On n'a pas pu passer... (Rire.)

À l'entrée de la république serbe de Bosnie, le check point du pont de Zernic était une vraie douane, avec des bâtiments, une sorte de caserne, sur une hauteur, avec des miliciens et un capitaine qui était un ancien prof de français. On l'avait surnommé « monsieur Non ». On arrivait et on lui disait, bonjour, on passe aujourd'hui ? Non ! Un jour, j'étais arrivé chez lui en même temps qu'un chef de convoi humanitaire. Le type était en train de lui filer des liasses de billets pour passer ! Quand ça a été mon tour, il m'a simplement dit : « Carburant ? » J'ai répondu non. « Alors tu passes pas. » J'ai dû attendre deux, trois heures. Parfois, au bout de cinq, six heures, il disait : « Maintenant vous pouvez passer. »

Il arrivait aussi qu'on ne passe pas du tout. Histoire de nous montrer qui commandait. Ce n'était pas lui qui prenait la décision, ça venait de plus haut, ça répondait à une logique de pression et de diplomatie. Cela dépendait aussi du nettoyage ethnique, de l'épuration en cours dans les vallées. On arrivait parfois au mauvais moment, ils ne voulaient pas qu'on passe au beau milieu du dispositif. En général, ils arrivaient dans un premier village et mas-

1. Char soviétique de la fin des années 1940.

sacraient la population. La nouvelle se répercutait dans les villages alentour, en moins de quarante-huit heures la vallée était vidée. Je l'ai vu en Bosnie et dans la Krajina où là c'était les villages serbes qui étaient nettoyés par les Bosniaques et les Croates. De la route, on ne voyait que le résultat, les maisons brûlées, la campagne déserte, juste les chiens et c'est tout. Si on passait dans ces vallées à ce moment, on était bloqués le temps que ce soit réglé, que les tirs d'artillerie et de mortiers cessent. On les entendait bien. J'ai en tête à un endroit où le convoi s'était arrêté et trois quarts d'heure plus tard se pointe un magnifique colonel de la milice serbe de Bosnie, dans un uniforme flambant neuf, qui me dit très poliment : « Faut pas rester là. » Je lui réponds que j'ai des ordres et que je dois rester là. « Non, non, si vous restez là vous allez avoir des problèmes, je vais vous emmener dans un endroit à l'abri. » Mon camion avait des moyens de transmission longue portée, je joins le PC à Zagreb qui me dit de le suivre. On n'était pas complètement rassurés. Il nous a emmenés dans une caserne où on a passé la nuit. Au retour de Sarajevo, on est repassés au même endroit. Ils avaient nettoyé le coin et le village à côté. On voyait les cratères, les trous d'obus de mortiers, le village brûlé, les maisons détruites.

Les routes, c'était comme nos départementales, nos nationales. Il y avait même une partie d'autoroute mais ça ne roulait pas si bien que ça : on était en hiver, il y avait de la neige et c'était compliqué parce que les routes n'étaient pas dégagées. Une fois qu'on avait passé le dernier check point fixe, l'arrivée à Sarajevo, c'était le pire. La zone de tous les dangers. C'est là qu'on s'est fait allumer, huit fois sur dix. La conduite commençait par un coup de stress parce que la descente vers Sarajevo était très dangereuse pour les camions. Une petite route sinueuse, en pente, verglacée, avant de découvrir le paysage lunaire d'une ville qui transpirait la peur. Une zone de guerre. Des cités à la soviétique, des barres d'immeubles, un quartier historique, des immeubles détruits, des façades totalement cratérisées par les impacts de balles ! On traversait ça avec la peur de se gourer, de ne pas pouvoir faire demi-tour, de perdre un camion parce que le convoi avec les distances de sécurité s'étirait sur deux ou trois kilomètres.

Sarajevo était un no man's land, c'était l'époque des snipers. On découvrait ça, les snipers ! Ce qui nous foutait la trouille, c'était de ne pas voir le type qui allait nous tirer dessus depuis sa barre d'immeubles. On savait que ça arrivait, trois mois plus tôt, le bataillon avait eu un ou deux morts à Sarajevo sur un convoi et nous aussi on a été pris à partie. La première nuit qu'on a passée à Sarajevo sur l'aéroport, on a pris des pelos[1] toute la nuit. Je me suis dit, nous on repart, ceux qui restent, c'est six mois comme ça, tous les jours. Deux ou trois fois par nuit, ils balançaient une, deux, trois salves, des tirs de mortiers. Ils tiraient sur tout, les pistes, les bâtiments. Ils tiraient à côté pour faire peur, pour marquer leur présence mais cela a quand même été jusqu'à un vrai engagement.

On venait d'arriver sur le tarmac de l'aéroport de Sarajevo. On avait livré le matériel et on s'apprêtait à repartir pour Zagreb. On a été bloqués bêtement sur le check point du bout de la piste. D'habitude, j'envoyais toujours en avant une voiture qui faisait bloquer le check point pour qu'on puisse le passer sans problème. Ma P4 arrive, le chef de poste dit : « Ok, je bloque pour vous » et à ce moment-là arrive un VAB qui transportait des autorités bosniaques à l'intérieur de l'aéroport, qui n'a pas voulu s'arrêter. Il a glissé sur la terre mouillée, s'est mis en

1. Obus en argot militaire.

travers et s'est planté. On était déjà lancés sur le tarmac, impossible de faire demi-tour. Le temps de faire venir les VAB de protection, on s'était déjà fait allumer... Ça a tiré des deux côtés, beaucoup. Ça partait d'immeubles qui dominent l'aéroport, à trois cents, quatre cents mètres. Là, c'est le drill qui a payé, les ordres, je les ai donnés par réflexe : « Débarquez par la droite ! Postez-vous à droite, derrière les essieux des véhicules, ripostez tout de suite, organisez-vous, dégagez les blessés ! » Il n'y a rien de réfléchi. Tout cela, vous l'avez répété des dizaines de fois avant et le jour où ça arrive, ça revient ! J'ai commandé le feu sur ceux qui nous tiraient dessus. Ça partait des façades, on ne voyait pas qui. Les légionnaires sont arrivés vite. Avec leurs canons de 20 mm, ils pouvaient les toucher à travers les murs, ils ont largement calmé le jeu. J'ai eu deux blessés heureusement pas graves. Aucun appelé. On est restés sous le feu un quart d'heure et pendant ce temps, très sincèrement je ne me dis rien, je ne me pose pas la question d'après. Le seul truc, c'est de sauver mes hommes, les dégager, riposter si je peux, détruire en face. Mais voilà... J'ai les bons comptes rendus, je donne les ordres, on évacue les blessés et je n'ai pas le moindre doute que ce sera bien fait. J'ai donné le cessez-le-feu quand il n'y a plus eu de tirs en face. Ça a été, je crois, la seule fois où des appelés ont fait feu. Après cela le convoi a fait demi-tour, retour à Sarajevo, convoi récupéré et pris en charge, et moi je suis allé voir le général commandant les forces sur Sarajevo qui voulait savoir ce qui s'était passé. Les deux blessés ont été évacués et nous on est repartis le lendemain. On a été escortés comme rarement jusqu'à la sortie de Sarajevo. Ils ne nous ont lâchés qu'à la sortie de la cuvette ! Mais je n'ai pas eu de stress sur le retour. On en a parlé entre nous. Ça nous a simplement rappelé qu'à aucun moment on peut se relâcher...

Nos moments de tension, c'était surtout sur les check points. Parce que, quand on se faisait allumer, il n'y avait pas d'avertissement. Qui allumait ? Tout le monde. Pas l'armée serbe, mais les miliciens, les serbes de Bosnie, les Bosniaques. Mais ça pouvait aussi être sur la route. Une fois, mon adjoint m'appelle à la radio pour me dire : « Mon lieutenant, avancez, avancez, ils sont en train de nous tirer au mortier sur les arrières ! Les tirs se rapprochent, on va être bientôt sous le feu ! » On a accéléré tout de suite. C'était la consigne, accélérer, accélérer. Les camions roulaient très vite. Je pense que c'était des tirs pour nous provoquer. On a aussi eu des rafales dans un camion : la balle s'est logée dans le sac à dos. Le chauffeur ne s'en est rendu compte qu'à l'arrivée. Il avait entendu un ploc ! Mais il n'avait pas percuté. Il m'a montré son sac, sa basket percée. On a retrouvé la balle dans le dossier de son siège ! Il a eu de la chance ! (Rire.)

Il y avait aussi les agressions crapuleuses. Depuis les ponts, ils nous balançaient des pavés sur les pare-brise : ils aimaient beaucoup ! C'était des gens du coin. Ils attendaient qu'on passe et jetaient des pavés. S'ils pouvaient choper le conducteur au passage, c'était encore mieux. J'ai eu un de mes conducteurs britanniques qui a pris un pavé. Ils étaient en liaison CB[1] avec nous. Le type me fait un compte rendu, « Je suis au kilomètre tant, je viens de prendre un pavé, mais RAS pour moi, continuez, j'ai un peu froid mais voilà, si ça va pas, je vous le dirai. » En plein hiver, le type s'est tapé deux cents bornes sans pare-brise : c'était pas le routier de base...

Mon problème dans les convois, c'était toujours le carburant. C'était la partie sensible que tout le monde convoitait. La nourriture, ils s'en foutaient un peu mais les camions-citernes d'essence, ça les intéressait ! Je trimba-

1. CB : citizen band.

lais deux ou trois camions, des camions-citernes civils de vingt à trente mètres cubes chacun, et eux ils en avaient besoin pour faire la guerre, et puis ça valait cher... Parfois, aux check points, ils faisaient quelques tentatives : « On va garder un camion sinon vous passerez jamais », mais rien de bien méchant. En étant assez ferme ou en se retirant, ça se passait assez bien.

Mais là, je ne me souviens plus exactement de la date de cet après-midi d'hiver, janvier ou février, la route au fond de la vallée était couverte de neige, on était bloqués. On attend une heure ou deux, des palabres polies mais sous tension parce que tout le monde braque ses armes à dix mètres. Famas contre Kalach, avec évidemment moins de détermination chez nous, parce que, pour les Nations unies, faut attendre d'être tirés pour riposter. On avait l'habitude. On calme le jeu. Le type en face me dit : « Mon chef arrive. » Apparaissent trois Mercedes noires blindées, belles bagnoles toutes neuves, c'était Mladic. Je l'ai reconnu tout de suite, on avait sa photo partout. Il parle anglais correctement. « Je vais récupérer vos camions-citernes, me dit-il, Vous prévenez vos chefs. Avec ou sans leur accord je récupère ces camions-citernes. Vous avez le choix, je vous laisse une heure. » Pfff... J'appelle mes chefs. « T'es sûr que c'est Mladic ? – Oui, pas de doute, c'est bien Mladic. – Bon... eh ben, tu lui donnes les camions-citernes. » Mladic me dit : « Je vous prends les camions, je les ramène demain matin. Ne bougez pas d'ici ! Vous ne craignez rien, vous êtes sous ma protection. » Je n'avais aucune raison de lui faire confiance. J'avais des équipages débarqués, on était en zone hostile. Pas très loin de Sarajevo mais très loin de Zagreb et de toute aide possible. Je me sentais tiraillé : « Jusqu'où je vais ? Est-ce que mes chefs vont bien dire ce qu'il faut ou pas ? Jusqu'où je peux aller, j'ai cent personnes sous mes ordres, est-ce que j'ai le droit de prendre des risques ? Ils sont assez fous pour nous tirer dessus... Qu'est-ce que c'est finalement, du carburant ? » À ce moment-là, je me suis vraiment senti tout seul. Finalement, il a empoché ses quatre-vingt-dix mètres cubes de carburant et le lendemain j'ai eu mes camions... Ça a été mon plus gros coup de stress. Peu à peu on s'est rendu compte qu'on ne faisait que ce que les Serbes de Bosnie ou les Bosniaques ou les Serbes voulaient et qu'on avait la main sur rien du tout. Pendant six mois on a été en permanence des otages, otages de la diplomatie, otages des Serbes, otages des Bosniaques aussi, otages de tout le monde.

En tout, je crois qu'on a fait deux cent cinquante mille kilomètres. On a fait aussi la Macédoine, le Monténégro. On était sur les routes tout le temps. Ça m'est arrivé de rentrer de convoi un après-midi vers 16 heures, d'être convoqué pour m'entendre dire : tu repars demain. On dormait dans les camions aménagés. On roulait tant qu'on pouvait, huit heures d'affilée sans s'arrêter, pas de nuit, c'était interdit. Si on se faisait piéger par la nuit, le convoi s'arrêtait sur le bord de la route. Vraiment sur le bord. Là, c'était pas de bonnes conditions. On ne dormait pas, il faisait très froid, moins quinze, moins vingt, les camions n'étaient pas chauffés. C'est là que j'ai su ce que c'est d'avoir les pieds et les mains gelées. Sur le stade de Belgrade, le gazole de nos camions a gelé. Là où on s'arrêtait la nuit, le plus compliqué, c'était la surveillance à cause des vols. J'étais obligé de faire monter une garde par dix hommes en instantané pour surveiller la totalité du convoi. Tout ce qu'ils pouvaient piquer sur les camions, ils le piquaient, jerricans, rétros, tout. S'ils pouvaient entrer dans le camion, ils piquaient à l'intérieur. Toutes les deux heures, on changeait la garde. Les hommes conduisaient la journée, la nuit, ils ne dormaient pas. On était lessivés. Pourtant, on n'a pratiquement jamais eu d'accident.

Une fois, on montait sur le plateau bosniaque, les petites routes n'étaient pas dégagées. On avait mis les chaînes. Dans un virage, un camion-citerne a chassé sur le verglas, à cause du carburant. Avec la neige, il s'est couché tout seul. Il a fallu monter une manip pour le vidanger, tout le convoi est resté en protection. À côté, il y avait une ferme. Spontanément le fermier est venu. Un paysan, moustache et bonnet vissé sur la tête, dans les cinquante-cinq ans mais qui en faisait quatre-vingts et qui nous apportait de la nourriture, de l'alcool, de la slibo. Ils n'avaient pas grand-chose, mais tous les jours il est venu nous donner du pain. Des dizaines de fois, on lui a dit mais non ! On a des rations, on va pas manger ça. Je pense qu'il nous a donné toutes ses provisions de l'hiver, pour nous faire plaisir. J'ai été manger une fois chez lui. Il était serbe, sa femme bosniaque. Ils ne comprenaient pas ce qui se passait, les événements. « Nous, la guerre on en veut pas, on veut la paix... » Il ne m'a jamais rien demandé mais quand on a eu vidangé le camion, je lui ai rempli le fond de cuve, trois bidons de trente litres de carburant, que je lui ai laissé dans le fossé, pour se chauffer tout simplement... Je crois que c'était pour des rencontres comme ça que mes soldats s'étaient portés volontaires pour la Bosnie. Ce qui les motivait, c'était l'aspect humanitaire, la défense des opprimés. C'était comme le soldat de 14, qui part défendre l'humanité. Ils sont un peu partis dans cet état d'esprit, pas pour défendre la France, mais une vision de valeurs de l'humanité. J'ai vraiment apprécié leur qualité. Ils sont restés coupés de tout pendant des semaines, sans avoir la possibilité de communiquer avec leurs familles, en continuant à faire le boulot dans des conditions particulièrement dures. Physiquement, ils m'ont épaté. Beaucoup de mes camarades sont venus me voir pour me dire : « Tes soldats se tiennent remarquablement, ils sont toujours propres, disciplinés, rigoureux... » Il y avait interdiction de boire de l'alcool, ils n'en buvaient pas, et mes camarades me disaient : « Nous, nos engagés, on n'arrive pas à les tenir aussi bien. » On est revenus en France en avril. Et pour moi la plus belle expérience de tout ce que j'ai vécu en Opex[1], c'est la relation avec ces appelés, ils ont été extraordinaires. Je n'ai pas eu les mêmes satisfactions avec mes professionnels. Je ne faisais rien, mais ils avaient la volonté d'être comme ça. J'ai été récompensé parce que le jour où le bataillon a été dissous, le chef de corps a mis un seul peloton à l'honneur, le leur. Il les a cités en exemple devant tout le bataillon, ces types-là, qui n'étaient pas soldats à la base et qui sous le feu s'étaient comportés remarquablement.

Fort neuf de Vincennes, 21 mars 2014

1. Opex : acronyme pour OPération EXtérieure.

PTT Building, Sarajevo, 1994

Jean, électromécanicien

Ce que j'aimais bien dans l'opération extérieure, c'était le côté adrénaline, l'aventure, l'ambiance un peu comme dans la chanson *Macao*, les ventilos, la fumée, le côté hors du commun et de l'habituel. En Afrique je traînais un peu dans les endroits bizarres comme ça, en Guyane, c'était la crique. Le côté aventurier dans un monde un peu parallèle, ça, ça m'a toujours plu.

Sarajevo, à l'époque, c'était la mission à faire, comme plus tard l'Afghanistan. On était fiers du béret bleu clair. C'était le quatrième mandat de l'Onu et, si je ne me trompe pas, on est partis le 17 janvier 1994. J'étais au 6e régiment du génie. Le départ du régiment avait été retardé dans la nuit. Avec les copains on a patiemment attendu dans le bistrot d'en face. Le départ, c'est assez difficile comme ça : alors on n'a pas rappelé nos femmes pour les voir encore un peu : ma fille avait à peine six mois, alors c'est vrai qu'il y a eu des larmes, des larmes. Ensuite, nuit dans le bus vers Paris, avion pour Zagreb. Une nuit à Zagreb. Le lendemain matin, on embarque dans un Transall.

Arrivés au-dessus de Sarajevo, on est tout de suite mis dans l'ambiance, le Transall pique brutalement vers le sol parce qu'il se fait canarder. À l'ouverture des portes, on entend déjà le tacatac un peu partout, des tirs de

Kalach. Là ça drope ! Ça tire, on court ! Direction vite fait l'intérieur de l'aéroport. On décharge les bagages, les paquetages, on embarque dans un VAB. Nous, les électromécaniciens, on allait intégrer la cellule engineer, à l'état-major, à PTT Building. À vol d'oiseau ça devait faire deux à trois kilomètres depuis l'aéroport. On découvrait la ville à travers les trappes du VAB. Après le check point serbe, il y avait une petite maison, complètement détruite, sur laquelle on lisait « Welcome to Sarajevo ».

À Sarajevo, il n'y avait pas de lueur d'espoir, rien. Tout était cramé, les bâtiments en ruine, les maisons à moitié transpercées. On circulait sur des routes éventrées, avec des barres de fer en plein milieu, pas trop rassurés, parce qu'on entendait autour de nous les balles traçantes, et qu'une roquette de RPG[1], ça traverse vite un VAB. On était juste équipés de pare-éclats qui protègent pas vraiment, et on se demandait si on allait arriver vivants. Sur Snipper Avenue, c'était désert, les mecs traversaient fissa, mais sur une autre route parallèle il y avait toute une fourmilière de gens qui allaient au ravitaillement, une population très pauvre, terrorisée, mais qui s'était organisée. Pour le ravitaillement d'eau, les gens se planquaient entre les grands containers et les bagnoles entassées en guise de protection. Ils se planquaient, couraient, traversaient avec leurs carrioles. La première nuit, ce qui frappait dans cette ville en guerre, c'était l'absence d'éclairage. On ne voyait plus rien. Plus de repères, la nuit complète.

PTT Building, c'était l'ancien immeuble des postes. Un bâtiment assez grand, entouré de sacs de sable. L'état-major était installé là. À l'époque, c'était le général Soubirou qui commandait la place. Les bureaux étaient à l'étage principal. Au troisième, il y avait des logements de cadres, certains de nos officiers étaient logés à l'hôtel

1. Lance-roquette de fabrication soviétique.

Holiday Inn. Je me souviens d'y avoir été réparer un frigo dans la chambre d'un officier. La chambre avait pris un obus et quand je suis arrivé, il n'y avait plus de façade, juste le vide. (Rire.)

À PTT Building, on a pris nos quartiers dans les sous-sols, au frais. Il y avait des petites pièces délimitées par des planches d'aggloméré. On logeait là avec les gardes du corps du général, à côté du stock de matériel électrique. Dès le lendemain, on a commencé nos missions. On était quatre électromécas avec un adjudant-chef. Notre travail, c'était de soutenir en électricité, en production d'énergie, en distribution, en installations électriques tous les bataillons de l'Onu déployés dans Sarajevo. Les Français en priorité, mais aussi les étrangers. En théorie, le 3e RIMa[1] assurait la sécurité des déplacements. Mais nous, on se déplaçait en permanence. On ne pouvait pas demander chaque fois une escorte, vingt-quatre heures à l'avance. On se déplaçait seuls, on roulait dans un petit fourgon Citroën, un C25 dont l'intérieur avait été protégé contre les tirs par des plaques d'acier.

La première mission a été de remettre en état sur l'aéroport un bâtiment qui appartenait au HCR, le haut-commissariat aux réfugiés. C'est là qu'on a eu notre baptême du feu. Les obus tombaient tout près et, ce qui est surprenant, c'est que, même à l'intérieur, on sent l'onde de choc. Comme si le souffle entrait dans le bâtiment. Au début, on se mettait immédiatement à plat ventre. Après, quand vous avez l'habitude, vous restez debout et vous continuez à travailler. En général, c'est d'ailleurs à ce moment qu'arrivent les accidents.

On se déplaçait partout, aussi bien du côté bosniaque que du côté serbe. Aux check points bosniaques, on se faisait régulièrement racketter et donc pas question d'emme-

1. RIMa : régiment d'infanterie de marine.

ner des armes ou des transmissions. Un jour, en revenant de l'aéroport, on était en camion bâché, c'est moi qui conduisais, mes deux caporaux-chefs dans la caisse, mon sergent était à côté de moi en cabine. On passe par le quartier de Dobrinja et là, on se fait rafaler, tacatacatac ! On entend un coup de départ, la détonation juste à côté de nous. J'accélère à fond, et là, réflexe idiot, je remonte ma vitre, sans doute pour arrêter les balles... (Rire.) On n'allait pas au combat mais on était très exposés.

On n'avait pas vraiment de contact avec la population. Parfois un petit échange de sourires avec les femmes serbes ou bosniaques, mais c'est tout. Ce qui me surprenait, c'était de découvrir un pays qui me semblait d'un autre temps et qui me rappelait les images des bouquins d'histoire sur la Seconde Guerre mondiale. Dans les champs, il y avait des meules de foin à l'ancienne, des ânes, des chevaux pour tirer la charrue, comme dans l'ancien temps. Quand je suis arrivé à l'hôpital de Tito-Barack pour refaire le tableau électrique, le truc, c'était pas possible, même en cours j'avais pas vu ça ! Des fusibles en porcelaine qui dataient de trente ou quarante ans ! Quand je touchais le neutre, je prenais le jus ! J'avais l'impression d'être à l'époque de mes parents quand ils étaient petits...

Les chantiers tombaient au fur et à mesure. On a refait la moitié de l'aéroport, des câbles et des câbles pour installer un tas de baraquements de fortune. Ailleurs, il fallait faire un poste de combat ici, refaire un bloc opératoire pour les Ukrainiens installés à Tito-Barack, des pompes à vidange de fosses septiques pour les Égyptiens, des douches pour les Anglais... Il y avait une usine à goudron juste en face de PTT Building. L'usine avait pris des obus. On m'avait demandé de refaire l'électricité. Il ne restait plus que les câbles qui pendaient dans le vide, c'était pratiquement impossible. Pour la location de ce bâtiment, les Bosniaques demandaient mille dollars par semaine plus je ne sais combien de litres d'essence. Normalement on était là pour les protéger des Serbes, mais bon... Notre rôle, c'était aussi de chercher des locaux où installer nos troupes. Pour ça il fallait discuter avec les Serbes ou les Bosniaques. Du côté serbe de la ligne de front, à Rajlovac, il y avait une ancienne école de l'armée de l'air. Le major Radic s'était lié d'amitié avec notre commandant et avait accepté de nous donner des bâtiments en échange de sacs de terre. Là, à la différence du côté bosniaque, on ne se faisait pas canarder.

Le problème avec le matériel, c'est qu'il arrivait toujours trop tard. On nous octroyait par semaine mille dollars en espèces pour se procurer le strict nécessaire. On avait un contact serbe. Quand on passait les check points bosniaques, on le planquait dans le fourgon, sinon il se serait fait égorger. Le gars était un peu mafieux. Il nous trouvait tout ce qu'on voulait, des ampoules, des câbles. À prix d'or évidemment. Je me souviens d'un bâtiment qu'on refaisait à Rajlovac. À mesure que le chantier avançait, on s'apercevait que les interrupteurs à peine installés avaient une fâcheuse tendance à disparaître. Mais lui, imperturbable, nous en fournissait toujours des nouveaux. Jusqu'à ce qu'on lui demande d'arrêter de nous prendre pour des couillons. En contrepartie, chaque fois qu'on allait avec lui dans un resto du côté serbe, on était accueillis à bras ouverts.

Du côté bosniaque ce n'était pas la même ambiance. Une fois, on était allés faire une mission à Kakanj pour le troisième régiment du génie qui était en place là-bas. On était arrivés, il y avait les brigades de moudjahidines. Sur leurs véhicules, il y avait l'étoile et le croissant. Ils portaient le turban sur la tête... C'était pas des Bosniaques mais des combattants venus du Moyen-Orient.

Au début du mois de février, j'étais parti sur les hauteurs de la ville avec un de mes deux caporaux-chefs. C'était près du stade de Sarajevo. On allait installer un poste d'observation avec des sacs remplis de terre, il fallait amener l'électricité, tirer des câbles. Il faisait très froid. J'avais acheté des gants qui s'ouvraient et se refermaient pour pouvoir tenir les câbles. Pas franchement très efficace, on avait les mains qui gelaient. À l'heure du repas, on redescend vers PTT Building. On prenait cet itinéraire pour la première fois. À un moment, on entend une déflagration. On était habitués à entendre les obus tomber sur la ville : « Il a pas dû tomber bien loin, celui-là ! » Tout de suite après, l'onde de choc ébranle le fourgon. On s'est arrêtés et on est descendus pour voir ce qui se passait. Partout, des débris, plein de chaussures, des flaques de sang, un enchevêtrement de ferraille, de plaques de bois. L'obus était tombé en plein marché couvert. Il y avait... des corps, des morceaux de corps déchiquetés un peu partout, des gens sans bras, sans jambes. Des vieux, des femmes, des moitiés de gens, la moitié du visage emportée, des enfants. L'horreur, le silence, comme si les gens se réveillaient et après, les hurlements. Ça s'est passé tellement vite... Dans la poussière, on a commencé à voir des gens qui bougeaient. Il y avait trois ou quatre soldats bosniaques. Ils n'avaient pas l'air de se préoccuper des gens qui criaient, ils ramassaient des bouts de ferraille. Par la suite j'ai compris qu'il s'agissait d'éclats d'obus.

On n'avait pas d'armes, pas de transmissions, la première réaction a été de se dire : « On dégage. De toute manière, on ne peut pas sauver les gens, on va prévenir. » On pensait aussi qu'il allait peut-être y avoir d'autres explosions, comme en Algérie, à l'époque des attaques à la grenade. Il ne fallait pas rester là. Les soldats bosniaques commençaient à arriver. D'habitude, c'est eux qui nous tiraient dessus. On n'était pas forcément les bienvenus. On s'est dépêchés de rembarquer pour prévenir PTT Building. Quand on est arrivés, ils étaient déjà au courant et avaient envoyé des VAB sanitaires pour secourir les blessés.

La presse a parlé d'un obus serbe. Soixante-huit morts, cent quarante-quatre blessés. Je ne suis pas resté assez longtemps pour tout voir. Le souvenir que j'ai des lieux, c'est qu'il y avait des bâtiments autour mais c'est vague. Je ne suis jamais retourné là-bas, mais les images, je les ai portées un bout de temps. Des cauchemars pendant des années. J'avais vingt-cinq ans à ce moment-là. C'est encore dur parfois, c'est pas oublié.

Les semaines qui ont suivi et jusqu'à la fin du mandat, quand on rentrait le soir, on picolait. Picon bière, slibo. On jouait au Uno, ça nous changeait les idées. Ça me faisait penser à ce que me racontait mon père sur l'Algérie. Il était dans les commandos de chasse. Ils ne savaient pas s'ils allaient rentrer le lendemain, alors ils profitaient de la soirée pour bibiner et oublier un peu.

Après l'attentat sur le marché, on ne se déplaçait jamais sans le casque et la mentonnière. On regardait partout. Je ne me rappelle plus à quelle heure était le couvre-feu, mais c'était d'assez bonne heure. Le soir, on devait rentrer à PTT Building, mais on prétextait des dépannages. Un dimanche après-midi, je m'embêtais, j'ai pris le fourgon, je suis sorti de PTT Building, j'ai passé les check points, je suis allé tout seul à Blazuj, ou à côté, je ne sais plus, et je me suis bourré la gueule avec les Serbes. J'aurais pu me faire rafaler. Je suis rentré tard le soir. On sortait avec le casque, le pare-balle en kevlar, sinon ça aurait paru louche ! On allait à Blazuj ou Ilidza, des patelins serbes. Côté bosniaque, on n'y allait pas : le bar, c'était PTT Building. Il y avait bien quelques serveuses et quelques Bosniaques, mais c'était surfait, pas chaleureux. Alors que chez les Serbes ! On allait jusqu'à un premier check point bosniaque, où ils étaient tous bourrés, c'était le plus dangereux. Ensuite, à la sortie de l'aéroport, check point serbe, cette fois. Ils nous arrêtaient systématiquement : « T'es en dépannage ? – Ouais ouais… » Ils savaient d'où on venait et où on allait, ils savaient tout ! On avait dégotté un troquet où on était bien accueillis. On y mangeait du cochon de lait. On pouvait boire quelques verres et même danser. Danser avec un gilet pare-balles ! On était au milieu de soldats serbes, on mangeait avec eux, on rigolait ensemble. On jouait à la pichenette : le couteau lancé entre les jambes, des trucs comme ça, quoi ! On était super bien accueillis. Quand il y a eu les frappes de l'Otan sur leurs positions, ils nous ont dit qu'on ne pouvait pas rester ensemble et on a arrêté de se voir.

À un moment, on nous a dit qu'on allait nous aérer un peu. On a été deux jours à Split, côté croate, sur l'Adriatique ! On a pris l'avion, le commandant, l'adjudant-chef, un sergent et moi. On arrive à Split. Les gars de l'armée de l'air en chemisette, tranquilles, pépères ! Nous on avait nos pare-éclats. On avait l'impression d'être en vacances, jet-ski, petite daurade au feu de bois… Le retour à Sarajevo… c'était un autre monde. Après, on s'habitue aux tirs, aux bombes et c'est là qu'est le danger.

Le mandat a duré jusqu'en juillet. À la fin, il y eu l'ultimatum de l'Onu aux Serbes. On n'était pas très fiers, on se disait : s'il y a des frappes aériennes sur les positions serbes et s'ils ripostent, comme nous on est en plein dans la cuvette on est foutus, c'est clair !

Mais à mesure que le temps passait, on avait l'impression que, depuis le début, on nous avait raconté n'importe quoi. On était partis défendre les Bosniaques opprimés par les méchants Serbes ! Et quand vous arrivez au premier check point serbe et qu'ils vous disent « Soldats français gut ! Mitterrand pfft ! » en tournant le pouce vers le bas, vous voyez bien que c'est pas ce qu'on nous avait dit. Les Bosniaques, eux, ils nous ont rafalés d'emblée.

Et puis, il y avait ce que racontaient les journalistes. Au début, en salle télé, on captait le 20 heures qui annonçait : « Aujourd'hui sept cents obus sont tombés sur Sarajevo ! » Nous, on n'en avait entendu qu'un seul et on se demandait pourquoi ils racontaient ça. Tous les soirs, devant PTT Building, il y avait une journaliste, assez connue, j'ai oublié son nom, qui faisait le point des combats. Je me souviens, elle parlait du siège de Gorazdé, des Serbes qui étaient aux portes de la ville et s'apprêtaient à l'investir, et justement ce soir-là arrive le sergent qui était avec moi, il revenait de Gorazdé. Il était allé réparer les pompes à eau du stade de foot. Je lui demande : « Comment ça s'est passé ? – Normal, sans problème. – La journaliste, en bas, elle est en train de dire que Gorazdé va être complètement anéanti par les Serbes... » Et lui me répond : « Ça m'étonnerait ! La route principale est minée ! Alors, avant qu'ils arrivent... » Bref, on ne comprenait pas pourquoi les journalistes racontaient n'importe quoi. Heureusement, on avait trouvé le moyen de communiquer avec nos familles. En fait, c'était très difficile d'obtenir le téléphone. Il y avait un système de carte, mais qui coûtait très cher. L'avantage à PTT Building, c'était que la cellule engineer pouvait communiquer avec la France par le réseau satellite, avec un code assez compliqué. L'adjudant-chef avait réussi à se procurer le code en regardant l'officier le composer et comme il nous aimait bien... Sur le coup de minuit, 1 heure, on se faufilait discrètement et à tour de rôle on téléphonait. On rassurait chez nous après les informations : « À la télé ils ont dit ça et ça ! – T'occupe pas, c'est pas vrai... »

À la fin du mandat, on a vu arriver des officiers français en treillis. Des lieutenants-colonels, des colonels, qu'on devait accompagner chez les responsables bosniaques.

Ils avaient pas la coupe mili et n'avaient pas l'air rassurés. On a pensé qu'on avait fait appel à la réserve. Ces colonels, avec les cheveux longs et rien de mili en fait, c'étaient des hommes d'affaires français, le commandant nous l'a confirmé. Ils venaient chercher des contrats, pour le BTP, la distribution d'eau, l'électricité, la reconstruction de Sarajevo après la guerre. Les Américains étaient furieux. Leurs cadres en costume étaient bloqués aux check points, les Français en uniforme passaient beaucoup mieux…

Voilà, tout ça mis bout à bout… Malgré notre niveau, on déduisait, on voyait tout de suite qui devait gagner, qui devait emporter le conflit pour pouvoir installer des entreprises. L'Onu était censé être neutre mais nous, on avait pris le parti des Bosniaques contre les Serbes. Alors c'est peut-être un cumul, les mensonges des journalistes, les atrocités. Personnellement, je suis arrivé au bout des six mois avec le sentiment d'avoir été trahi par les politiques de l'époque qui n'avaient pas voulu tenir un discours de vérité. J'étais en colère. J'ai quand même perdu dix kilos sur ce mandat ! À Sarajevo, en quatre ans, il y a eu soixante-dix-huit morts français… beaucoup d'accidents, accidents de la route, accidents d'armes à feu et puis les morts du pont de Verbanja, bien sûr. On était quand même des soldats cibles.

Quand j'ai reçu la médaille de l'Onu en fin de mandat, un commandant qui venait d'arriver m'a dit : « Félicitations pour votre médaille ! » Je lui ai répondu : « Vous savez ce que ça représente pour moi, cette médaille ? Ça veut dire que pendant six mois on a baissé notre froc devant les Bosniaques et devant les journalistes. Voilà ! Par contre, le petit insigne que j'ai là, de la cellule engineer, ça, ça représente les six mois de boulot et tout ce qu'on a vécu ! La médaille, non. Pour moi ce n'est pas un honneur. » Il m'a répondu : « À votre niveau vous ne pouvez pas comprendre... – Détrompez-vous ! On commence franchement à comprendre... »

Au retour de Sarajevo, je me suis dit : « Plus jamais l'Onu, plus jamais d'Opex ! Tant que je n'aurai pas un officier qui me commande et qui sera en mesure de me dire pourquoi on y va réellement, et pas le politiquement correct, je ne mettrai plus les pieds en opération extérieure. Je suis peut-être un idéaliste, mais je suis rentré par vocation. Je crois à la patrie et aux valeurs qui doivent être défendues, mais quand je m'aperçois qu'on joue avec ces valeurs et que ce n'est pas pour elles qu'on va se battre, alors... Par la suite, je n'ai plus mis les pieds en opération extérieure.

Hôtel national des Invalides, 15 avril 2014

Prisonnier des Serbes, 1995

José, aviateur, Mirage 2000

Cela se passe en août 1995. J'étais sous-chef de patrouille à l'escadron 2/3 Champagne à Nancy, leader de deux avions. On était basés en Italie, sur la base de Cernia, sur l'Adriatique, pas très loin de Cesenattico, là où était né Marco Panzani. L'avion sur lequel on volait, c'était un mirage 2 000 l, un bombardier, un avion biplace. Sur cet avion, je devais avoir, à cette époque-là, cinq cents heures de vol. J'étais lieutenant. J'avais vingt-neuf ans, j'étais marié et j'avais deux enfants, un petit de cinq ans, une petite de trois ans. Moi, j'étais navigateur. Le pilote est devant, le navigateur derrière. On a exactement les mêmes instruments devant et derrière. Je n'ai pas une formation de pilote, mais, dans la pratique, à l'époque, on était censés pouvoir ramener l'avion au cas où... Le pilote s'occupe de tout ce qui est pilotage de l'avion, tir de l'armement, gestion à très court terme ; le navigateur s'occupe de la mission à plus long terme, de tout ce qui est contre-mesures électroniques, calculs de timing. C'était la guerre en Bosnie. On décollait de Cernia, on traversait la côte adriatique, côté Bosnie, et on allait travailler sur Mostar, sur Bihac, parfois Sarajevo. On était sous mandat de l'Onu. Les missions, c'étaient surtout des missions d'observation, on ne frappait pas.

Les troupes au sol étaient là pour s'interposer, compter les coups, savoir qui tirait sur qui mais dans les faits, il n'y avait pas de combat. On travaillait avec des gens au sol, des équipes de contrôleurs, des militaires de nationalités différentes, des Néerlandais, des Malaisiens, des Britanniques qui faisaient la liaison entre l'avion et le sol, et nous désignaient les objectifs. Nous, on avait toutes les cartes de la Bosnie, on s'entraînait, on cherchait mais on frappait pas. Le tout était de mettre en place des procédures et d'être prêts, au cas où ça commençait vraiment à taper. Les objectifs, ça pouvait être de trouver un char au coin du bois ! On n'avait pas le droit de descendre en dessous de dix mille pieds, donc, avant de trouver un char, quand on est à plus de dix mille pieds, c'est pas si évident que ça ! On essayait de garder un Mac 0,85, de l'ordre de mille kilomètres/heure, un peu moins, il fallait repérer le char à vue ! Quand on est en haut, quand on tourne, on est à dix-huit mille pieds, en gros à cinq, six mille mètres. On travaille à deux avions, on tourne autour de la zone et là, le contrôleur au sol commence à nous faire sa description, parce que les coordonnées ne suffisent pas pour trouver l'objectif : « Vous voyez telle route, ça fait un Y de routes, vous prenez le Y de route qui va vers le sud, là vous voyez un petit bosquet ? » Ok, on voit le petit bosquet. « Près du petit bosquet, il y a un petit chemin avec un petit parking ? » Ouais, on les voit. « Ok, cherchez, cinquante mètres au nord de ce petit parking et vous allez voir… » Et c'est là qu'on trouve… Je dis pas qu'on trouve chaque fois parce que c'est superdur, tout à la vue… Pendant un moment, certains prenaient même des jumelles. À quoi ça servait, cette mission ? Ça datait de la guerre froide et de la guerre du Vietnam : quand des troupes sont sous le tir ennemi, pour les sortir de là, on utilise l'avion comme appui-feu, comme artillerie. Dans la zone qu'on surveillait, c'était complètement imbriqué :

Serbes, Bosniaques, forces de l'Onu. Les Serbes faisant la guerre aux Croates comme aux Bosniaques. On allait du nord au sud de la Bosnie, une région grande comme la Bretagne, peut-être un peu plus, mais en avion, si vous êtes sur Mostar et qu'on vous dit d'aller sur Sarajevo, cela prend dix minutes. On était arrivés en juillet, un mois avant que la situation dégénère.

Le 28 août, un obus explose sur le marché à Sarajevo, soixante morts. L'obus, on ne sait pas s'il a vraiment été tiré par les Serbes, mais à partir de ce moment, l'Otan reprend la main, lance un ultimatum aux Serbes leur imposant de retirer immédiatement leurs forces et d'accepter un désarmement. Du côté serbe, pas de réaction. Dans la nuit du 29 au 30, à 2 heures du matin, l'ultimatum expire, les frappes aériennes commencent. On a eu notre objectif la veille, un dépôt de munitions à côté de Pale, je ne me souviens plus du nom. À 10 heures du soir, on a fini de préparer la mission. Les cibles sont définies. L'opération se monte avec une trentaine d'appareils, des F15, des F16 américains, des Harriers britanniques, des Jaguars, des Mirages français. On devait taper notre objectif vers 17 h 15. On décolle une heure, une heure et quart avant. On avait quarante minutes pour frapper.

En fait, rien ne se passe exactement comme prévu. Les Jaguars ne peuvent pas décoller, parce qu'ils n'ont pas de ravitailleurs, les Harriers qui devaient taper en premier se prennent un orage sur la tronche et décollent avec une demi-heure de retard. Nous, on a l'impression d'être tout seuls mais on a le contact avec l'Awacs[1], on arrive à l'heure. Les bâtiments du dépôt de munitions sont

1. Awacs : Airborne Warning and Control System. Avion de détection avec à son bord une station de radar embarquée, utilisé souvent comme poste de commandement pour des opérations aériennes.

dispersés dans une vallée sur plusieurs kilomètres. On arrive autour de quinze mille pieds, on fait notre passe de tir, on descend jusqu'à cinq mille pieds, on fait un tir en piqué, les bombes on les tire pas en paliers, c'est un tir en piqué-retour. Il faut qu'on pique vers l'objectif. On désigne l'objectif et là, à la remontée, quand l'avion remonte, les bombes sont larguées. L'objectif est devant nous, à une distance de cinq kilomètres à peu près. On fait notre descente, puis une désignation au radar, une télémétrie, qui permet de calculer la distance et calcule le point de largage. Entre le moment où on désigne l'objectif et le moment où on tire, il y a moins de dix secondes. Quand l'avion remonte, les bombes sont larguées et chutent à l'endroit désigné. On tire sur notre objectif, quatre bombes, quatre bombes de deux cent cinquante kilos. On a su après que nos bombes avaient touché parce que notre numéro deux, derrière, il fait la même chose. Il fait sa passe de tir, et à ce moment, on voit sur sa caméra l'explosion de nos quatre bombes. Nous on a fait but, On a vu une fumée à un endroit donné. Normalement on ne devait pas descendre en dessous de dix mille pieds, mais en fait on s'est un peu croûtés et on est descendus jusqu'à cinq mille pieds. On vise plus précisément, c'est clair mais en fait dans la pratique... (Rire.)

Quand on passe, ça a été débriefé après sur les vidéos, on passe au travers de pas mal d'obus, ils nous tirent dessus, ils avaient des armements antiaériens. Et eux aussi ils ont fait but ! On est en train de remonter, on doit être entre cinq mille et neuf mille pieds, et là on a un impact, on entend bang ! Dans la foulée, il y a l'allumage du sapin de Noël. Sur les trente ou quarante voyants du tableau d'alarmes, une dizaine s'allument, alarmes orange, rouges, alarmes sonores. Il y en a tellement que c'est pas facile de voir ce qu'il y a. Assez rapidement, je vois qu'on n'a plus d'hydraulique. Ça veut dire que les commandes de vol électriques qui permettent de remettre l'avion en ligne de vol ne fonctionnent plus. Quand mon pilote veut virer vers le mont Igman, l'avion est devenu tellement instable qu'il fait un pitch up et un pitch down, le nez se relève d'un coup puis s'abat brusquement. Ça fait un grand battement. La vitesse chute. Je dis à mon pilote : l'avion n'est plus contrôlable ! Il me dit : si si, je l'ai ! (Rire.) Un pilote, il va toujours dire qu'il a les commandes ! Je continue à analyser les pannes. Il y a vraiment trop de pannes rouges. Je sais que ça va mal se terminer et là je repère qu'on a un voyant feu. Dans le rétro, je vois des flammèches sur les ailes. Sur les images de l'extérieur, des images de la télévision serbe, on voit, complètement derrière l'avion, une énorme fuite de carburant. Le feu dans un avion c'est encore pire que dans un bateau, ça peut péter dans les secondes qui suivent. Il faut qu'on sorte. Je dis : ok, éjection !

Entre l'impact et l'éjection, il s'est passé quinze, vingt secondes. On n'a pas le temps d'avoir peur à ce moment-là. Je tire sur la poignée et là, on prend 20 G en instantané, un supercoup de pied aux fesses ! Après le feu, le stress, le bruit, la fureur de l'avion, on se retrouve sous le parachute et shht ! Grand calme, grand silence. (Rire.) Là je regarde ma montre, il est 17 h 15 et je me dis : voilà, là on est dans la merde ! Je me dis vraiment ça. Je vois toutes les cartes de Bosnie, les cartes 1/100 000 qu'on avait avec nous, qui s'envolent, un peu comme les papiers après les matches de foot. L'avion, j'ai le temps de le voir partir en vrille et puis c'est tout. La descente en parachute va durer environ cinq minutes. On est tellement haut qu'on ne sait pas où on va se poser. Je vois des falaises, je me dis, putain, si on tombe là-dedans, on est morts ! De toute façon, on subit, on ne peut rien faire. Le parachute de secours, un ventral, quarante mètres carrés, ça descend très vite. On est à une vingtaine de mètres l'un de l'autre, on ne parle pas trop. Au fur et à mesure qu'on arrive près du sol, on commence à entendre les bruits de la guerre, les tirs de Kalachnikov. Après, on entend les balles qui sifflent, comme au cinéma. Là, on se dit : c'est sur nous qu'ils tirent ! (Rire.) Peu de temps avant de toucher le sol, je vois un gars me viser avec un fusil de chasse, je vois la fumée, je ne suis pas touché. On passe au travers. On arrive supervite au sol ! J'avais fait quatre sauts en parachute avant, on arrive sur un terrain pentu, l'impact c'est bwwah ! Énorme ! J'ai jamais pris un paquet pareil ! Le temps de retrouver mes esprits, je me déséquipe, je prends mon arme, je mets une balle dans la chambre, je remets l'arme, je me lève et là je tombe.

Mon pote est pas loin, à une vingtaine de mètres. Je me relève une deuxième fois et là je retombe. Il y a un problème. Je regarde, ma cheville est à 90 degrés... Je le sens quand je me lève. Je me suis pété la cheville du côté pente, je retombe, J'appelle mon pote : « Je suis blessé ! » Il me répond : « Moi aussi ! » Il s'est pété la cheville mais de l'autre côté. Je rampe jusqu'à lui. En fait je me suis pété la cheville et le péroné. Le péroné, je le sais pas à ce moment-là. Lui, il s'est fait une double fracture de la malléole et une double fracture du péroné. On comprend qu'on ne va pas pouvoir s'évader.

Deux minutes après, un paysan arrive, il a un pistolet, un Luger. On met les mains sur la tête. Il se dirige vers mon pilote et lui met un grand coup de pied en pleine tête. Ensuite, c'est mon tour. Il récupère les armes et puis très rapidement arrivent des miliciens en treillis. C'est un très, très sale moment à passer. Ils sont dix, quinze. Chaque fois qu'il y en a un qui arrive, il nous cogne. Pendant un quart d'heure, vingt minutes c'est le passage à tabac. À un moment, il y en a un qui met un flingue sur la tête de mon pote en lui hurlant dessus. « Doblo, doblo, ça suffit ! » crie un autre. Au-dessus de nous, on entend les avions qui passent. Les miliciens nous traînent sous les arbres pour nous cacher. Ils nous prennent sous les aisselles et nous trimballent le long du chemin. Il y a des civils sur le côté. Mon pote est devant, un type s'avance vers lui et lui flanque un grand taquet qui lui casse le nez… On nous fait monter dans une voiture et on nous emmène pas très loin, dans un petit village où on a un premier interrogatoire, dans une ancienne école. On est quand même bien en état de choc à ce moment-là. On a une tronche comme ça, on commence à avoir mal à la guibole, on a soif, on a très soif. Les mecs essaient de passer des coups de fil pour savoir ce qu'ils vont faire de nous. On est filmés. Premier interrogatoire, on répond pas, ensuite, vers 18 h 30, on est emmenés à Pale.

On est tombés dans la montagne, un petit village de montagne, comme ceux qu'on trouve dans le Massif central. Pale est à une vingtaine de bornes, c'est déjà un peu plus grand. Tout de suite ils nous conduisent dans une espèce d'hôtel désaffecté. On est séparés, on a chacun une traductrice et un mec qui nous interroge, en combinaison noire, la totale. Le gars ne nous regarde jamais. Il parle en serbe, il pose ses questions en serbe, il prétend ne pas parler français mais à mon avis c'est un jeu, je suis sûr qu'il nous comprend. Au début, les questions sont purement tactiques : Combien de temps met un Awacs pour arriver sur zone ? Combien y a-t-il d'avions engagés ? Combien de temps ça va durer ? Frédéric, mon pilote, évoque le cadre des conventions de Genève et ne répond rien, moi je demande à aller à l'hôpital.

Au bout d'une demi-heure, ils nous embarquent à l'hôpital de Pale. Là, pour la première fois on rencontre Mladic. On avait eu de bons briefings sur la situation sur place, on savait qui commandait. Mladic est en uniforme, au milieu des journalistes, il vient vers nous et nous serre la main. On est très détachés, dans la situation dans laquelle on était, on n'avait pas franchement le choix. Un des journalistes serbes qui nous trouve un peu désinvoltes nous demande en français si on sait à qui on vient de serrer la main : « Ben oui, c'est le général Mladic ! » Le mec est un peu séché, il s'attendait à nous voir plus respectueux. Mladic, lui, est supercontent, imaginez, le premier jour de la guerre, boum, il récupère deux pilotes, c'est une supermonnaie d'échange ! Il fait son petit speech en serbe, évoque en détail les conventions de Genève et après on nous emmène faire une radio. Il y a des militaires partout, des gardes, le toubib nous dit qu'ils peuvent pas nous opérer à Pale et qu'on va bouger. Ils nous mettent dans un 4x4, il y a un chauffeur et un garde bien armé, c'est LE gars qui va être en charge de notre détention, on l'appellera le Sbire. À chacun on a donné des petits noms...

On quitte Pale vers 20 h 30 et là on disparaît. Jusqu'à Pale, il y a des gens qui étaient sur place et savaient où on était, des agents français de renseignement, des forces spéciales. Après, personne officiellement ne sait où on est. On est emmenés à l'hôpital de Sokolatz. On a toujours notre traductrice, on attend. Le garde chargé de notre détention, le Sbire, nous pose quelques questions, on ne lui répond pas. Il nous piège un peu en nous disant : « Mais pourquoi vous nous attaquez ? Vous ne connaissez rien à notre histoire ! Moi Serbe, j'en connais bien plus sur l'histoire française que vous sur l'histoire serbe ! » Et là, on tombe les deux pieds dedans. On avait un bon officier de renseignement qui nous avait bien briefés sur l'histoire de la Bosnie depuis le Moyen Âge à nos jours. On lui fait un bon petit résumé sur l'histoire de son pays, ce qui n'est pas une bonne chose parce ça lui permet de nous jauger, et c'est jamais bon de trop donner de renseignements sur soi. Au bout d'un moment, on revoit Mladic, il doit être 10 heures et demie, et là, on est dans un autre contexte, il n'y a plus de journalistes et ça va être un peu plus menaçant.

Mladic pose les questions, on refuse de lui répondre. Puisque c'est comme ça, dit-il, on va vous séparer et vous laisser réfléchir. Ils me mettent dans une pièce au milieu de blessés et me disent : « Si tu parles pas, les blessés, là, ils vont s'occuper de toi... » Ils me laissent. Je regarde : il y a un mec avec un bras en moins, un autre avec une jambe en moins. Je risque pas grand-chose. Pendant ce temps, ils s'occupent de Fred : « Si tu parles pas, on va torturer ton pote, devant toi. » Il craque pas. Ils viennent me voir et me font un peu le même topo. Ils nous emmènent ensuite dans une autre salle qui ressemble à une salle d'opération. Mladic est là, il me tapote la joue : « T'es un bon gars, j'aimerais bien n'avoir que des pilotes comme toi dans mon armée. Maintenant on va t'opérer. » Un des infirmiers, qui était remonté contre nous, a remarqué que Frédéric avait le nez cassé. Quand tout le monde est parti, il s'approche de Fred et, histoire de le faire déguster, il lui tord violemment le nez et... lui remet la cloison nasale en place ! Au lieu d'avoir un nez tordu, mon pote s'est retrouvé avec son nez remis comme il fallait ! (Rire.) On en rigole mais à l'époque c'était pas supercool.

On est opérés, on est traités comme il faut, en chambre à deux, en pyjama d'hôpital qu'on va garder tout le long de notre captivité... Un des gardes, là, c'est un gars que l'on voit sur les images lorsque Mladic est à Srebrenica, en juillet, un de ses gardes du corps. Le soir, dans la nuit du jeudi au vendredi, on rebouge. Ils m'ont laissé ma montre, on roule pendant quarante minutes sur des routes de montagne. On arrive dans une maison. Il y a trois gardiens, un jeune, deux plus anciens. On est dans une pièce, deux lits, on a tous les deux la jambe dans le plâtre, les fenêtres sont fermées. On voit personne, on n'entend rien, on n'a pas de contact avec l'extérieur. On est cachés. Le matin, on revoit Mladic. Il a nos balises de détresse à la main. « Vous ne voulez pas appeler vos hélicoptères pour qu'ils viennent vous chercher, nous dit-il, pour que vous rentriez chez vous comme des héros... comme des Américains ? Non, c'est hors de question. » En fait, mais on n'y a pas pensé, on aurait tout à fait pu prendre contact avec l'Awacs et lui dire qu'on était vivants et capturés, en utilisant des mots codes. « Puisque c'est comme ça, nous dit Mladic, vous allez rester prisonniers longtemps ! Vous aurez la barbe comme des tchetniks quand vous quitterez la Bosnie. » En partant, il me laisse une cartouche de cigarettes qu'il dédicace... (Rire.) Les quinze premiers jours, le temps passe, oui, à rien faire. On a été abattus, on se sent énormément coupables, il faut trouver un exutoire pour s'en sortir et pas se laisser gagner par ce sentiment-là. On ne peut pas trop discuter parce qu'on pense qu'on est écoutés. Pour essayer de passer le temps, on se pose des questions de culture générale, façon Trivial Pursuit.

Mais pour ce qui est du quotidien, c'est vraiment un combat tout le temps, une guerre tous les jours. Le problème qui se pose tout de suite, c'est l'accès aux toilettes. Le gardien qui parle anglais nous dit : « L'accès aux toilettes ? Vous avez un bocal pour pisser, une assiette en métal pour vos besoins. » Là on le regarde : « C'est hors de question ! » Le mec nous répond : « Je m'en fous, vous êtes prisonniers ! » Une chose est très importante à savoir quand on est prisonnier, c'est quelle est sa valeur et quel est le degré d'acceptation des choses que l'on peut avoir ? S'il y avait eu cinquante pilotes abattus, notre valeur chutait, on n'avait qu'une chose à faire, nous taire. Mais nous pensions être les seuls à avoir été abattus, ce qui nous donnait aux yeux de Mladic une valeur marchande énorme. Il nous avait gardés vivants, il nous avait fait soigner avec l'intention évidente de nous réutiliser plus tard. À partir de là, si on accepte tout, on se dévalorise aux yeux de nos gardiens, plus rien ne les arrêtera. Je me souviens d'avoir alors dit au mec : « No shit, no eat ! » ça l'a complètement désarçonné : « Vous êtes prisonniers ! – On en a rien à foutre, on mangera pas ! » Il est parti, sans doute téléphoner. Quand il est revenu, il nous a dit qu'on pourrait avoir accès aux toilettes une fois par soir. Notre chambre était à l'étage et, comme on ne pouvait pas nous déplacer, qu'on n'avait pas de béquilles, il devait nous porter sur son dos pour nous descendre aux toilettes. Le gars, on l'avait surnommé le Blaireau. Chaque soir on descendait l'escalier à dos de Blaireau. Quand il était pris de boisson, la descente était un peu risquée, mais c'était quand même une première petite victoire.

Dans la nuit du 16 au 17 septembre, on quitte la maison. Il doit se passer quelque chose. On nous a mis un bandeau sur les yeux. Au départ, c'est une route sinueuse et puis c'est tout droit, on est dans une plaine. On nous conduit dans un petit appartement. On saura après qu'on est dans la banlieue d'une ville qui s'appelle Biélina juste à la frontière nord-est de la Serbie. On n'est au courant de rien mais à ce moment, le ministre de la Défense, Charles Millon, est à Sarajevo, des négociations sont en cours. Ils devaient sans doute se préparer à nous libérer. On reste quatre jours à Biélina. Ça faisait quinze jours qu'on ne s'était pas lavés et là, on a un accès à des sanitaires, à des douches. On est gardés par des jeunes, on est dans une chambre très encombrée. Au bout d'un moment, on se dit : on va pas attendre comme ça, on va chercher des infos. On regarde autour de nous. Dans la pièce, il y a de tout, un tas de fringues civiles, un meuble avec des documents en cyrillique, des permis de port d'armes, des trucs comme ça, il faut qu'on prenne toutes les infos possibles. J'ai toujours la cartouche de cigarettes. Je fais mon petit James Bond. Je découpe le bas du paquet de cigarettes, le bas du plastique, j'enlève le plastique, j'ouvre, j'enlève le papier alu, j'enlève deux, trois cigarettes, je vais y planquer tout ce que je pourrai écrire, je me trouve superfort ! On a besoin d'un crayon, on appelle le garde : « On s'ennuie un peu, vous pouvez nous passer un jeu de cartes ? – Des cartes ? D'accord. – Pour noter les points, on peut avoir du papier et un crayon ? – D'accord. » On commence à noter tout ce qu'on trouve, on a des cahiers sur des troupes, des infos sur des régiments. Mais tout est en cyrillique... La seule visite qu'on a, c'est la femme qui nous apporte les repas. Elle ne parle pas le français ni l'anglais, juste quelques mots d'allemand. Nos souvenirs d'allemand du lycée sont bien rouillés mais on arrive à bavarder un peu. Elle nous raconte qu'elle a des amis en France, à Bourgoin-Jallieu... « Ah bon ! – Leur numéro de téléphone, regardez, c'est ça ! » Elle nous montre un numéro français avec le code pour l'international et on se demande bien pourquoi. Quatre jours passent. Un des gardes entre dans la pièce et se dirige vers le tas de fringues. Il les soulève et ressort un téléphone. Il y a une prise, il le branche, il y a la tonalité. Fred et moi on se regarde. On est vraiment trop cons ! Il y avait un téléphone... Un piège, évidemment, mais on n'avait pas eu idée de fouiller et eux, ils ont dû nous trouver vraiment mauvais ! Ils ont dû se dire qu'on reconnaissait pas le code international pour la France. Et c'est pour ça que la fille nous a parlé de ces amis de France ! Regardez, avec le code international ! (Rire.) Je pense qu'ils voulaient qu'on utilise ce téléphone pour prendre contact. Ça leur permettait de dire : « Ils sont vivants, ils sont bien en Serbie. » Ça devait aider pendant les négociations.

Un matin, le Sbire revient nous chercher en voiture. On était sûrs d'être libérés mais on revient à la maison du Blaireau. On est remis en chambres séparées avec interdiction de se parler. Le soir, on a de la visite, on me met sur les yeux un bandeau très serré. Dans la pièce d'à côté, j'entends Fred qui hurle et puis c'est mon tour, une bonne séance d'intimidation. Des clés de bras, un couteau sous la gorge, des coups de pied dans le plâtre de la jambe blessée pour faire mal, pour faire peur. Pas vraiment de la torture, plutôt de l'intimidation pendant un quart d'heure, vingt minutes. On ne craque pas. Ils récupèrent tout ce qu'on a, mes cigarettes, ma montre… Et forcément ils retrouvent mes notes planquées dans le paquet de cigarettes ! Là, le James Bond en culotte courte se retrouve en mauvaise posture. Arrive un type qu'on n'avait jamais vu, qui m'interroge : « Qu'est-ce que c'est que ce truc ? » Je réponds : « Il y avait de la doc, moi je la copie ! – Puisque c'est comme ça, vous n'avez plus accès aux toilettes… » Je réponds du tac au tac : « On n'a plus accès aux toilettes, donc je ne mange plus ! » Ça dure trois jours. Pendant trois jours, on ne mange plus. Au bout de trois jours, le garde revient et nous dit : « Vous pouvez avoir accès aux toilettes. Mangez maintenant. » Et il nous donne à manger. Et là je lui dis : « Non, on va d'abord aux toilettes et après on mangera ! » Et là on est partis pour une période qui va durer quarante-cinq jours. Quarante-cinq jours sans douche, sans se laver… Tous les jours, je fais mille abdos à peu près. On compte les jours…

Fin octobre, il commence à faire très froid dans les chambres. Le 27 ou le 28 octobre, on est emmenés dans un véhicule, ils nous mettent un bandeau sur les yeux mais qui n'est pas serré, on peut voir. Route de montagne. À un moment donné, on passe plusieurs postes de garde, on entre dans un bunker souterrain. On le saura après, on est à Hompiezac, le PC enterré du général Mladic. On attend. Bruits de ventilation. Au bout d'un moment, Fred me dit : « Il y a un flingue à côté de moi, j'arrive à le voir ! » Je lui réponds : « Attends, c'est trop énorme, le flingue, c'est un piège, n'y touche pas ! » On commence à réfléchir à tout ce qui s'était passé, la fille avec son numéro de téléphone international et tous ces trucs, ces mecs nous tendent des pièges. Depuis un moment ils nous manipulent et ils ont je ne sais combien de coups d'avance sur nous ! Des gardes viennent nous chercher et nous emmènent dans une autre pièce, on est toujours dans l'obscurité totale, le bandeau sur les yeux. C'est fatigant, douloureux. On vire le bandeau. Le garde vient. Lui c'est un des gardes un peu plus anciens, assez sympa. Il nous dit : « Attendez, les gars, non ! Vous gardez votre bandeau ! » On lui dit : « C'est bon là ! On est dans le noir, il y a pas besoin de bandeau ! » Finalement, il cède.

On est dans une chambre qui communique avec un bureau. On commence à discuter un petit peu, on fait gaffe, on doit être écoutés. On parle à voix très basse. Le garde allume la lumière dans la pièce à côté. Il revient : « Vous restez surtout dans cette pièce, vous allez pas à côté, hein ! Parce qu'il y a des téléphones ! Des téléphones écoutés par les Français et les Américains. » Il nous laisse, mais on ne bouge pas. Au bout d'un moment, il revient et là, c'est un nouveau test pour connaître notre état de résistance. Il arrive avec un journal, l'étale sur la table, ouvre une boîte de conserve et la retourne sur le journal : « Allez, mangez ! – On en veut pas et on mangera pas ça ! » Il remballe le tout et revient avec une ration américaine. On va passer un mois dans cette pièce. Et ça va être un peu le jeu du chat et de la souris. Mladic a donné des ordres pour nous perturber psychologiquement, nous casser le moral. Chaque fois qu'on aura des parts de bouffe, ce sera en nombre impair : on n'aura pas deux morceaux de pain mais trois. Un truc bête et méchant. Et puis ils essaient de nous faire perdre la notion du temps. On ne peut pas compter les jours, puisqu'on n'a plus accès à la lumière du jour et, très vite, on est déconnectés. Le garde qui nous apporte les repas se ramène un jour avec de la confiture de cerises. Vu ce qu'on a mangé jusqu'à présent, c'est exceptionnel ! Le seul problème, c'est que cette confiture nous fait dormir comme des bienheureux. On ne dit rien. Lorsque le garde arrive, on lui propose de partager avec nous. Il était pas briefé. Il mange la confiture et là, boum, on va pas le revoir pendant quelque temps. Quand il revient, il a les yeux explosés. (Rire.) La confiture trafiquée, ça servait à nous dérégler un peu plus dans nos repères. Il y avait aussi la musique. En Serbie, il y a de la bonne musique, des chansons françaises, Jacques Brel ! Et puis il y avait aussi des trucs sirupeux, lancinants. Le garde qui écoutait la radio la mettait pleins tubes et se barrait pendant deux heures, trois heures. On avait beau taper à la porte, il y avait rien à faire. On lui a dit : « Tu vois la musique, là, tu vas voir tes chefs, tu dis torture ! Ils vont comprendre. » Après on a eu moins de musique mais tous les soirs, au moment où on allait s'endormir, le garde arrivait et tirait la chasse d'eau à côté, pendant une demi-heure ! Vingt fois, trente fois, juste pour faire du bruit, pour nous maintenir éveillés… C'était une petite guéguerre, pour nous déstructurer, nous faire craquer, de manière à pouvoir nous utiliser de manière médiatique pour faire pression dans les négociations. S'ils avaient pu nous montrer épuisés à la télé, en train de supplier : « Libérez-nous, on n'en peut plus ! », pour eux, c'était gagné. À ce moment, on a bien compris qu'ils jouaient avec nous depuis le début.

On s'est dit : puisque c'est comme ça, on va jouer aussi, il n'y a pas de raison, histoire de ne pas se laisser faire. On va à notre tour leur faire des coups tordus. La confiture, on a fait semblant de continuer à la manger, mais on l'évacuait à la salle de bains. On se doutait qu'il y avait des micros un peu partout, peut-être même dans nos béquilles, et on a décidé de donner un peu de travail au traducteur, on s'est mis à inventer des expressions qui n'existaient pas, des personnes qui n'existaient pas, on a inversé nos attitudes, Fred qui est plutôt taiseux s'est mis à parler à tout va. À certains moments, pour que le type aux écoutes monte le son au maximum, nos voix devenaient à peine audibles et subitement on se mettait à hurler pour leur péter les oreilles. On a mimé la dépression, on se parlait plus, on faisait semblant de dormir sur nos sièges, on sifflait des airs lugubres, et là, dans la foulée, deux jours après, on avait la visite du médecin qu'on n'avait pas vu depuis quinze jours. « Ça va, pas de problèmes ? Pas de problèmes psychologiques ? » À un moment, on est en train de dormir, Fred entend la porte qui s'ouvre, ça farfouille un peu de tous les côtés. Il se lève, la porte est ouverte. En face de lui, Mladic ! Mladic qui lui fait un signe de tête et referme la porte. (Rire.) Il me dit : hé, j'ai vu Mladic ! Je viens de voir Mladic ! Le truc complètement improbable. Donc il est là, il n'est pas très loin, on sait que c'est lui qui gère cette situation.

Peu à peu on se décale au niveau des jours. Dans cette période, j'ai craqué trois fois. Quand on craque, globalement on se met à chialer, ça dure une demi-heure. De toute manière, le meilleur moyen de le faire, c'est de se préparer et de le faire à un moment donné où personne ne va le voir. Chaque fois que j'ai craqué, c'était parce que je pensais à la famille, aux enfants, mais le fait d'évacuer, ça permet après de repartir, le couteau entre les dents. Le 11 novembre, enfin, ce qui me semble le 11 novembre, avec des petits morceaux de laine, de ma couverture, des petits morceaux bleus, blancs et rouges, des trucs qui étaient pas hauts, je fais des petits drapeaux français, une trentaine, que je mets dans les trous du mur, au-dessus de mon lit. C'est rien, c'est que dalle, mais quand on est dans cette situation, ça permet de tenir le choc ! Pour s'occuper, on se fait un jeu d'échecs. On prend le couteau qui servait à ouvrir les boîtes, on grave un échiquier sur la table. Avec du papier toilette je fais les pièces. Pour distinguer les noirs des blancs, je mets des petits bouts de couverture dessus... Quand on est en détention, le jeu d'échecs c'est un truc qui favorise la structuration mentale, mais qui renforce la paranoïa, on cherche à réfléchir au coup d'avant, on tourne en rond. À ce moment-là, on est sur une période de combat permanent avec eux. Cela va durer jusqu'à la nuit du 11 au 12 décembre.

On ne sait pas que c'est cette date-là, mais peu importe. On vient nous chercher, sur le coup de 2 heures du matin, on nous redonne nos combinaisons de vol. Même s'il n'y a pas de pression particulière, c'est assez dur nerveusement. Ils nous ramènent à la maison où on était au tout début. Le matin, un mec vient nous raser. Vers midi, on part en 4x4 sur une petite route et on s'arrête pas très loin de ce qui semble être un hôtel. Une voiture vient vers nous, repart, revient, on la suit et on arrive devant l'hôtel. Il y a énormément de monde. Quand on descend de la voiture, il y a des caméras. Pour nous, dans la logique où on était, à toujours déjouer leurs pièges, c'est une fausse libération. On a réfléchi et on s'est dit qu'une bonne date médiatique pour nous libérer, c'est Noël. Pour nous faire craquer et nous soutirer les renseignements qu'ils veulent, il suffit de nous faire croire qu'on est le 25 décembre. Ils nous ont décalés dans le temps, ils ont accéléré les jours. Ils nous font croire qu'on est le 25 décembre : « Vous allez être libérés, c'est Noël ! Et puis là, ça merde, poum, on vous récupère et on vous rembarque et là on a le moral qui descend dans les chaussettes, on craque et, pendant cinq jours, ils peuvent nous soutirer tout ce qu'ils veulent et au bout de cinq jours maintenant c'est bon, vous êtes libérés, parce que le 25 décembre c'est maintenant… C'est le scénario qu'on se fait.

Donc on descend de la voiture, je me souviens encore bien des images, mon pote met la main sur son visage pour ne pas être filmé, et moi je descends et je me marre, parce que je me dis, putain, pour une fausse libération, ils sont forts quand même ! (Rire.) Et puis là, on voit un colonel français, un médecin militaire. On monte les marches de l'hôtel. En haut nous attendent le général Douin qui est chef d'état-major des armées, qui se présente (rire) alors qu'on l'a reconnu, et puis Mladic. On entre dans une grande salle de l'hôtel où il y a une grande table. Tout le monde s'installe. Mladic en face, le général Douin et le traducteur.

Entre Fred et moi, il y a un civil qui s'est présenté, mais qu'on ne connaît pas, Jean-Charles Marchiani. On entend Douin demander à Mladic : « Mon général, est-ce que je peux m'absenter pour prévenir le président de la République ? » Mais même à ce moment, on n'est toujours pas complètement convaincus. Arrive un journaliste de TF1 qui demande à Marchiani s'il peut nous interviewer. Marchiani accepte et se retourne vers nous : « C'est bon, vous pouvez y aller, n'en dites pas trop. » J'ai revu l'interview après. Marchiani est là et c'est une bonne chose. Instinctivement on a confiance, il me drive, il me dit : « Ça, c'est bon, vous pouvez parler là-dessus… Non, là n'en dites pas trop, ne vous étendez pas… C'est bien, impeccable. » Mais ce qui est impressionnant, c'est que sur la vidéo on ne l'entend jamais…

Après, on repart on monte dans un 4x4, un chauffeur serbe, un général russe, et puis Fred et moi. Il y a aussi le médecin militaire, qui est le médecin du président de la République, et derrière un journaliste serbe qu'on ne voulait pas avoir avec nous, mais qui monte quand même dans le coffre. Même là, on se dit qu'on ne lâche rien, on ne parle pas. Le médecin nous demande comment ça s'est passé. On lui répond : « On n'a pas à répondre à vos questions et d'abord est-ce que vous avez un moyen de vous authentifier ? Est-ce que vous avez nos passeports ? – Ben non, j'ai pas eu le temps de prendre vos passeports. – Est-ce que vous avez votre passeport ? » Là, il nous file son passeport, on le regarde, il y a des visas de partout. « Vous avez beaucoup voyagé, mais ça prouve rien. Après, la conversation tourne sur la situation en France. Il nous parle des grandes grèves, de trucs bateau, le foot... Le voyage dure deux heures et demie jusqu'à Belgrade. Le mec dans le coffre, il parle français : « Est-ce que vous savez par quoi vous avez été abattus ? » Fred est derrière et dit : « Non, et toi tu sais ? – Ouais, vous avez été abattus par un SA 14, c'est un missile infrarouge, pas le missile de base. » Fred le regarde : « Tu sais ça comment ? – Je suis journaliste dans une revue militaire. » Le gars, en fait, on le verra après sur des vidéos serbes, il est près de l'avion qui a cramé, il tient la tête du missile infrarouge français et explique comment ça fonctionne... On arrive à l'aéroport de Belgrade, on monte dans l'avion, c'est le fameux Falcon 900 du président de la République. On commence vraiment à se détendre parce que le pilote est un copain de promotion de Frédéric. Là, on se dit c'est bon !

Marchiani est là, il discute avec nous. « Je sais, nous dit-il, que vous avez bougé telle nuit. Je vous ai vus. J'étais sur le terrain avec des Russes et j'ai pu voir que vous étiez en vie à ce moment-là. » On a appris par la suite qu'il y avait eu trois tentatives de récupération, une fois où des gars ont été blessés, des missions complexes, avec des moyens relativement lourds. Je sais notamment qu'il y avait un Gunship, un AC130 américain, un avion de transport équipé avec un canon de 105 mm, des mitrailleuses lourdes, mais nous, sur place, on ignorait tout cela. En réalité, à l'époque, très peu de gens à commencer par nos proches savaient ce que nous étions devenus. L'attitude des autorités militaires à ce moment-là n'a pas été supersimple, elles avaient des informations contradictoires, elles étaient tenues à l'écart. Ma femme a été prévenue le soir où on a été abattus, mais elle ne savait pas qu'on était en vie. C'est seulement trois semaines après qu'elle l'a appris. Elle était chez mes parents, dans mon bled. Et là, la famille lui a dit : « Écoute, quand tu vas sortir, à la maison de la presse tu vas voir en gros la une de *Paris Match* avec en photo la tronche de Frédéric complètement explosée et ton mari avec une tête au carré... » Merci, *Paris Match* ! Le journal avait acheté les photos aux Serbes, ils avaient averti la présidence de la République mais pas les familles...

Un peu plus tard, il y a des gens du JDD qui ont proposé à ma mère de lui payer le voyage en Serbie pour qu'elle demande aux autorités serbes l'autorisation de venir me voir ! À partir de ce moment-là, la famille de Frédéric a commencé à secouer le cocotier, ma femme a fait pas mal d'émissions de télévision, et puis il y a eu les pétitions. Une mobilisation énorme.

À l'époque, la pétition pour obtenir l'arrêt des essais nucléaires avait recueilli soixante mille signatures, et pour notre libération, il y a eu six cent mille signatures ! Les pétitions étaient recueillies par le comité du 22 avril 1988, une association créée à la suite de la mort des gendarmes à Ouvéa. Ils recevaient deux ou trois sacs postaux par jour. La mobilisation était relayée par les journaux. Il y avait eu *Nice Matin*, *Le Maine libre* chez moi, et après ça s'est répandu un peu partout. Il y avait un encart : « Libérez nos pilotes ! », que les gens signaient, que l'on faisait signer à la sortie des grands magasins. Les élus ont été interpellés et le pouvoir politique aussi. C'était au moment des accords de Dayton, Chirac a dû conditionner la signature des accords à la libération des pilotes. Évidemment, il y a sans doute eu des contreparties : Mladic, on a mis un sacré moment avant de le récupérer. Il a dû bénéficier d'une immunité temporaire... On a été décorés aux Invalides par Chirac, et puis voilà.

À mon retour, j'avais dit à mes copains : « Je retourne en escadron, je veux bien aller partout, mais pas en Serbie ! » En fait, j'y suis retourné en 1998, en lousdé, près de Sarajevo, sur la petite base de Vailovac. Ça commençait à chauffer. Et puis, en 1999, j'ai été au Kosovo. Ça a duré une cinquantaine de jours, j'ai fait une dizaine de missions, douze de bombardements. Là, c'était vraiment une campagne aérienne. La Serbie a été mise à genoux... Ma femme m'avait dit : « Tu vas repartir ? – Ben oui, je vais repartir. Elle a dit bon, d'accord. » De toute façon, elle avait pas le choix. (Rire.) Pendant une semaine j'étais sur le départ, ça va partir, ça va pas partir ? J'avais déjà des potes qui y étaient, et quand il a fallu que je parte, j'y suis allé, mais une fois qu'on est sur place on se dit : « Pfft, putain, mais qu'est-ce que je fous là ? » La première mission elle est superdure, parce qu'on se dit : « Si je retombe... » Mais après on peut pas reculer, parce que si je recule maintenant, les mecs avec qui je suis, c'est pas un exemple à leur donner. Les potes m'ont dit : « Pour nous c'était pareil, on était là et puis on voyait que tu y étais et on se dit merde, si lui y est, nous on peut plus reculer. »

Je vais pas mentir, ça laisse des traces, probablement une hypersensibilité plus marquée qu'auparavant, on fait peut-être plus la part des choses. On prend plus de recul. Mes enfants, ils avaient cinq ans et trois ans à ce moment-là. Ils ont peu posé de questions. Bon, ils connaissent l'histoire ; mais j'ai un petit dernier, un petit de sept ans, il sait que son père était dans les avions, peut-être que ça l'intéressera un jour, on verra !

Balard, 17 mars 2014

Du Cambodge à la Bosnie

Stéphane, officier parachutiste

J'ai quasiment tout fait chez les parachutistes. D'abord j'ai été engagé au début des années 90 au Cambodge dans le cadre d'une mission de l'Onu. J'étais jeune lieutenant, chef de l'équipe de commandos parachutistes du 1er RCP au sud du Cambodge à Sihanoukville, c'était en 1993, j'avais trente ans, c'était ma première véritable mission opérationnelle, la première fois que j'entendais les balles siffler. Je devais prendre contact avec les Khmers rouges des régions les plus isolées, aller discuter avec eux, les amener tout doucement sur la voie de la paix. Ceux qui restaient, en fait, c'était les irréductibles qui étaient peu à peu devenus des bandits de grand chemin. Dans l'ensemble du pays la paix et la prospérité revenaient doucement, eux s'étaient retranchés dans des zones boisées complètement reculées, très difficiles d'accès.

Un jour, on s'était avancés un peu loin dans la forêt, on n'était qu'à deux jeeps, mon adjoint qui était plus ancien que moi me dit : « Mon lieutenant, faut pas y aller là, c'est pas bon, là. » Au moment où on descend des véhicules, un type sort du bois et vient parler à notre interprète, qui me dit : « C'est pas bon, faut laisser tout l'armement, tous les véhicules, et rentrer à pied. » À ce moment, sans qu'on s'en soit rendu compte, on s'est retrouvés complètement encerclés par une vingtaine de types sortis de tous les coins de la forêt avec des armes. Ils étaient habillés un peu n'importe comment. En fait, c'était une embuscade. Il y avait des mines bien visibles placées partout où on aurait pu se planquer et riposter. On ne voyait pas leur chef, on l'entendait hurler ses ordres du fond de la forêt. Les interprètes me disaient : « Arrêtez de discuter avec eux, vous ne les connaissez pas, ils vont bientôt nous tuer ! » Mais, pour moi, il était hors de question de partir et de leur abandonner les armes. Ça a duré plusieurs heures, on leur a laissé une jeep avec les moyens de transmission et on a pu repartir. J'étais à la fois soulagé d'être en vie et extrêmement vexé ! Voilà, telle a été ma première mission.

Ensuite, j'ai été au Tchad, dans le Tibesti, où pendant cinq mois on était cinq et on formait le régiment tchadien dans tous les domaines, c'était en 1994. Parfois ils montaient pour des missions de guerre vers le nord, vers la Libye. On n'a jamais vraiment su ce qu'ils faisaient là-haut, ce qui est sûr, c'est qu'on ne les accompagnait jamais, c'était pas dans nos ordres. On avait un avion qui venait tous les quinze jours nous ravitailler. Cinq Français isolés dans un village du désert du Tibesti. Le village, c'était une dizaine de baraques et des tentes. Les habitants étaient peut-être trente ou quarante, que des musulmans. Il y avait aussi trois cents soldats. J'avais de l'argent pour les nourrir, de quoi acheter un chameau par mois et, pour chacune des trois compagnies, une centaine de bonshommes. On achetait le chameau en début de mois, il était vite mangé. Au milieu du mois on mangeait la peau, la couenne ! Après, il n'y avait plus rien, il fallait aller à la chasse à la gazelle. Là, j'étais jeune capitaine.

Quelques mois plus tard, au mois de juin 1994, j'ai été envoyé au Rwanda, c'était l'opération « Turquoise ». On a été engagés tout de suite avec trois équipes : on partait en contrôle de zone et la mission c'était désarmer. On était dix, deux véhicules et on était tout seuls. On a tout vu. Là, j'ai tout vu, quelques accrochages avec les forces du FPR, mais pas que ça... On était dans un pays où les gens étaient devenus fous. Les atrocités qu'on a pu voir, le nombre de cadavres qui jonchaient le sol, partout, il y en avait très souvent et pas qu'un petit peu. À un moment donné, on a assuré la protection d'un camp de réfugiés. Dix fois on a vu arriver des réfugiés avec un gars que la foule poussait et ils nous disaient : « Il a tué plein de monde ! » Pfff ! impossible de savoir si c'était la vérité ou pas ! Un jour on est arrivés à côté d'une église où il y avait eu un massacre. Il y avait plein de morts et j'ai encore une image en tête : il y avait une grosse pierre, un rocher gros comme la table, et en dessous un gamin qui avait été écrasé...

Après, je suis parti comme capitaine commandant ma compagnie en Bosnie. C'était à la fin de l'année 1997. On a fêté Noël et le nouvel an à Foca, une petite ville qui avait été martyrisée par l'occupation serbe. La ville avait été débaptisée pendant la guerre et s'appelait encore, à l'époque, Srbinje, le lieu des Serbes. Par rapport au début des années 1990, la situation était plutôt calme. Les Américains arrêtaient à tour de bras les criminels de guerre de l'armée de Mladic. Chirac, de son côté, voulait que les Français participent à ces arrestations. Jusque-là, on n'en avait pas trouvé. Mon poste était isolé, cela me convenait parfaitement et j'avais expliqué à mon chef de corps que je voulais y faire de la collecte de renseignements.

J'ai mis en œuvre les modes d'action que j'avais appris au Cambodge. Pendant un mois, j'ai envoyé tout le monde par petites équipes à droite à gauche sur le terrain. Dès qu'on voyait un mec avec une arme, hop il était arrêté, fouillé, dépoilé, on lui piquait son arme et on le remettait à la police. Il fallait qu'on occupe la zone, qu'on soit extrêmement présents, qu'on contacte un maximum de monde. On était en moyenne montagne avec des vallées très encaissées. Le poste français était au centre. Autour, il y avait des unités de l'armée serbe. On devait contrôler leurs stocks d'armes, on était en permanence en contact avec eux.

On avait une liste des criminels de guerre à arrêter, leurs noms et parfois leur photo. Partout étaient affichés des avis de recherche avec la tête des principaux criminels de guerre. J'avais noué de bons contacts avec le lieutenant-colonel qui commandait les troupes serbes. J'en parle un jour avec lui et voilà qu'il me dit : « Je connais un de ces hommes, le gars n'en peut plus, il veut se rendre. » La discussion se faisait avec une interprète locale et j'avais déjà vu, au Cambodge en particulier, la difficulté de ce genre d'échanges. À un moment donné, les interprètes ont peur, ils savent des choses, ils ont vécu des choses que l'on ignore, ils n'ont pas forcément envie de tout traduire. J'arrive quand même à comprendre que le criminel de guerre en question en a vraiment marre de la présence de nos patrouilles. Il a l'impression qu'il est fliqué de partout, il veut se rendre. Cela paraissait une vraie ouverture. Je rends compte à ma hiérarchie et là, plein de spécialistes arrivent de Paris ! On m'explique qu'il s'agit d'un gros poisson et qu'on va m'envoyer du lourd. Un colonel débarque en hélico, des spécialistes arrivent, des forces spéciales, la DRM[1]. Je leur donne toutes les infos, tous mes contacts et là, le lieutenant-colonel serbe se rétracte et leur déclare : « Non, je n'ai jamais dit ça ! » (Rire.) Comme je confirme que si, on retourne le voir et là, il finit par reconnaître ce qu'il m'a révélé, mais ajoute qu'il ne veut traiter l'affaire qu'avec moi. Je devenais l'homme indispensable qui devait tout gérer puisque j'étais le contact exigé par les Serbes.

1. DRM : Direction du renseignement militaire.

Le criminel de guerre Dragoljub Kunarac[1] était recherché pour des actes de torture et des viols collectifs commis lors des massacres à Foca entre 1992 et 1994. Sa maison était en périphérie de la ville, une belle maison. Il avait été convenu que je le rencontre. Cela a duré trois mois, trois mois de dialogues, de négociations avec Kunarac.

Dès le début j'ai été convaincu que c'était un salopard : il avait tué, il avait violé, c'était le responsable d'une milice dans la zone, un type dangereux. Quand j'arrivais chez lui, je le trouvais au milieu de ses gardes du corps, une vingtaine, tous armés. Je l'étais aussi mais tout seul, c'était pas top ! Ils ne disaient rien, ne bougeaient pas. La plupart du temps, le lieutenant-colonel serbe était là. On se serrait la main et on commençait à parler. Au départ, l'interprète était une femme du coin, mais rapidement Paris m'a envoyé un interprète militaire. J'avais une caméra cachée sur moi, une caméra également sur mon véhicule blindé, planquée dans l'arme de bord au bout du canon qui filmait tous les déplacements. Kunarak avait trente-huit, quarante ans. Il vivait là avec sa famille, ses enfants allaient à l'école. Il était habillé normalement, un mec complètement banal qu'on aurait pu croiser dans la rue.

On se voyait souvent. Après chaque rencontre, je ramenais mon film aux spécialistes de la DRM qui me briefaient et m'expliquaient comment enchaîner les questions que je lui posais. Ils me montraient des documents que les militaires classiques ne voient pas. Des photos de types que j'avais croisés dans la ville et qui étaient en fait des vrais salopards, mais Kunarac, lui, c'était le dernier des pourris de la bande. Il en avait assez de voir toutes les patrouilles, les militaires passer sans arrêt, et c'est la

1. Dragoljub Kunarac, reconnu coupable de crimes contre l'humanité, a été condamné en 2002 à vingt-huit ans de prison.

sécurité de sa famille qui l'inquiétait. Il savait que les Américains n'hésitaient pas à tuer les criminels de guerre au moment de leur arrestation et c'est pour cela qu'il avait choisi de se rendre aux Français, mais comme toujours avec des conditions. Il voulait une protection juridique, un ordinateur !

La discussion se limitait à ça. Je prenais toujours des notes, mais là aussi j'ai tout brûlé, pas de traces. Les compensations qu'il demandait, c'était surtout pour sa famille. À l'entendre, les deux ou trois fois où on a parlé de ça, il était innocent mais moi, je ne suis jamais entré sur ce terrain parce que je n'avais pas les cartes en main, je me contentais de l'écouter, ce n'était pas à moi de juger.

Le jour où il s'est rendu, je voulais y aller avec mes gars, qu'ils voient qu'on avait fait un truc bien, mais, en fait, ça n'a pas été possible. Kunarac ne voulait pas qu'on vienne l'arrêter chez lui, devant ses voisins, devant la population, il ne voulait pas que ça se sache.

L'objectif, c'était de l'arrêter et j'avais dû faire beaucoup de concessions. Il m'avait dit : « Je viendrai jusqu'à votre poste et je me rendrai. » Il devait arriver le matin vers 9 ou 10 heures. L'heure passe. Je l'appelle, personne ! Après coup, j'ai appris que d'autres forces de la coalition avaient essayé de l'intercepter avant nous. Ils avaient même balancé une grenade sur sa maison. Les gardes du corps ont riposté, mais lui, il est parvenu à s'échapper en voiture. Beaucoup plus tard dans la journée, il est arrivé devant l'entrée du camp français, il est descendu, a dit au revoir à sa famille, la voiture est repartie et il s'est rendu. On l'a fouillé et j'ai immédiatement prévenu mon chef à Mostar pour lui dire que le colis était arrivé.

Un hélico français est venu l'embarquer et hop, dans la foulée il a été emmené à La Haye. Après, je ne gérais plus. J'avais fini mon temps de commandement, je suis rentré en France et c'est d'autres mecs qui ont pris la suite...

Toulouse, état-major de la 11e brigade parachutiste,
6 mai 2014

Renseignement à Pale, 1999-2000

Bernard, maréchal des logis

J'ai débarqué à Pale en novembre 1999. Il faisait froid. Dix jours après mon arrivée, la neige a commencé et, pendant cinq mois, on a roulé sur la glace. Pale est au pied de la station de ski de Jahorina qui avait accueilli les jeux Olympiques, je sais plus en quelle année, avant la guerre. Depuis 1997, trois groupes de notre unité tournaient en permanence sur le territoire à la recherche de Radovan Karadzic. L'ancien président de l'éphémère république serbe de Bosnie, recherché pour les crimes contre l'humanité commis à l'encontre des Croates et des Serbes de Bosnie était alors en cavale et nous avions pour mission de le repérer. Nous nous déplacions à quatre ou cinq, en jeep, en mode ouvert. Les gens nous voyaient, on se cachait pas. On regardait, on prenait des photos, des vidéos. L'idée c'était de parvenir à localiser Karadzic et surtout d'avoir une photo qui permette de l'identifier à coup sûr pour le TPI. On avait ciblé à peu près tous ses contacts, ses anciens gardes du corps, sa femme, sa famille, ses enfants, petits-enfants. À chacun on avait attribué un pseudo et à partir de nos comptes rendus on alimentait la base de données le concernant.

On grenouillait pas mal en bagnole. On avait nos bérets bleus et on se comportait en troupe d'occupation surveillant ostensiblement. On savait bien que Karadzic n'était pas là, mais on notait tous les mouvements, les déplacements des gens qu'on avait repérés. Au fur et à mesure on reconnaissait leur démarche, leur tête, leurs vêtements, leurs voitures. Le soir de Noël ou du nouvel an, je ne sais plus, on était en planque devant la maison de Mme Karadzic et la voilà qui ouvre la porte et se dirige vers nous avec deux assiettes en carton, des parts de gâteau. On s'est regardés, on a sorti les trois mots de serbo-croate qu'on connaissait : « Merci beaucoup, c'est gentil », et on est descendus manger les gâteaux avec l'impression de s'être bien fait avoir...

On se sentait assez tranquilles pour aller dans les bars, sans stress. On balançait nos bérets sur la patère, on buvait un coup, on rigolait, on draguait les serveuses, on jouait à fond l'image du bon vivant, du Français typique. Pour le reste, on était discrets, s'il y avait au bar un proche de Karadzic, on n'allait pas le regarder sous le nez !

On savait que le bras droit de Karadzic, un de ses anciens ministres, Momcilo Krajisnik, n'avait pas quitté la région. On avait repéré la maison de ses parents, son chauffeur, sa voiture, on l'avait vu se rendre à la présidence, un bâtiment à la périphérie de la ville. On surveillait le bonhomme tout comme les anciens gardes du corps de Karadzic, mais sans plus.

On avait un superchef de détachement, le capitaine Anton. Lui, il ne faisait pas simplement du renseignement parce qu'on lui demandait une information, c'était un chasseur qui relevait toutes les infos, nous balançait sur toutes les pistes, parfois sur des trucs complètement hors règles. On chassait ! Anton n'hésitait pas à mettre en planque deux mecs dans une grange à vingt mètres d'une maison à surveiller avec zéro plan de repli. S'ils étaient coincés, c'était tant pis ! Le capitaine a très vite compris que Krajisnik était une cible pour nous. Il nous disait : « Krajisnik, on le connaît, on sait où il est, à La Haye. Les mecs sont lancés, un beau jour il va finir par apprendre qu'il est sur la liste du TPI et va s'évanouir dans la nature. Si on attend, on le retrouvera plus ! » Courant mars, boum ! on apprend que Krajisnik a été placé par le TPI sur la liste des gens à surveiller et à arrêter.

Le capitaine met aussitôt les trois groupes là-dessus. On ressort les photos du gars, OK c'est lui, on sort les vidéos chopées sur la télé de l'époque au moment où on le voyait, on connaît ses relations. Très vite on se dit qu'on est en mesure de le cibler.

Dans son entourage, il y avait un mec peu fiable, pas un intime, mais un qui le connaissait, un mec qui avait besoin d'argent. On décide de l'approcher. Un matin, on repère sa bagnole devant un des bars de Pale. On était deux. On s'était affalés sur un des canapés du bar, on avait enlevé nos ceinturons et posé les pétards sur la table, détendus, décontract. On commande un café, on discute. Dans ma poche, j'ai une enveloppe avec du fric et un petit mot en serbe : « Si tu veux, on te donne rencart à tel endroit. » Je tourne le dos au gars, mais mon pote le surveille. Il me fait signe, le mec va aux chiottes. J'attends un moment, je me lève lentement, pour pas donner l'impression de lui coller aux fesses. J'arrive au moment où il s'apprête à sortir. Je le regarde dans les yeux, je lui montre l'enveloppe, la glisse dans sa poche et je rentre dans les chiottes. Le temps de sortir, de me laver les mains, l'affaire est terminée ! Le contact est établi avec ce gars. On rassemble les infos, le chauffeur de Krajisnik et le 4x4 ont disparu, ils sont partis pour Belgrade. Le type nous promet de nous dire quand il reviendra et qu'il aura d'autres infos.

À partir de là, il faut qu'on le voie passer quand il revient. On prend deux voitures civiles sur l'axe de Belgrade, avec des moyens radio longue portée. Je suis dans l'une des deux. Par-dessus nos treillis, on a mis une doudoune civile. On s'est placés aux deux carrefours que doit emprunter Krajisnik. On discute, on fume, on bouquine, on va y passer trois jours s'il le faut ! En fait, ça va vite. À la radio, on entend : « Ça y est, on vient de le croiser. Voilà le numéro de sa bagnole ! » On ouvre l'œil et on voit le 4x4 passer. On a juste aperçu le chauffeur mais on sait que des gars comme Krajisnik ont l'habitude : ils se couchent sur la banquette pour ne pas être repérés. D'ailleurs, la bagnole file droit chez ses parents !

On met aussitôt la maison sous surveillance avec deux mecs bien affûtés, Gérald et Rufus, des gars hyperfiables qui vont vérifier s'il est bien là. La maison est une baraque carrée à étages, le toit à quatre pentes, un sous-sol avec une porte d'un côté, un peu de terrain autour, un potager, un petit champ. On n'est pas vraiment dans l'agglomération de Pale, plutôt dans un hameau. Il y a une maison à vingt mètres, une autre à cinquante, des granges. Pas de murs, pas de barbelés, juste une palissade en bois et une piste qui passe devant.

Nos deux mecs s'installent de nuit dans une des granges. Avec leurs sacs, ils ont sauté de la jeep en roulant pour ne pas faire de bruit et pas réveiller le chien... Ils montent à l'échelle, se glissent sous le foin un peu en retrait pour être à l'abri de la fourche du fermier. Avec un petit bout de bois, ils soulèvent légèrement une tuile pour avoir vue sur une ou deux des façades de la maison. Ensuite, ils ne bougent plus. Ils attendent. Au cas où, ils ont un moyen radio de faible portée, pas plus.

Nous, pendant ce temps, on continue notre travail, on contacte encore notre balance, le gars qu'on a tamponné, on continue le taf, on fait une patrouille, un restau, on a la radio avec nous, on suit à distance. Sans stress. Ça dure trois, quatre jours. Le capitaine a demandé l'arrivée d'un élément d'intervention. Un groupe de commandos se présente et s'installe en haut d'un grand hangar de l'aéroport, dans une zone interdite. Ils vont attendre là, complètement à l'écart. Ils ont été briefés, on leur a montré des photos, ils sont allés reconnaître la maison, tester la porte, voir comment elle s'ouvrait...

Un des deux gars dans la grange, Gérald, connaît bien Krajisnik, je crois qu'il l'a déjà rencontré. Un matin, il voit une des fenêtres de la maison qui s'ouvre. Il aperçoit juste la silhouette et un bras qui sort pour attraper dehors une chemise qui sèche sur un fil. Ça va très vite, mais Gérald en est sûr, c'est Krajisnik ! Il confirme aussitôt à la radio. Le capitaine veut une certitude absolue : « T'es sûr ? Putain, tu fais pas de connerie, hein ? T'es sûr ? J'envoie les commandos. C'est pas juste pour défoncer les portes, il faut qu'il soit là ! » Gérald confirme et, là, tout se met en branle, top départ ! Briefing pour tout le monde, l'affaire est lancée avec les commandos : voilà les ordres, l'échelonnement des véhicules. La dépose des mecs aura lieu sur un axe suffisamment passant, à proximité de l'action, mais dans un endroit discret, sans éclairage public, avec un talus où les mecs peuvent sauter de la bagnole en roulant sans se faire repérer. C'est un dimanche. En début de soirée, tout le monde se met en place. Première dépose des mecs ; une demi-heure après, deuxième dépose, un quart d'heure après, troisième dépose. Nous on est sur les axes et les carrefours pour contrôler les accès. Si on voit débouler le garde du corps, un excité de base, on peut prévenir... Il fait nuit noire. Bruits de circulation routière, un chien aboie au loin, grand silence. Le groupe d'intervention arrive à proximité de la maison et rend compte qu'il est prêt. On attend.

À un kilomètre de là, il y a une Gazelle, un hélico, en stationnaire avec des caméras thermiques qui filment tout ce qui se passe. Grâce à Gérald, on sait que Krajisnik est à l'étage. Le feu vert est donné. La porte saute à l'explosif, les mecs sont collés au mur derrière un bouclier, le premier entre avec son arme à la main et fonce vers l'escalier, le second se met en dispacher et après ça part dans l'escalier ! Ils montent à toute vitesse, la torche sur le flingue, ils explosent toutes les portes qu'ils trouvent. Les parents sortent en hurlant. Kraj n'a même pas le temps de percuter et de prendre son flingue. Il a été réveillé par le bruit de la porte mais déjà les mecs sont là : ça a pris quinze secondes à tout péter ! Ils le bloquent sur le lit, lui passent les menottes. Il ne résiste pas. C'est un intellectuel, un ministre, c'est pas Carlos...

Dès qu'on a confirmation de sa capture, les véhicules s'enquillent sur la piste qui passe devant chez lui et stationnent tous feux allumés. La porte a pété, on est dévoilés, on est là en force. C'est la SFOR[1] qui intervient, c'est pas un règlement de comptes de truands. Dans les maisons autour, des fenêtres s'ouvrent, mais là ils se prennent un projecteur dans la figure et ils comprennent vite, ça referme immédiatement. Faut tout de suite imposer le calme.

Krajisnik est pris, les parents sont attachés, le père est groggy, la mère est très excitée. Mais bon... La maison est fouillée, récupération de sa mallette, de documents, un disque dur, un ordi, un flingue, un chargeur... Une fois que c'est bon, on lui cagoule la tête : direction le véhicule, on le charge et on décarre, lumières allumées, on dégage de la zone le plus vite possible. Au bout d'un moment on s'arrête le long d'un champ, un Puma arrive et embarque le gazier. Et nous on rentre à la maison. Terminé, rideau !

On est revenus en France la semaine d'après, tranquillement. On a appris plus tard, je ne sais plus comment,

1. SFOR : Stabilization Force, force militaire multinationale dirigée par l'Otan en Bosnie.

que les Anglais avaient aussi monté un coup sur Krajisnik. Ils devaient intervenir le lendemain, le lundi soir. Et nous, on n'avait rien vu ! On n'était pas visibles dans le montage et eux non plus… Mais sur ce coup-là, on est passés avant !

Saint-Germain-en-Laye, 22 juin 2014

Afghanistan

AFGHANISTAN
2001-2012

Peu d'images ont eu autant d'impact que celles des deux tours en feu du World Trade Center, le 11 septembre 2001. Alors que la fin de la guerre froide et l'effondrement de l'URSS faisaient accéder les États-Unis au rang d'hyperpuissance, l'attaque sur le sol américain et l'ampleur de la menace terroriste signalaient que, contrairement à ce qu'avait pu croire Francis Fukuyama, l'histoire ne voyait pas sa fin. L'événement du 11 septembre amorçait bien plutôt une nouvelle séquence historique caractérisée par de nouvelles formes de guerres n'opposant plus seulement des États entre eux, mais également des organisations terroristes très puissantes, mobiles et mondialisées, aux dirigeants et au fonctionnement longtemps occultes, comme Al-Qaida.

Dès le 14 septembre, les États-Unis désignent Ben Laden comme responsable de l'attentat. La CIA a localisé Ben Laden en Afghanistan où il bénéficie de la protection du régime islamiste des talibans au pouvoir depuis 1998. George W. Bush obtient aussitôt un très large soutien international. Tous les pays de l'Otan, le Conseil de sécurité à l'unanimité, le Pakistan et même le pape Jean-Paul II reconnaissent aux États-Unis le droit à la légitime défense. Le 18 septembre, Jacques Chirac, en visite à la Maison Blanche, assure le président américain du soutien de la France. Le Conseil de sécurité somme les talibans d'extrader Oussama Ben Laden. Devant leur refus, les USA lancent avec l'approbation de l'Onu l'opération « Enduring Freedom ».

Dès le 7 octobre, l'aviation et les missiles de croisière lancés depuis des navires de guerre américains et anglais commencent à bombarder les camps d'entraînement terroristes en Afghanistan. Parallèlement, des détachements des forces spéciales américaines et britanniques s'infiltrent dans le pays. Au même moment, malgré leurs divergences, les opposants afghans aux talibans regroupés dans l'Alliance du Nord lancent simultanément l'attaque contre le régime islamiste au pouvoir. Devant l'avancée de la coalition, les talibans quittent Kaboul qui tombe aux mains de l'Alliance du Nord le 14 novembre. Les premiers détachements français arrivent dès le lendemain à Mazar-e Sharif.

Les talibans se sont réfugiés avec les membres d'Al-Qaida au sud-est de Kaboul, à la frontière des zones tribales pakistanaises, dans le massif montagneux de Tora Bora. Le 12 décembre, après une semaine d'intenses bombardements de l'aviation américaine et anglaise, les combattants de l'alliance antitalibans appuyés par les forces spéciales américaines, anglaises et allemandes s'emparent des grottes refuges de Tora Bora. Malgré les pertes subies par les talibans, Ben Laden a pu s'enfuir à travers les montagnes, vers le Pakistan.

Dix jours plus tôt, le 5 décembre, à la conférence de Bonn, les représentants de l'Alliance du Nord et ceux de différents groupes d'exilés afghans ont accepté de restaurer un État central démocratique et pluraliste en Afghanistan avec l'appui de l'aide internationale. Pour stabiliser le pays, tous conviennent de la nécessité du déploiement d'une force internationale. Le 20 décembre, le Conseil de sécurité crée sous le commandement de l'Otan une force internationale d'assistance, dans un premier temps pour sécuriser Kaboul. À la fin du mois, un premier détachement français arrive à KAIA, l'aéroport international de Kaboul[1].

En parallèle de leur action militaire, les pays occidentaux offrent une aide financière considérable à l'Afghanistan : cinquante-sept milliards de dollars entre 2002 et 2010 consacrés aux investissements dans la sécurité, l'aide au développement et l'assistance humanitaire. Pour autant, ils ne parviennent pas à relancer l'économie, ni à stabiliser un État rongé par la corruption et le népotisme. Au fil des mois, les forces de sécurité afghanes s'avèrent incapables de se substituer à la force internationale.

Malgré leur régime de terreur et l'application ultrarigoriste de la charia, les talibans, toujours présents dans le pays, conservent une influence considérable aussi bien dans la population qu'à l'étranger, au Pakistan notamment. Des régions entières échappent toujours au contrôle de la coalition.

À partir de 2005, de nouveau bien armés et financés par le trafic de l'opium, les talibans parviennent à rassembler autour d'eux une surprenante alliance de seigneurs de la guerre en conflit entre eux, mais ayant en commun l'opposition au pouvoir de Hamid Karzaï, élu président depuis 2004. Que ce soit à l'est, dans la vallée de la Kapisa, dans la région de Kaboul comme dans toutes les grandes villes, très implantés également dans les villages et soutenus par leurs bases arrière au Pakistan, les talibans parviennent peu à peu à ressouder la population afghane contre l'invasion étrangère au nom de la tradition et de l'indépendance. À partir de 2006, leurs offensives se multiplient.

En août 2008, dans la vallée d'Uzbeen, au nord-est de Kaboul, une patrouille française de la force internationale tombe dans une embuscade tendue par les

1. KAIA : KAboul International Airport.

talibans. Dix parachutistes trouvent la mort. Dans l'opinion publique comme au sein de l'armée, le choc est immense. Après des années d'opérations extérieures au Kosovo ou en Afrique de l'Ouest, où les militaires français assuraient avant tout des missions d'interposition ou de maintien de l'ordre, l'embuscade d'Uzbeen amène à réviser radicalement le dispositif et la formation des soldats, confrontés désormais à des combats d'une intensité inégalée.

Entre 2004 et 2008, les pertes de la coalition sont multipliées par cinq et à nouveau par deux entre 2008 et 2010 ; on dénombre entre quarante et cent morts par mois en 2010. La maîtrise des airs n'a pas permis d'enrayer la progression de la guérilla. Les membres d'Al-Qaida demeurent par ailleurs introuvables alors que leurs attentats se sont multipliés. Pour le général McChrystal, commandant les opérations spéciales en Afghanistan avant de prendre la tête des forces de la coalition en 2009, la guerre ne peut changer que s'il y a à la fois une forte augmentation des troupes sur place et en même temps un changement profond dans l'attitude des coalisés à l'égard de la population. S'inspirant des préceptes énoncés pour la première fois par les militaires français pendant la guerre d'Algérie, McChrystal veut « gagner les cœurs ». Selon lui, le moyen d'y parvenir consiste à mettre en place une stratégie de contre-insurrection (COIN) : il ne suffit plus de se contenter de la destruction systématique de l'ennemi. Pour l'expliquer, le général prend l'exemple d'une bande de dix insurgés. « Si l'on en tue deux, cela ne fait pas huit insurgés mais vingt ! Dix moins deux égal vingt, en raison de la logique de vengeances familiales que déclenche la mort de chaque insurgé. » La contre-insurrection implique tout à la fois davantage de contacts avec la population, la collaboration accrue avec l'armée et la police afghane, mais aussi l'intensification des actions de renseignement visant à démanteler les organisations terroristes ou la chaîne de commandement taliban.

Entre l'été 2008 et l'été 2010, le nombre de soldats américains déployés en Afghanistan triple et dépasse la barre des cent mille. Barak Obama s'est laissé convaincre d'augmenter l'effort sur le terrain, mais il a également réaffirmé son contrôle sur les opérations militaires, d'abord en annonçant, peu après son entrée en fonctions, que la cible principale des États-Unis était Al-Qaida, et ensuite en écartant le général McChrystal, jugé trop indépendant du pouvoir civil. En juin 2010, après avoir dirigé les opérations en Irak, le général Petraeus prend alors en charge la guerre en Afghanistan.

Le 2 juin 2011, la découverte et l'élimination d'Oussama Ben Laden par un commando des Seals de l'US Navy permet à Barak Obama de clore une première phase de la séquence ouverte par le 11 septembre. Trois semaines plus tard, le 22 juin, le président américain annonce le début du retour des boys, le désengagement des troupes américaines. Au printemps 2014, il ne reste que 33 000 hommes en Afghanistan. Le retrait total est annoncé pour la fin 2015.

Au sein des forces déployées en Afghanistan tout au long de cette période, les forces françaises ne représentent qu'un effectif limité : 5 000 hommes sur un total de 100 000. En revanche, l'exposition des militaires français et leur engagement dans des zones de combat intense se traduisent par des pertes qui placent la France en troisième place derrière les États-Unis et le Canada pour le nombre de morts au combat. À la différence des conflits précédents dans lesquels l'armée française s'est trouvée engagée, la guerre en Afghanistan fait redécouvrir la difficulté de lutter contre une insurrection intimement liée à la population civile, comme au temps de la guerre d'Algérie. La nécessité s'impose alors d'une nouvelle approche des combats et d'une mobilisation plus rapide et plus offensive des différentes forces combinées, aviation, artillerie, infanterie. On assiste ainsi à la mise sur pied des GTIA[1] qui regroupent les différentes composantes au combat sous un commandement unique. L'entraînement mené en métropole dans des conditions proches de celles de l'Afghanistan prépare davantage les unités qui sont, à partir de 2009, mieux intégrées au sein des dispositifs alliés (Task Force Lafayette). Aux combats frontaux parfois très intenses s'ajoutent les attentats à la voiture piégée, les IED[2] disséminés sur les routes et les attaques green on blue opérées contre les forces coalisées par des combattants portant l'uniforme de l'armée ou de la police afghane. Les soldats mènent tout à la fois des missions des combat et des actions civiles et militaires, allant de la formation des forces de sécurité afghanes de l'ANA ou de l'ANP, de gendarmes afghans (centre de Wardak), à la réouverture d'écoles ou d'hôpitaux.

Annoncé par Nicolas Sarkozy le 27 janvier 2012, le retrait des troupes françaises suit celui des troupes américaines. Il ne commence qu'à la fin de juillet avec la rétrocession de la vallée de la Surobi à l'armée afghane. En juin 2012, il reste 3 600 soldats français en Afghanistan et seulement 1 800 en décembre. En une décennie, de 2001 à 2012, près de 60 000 militaires français ont été déployés en Afghanistan. La singularité des combats a transformé les troupes envoyées depuis en Opex, désormais mieux équipées, plus intégrées aux dispositifs alliés mais également particulièrement exposées, ce qu'attestent

1. GTIA : groupements tactiques interarmes.
2. IED : Improvised Explosive Device, engin explosif improvisé.

quatre-vingt-neuf morts, un millier de blessés, parmi lesquels, comptabilisés pour la première fois, un nombre considérable de soldats souffrant de blessures psychiques, de syndromes post-traumatiques, liés à des conditions de combat particulièrement éprouvantes.

Zone verte et Diables rouges, Tagab, 2011

Laurent, capitaine, trente-six ans. Dahhaoui, adjudant, trente-cinq ans. Nounou et Jean-Luc, tireurs d'élite, trente et vingt-sept ans. Régiment des Diables rouges de Colmar[1]

« Bon, les gars, ça va être dur. Vous êtes prêts maintenant. Vous allez au carton. Tout le monde ne va pas rentrer sur ses jambes ! »

Laurent

Jusque-là, personne ne nous avait parlé comme le général Charpentier, sans faire de chichis. Ça n'avait pas jeté un froid parce qu'on s'en doutait. Au fond de nous, on savait. On n'a pas été effrayés. On ne s'est pas fait de film. On s'est dit : là, on va vraiment faire notre boulot. C'est pour ça qu'on en a bavé depuis des années.

L'affaire avait commencé un an plus tôt, à l'été 2010, lorsque le sous-groupement avec les cent quatre-vingts bonshommes a été formé. Dès le mois de septembre, on a eu beaucoup de camp avec des manœuvres appuyées par des hélicoptères pour nous mettre dans l'ambiance. On est montés en puissance tranquillement jusqu'en

1. 152e régiment d'infanterie.

décembre. Puis six mois de préparation très très dense, d'excellente qualité. La cohésion de l'unité s'est formée rapidement. Les gens se sont investis, on est ensuite partis à Canjuers, où on a été mis en condition par des gens du 126e régiment d'infanterie, qui étaient un an avant nous en Afghanistan. En mai 2011, le général Charpentier est venu nous annoncer qu'on y allait.

On est partis de Mulhouse. Première escale Abu Dhabi. Après, on a fait une escale à Douchanbé[1]. Là, on a eu un premier sas. Il y avait des petites minettes de l'armée de l'air en T-shirt, on a quand même trouvé cela bizarre... Le 31 mai on arrive à Bagram, sur une base américaine, on y passe une nuit. Le 1er juin on est mis en place par hélico à Tora. On récupère les flingues, on perçoit les véhicules et on apprend qu'il y a un mec de Raptor, le 1er régiment de chasseurs parachutistes, qui vient de se faire tuer. Le soir, je prends les consignes auprès du chef de corps. À un moment, il se retourne vers moi : « Bon, la relève est arrivée, le capitaine Luisetti est là. Aujourd'hui on a eu un contact en zone verte, demain tu y es. Ça commence ! » La zone, je la connaissais un peu, parce que, au mois de mars précédent, j'y avais fait une reconnaissance. Mais les gars ont découvert sur place la vallée de la Tagab, la zone verte. Sur la carte, cela paraît tout petit, six kilomètres de long sur trois de large, au sud de la Kapisa. Quand on sort de Tora, on en prend plein les yeux, un pays magnifique, imaginaire ! Tora, c'est désertique. Ensuite, c'est une route sinueuse, douze kilomètres jusqu'à la Tagab et quand on entre dans la zone verte, la végétation devient extrêmement dense. Cette zone verte, notre zone d'opérations, c'est une vallée en bordure de la rivière, à mille mètres d'alti-

1. Depuis 2002 un détachement de l'armée de l'air français est installé en permanence à Douchanbé au Tadjikistan.

tude, entourée de montagnes qui atteignent trois mille mètres. Tout le long, les villages forment un labyrinthe de maisons imbriquées, fermées de hauts murs, avec à l'intérieur de grands jardins. Tout autour, des arbres fruitiers, des grenadiers, pas très hauts mais touffus, des champs, de maïs, de riz, des canaux d'irrigation alimentés par le wadi, une rivière qui fait bien trois cents mètres de large et qu'on traversera dans tous les sens. Au-delà, il y a le désert, des cailloux, du sable et les montagnes. Notre camp était au pied de la montagne, à six cents mètres de la zone verte, la zone de combat. Tout autour, des bastion-walls, de gros sacs remplis de sable, sur trois mètres de haut. La mission, c'était de contrôler la zone, faire de la contre-insurrection et si possible gagner les cœurs en allant dans les villages pour y réduire la présence insurgée. Les sections, des fois je les voyais pas de la journée. Les mecs, je les avais à la radio.

Dahhaoui

Ceux qui nous avaient précédés étaient restés tout l'hiver. Il n'y avait pas de végétation, Ils pouvaient se mettre sur un toit, voir à un kilomètre ou deux. Durant les six mois, ils avaient eu six échanges de tirs en tout. Face à eux, c'étaient les paysans du coin, les mecs du marché, la mafia de Payendakhel, armés de deux ou trois Kalachnikovs, d'un ou deux lance-roquettes. Quand on est arrivés, la végétation avait poussé, les insurgés pouvaient s'approcher à moins de dix mètres sans qu'on les voie.

Laurent

À notre première sortie, le VAB tombe en panne. On répare, on s'avance vers la zone verte, personne, et là, vraoum, première rafale, on tire sur nous ! Je me dis : c'est bon, c'est la fête, c'est parti, premier combat ! En fait, ils ne cherchent pas à nous fixer, ils tirent dans la précipitation sans vraiment viser, histoire de prévenir : Ne vous approchez pas trop... Au mois de juin, à chaque sortie au contact, c'est monté crescendo. On a pris des mecs qui venaient du Pakistan, qui étaient organisés. C'était pas les mêmes, tout habillés en noir avec des ceintures de combat, des grenades, des armes à longue distance. Ces mecs-là avaient des ordres rédigés au Pakistan. Ils avaient, comme nous, un topo, un plan de campagne, un bureau opérations... Avec eux, il y avait des déserteurs de l'armée afghane avec du matériel, des gens infiltrés. C'était des Afghans des tribus locales, des mecs de la vallée formés au Pakistan. Ils vivaient dans la zone verte, au cœur de la population. Les paysans les renseignaient, cachaient des armes pour eux. On pouvait les croiser en train de boire le thé ou travaillant dans un champ et les retrouver dix minutes plus tard transformés en combattants. Sans uniforme, mais bien équipés, avec des gilets de combat, des grenades. Des combattants très mobiles, connaissant très bien le terrain, se faufilant dans des trous de souris. Au pied des murets, il y avait souvent des buses pour l'évacuation des eaux. Les mecs, on les voyait, ils rentraient là-dedans alors que nous, on se déplaçait de façon hyperlaborieuse, avec les cinquante kilos sur le dos... Ils savaient très bien qu'on avait la supériorité technologique, avec les avions, les hélicos, les mortiers. On avait même un ballon américain avec des moyens d'observation. Leur objectif, c'était de nous attirer dans la zone verte pour nous taper dessus, sachant que nous, les Français, on allait faire attention aux populations civiles. À l'extérieur de la zone, ils posaient des IED sur la route pour arrêter un véhicule, et ensuite ils tiraient dessus à deux ou trois cents mètres avec des armes automatiques ou des lance-roquettes. Mais là où ils nous faisaient le plus de mal, c'était à l'intérieur de la zone, là où ils pouvaient nous avoir à courte distance parce qu'on manœuvrait moins vite qu'eux. Quand on était dans un chemin creux et qu'ils balançaient une grenade, dès qu'on avait un blessé, tout de suite ça devenait compliqué. Quand on recevait l'ordre de se désengager, on sentait la pression, les mecs arrivaient, se resserraient sur nous. Il y avait des gamins de dix-huit ans qui voulaient se faire péter avec une ceinture d'explosifs, des combattants plus expérimentés. Et puis il y avait Najibullah, ce salopard ! Lui, il avait trente-cinq, quarante ans. On n'arrêtait pas de nous en parler. On l'a peut-être vu, on sait pas, on n'avait pas de photos. C'était un chef insurgé de la zone. Un spécialiste de la pose d'IED. Il est mort dix fois et il est réapparu dix fois. Après qu'on l'a touché, on nous a dit qu'il était mort. Après, on nous a dit : « Il est par là ! » Il s'est peut-être fait réparer au Pakistan. C'était le début de l'offensive d'été et, par la suite, on a été au contact quasiment tous les jours avec les talibans. On a ramassé.

Dahhaoui

À chaque sortie, on se disait : aujourd'hui ce sera peut-être à 7 heures ! À 7 heures ils vont nous attaquer, ou à 9 heures... et parfois on avait bon. On n'a pas eu le temps de s'accoutumer.

Ça a été très dur pour les soldats, parce qu'on s'était préparés avec les musettes lestées, l'équipement, cinquante kilos à emporter avec le casque, le gilet pare-balles, l'armement, les munitions, mais ce qu'on ne savait pas, c'était la chaleur. Le soleil se lève très tôt. À 4 heures, il faisait grand jour et déjà très très chaud.

Sur la première opération, un de mes gars, Swoboda, s'est mis à vomir à cause de la chaleur. On a eu des problèmes pour avoir de la flotte. Heureusement, il y a des puits en zone verte. On s'y ravitaillait parce qu'on ne pouvait pas emporter suffisamment d'eau. On avait déjà trois bouteilles, quatre ou cinq litres chacun. La première semaine, on a quasiment pas dormi du tout. On rentrait d'opération, on se posait une heure et demie, deux heures. On comptait le matos, on repartait. On se reposait quand on prenait la garde. Les gens savaient qu'ils allaient monter leurs deux heures de faction, dormir quatre heures... C'était vraiment intense. Les deux premières semaines, j'ai perdu sept kilos. On était asséchés, on avait les têtes creusées, fatiguées. Les mecs étaient chargés et puis il y avait le stress du combat. Après, le stress, l'adrénaline, ça chute, on est KO, vidé. Les gars étaient en permanence avec leurs armes, quand ils rentraient, on avait toujours peur qu'il y ait un accident. On faisait régulièrement des rappels sur les mesures de sécurité. Au cours du mandat, pas chez nous, chez Onyx, une rafale de Minimi[1] a tué un caporal. Au 2e RIMa, quand on est arrivés, un mec a mis son gilet, il y avait une grenade dessus. En mettant le gilet, il s'est dégoupillé la grenade tout seul, il a sauté.

Mais, au début, tant qu'on n'a pas eu de pertes, de blessés ou de tués, il y avait quand même une espèce d'excitation. Quand on sortait, on avait envie que ça tire. On le cherchait. Une sortie où il n'y avait pas de contact, c'était pas une bonne journée. (Rire.)

1. Minimitrailleuse.

Nounou

Quand on arrivait, c'était tendu parce que les combattants, là-bas, on peut pas trop les différencier des villageois. Direct, on se méfie de tout le monde. L'enfant peut renseigner. Beaucoup de gosses le font. Il n'y a pas spécialement d'hostilité, mais on sent bien que la population garde ses distances.

Dahhaoui

La population bouge pas ; ils nous regardent, ils attendent. Les gamins viennent vers nous, on leur donne un biscuit. Il y a des familles quand même qui nous ont accueillis. On a partagé les repas avec des gens. Moi, j'ai eu des gens portant le plateau de thé qui est arrivé avec les petits bonbons alors que ça tirait à vingt mètres. Mais on sait aussi qu'on va en prendre plein la tronche parce que, à un moment, il n'y a plus personne. Avant, il y a des gosses qui jouent, des hommes, des femmes qui travaillent dehors. Et d'un coup, ça se vide. En deux ou trois minutes, il n'y a plus personne, tout le monde s'éclipse. On ne sait même pas où ils partent. C'est pour ça que tous les déplacements pour rentrer dans la zone verte, les infiltrations se passaient de nuit. Lorsqu'on faisait la fouille des compounds, des maisons, si on n'était pas sous le feu, on frappait, les gens ouvraient ou pas. Si on se faisait tirer dessus, la consigne, c'était d'entrer dans le compound, de se mettre à l'abri rapidement. À l'intérieur, on se mettait en appui jusqu'à ce qu'on fouille petit à petit. Ça nous est jamais arrivé de tomber sur quelqu'un qui nous attendait. On n'avait pas le droit de faire des prisonniers. Il y avait des mecs qu'on pouvait fouiller, on avait une procédure américaine de fichage, on les enregistrait avec leur identité, leurs empreintes rétiniennes, etc., mais on était obligés de les relâcher ou de les remettre à l'armée afghane, c'était hyperfrustrant de ne pas pouvoir les interroger.

Laurent

Une nuit, on était à la recherche de Najibullah, on est entrés dans un compound, il était là quelques heures avant nous, le lit était encore chaud. À cette période de l'année, en Afghanistan les gens vivent la nuit, il fait moins chaud, il y a les cultures, l'irrigation. À 2 heures du matin, ils allaient avec leurs petites lampes ouvrir les vannes. Donc, quand vous avez un mec qui arrive avec ses cinquante kilos sur le dos, les chiens aboient... On se doute qu'il est pas tout seul, il y en a cent derrière lui...

Nounou

Les Afghans, faut dire ce qui est, ils nous considéraient comme une force d'occupation.

Laurent

En même temps, il y a la tradition d'accueil de l'Afghan. Quand on est chez eux, même si le mec ne nous aime pas, il ne le fera pas sentir, tous nous accueillent. Ils font sortir les femmes. Quand on fait la fouille du compound, ils les enferment, les déplacent. Au moment du repas il y a le thé qui arrive, il y a la bouffe, on partage. Ça se passe plutôt en bonne intelligence, mais personne n'est dupe. Ils n'ont pas le choix, en fait.

Au camp, il y avait avec nous une compagnie afghane. On ne discutait pas avec eux. Je voyais le capitaine, parce qu'on essayait de monter des opérations conjointes. Je me suis bien entendu avec lui. C'était un mec fiable avec une certaine idée de ce qu'il voulait pour l'Afghanistan, qui n'hésitait pas à aller au contact. Ça s'est passé assez bien mais il m'a testé. Il n'est pas venu me parler avant les premiers contacts. À la fin juin, une fois qu'on avait bien pris dans la tronche, il s'est déplacé et, de la part d'un Afghan, c'est un signe. Il voulait voir ce qu'on avait dans le sac.

Nounou

Nous, les tireurs d'élite, on montait souvent dans les montagnes, on s'infiltrait pendant la nuit. On se mettait en position d'appui pour les sections qui progressaient en zone verte pour faire du renseignement et du tir sur des personnels identifiés. Par rapport au groupe d'infanterie, on est un petit groupe de six, un chef de groupe, deux équipes de tireurs avec en plus un tireur d'appui direct, un mec avec une mitrailleuse. On est la moitié d'un groupe de combat, mais avec le double de matos. On a une précision de tir à mille huit cents mètres.

Dahhaoui

Quand on se déplace sur les routes, on se déplace en V : les mecs à pied de part et d'autre de la piste qu'on veut tester et sur laquelle il y a un groupe génie avec ses équipements de détection. On marche sur le bord. Parfois on ne trouve rien, parfois on trouve un IED. Parfois ça pète, parfois, le but c'est de nous amener là, de faire en sorte qu'on découvre l'IED rapidement pour taper les spécialistes, péter cette équipe-là, la rafaler. Pendant tout l'été, on a relevé des IED. Parfois ils étaient piégés, pour faire sauter les démineurs au moment du désamorçage.

Les villageois, il n'y en a pas beaucoup qui roulent en voiture, ils sont au courant. Souvent les IED sont déclenchés à distance : il y a un fil et le mec au bout a sa pile électrique. Quand on passe, il fait clac. Ou alors c'est un téléphone mobile avec un récepteur directement sur l'engin. Le guetteur appelle un numéro et ça pète. Dans notre zone on n'a jamais eu d'attentats suicides. Raptor[1] si. Il y a eu sept, huit morts. C'était pendant une *choura*, une réunion avec les chefs de village et les mollahs. Le suicide bomber avait la tenue de la police nationale afghane.

Laurent

Le mois de juin a été de plus en plus dur. À ce moment, on n'a pas encore de blessés. On a l'impression d'avoir le dessus. Ça passe parfois très très près, mais il y a une sorte d'exaltation du combat parce qu'on n'a pas de pertes. On sait qu'en face, on fait du bilan, on tue des mecs, on en blesse.

Un truc qui me fait plaisir, c'est que je sens que je suis le sous-groupement chouchou du chef de corps parce qu'il me file quand même des missions bien pourries. (Rire.) Le 27 juin, on nous envoie sur une mission à Jangali. On s'infiltre à pied, on est à découvert, on arrive dans la zone bâtie. Déjà ça commence ! On se fait tirer dessus. Il y a plusieurs compounds, j'envoie les deux sections en reconnaissance. Je me mets en appui dans un grand compound. Tout de suite, on a des contacts à très très courte distance. L'adjudant est pris avec ses mecs à la grenade dans des ruelles.

---

1. Battle Group Raptor, GTIA français engagé en Afghanistan du 13 mai au 7 novembre 2011, comprenant pour l'essentiel des soldats du 1er RCP, les autres unités provenant principalement de la 11e brigade parachutiste.

Dahhaoui

On était à cinq kilomètres du camp. Comme chef de section, je fais en sorte de ne pas être en tête, d'être toujours derrière le groupe qui a l'action principale. J'étais avec mon radio dans un compound. Mes mecs font des comptes rendus précis sur ceux d'en face. Ils sont à quelques mètres.

Laurent

On les entendait. Ils étaient de l'autre côté du muret, ça bruissait, « tch, tch, tch ». Ils communiquaient par téléphone et puis au geste. Mes gars sont au contact là-dedans. Pour moi, c'est hyperdésagréable, parce que, comme le terrain est touffu, je n'arrive pas à voir ce qui se passe, mon adjoint non plus. Je suis seul, pas d'élément de coordination du régiment. Un peu chiant pour donner les ordres. Je demande aux sections de s'installer en défensive et là, des grenades commencent à tomber dans la cour. Il y a un gazier qui s'est infiltré, il est au-dessus de nous et nous tire par-dessus, ce salopard ! (Rire.) Tout le monde le long des murs. On sent que le mec a compris le dispositif, il essaie de venir entre l'appui et nous. Il sait qu'on ne peut pas tirer. Je demande un tir d'artillerie. Ça tombe pas du tout à l'endroit où il fallait. (Rire.) On se dit : OK, on va s'en charger nous-mêmes. On fait une nouvelle demande de tir et on écrase le mec sous du 120. Problème réglé. Là, ça commence à s'infiltrer sur le carrefour. Nounou était sur le toit, j'étais à dix mètres de lui mais je ne voyais pas ce qui se passait…

Nounou

Il y avait un mec à moto qui ravitaillait. Il faisait des navettes pendant le combat. Un villageois, quand il y a un combat, il commence pas à faire les allers et retours entre nos positions. Il partait, nord-sud, sud-nord. Il ravitaillait peut-être en eau, il communiquait à la voix. Je rends compte à mon chef de section : « Il y a un personnel qui arrête pas de faire des allers et retours... » Le capitaine donne l'ordre d'interception. J'étais allongé sur un toit, un toit plat. On voit le type partir. J'attends et là, la moto déboule du sud à fond de caisse. Il passe très vite derrière deux ou trois bâtiments. Il était à deux cents mètres, exactement deux cent dix-neuf mètres. On a des moyens télémétriques. J'avais une lunette avec un calibre 7,62, un HK 417[1]. Je me rends compte qu'en étant allongé, je ne pourrais plus tirer. Il y avait un risque, mais avec l'adrénaline, on est tellement à fond qu'on se sent invincible. On a l'impression d'être dans un jeu vidéo, qu'il peut rien nous arriver. Je le vois passer et je me mets à genoux pour le neutraliser. Genre trois cartouches. Il chute. Il y a pas de loupé. Et puis bam ! Dans la foulée, on a pris la foudre sur le toit. Ils savaient que j'étais là. Ils ont tiré à la Kalach, au PKM[2]. On était deux sur le toit. C'est passé pas loin, à deux centimètres de la tête de mon tireur. Le type qu'on a abattu, ils se sont demandé au PC si c'était pas Najibullah parce qu'on m'a envoyé l'identifier sur photo. Il n'avait pas d'arme apparente, il ne nous avait pas tiré dessus. Maintenant, quand il s'agit d'un personnel identifié, on ne prend pas le temps de rendre compte, on appelle ça rendre compte

1. Fusil d'assaut de 7,62 mm.
2. Mitrailleuse Kalachnikov.

par le feu. On tire et après on rend compte, sinon on perd trop de temps. Dans un jeu vidéo, vous jouez avec votre petit bonhomme, vous y allez. Il prend une balle, le petit bonhomme, on s'en fout. Là, c'est un peu pareil. On est en train d'avancer, on ne pense pas, on fait des choses inconscientes, débiles. On ne se dit pas : « si je me lève, je vais en prendre une », non, je me lève. En réfléchissant le soir, on se dit : putain ! mais j'ai fait n'importe quoi, là ! J'aurais pu mourir. Le fait de tuer un homme, on n'y pense pas trop. En fait, cette notion d'être humain s'efface parfois au combat. Le mec qu'on a en face, on sait qu'il veut nous faire du mal. C'est pas un gars qu'on va tuer gratuitement. Si on tire, c'est parce que c'est soit lui, soit nous. C'est des gens qui se sont trouvés là parce qu'ils le voulaient bien. Ils n'hésiteraient pas si c'était l'inverse, donc je me pose pas de question. Les mecs en face, je n'ai jamais eu l'occasion d'avoir le regard droit dans leurs yeux au moment où je tire. On les voit bien quand on les regarde à la lunette, on les voit en gros. On peut pas s'attarder non plus. On confirme et c'est terminé. Si on hésite, si le type s'en va et que le lendemain un soldat de chez nous tombe, là par contre je m'en voudrais de pas avoir tiré la veille sur le personnel que j'avais en face de moi. Je me dirais, c'est ma faute, j'avais qu'à le descendre, si ça se trouve, c'est le même.

Laurent

On ne se pose pas la question parce que l'ennemi ne se pose pas la question. On sait que la mission dans laquelle on est impliqués est légitime et juste. Quand moi j'ai donné des ordres de tirs même sur des objectifs que j'ai observés, je me dis : voilà, c'est la guerre ! C'est comme ça. Et puis de toute façon ça ne serait pas bon de trop réfléchir à ce genre de trucs, ça paralyse l'action.

Donc, Nounou tue le mec. Finalement on relance. Moi je traverse, et là, putain ! Sensation d'invincibilité quand même parce ça s'est hyper bien passé. On avance, il doit être 16 heures, la phase de combat a duré trois heures.

Deux jours plus tard, on monte une énorme manip. On est le 29 juin, le jour où les otages, Ghesquière et Taponier[1], vont être libérés, mais cela, on n'en sait rien. Les otages n'étaient pas très loin. En fait, ils étaient là, dans la zone verte. On ne nous avait rien dit. La brigade savait, il y avait les mecs de la DGSE qui étaient au contact, mais nous, on ne comprenait pas trop pourquoi on nous demandait de multiplier les opérations contre les talibans. En fait, c'était pour les user, les occuper et faciliter les négociations.

Dans la nuit du 29, on monte dans la vallée de Tagab jusqu'au verrou de Jangali. Le chef de corps est avec nous. On n'a jamais été aussi haut. Une compagnie reste en appui d'un côté du wadi. J'ai quatre sections avec moi, ma mission, c'est de m'emparer du village d'Ashkakhel, de l'autre côté du wadi. Ashkakhel, personne n'y était entré depuis des temps immémoriaux. On traverse à pied, c'est mouillé, on a de la boue jusqu'aux cuisses. À 2 heures et demie, on arrive sur l'autre rive. Je répartis la zone en secteurs, une section par secteur. On entre dans le village vers 3 heures du matin. On voit des grenadiers, des maisons, très étroites, protégées par de hauts murs qui font comme une enceinte fortifiée. Le village est tout petit, peut-être cent mètres sur

1. Hervé Ghesquière et Stéphane Taponier, journalistes, enlevés le 30 décembre 2009 avec leurs accompagnateurs alors qu'ils réalisaient pour France 3 un reportage sur la reconstruction d'une route à l'est de Kaboul. Libérés le 29 juin 2011.

soixante-dix. C'était le début du ramadan et la brigade nous avait interdit d'entrer de nuit dans les habitations. On voulait que les gens puissent manger et se reposer avant le début de la journée.

À 3 heures, c'est l'aube. On commence à faire la fouille. J'entre dans un compound, un mec est en train de faire sa lessive. Au fond de la vallée de Bedraou, on entend tirer. Une rafale hyperlongue, à deux ou trois kilomètres, c'est pas pour nous. Au détour d'une ruelle, un de nos gars voit un mec avec une arme. Ils se regardent et sont tellement stupéfaits que personne ne réagit. Chacun repart dans son coin mais on se dit : putain ! ils sont pas très loin. Vers 6 heures, tout est calme. Je fais le tour. Le dispositif est vraiment merdique, avec ces pierres, les maisons démolies, toute la zone peut faire une position de combat.

Tout à coup, ça commence à tirer. Et puis un énorme boum. Le chef de section me rend compte : « Tir de roquette ! Non, grenade ! » Je me dis : ça craint, une grenade dans la cour, les mecs sont là ! Ça commence à tirer dans tous les sens. Il y avait pas grand monde dans le village quand on est arrivés, ils ont dû être prévenus. Les échanges de tirs continuent jusque vers 11 heures. J'informe mon chef de corps, mes positions sont solides, je pense pouvoir tenir jusqu'en fin d'après-midi. Mais lui me répond : « Non, tu rentres à midi. Je ne peux pas t'expliquer à la radio. Tu quittes la zone. » Par la suite, on a appris que midi, c'était l'heure à laquelle les otages devaient être libérés. Tous les moyens sanitaires et aériens devaient servir à leur évacuation. Notre rôle à nous avait été de fixer les talibans et d'infliger une démonstration de force aux derniers moments de la négociation. Le cœur en peine, je refais mes ordres et commence à préparer le décrochage. Petite incompréhension : la section de mon adjoint, qui devait être en appui, arrive plus tôt que prévu, laissant une zone sans couverture. En face, les talibans voient que la zone est libre et s'avancent. C'est là que l'adjudant a commencé à être emmerdé.

Dahhaoui

Mes ordres, c'est que je partais le premier mettre un cordon sur le wadi dans le découvert. Je devais faire un couloir de sécurité pour permettre à la compagnie de passer. Mais là je commence à être pris à partie. Il y avait un compound, Je dis aux mecs : on va se mettre à l'abri dans le jardin et attendre l'arrivée des hélicos. Tout à coup, dans le jardin, une putain de rafale juste devant nous. Tout le monde se lève et rentre dans le compound. Les hélicos finissent par arriver, mais les insurgés leur tirent dessus. Les Tigres étaient à cinquante mètres, vraiment couillus ! Ils tiraient dans cette ruelle au canon de 30, mais c'est une des seules fois où les hélicos ne sont pas arrivés à calmer l'affaire.

Laurent

À ce moment, je regarde mon adjoint : « Il va falloir qu'on aille faire un truc, parce qu'ils sont quand même mal. Ok, me dit-il, c'est moi qui ai merdé, je te propose de monter une contre-attaque à la grenade pour leur permettre de se désengager. »

Nounou

Sur les ordres du capitaine, avec un autre caporal-chef, on récupère une trentaine de grenades. On se met derrière le mur qui abrite les insurgés et, à tour de rôle, on balance les grenades jusqu'à ce que la section ait fini de se désengager. Petite anecdote, j'ai cru que j'allais mourir ce jour-là parce que le collègue qui était devant moi a eu une faiblesse dans la main. Au moment où il dégoupille la grenade, il la laisse tomber entre ses jambes. J'étais juste derrière. Je vois la grenade tomber, je vois qu'il n'y a plus rien dessus, je me retourne. Dans ma tête, je pensais déjà avoir le dos en miettes. Je hurle : GRENADE ! Je pousse les mecs derrière moi contre le mur. Ça c'est passé au ralenti. J'entends la grenade qui pète, je me retourne... Le collègue avait eu le temps de la balancer par-dessus le mur !

Laurent

Vers midi, tout le monde est regroupé, il faut pas traîner, en face les mecs arrivent, il reste à passer de l'autre côté du wadi. Je demande à l'adjudant de mettre en place un cordon pour protéger le passage. Le découvert jusqu'au wadi, ça fait trois cents mètres. Et après, il y a le wadi, encore trois cents mètres, dans l'eau, comme les rizières en Indochine. Ça fait beaucoup pour partir comme des fleurs ! À mesure que les sections se replient, les insurgés prennent leur place. Ils ont compris qu'on part et ça tire de partout, ça siffle, on voit les impacts tomber entre les hommes. De l'autre côté du wadi, la compagnie d'appui a mis un drapeau français sur la berge pour nous donner le point d'entrée.

Dahhaoui

Vous vous en souvenez pas, mon capitaine ? quand vous m'avez dit de mettre en place un cordon... Je vous ai demandé si votre ordre était réel. Toute ma section me regardait. Les gars se disaient : « Il va nous demander de nous poster dans le découvert ! » J'ai dit aux chefs de groupe : « Les gars, on n'a pas le choix. » Ils ont compris. Ils me regardaient avec de grands yeux. J'ai senti qu'ils avaient confiance, mais c'était pas évident de se mettre dans le découvert et faire le balltrap, c'était pas top.

Nounou

On était cinq, tout le groupe tireur d'élite, on était encore dans le village. Les gens commençaient à partir. On était les derniers à être au contact et on a commencé à se faire rafaler la tronche dans tous les sens. On est sortis, chargés comme des cochons, j'avais l'impression de courir, mais on n'avançait pas.

Dahhaoui

Je suis resté sur la berge, j'attendais que les derniers arrivent, je priais, parce que de l'autre côté, nous on était encore au contact. Même mon radio qui est pas un bon coureur, ce jour-là, il était devant moi, pourtant il était encore plus chargé. On avait de la flotte jusqu'à la taille, avec nos cinquante kilos sur le dos, on s'enfonçait. Sur la berge à l'arrivée, on n'arrivait pas à monter, ça glissait. Ils nous ont sortis à la main. On est rentrés, il était 16 heures.

Laurent

Cette journée-là, elle vaut le mandat... Le truc qu'on n'a pas du tout compris, c'est comment on a fait pour traverser le wadi en plein cagnard ! Le chef de corps m'a appelé le soir : « Tu diras à tes gars que, enfin, bon, c'est une manœuvre magnifique ! »

Il nous a fait remonter sur Tora pour nous mettre un peu au vert quelques jours. On s'est posés en vrac avec mes chefs de section, torse nu, débardeurs, claquettes, en train de souffler, comme dans un film exactement, contents de voir qu'il y avait tout le monde, et puis on a bu un Coca. Je leur ai dit : « C'est heureux qu'on soit là tous ensemble parce qu'il y avait aucune raison pour qu'il y ait pas eu de tués ce jour-là. »

La brigade a estimé qu'on avait entre trente à quarante mecs face à nous, ce qui est énorme. Quarante contre cent vingt, ça fait beaucoup. Eux, s'ils perdent quelqu'un, tout le monde s'en fout. Nous, si on a un blessé ou un mort, ça fait la une des médias et c'est fini. Les talibans le savent et ils en jouent vachement ! Ils ne combattent pas avec les mêmes armes que nous. Ils se battent pour une cause, mais ce n'est pas pour autant que j'ai pour eux la moindre admiration, ce ne sont pas des patriotes.

Nounou

Maintenant, moi, j'arrive à comprendre le villageois qui est dans la misère, que les talibans viennent voir : « Écoute, je vais te filer trois cents dollars si tu tires sur le convoi qui passe. » Ça, j'arrive à le comprendre. À leur place, dans leur misère, j'aurais fait la même chose.

Laurent

En zone verte, ils étaient quand même assez confortablement installés, en revanche, quand on sortait de la zone verte, dans les villages d'Uzbeen, c'était misérable. En décembre, on est montés sur Uzbeen. On était en train d'y construire pour l'armée nationale afghane un poste financé par les Américains. Pour installer ce camp, les Américains ont fait venir des travailleurs pakistanais. En allant vers Uzbeen, on s'est fait tirer dessus au mortier, c'était un moyen pour les villageois de montrer leur désaccord avec le recrutement étranger qui bâtissait la future caserne. S'ils avaient utilisé les travailleurs locaux, il n'y aurait pas eu de problème. À l'origine de l'embuscade d'Uzbeen en 2008, c'est peut-être le même problème qui s'est posé, on a commencé à construire des bâtiments sans faire appel à la population et ça, ça crée forcément des tensions. Pour les Afghans, le recours à la violence armée, c'est un moyen de manifester. Mais il n'y a pas que la question de la pauvreté, il y a aussi un aspect plus idéologique. Ceux qui avaient été formés au Pakistan, notamment, ils venaient pas que pour des motifs économiques, ils se laissaient trouer la peau, c'est une forme de djihad... Ils venaient, ils avaient le drapeau noir, ils avaient une vision de l'islam...

Dahhaoui

Je suis musulman mais pour moi, en face, c'était pas des musulmans. Ils avaient une vision de l'islam qui n'est pas du tout la mienne. Moi, je me suis engagé avec l'armée française. On me dit : tu vas là, je pars là-bas sans me dire que je vais tuer des musulmans. Dans ma section, j'avais cinq musulmans. À aucun moment ils ne se sont posé cette question. Pour eux : c'était, on vient en Afghanistan, on fait notre travail. On avait un aumônier musulman qui passait une fois par semaine. Je lui avais demandé de parler aux musulmans de la compagnie parce qu'on entrait en période de ramadan. J'avais peur que les gens insistent pour faire le ramadan. Pour moi, c'était clair, je me disais : si je vais au combat, si je dois marcher avec un sac, je ne le ferai pas parce que je vais pas me laisser mourir. L'imam a bien précisé à tous les musulmans que, s'ils ne faisaient pas le ramadan, c'était pas trop grave, ils pouvaient soient le rattraper, soit rembourser. Les gens ont été rassurés. En opération, les gars ne le faisaient pas. En revanche, ils le faisaient le jour où on était de repos. Pour moi, les talibans ne combattent pas pour des motifs religieux, mais pour leurs intérêts personnels. Il y en a beaucoup qui agissent pour de l'argent, pour pouvoir se marier. Et puis ils avaient une vision de l'islam un peu sauvage, un peu barbare. On avait l'impression que c'était plus des tribus que l'islam. L'islam, je le vois comme ça, ne peut pas imposer à quelqu'un de faire ses prières, de faire le ramadan, de ne pas manger de porc si ça ne vient pas de son cœur. Faut que ça vienne de la personne. On peut expliquer que c'est bien de faire comme ça, mais l'imposer, voire tuer pour que les gens basculent dans la religion musulmane, non. Le djihad, on me l'a jamais enseigné comme ça, le djihad, c'est l'époque du Prophète, quand on attaquait les intérêts de l'islam sur le sol de La Mecque. Là, on fait le djihad. Après, moi j'ai un autre djihad, que mon père m'a appris : c'est l'éducation des enfants pour qu'ils fassent quelque chose de leur vie. Pour les talibans, le djihad, c'est faire la guerre aux non-croyants. Je pense qu'ils se font endoctriner. Il y a des gens qui ont un objectif politique et qui utilisent ceux qui ne sont pas instruits et leur bourrent le crâne en leur disant, voilà, tu vas aller au paradis.

On a vécu dix jours avec les gars de l'armée afghane. Ça s'est très bien passé. Ils venaient nous chercher pour qu'on mange avec eux. Quand ils sentaient qu'on était musulmans, c'était encore plus facile. On leur avait prêté du matériel pour qu'ils puissent observer de nuit, ça se passait hyperbien. On avait même lancé un concours de moustaches…

Après, j'ai été envoyé sur un poste isolé, de l'autre côté de la Tagab, en plein milieu de la zone verte. On était trente sur le poste. J'avais trois groupes plus un maître-chien, un auxiliaire sanitaire et deux personnels du génie. On était à moins de trois cents mètres du premier point d'appui. On les voyait et eux aussi. Je voyais la vallée de la Tagab mais on ne distinguait que quelques dizaines de mètres de la zone verte. Un taliban pouvait s'approcher du poste de combat sans être repéré. Et là, on a eu deux jours où ça a tiré dans tous les sens. On avait prévu une relève pour avoir du ravitaillement sur le poste. À la radio, on m'annonce : « Tu n'auras pas de relève, pas de ravitaillement, combien de temps tu peux durer ? – Avec ce que j'ai, quarante-huit heures. » Le soir je me couche. Vers 2 heures du mat, un chef de groupe vient me réveiller : « Il y a du monde qui se balade autour du compound. » On fait les tirs de sommation mais, quelques minutes après, on prend deux roquettes. Mon souci, c'était que, si j'avais un blessé, jamais on pourrait l'évacuer, l'hélico ne pourrait pas venir au-dessus et traverser trois cents mètres à découvert. Il y avait un insurgé qui longeait tout le temps le compound, qui arrêtait pas de se balader. Quand on lui a lancé la grenade, après, plus rien, il n'a plus bougé, le calme est revenu jusqu'au lendemain. On reste dans notre confinement, on est très bien, bien abrité, protégé. La journée se passe. Je crois qu'il était 16, 17 heures, les insurgés attaquent un autre petit poste plus au nord. Chez nous, il y avait des gens à leurs postes, d'autres au repos, on jouait aux dominos, au tarot. On entend les coups de feu. Ça se rapproche. je dis à tout le monde : casque, frag[1] ! Tout le monde s'équipe et puis j'ai El Asri qui voit un insurgé se déplacer du nord vers le sud sur la Tagab. Il me rend compte et dans la foulée il tire et le tue. Ça va vous paraître bizarre mais, quand il a tiré, on a crié comme si on avait marqué un but. C'était... on était contents, quoi ! J'ai rendu compte à la radio, c'était parti, c'était l'euphorie, et au fur et à mesure que les insurgés se

1. Gilet pare-balles.

faisaient refouler du Nord, ils arrivaient vers nous, ils étaient à vingt, trente mètres. On les a repoussés à la grenade. Je crois que, ce jour-là, on a fait un bilan d'une dizaine d'insurgés tués directement par les armes de la section.

Laurent

Quand on s'est sortis de ce poste, je me suis dit : c'est bon, on va poser les valises, ils vont me laisser tranquille pendant au moins une semaine ou deux. En fait, le lendemain, on repartait en patrouille sur la MSR[1] Vermont, la route logistique C'était une nouvelle mission. Les points d'appui construits le long de cette route devaient être occupés par l'armée afghane qui n'était pas prête. Ça risquait d'être récupéré par les insurgés et on nous a demandé d'y aller. Il y avait une forte densité de population. On a été pris au contact tous les jours. Ça a été la phase la plus tendue dans les relations avec mes chefs. Ils ne m'avaient pas vu depuis trois semaines, on faisait le compte rendu à la radio, personne ne venait voir ce qui se passait. On ne se lavait plus, on avait des difficultés pour tout... À la radio, on m'avertit que des talibans sont en train de monter un check point. Je reçois l'ordre d'aller y faire une reconnaissance offensive. J'étais à cinq kilomètres de mon seul élément de manœuvre, la section de l'adjudant. J'étais obligé de donner tous mes ordres à la radio sans jamais voir les protagonistes. J'ai mis un point d'appui ici avec ce qui me restait sur le poste. Je suis sorti avec mes trois pauvres véhicules, un groupe de combat et

1. MSR : Main Supply Road Vermont, axe logistique majeur reliant la base de Bagram au nord de Kaboul à la vallée de la Kapisa à l'est.

je leur ai demandé a de descendre reconnaître la zone et les compounds. En fait, il n'y avait rien à l'origine. L'incident, c'est nous qui l'avons créé en arrivant. Les gars se sont fait immédiatement tirer dessus.

Dahhaoui

Quand on arrive, une voiture rouge vient se mettre en plein milieu de la route et là, tirée de la zone verte, une roquette. Coup de bol, il n'y a pas eu but. On accélère. La voiture est là pour nous bloquer la route. On arrive à fond, à fond, sur l'objectif. Les gars de l'élément d'assaut montent directement sur le compound où, paraît-il, il y avait des insurgés. Personne. Quand l'élément de couverture se met contre le muret, ils se sont fait rafaler, à très courte distance. Ça a duré vingt minutes, ils pouvaient pas bouger.

Laurent

Et puis, là, il y a des mecs qui sont venus sur le toit, là où il y avait les mosquées...

Nounou

J'étais en appui avec mon tireur, je tirais pas. C'était le PGM[1] qui tirait, moi, j'ai le HK 417 à plus courte distance. Il y avait un bâtiment, un gros bosquet qui masquait tout le bâtiment et tout à coup je vois un taliban qui arrive en rampant avec un long fusil. Il se met au bout du bâtiment, regarde ce qui se passe. C'était difficile de le repérer, à cause de la végétation. On était à sept cent vingt mètres. Le temps que j'explique à mon tireur où c'était, je vois le mec repartir. J'étais dégoûté, on l'avait bien repéré avec son fusil. Et comme un naze,

---

1. Fusil de très grande précision.

il revient une deuxième fois au même endroit. À ce moment-là, mon tireur a capté le bâtiment, il aperçoit le gars en train de tirer. On a mis une cartouche d'explosif incendiaire. On l'a pulvérisé en une cartouche, on l'a vu sauter. J'étais aux optiques, il a décollé à un mètre cinquante du mur !

Laurent

Ça a duré une heure maximum mais là encore, ce jour-là, on a malgré tout réussi à faire du bilan. À la fin de la phase de combat, les civils ont commencé à revenir. Au début, on pouvait pas savoir si c'était des gentils ou des méchants, Dahhaoui avait son dispositif avec un VAB qui dépassait légèrement du compound.

Dahhaoui

J'avais dit à mon chef de groupe : « Aucun véhicule civil n'entre dans la zone de combat. » Et là, une voiture civile arrive. Le caporal-chef fait un tir de sommation, la voiture accélère. On se dit : c'est une voiture kamikaze ! Il refait un tir de sommation. La voiture accélère toujours. Alors il tire. Une cartouche. La voiture stoppe. On voit sortir un homme qui lève la main et puis une vieille dame blessée. Ils étaient quatre dans la voiture. Il y a eu un blessé et deux morts, deux malheureux civils. Pourquoi ils avaient accéléré ? On ne sait pas, la panique, si ça se trouve, ils ne connaissaient pas la zone. Quand la vieille femme est arrivée dans le compound, on l'a soignée. Je peux vous assurer qu'un soldat français qui aurait été blessé, il aurait crié mais elle, rien, pas un bruit.

Laurent

Ces deux mois-là, le sous-groupement a été très engagé. Même au repos, il y avait une tension nerveuse, permanente. Il se passait rien, tranquille et puis, pam, ça tapait contre le muret, c'était reparti. Cette journée du 7 août, c'était un dimanche, a ouvert une semaine pénible. Quatre jours plus tard, un VAB d'Onyx pète en pleine nuit sur un IED. C'était un VAB génie plein d'explosifs. Le VAB a cramé pendant des heures. À cinq kilomètres, on voyait le point incandescent. Deux types sont morts brûlés vifs, cramés à 80 %.

Nounou

Il y en a un que j'ai revu, il avait pas d'oreilles, elles avaient fondu. Il a repris le boulot, je lui ai demandé si ça allait, il m'a dit : « Oui ça va, je suis content, j'ai repris le taf. »

Laurent

Là-dessus, on repart en mission le 14. C'est encore sur une mission où on est partis un peu vite. Une mission avec l'armée nationale afghane. On avait reçu mission d'interdire un secteur de trois kilomètres de front. L'officier afghan m'avait dit qu'il sentait pas trop la manip. On y va le matin, on s'installe. Je laisse sur place la section du lieutenant Levrel. Les Afghans ne trouvent rien et repartent. Nous, on commence à se faire tirer dessus, au coup par coup, un peu à la Kalach. Je suis les tirs à la radio.

Dahhaoui

À un moment de cette opération, je vois une femme se diriger vers le poste de combat. Je me dis : si c'est une gonzesse qui a oublié son gamin, on va pas lui tirer dessus ! La femme avait une robe, une robe très large avec un voile sur la tête. Elle entre dans un compound et ressort avec un gros fardeau sur le dos. Putain ! Faut lui tirer dessus ! C'est un mec déguisé en femme qui est allé récupérer sa mitrailleuse ! Si ça se trouve, c'est lui qui nous a tiré dessus ! Mais merde, si c'est bien une gonzesse ? Je lui ai pas tiré dessus, mais je m'en suis voulu. Le mec, on l'a finalement intercepté. On l'a pas tué, on l'a laissé repartir après. On est quand même des soldats français.

Laurent

À un moment je n'entends plus la voix de Levrel. C'est une autre voix qui fait le compte rendu : « Un homme à terre ! » Je sentais que dans la voix ça n'allait pas. « Précise ? » Colasseau reprend : « C'est 40[1] ! 40 autorité ! » Mon adjoint n'était pas loin. Je lui demande d'aller voir sur place. Il me confirme à la radio : « C'est 40, Delta Charlie Delta ! » Code 40, ça a calmé tout le monde. On savait que c'était le chef de section, le lieutenant Levrel. En face, il y avait deux tireurs de précision qui tiraient sur notre poste. Le lieutenant Levrel est monté sur le toit pour voir d'où ça venait. En passant la tête, il a pris une balle, une seule. Une balle dans la tête. Le chef de corps me demande : « Qu'est-ce que tu veux faire ? – Je vais reconnaître le compound, je vais venir les buter. » Je les ai arrosés au canon de 20. *A priori* il restait plus rien dedans. On a tiré dans le compound d'où venaient les coups, on n'a pas arrosé n'importe où. C'est peut-être l'opération où on a le moins tiré. On est restés des soldats professionnels.

---

1. Le code 40 désigne le chef de section.

Dahhaoui

Le lieutenant Levrel avait ramené les plus jeunes à la compagnie. Il les avait formés. C'était un mec invincible à leurs yeux. C'était leur première Opex, ils arrivaient à peine à une année de service. Ça les a scotchés sur place. Ils étaient décomposés. Ils se sont rendu compte que c'était pas un jeu vidéo.

Laurent

Le soir, je vous passe l'ambiance. J'ai fait une cérémonie en interne, entre nous, pour essayer d'exorciser un peu ça et puis, avec le padre[1], on a fait une veillée. À aucun moment on a eu envie de se venger sur la population. Je savais que ça ne déborderait pas, parce qu'on a bien fait la différence entre les combattants et la population civile, même si elle est imbriquée. Le mec qu'on avait arrêté, on n'avait aucune certitude. On l'a laissé repartir. Quel que soit le moment du mandat, la riposte a toujours été proportionnée. Simplement on avait envie d'y retourner parce qu'on ne voulait pas rester là-dessus.

Dahhaoui

À la fin du mois d'août, on était en poste en Uzbeen, on s'était fait déposer en montagne. Tout se passait bien, on observait le vent, on se faisait même chier…

Laurent

C'était la dernière partie de la mission, on devait se désengager à 16 heures ou 17 heures. J'étais à

1. L'aumônier.

2 200 mètres et eux ils étaient à 2 500, 2 600 mètres. Le chef de corps était avec moi. Il y avait des Afghans avec leurs chèvres qui nous observaient. Ils étaient vraiment très près.

Dahhaoui

Et puis, vers 13 heures, en un claquement de doigts, on a pris la foudre. On s'est fait rafaler, pffft ! Découper de chez découper, rafale sur rafale !

Nounou

Il y avait Villard, un petit jeune. Son chef de groupe lui dit : « Va chercher un missile pour approvisionner le Milan. » Villard prend le missile, se retourne et prend une balle dans la gorge. Il avait un méchant trou. Je voyais ses nerfs, sa gorge, la totale. Il a eu de la chance parce que c'est passé sous la frag, sous son gilet pare-balles. Il a été brûlé tout le long de l'épaule. C'est entré ici et c'est ressorti là. C'était une 7,62 quand même, une grosse bastos. Je sais même pas comment ça a pas touché quelque chose d'important. Il y avait du sang et tout, j'ai cru qu'il allait y passer.

Laurent

J'envoie le médecin là-haut. On avait été posés de nuit par le Chinook[1], mais là on était à pied. Ce sont les Américains qui sont venus chercher Villard. Un truc extraordinaire. Un Blackhawk[2] est venu, en stationnaire, au-dessus de la section sous le feu, et là, descendant au bout du treuil, une toute petite blonde, haute comme ça !

1. Gros hélicoptère de transport américain à deux rotors.
2. Hélicoptère de transport.

La toutoune parlait à toute vitesse en anglais. On pigeait rien. Villard était allongé, on lui tenait le pansement. On le couvrait à cause de la poussière. L'infirmière américaine voulait qu'on l'attache. Elle l'a remonté au treuil et l'a évacué. Une demi-heure après, on a eu le compte rendu, Villard était sorti d'affaire. Soulagement.

Nounou

En fin de compte, il allait bien, il a été drogué à mort. Il a eu une chance monstrueuse. C'était sa première Opex, il avait vingt-trois ans, onze mois de service. Suite à ça, il a arrêté, il est juste revenu pour la passation du capitaine. Il s'est pointé en civil, mais il avait beaucoup changé. Avant, c'était un bon vivant, il rigolait et tout, et là il était vraiment froid, on a eu du mal à le débrider...

Laurent

On a senti que Villard, c'était la perte de trop pour la brigade. Le général Maurin était en bas, à Uzbeen, et on a eu pour nous tous les renforts aériens, trois F 16, deux patrouilles d'hélicos. Les insurgés montaient. La montagne est verdoyante, pleine de buissons, ils s'embusquaient comme ils voulaient. Ils avaient aménagé des postes de combat dans des grottes quasiment invisibles dans lesquelles ils étaient deux ou trois, avec leur RPK[1] ou leur PKM, à six cents, sept cents mètres de nous. D'autres montaient du Metharlam, sur la ligne de crête pour nous faire la peau. La section était prise sur plusieurs côtés. Là, on a été obligés de tirer. Un F16 lâche une bombe guidée laser, le drone un missile Hellfire. Les Tigres balancent des grenades en rase-mottes. On

1. Fusil mitrailleur Kalachnikov.

tire au Milan, un grand champ de tir, hallucinant ! On les démonte bien. La bombe guidée laser et le drone, ça a calmé leurs ardeurs... On pensait que c'était terminé, en face les mecs avaient ramassé. Les hélicos tournaient, on était tranquilles. On soufflait. J'avais donné l'ordre de désengagement. J'attendais les hélicos américains pour faire redescendre les gars dans la vallée. On était dans les nuages, et là, le temps se dégrade, on entend le tonnerre. Je me revois, sous un arbre avec mon casque. La journée il avait fait chaud et maintenant, le nuage reste coincé sur nous. On a pris la grêle ! des grêlons comme ça ! Le lendemain, on avait des bleus partout. À la radio, on m'annonce que les hélicos n'allaient pas venir. Le froid tombait. Il y avait eu une phase de combat éprouvante, on avait creusé nos trous pour se protéger. On était trempés, fatigués. Il fallait faire redescendre ma section à pied. Toute la nuit on attend les hélicos. Le jour se lève. La vallée d'Uzbeen est toute blanche. C'est clair, personne ne viendra nous chercher. Ça dure une journée complète, la grêle fond. Le lendemain, je fais redescendre les gens. Il était 7 heures du matin et un mec fait une crise de coliques néphrétiques, il pouvait pas descendre. Il hurlait. Nouveau message aux Américains. Évacuation du gazier et, là, des mecs reviennent nous chercher noise.

Au fur et à mesure qu'on descend, les autres montent pour nous tirer dans le dos et prendre nos positions. Ça a duré longtemps. C'était atroce, on s'est tapé deux journées de plus que prévu, on n'avait plus trop de flotte, la bouffe on n'avait plus rien. On était chargés parce qu'on avait emmené les 12,7 avec les cartouches. On a dû passer sur une arête rocheuse large comme la table, on en avait vraiment plein le dos. Quatre à cinq heures dans la rocaille en se faisant tirer dessus. On est arrivés en bas vers 12 heures, il faisait une chaleur à crever. Physiquement ça a été vraiment, vraiment dur. Ça a été la dernière grosse manip. On est rentrés en décembre. Je pense que nous avons été en Afghanistan au moment le plus difficile et dans les conditions les plus difficiles. Quelles que soient les situations de stress, de fatigue, les réflexes ont marché. On a gardé le contrôle en permanence. Quand on intervenait, c'était pas une bande qu'on lâche comme ça. Quand on rentrait dans la zone verte, il y avait des objectifs précis, il fallait repousser les insurgés. Et durant tout le mandat, j'ai été impressionné par la qualité des soldats, leur capacité de résistance, de résilience parce que, même quand ça allait mal, ils repartaient. En plus ils étaient rustiques, ils pouvaient passer une nuit, une semaine complète sans se doucher, à dormir dehors. Je me rappelle Bultel ou le petit Devaux, c'était des gamins. Au bout de quelques semaines, ils me regardaient, j'avais l'impression d'être leur grand frère. Il y avait beaucoup de jeunes dans la compagnie, des mecs de dix-neuf, vingt ans, ils ont tenu le coup. Ils ont tout connu d'un coup, l'éloignement, le boulot H 24, le combat.

Dahhaoui

Jusqu'au plus jeune des soldats qui connaissait les ordres, les objectifs. Il y avait des phases de combat très dur et tout se faisait au regard. On se regardait, on avait les yeux qui brillaient. J'avais confiance dans tout le monde et eux ils avaient confiance en tout le monde. C'était impressionnant, le regard qu'ils avaient, c'était… Il y avait vraiment de la complicité, même avec le capitaine, on buvait le café ensemble, on parlait de tout et de rien. Il n'y a jamais eu de barrière, moi je suis tout en haut et toi tout en bas. On a fait notre boulot en professionnels, sans animosité particulière. On n'est pas des guerriers, on ne cherche pas à faire du bilan pour faire du bilan. Si ma mission est d'aller d'un point A à un point B, je m'engage sur l'itinéraire, je suis pris à partie sur cet itinéraire, je vais pas monter à l'assaut, sur l'ennemi. Je vais aller à mon point B. Si j'ai pas de blessés, pas de véhicule touché, je vais pas faire de la destruction systématique. Dans les médias, ils ne parlaient de l'Afghanistan que s'il y avait un mort. C'était rare les reportages sur les troupes en Afghanistan qui faisaient leur travail. L'Afghanistan, on n'y allait pas en superhéros, on savait très bien qu'en six mois on n'allait pas tout résoudre, on était conscients qu'on n'allait pas tout régler avec les armes, mais on est carrément très fiers parce qu'il y a eu des résultats sur le terrain. Quand nous on est partis, la Surobi était rétrocédée, la zone sud était relativement pacifiée, des écoles ont été rouvertes. Maintenant, est-ce que ça va durer ?

Nounou

Personnellement je pense que notre action n'a pas servi à grand-chose parce que, au final, on est repartis. On n'avait pas fini ce qu'on avait commencé. Pour moi, la France a laissé quelque chose en cours de route. D'ici quelques années, ça reviendra exactement à ce qui était avant qu'on y aille.

Laurent

Ce qui est sûr, c'est que pendant notre mandat, certains réseaux djihadistes des vallées ont été démantelés, les chefs ont été tués ou capturés. La rébellion a subi des coups qui l'ont marquée durablement. Il y a eu d'autres actions dans les vallées, l'action des forces spéciales sur des cibles particulières, la libération de journalistes, des avancées concrètes.

Nounou

Au retour, en décembre, il y a eu le sas de décompression à Chypre. On arrive là-bas, on comprend pas trop que c'est fini. Bon, c'est un peu la fête, grand hôtel quatre étoiles, tenues de sport, apéro le soir, cigares, bermuda... (Rire.) Après, dans le bus pour l'aéroport, on s'est retrouvés avec Goetorbe. On s'est regardés, il y avait pas un bruit et franchement on était à deux doigts de chialer. On s'est dit : ça y est, c'est fini, on rentre à la maison. Rien que d'en parler on était dégoûtés. À peine rentrés, on nous a demandé s'il y avait des volontaires pour repartir. J'ai dit oui. Ma femme, elle a pété un câble quand elle a su que j'avais envie d'y retourner.

Dahhaoui

La cohésion, tout ça... On serait juste restés un mois en France, on y serait retournés. Je sais que les soldats que j'avais dans ma section, ils m'auraient suivi direct.

Laurent

On savait qu'on allait vivre quelque chose d'extraordinaire mais, quand on est rentrés, on s'est dit : c'est encore plus fort. Le retour n'a pas été simple. Les six mois d'Opex, je les ai vécus dans une bulle, je n'ai quasiment pas envoyé de courrier. Je ne suis pas passé par Chypre parce qu'il fallait que je prépare la passation de commandement. Je suis rentré directement en France. Comme le dit Nounou, on m'aurait demandé de rester six mois de plus, je serais resté. Il y avait le fait de quitter les mecs parce que ça crée des liens. Et puis j'ai été muté, j'ai quitté le régiment, il a fallu que je gère mon déménagement, ça a été difficile, vraiment. Je n'arrivais pas à me remettre dans le rythme.

Dahhaoui

Moi, j'étais comme le capitaine, j'avais ma bulle. La famille, c'était la compagnie. On vivait ensemble. Ça se passait superbien. Pour pas inquiéter ceux qui étaient en France, je leur disais que je n'étais pas au contact. J'étais célibataire à cette époque. Je pensais surtout à ma mère. S'il m'arrivait un truc... Je n'en avais parlé qu'à mon père et à un ami. Ma mère, je lui ai toujours pas dit. Avant de partir, mon frère m'avait dit : « Putain ! Dahhaoui, je comprends pas ? Tu voulais pas te marier ? » Je lui ai expliqué que j'arrivais à un moment de ma carrière où j'avais ce que je voulais, une section de combat. Je voulais en faire un bon outil. L'Afghanistan, c'était un peu comme ma coupe du monde. Mon objectif, c'était de ramener tout le monde en France en sachant que je pouvais en perdre un. J'ai deux épouses qui sont venues me dire : « Vous me le ramenez vivant ! » Et il y en a une autre que j'ai croisée, la femme de Meyer, elle était enceinte, elle aussi me dit : « Vous me le ramenez vivant ! Il y a moi qui l'attends et puis il y a le bébé. » Ça vous met une certaine pression.

Nounou

Pendant les contacts, la famille, on oublie tout ça. C'est quand on est en stand by qu'on y repense. Ça m'est arrivé après une dure journée de penser à ma femme et à mes deux filles. Moi qui aime pas les messages, j'avais fait un compte Facebook parce que c'était plus rapide pour communiquer. Je n'étais pas obligé d'être au téléphone. Tout le monde était sur Facebook. Au téléphone, j'appelais juste pour dire que je ne serais pas joignable pour pas qu'elle s'inquiète. Quand on était au camp, j'essayais de donner des nouvelles tous les jours, une fois par jour j'appelais : oui, t'inquiète, tout va bien, je suis là. De toute façon, on avait pas le droit de parler des missions, de parler des horaires de départ. Dès qu'il y avait un blessé ou un mort ou une grosse OP, ils coupaient tout, pour éviter que les familles soient prévenues avant que les autorités militaires fassent leur travail. La famille, c'était la section. On est partis avec des gens qu'on connaissait peu, beaucoup de petits jeunes qui sont devenus mes potes. On est devenus des frères d'armes. Personne peut comprendre cela avant de l'avoir vécu. Quand on rentre à la maison, ça manque. Au début, le retour au civil, c'est pfftt ! C'est dur ! L'Afghanistan, j'en ai pas parlé à ma femme. Ma femme est militaire, donc elle se doute un peu. J'ai parlé avec mon père, avec mes frères, ma mère, je l'ai pas inquiétée. Je crois que les gens peuvent pas nous comprendre. Après, ce qu'on a fait, le vécu, est-ce qu'on a tué des gens et tout, on a pas spécialement envie d'en parler non plus. C'est la question que tout le monde a envie de poser mais que personne pose et on est bien contents de ne pas y répondre.

Ma femme, je sais qu'elle a pas arrêté de me dire : « T'as changé, t'es vachement renfermé, t'es agressif. » Je m'en rendais pas compte. Même ma mère m'a dit : « T'es vachement froid, tendu tout le temps… » Forcément que ça doit être vrai. On se réveille parce qu'on croit qu'on y est encore, on est toujours sur le qui-vive. Deux ou trois fois je me suis réveillé, je savais plus trop où j'étais.

Laurent

Quand je suis rentré, ça a duré quelques mois mais, quand j'entendais un bruit, une porte qui claque, tout de suite, réflexe, on cherche son casque, sa frag, son flingue.

Dahhaoui

Moi, c'est à l'été 2012, un an après, je faisais des cauchemars. Je me voyais en zone verte, tout seul. C'était une période qui était très intense et c'est vrai que tous les soirs je rêvais que j'étais en zone verte, tout seul.

Laurent

C'est marrant ce que vous dites, parce que moi, il y a pas si longtemps, il va y avoir deux mois, j'ai rêvé qu'on était en zone verte de nuit, tout le sous-groupement. J'étais avec vous, adjudant, je ne sais pas pourquoi à un moment, je me suis barré tout seul, personne m'a vu et je me suis fait prendre à partie... Bon, après je me suis réveillé.

Fort neuf de Vincennes, 8 octobre 2013

Embuscades

Cristian trente-sept ans, adjudant-chef, 2ᵉ REP

Je me souviens de deux contacts en Afghanistan. J'étais chef de binôme. On progressait entre des murs, à cinquante mètres de l'ennemi. L'ennemi, il avait la PKM, une mitrailleuse très puissante. Mon binôme avance. Lui, il faisait partie de la police yougoslave, avant, très sport et tout ça. Je lui dis : « Fais attention, s'il y a un contact vers l'avant, tu te couches par terre, moi je reste debout et on tire tous les deux dans la même direction… – C'est bon, très bien. » On progresse dans le couloir. Aucun problème. Tout à coup : bam, bam, bam ! ça cartonne devant. Moi, je suis derrière, je peux pas engager le combat ! Mon binôme recule et tire, je vois une porte ici, qu'est-ce que je fais ? Boum ! Je tire de l'intérieur. J'entre dans la maison. À l'intérieur, des enfants ! Une famille qui crie. Ah ! il y a un vieux là-bas… Il va venir me couper la gorge par-derrière. Le vieux me dit : « Moi et les enfants là-bas, vas-y, pas de problème. – Taliban ou pas taliban ? – Non. – Armement ? – Non. » La femme me dit de fermer la porte. C'est bon. Mais là, je vois au fond de la maison une arme, posée sur le mur, une arme à air comprimé. En me la mettant dans le dos, ils vont me tuer ! Je crie au vieux : « Tu m'avais dit PAS D'ARME ! » Mon binôme me dit : « Tire avant, dans la gueule ! » La maison, elle était tellement jolie ! Propre, tapis iraniens, beaux à voir ! Je me dis, on va pas rentrer comme ça avec de la boue sur les rangers. Je me mets à quatre pattes, je récupère l'arme, je reviens en arrière. Mon binôme me dit : « Qu'est-ce que tu fais à quatre pattes ? » C'est ça, les actions qu'il faut gérer, le combat et en même temps l'appui, la famille, pas leur faire peur.

C'est pour ça qu'il faut pas de stress qui te mette dans une situation difficile. Il faut pas qu'il sorte avec une hache, te mette sur la gueule et c'est fini. Ou si tu te retournes d'un coup, une rafale et tout le monde y passe, paf ! Tu peux dire que c'est les talibans, mais c'est pas… La politique, c'était pas tirer n'importe où et faire n'importe quoi. Quand on a eu le contact, c'est pas nous qui avons tiré, c'est les talibans qui ont tiré. En fin de compte, ça a tout changé. C'est comme ça que vous gagnez petit à petit une population… Là-bas, les villages, si vous voyez comme ils sont entretenus ! À 4 heures du matin, l'Afghan travaille la terre, parce que la nuit, y a de la flotte, il fait des économies d'eau. Le matin, quand on arrivait avec les chars pour rentrer dans le village, l'Afghan, lui, il venait boire le thé. Il arrivait tranquille. Sa femme le sert. Moi je les observe, il attend, sa femme, elle taille la route, l'enfant aussi. Il prend sa Kalach et moi je sais que je vais aller combattre.

L'autre fois, c'est une nuit, on est partis du camp de l'ANA vers 2 heures du matin. On s'infiltre, on se met en place. Les talibans avaient été informés. Ils avaient envoyé des enfants avec des téléphones à la main, qui marchaient dans les jardins comme s'ils cherchaient quelque chose. On était deux groupes commandos, à cent mètres de distance. Il y avait beaucoup de jardins, des canaux, des murs. C'était très cloisonné. Les écoutes nous préviennent, ils ont détecté une de nos positions. On se camoufle, mais ils ont trouvé l'autre équipe et boum, un blessé. Il faut les renforcer ou les extraire de la zone. J'étais binôme de tête. Je dis : « On n'emprunte pas les canaux, les chemins, ils les connaissent très bien. On casse les murs l'un après l'autre et on arrive plus vite sur la position des amis. » Tous les commandos se mettent en place et moi, je commence à casser les murs. Il y avait un scorpion contre le mur, hop, il me pique, je le vois, je l'écrase. Le médecin qui était avec nous me dit : « Je peux pas faire grand-chose pour vous, mais attendez-vous à ce que votre main se paralyse d'ici un certain temps. » On continue. On casse les murs, on arrive, on sécurise l'arrière de l'autre équipe. La pluie commence à tomber. On met l'appui en place. Les types en face arrivent, mais on peut pas tirer parce que les talibans ont récupéré les enfants. Les mecs commencent à extraire le blessé. Adrénaline ! Ça tire. Bam, une rafale percute encore un type. Fémur cassé, l'autre pied a les nerfs tranchés net. Le mec reste sur place. Il est isolé dans le canal, il jette des fumigènes, mais on ne peut pas le situer. Deuxième blessé grave. On casse encore des murs. Au bout de deux heures de combat, les blessés sont évacués. Ma main commence à se paralyser, je retourne voir le médecin, on discute et tout d'un coup, pouf, court-circuit, c'est fini. On me transporte à l'hôpital de Kaya, à Kaboul, et puis après, coma. Je me réveille trois ou quatre jours plus tard. Je ne me rappelle plus rien, je ne reconnais personne. Les gens, je commence à les engueuler, à les battre. On m'attache. Ma femme entre dans ma chambre. Je lui dis : « Qu'est-ce que tu fais ici à Kaboul ? » Elle me dit : « Tu es à Calvi, on t'a rapatrié... » Ça, c'était en 2010. Si j'avais pas eu le scorpion, peut-être j'aurais eu une balle dans la tête. C'est mieux comme ça, je suis toujours vivant.

Centre de recrutement de Versailles, 9 juillet 2013

Tatarel, suicide bomber, 30 mars 2011

Étienne, vingt-sept ans, sergent, infanterie de montagne

La première fois qu'on avait été à Tatarel, la date je ne pourrais plus la donner, fin 2010, début 2011. Les sections s'infiltraient dans le village pour prendre du renseignement sur les talibans qui pouvaient se trouver là. Tatarel, c'est un village à trois kilomètres de Tagab dans la Kapisa, de l'autre côté du wadi, un endroit où il y avait toujours des risques d'IED.

Quand on arrivait dans un village, on faisait la différence entre les habitants et les talibans qui se glissaient parmi eux. Maintenant on peut jamais savoir qui était taliban ou pas : ils sont tous habillés pareil, ils ont tous une barbe. Quand on croisait des mecs en patrouillant dans le village, on était vigilants, mais on les mettait pas tous dans le même sac. Une fois arrivés, on se mettait en place autour du véhicule. Moi j'étais sergent radio-tireur, servant de l'arme de bord. C'était ma première Opex, j'avais vingt-quatre ans. L'adjudant répartissait les secteurs d'observation et de tir. Une fois la section débarquée, on observait au plus près et au plus loin avec des jumelles.

Ça a pas mis longtemps avant qu'on se fasse tirer dessus. Les talibans étaient dans le village, dans les maisons, dans les jardins et ils ont pris à partie les sections. Heureusement ils savaient pas trop tirer ! Combien ils étaient, je sais pas. Un bonhomme suffit à fixer une section. Quand on détectait un personnel armé, à la radio, on disait PID, positive identification. On rendait compte à notre chef de groupe qui faisait ensuite remonter par la voie hiérarchique jusqu'au commandant d'unité. Ensuite, c'est lui qui donnait l'accord après avoir reçu ou non du commandement l'autorisation de faire feu. Une fois qu'on avait l'accord, là on pouvait envoyer. Parfois c'était trop long et le mec se barrait, si bien qu'à la fin on n'était plus obligés de demander. Si on avait une identification positive, on avait l'autorisation de faire feu avec les armes légères, les armes de bord. En général, donc, on tirait, sans savoir le résultat. La 12,7 c'est pas une arme légère, mais on pouvait quand même tirer. Ça a une grosse capacité de feu, on peut taper facilement entre mille deux cents et mille six cents mètres. L'idée, c'était de faire but, c'est tout. Moi, ça m'est arrivé de tirer. Après, est-ce que j'en ai touché ? Je ne sais pas parce qu'ils sont souvent entre des murs, dans la végétation et j'étais assez loin. Dès que l'hélico, le Tigre, est arrivé, les talibans se sont pris une branlée. Il faisait des passe-canon de 30 mm sur la montagne, juste à côté de mon groupe et prrr prrr ça tirait, ça tirait, c'était assez impressionnant.

Dans le VAB, en permanence, il y a le pilote et le radio-tireur. Le pilote reste là au cas où on doive manœuvrer pour aller chercher la section ou s'exfiltrer rapidement. Des fois, on reste plus de vingt-quatre heures en position. On tourne, on attend. On est deux à l'avant, le pilote et moi. À l'arrière, ils sont six : le chef de groupe, deux tireurs, deux pourvoyeurs, un tireur de précision. Mais on peut être huit ou neuf à l'arrière. Quand il y a le maître-chien, il y a le chien aussi, avec cinq ou six missiles Milan, plus les moyens de transmission, plus les munitions. C'est bien serré. C'est pas climatisé, en hiver il fait froid, en été, très chaud, mais c'est un très bon matériel, c'est surblindé.

En février, on a eu le mort. C'était un caporal. J'avais fait ma formation hiver avec lui en arrivant au bataillon. J'étais première classe à l'époque. Il a pris un tir de roquette en rentrant d'un ravitaillement. On a eu pas mal de blessés par balle ou par éclat de lance-roquette. Pendant les six mois de mandat on a fait en gros entre soixante-dix et quatre-vingts missions, des opérations d'infiltration en vallée. On a estimé à plus de quatre-vingt-dix talibans tués en face, de notre fait. Dans la vallée de Tagab, on n'était que des Français, mais il y avait aussi quelques Américains et l'armée nationale afghane.

L'événement dont je vais parler se passe le 30 mars 2011. On était aux abords de l'école de Tatarel. On était arrivés vers 3 heures du mat'. On se mettait toujours en place de nuit. La végétation avait poussé et il commençait à faire beau. C'était pour pas qu'on se fasse taper de jour. Il faisait déjà chaud. Avant de descendre, il y en a toujours un qui se penche dans le vide par la porte arrière pour vérifier qu'il n'y a rien sous les roues. Après, on fait le 5-25. Trois gars descendent et font le tour du VAB dans un rayon de cinq mètres pour voir s'il n'y a pas d'IED, de truc piégé. Une fois que c'est fait, on élargit à vingt-cinq mètres. Autour de l'école, on était trois ou quatre VAB en bordure de route, en quinconce : mon véhicule à droite de la route, un autre devant moi à gauche et encore un autre à gauche derrière moi, sur environ une vingtaine de mètres. On avait déployé dans le village l'équivalent d'une compagnie, cent cinquante hommes à peu près. On avait aussi avec nous un peloton de cavalerie blindée. La matinée passe, midi, 13 heures, et tout à coup il se met à bien pleuvoir. J'étais à l'intérieur du VAB, et là je me rappelle avoir dit à mon pilote qui venait de rentrer cinq minutes avant : « J'aimerais pas être à la place du groupe en haut, ils doivent se prendre une rincée… » On blague un peu, je rigole. Le tourelleau qui contient l'armement était ouvert et prenait la pluie. Je me baisse pour attraper une bâche derrière moi. Au moment où je m'apprête à sortir pour protéger la tourelle, plus rien ! Plus de son, plus d'image, rien du tout ! Au début, je ne comprends pas. Je me souviens du feu dans l'habitacle, j'ai les oreilles qui sifflent, des brûlures. Sans savoir comment, je me retrouve à l'arrière, dans les bras de l'adjudant-chef, complètement sonné. Il me dit : ça va, fils ? Lui aussi est sonné. La déflagration a fait imploser les hublots, il y en a un qui est passé tout près de sa tête. Mon pilote, est sorti, on ne sait pas comment. Toutes les transmissions ont sauté. Le temps de retrouver mes esprits, je fais un premier compte rendu : Attaque RPG ! Attaque RPG ! Un lance-roquette. On pense qu'on s'est fait tirer dessus, qu'on a pris une roquette de plein fouet. On sort du VAB, les équipes sanitaires nous prennent aussitôt en charge. Les tympans ont pété. J'ai les yeux qui me brûlent, des brûlures sur les mains, sur les jambes, impossible de garder les yeux ouverts. J'ai pris des éclats dedans. J'avais le casque sur la tête, pas de lunettes, j'avais enlevé la frag pour récupérer la bâche. Dehors, on voit que le VAB avec ses treize tonnes a carrément dégagé sur le bas-côté de la route et bougé d'un mètre cinquante. Le pilote n'a rien vu venir, moi non plus, les autres VAB non plus. Ce n'était pas un tir de roquette, mais une voiture qui s'était fait exploser. Une Toyota Corola blanche.

Elle était passée trois ou quatre fois sans qu'on se méfie, on pouvait pas bloquer la route. Je l'avais repérée une ou deux fois dans le dispositif, elle a fait au moins un aller-retour, il n'y avait pas beaucoup de voitures, surtout de ce côté-ci. La première fois, ils étaient trois ou quatre à l'intérieur. On nous avait dit : les gars ne se font jamais exploser à plusieurs. Ils sont toujours tout seuls. La troisième fois, il était seul. J'ai dû penser qu'il revenait du marché de Tagab. Le type s'est fait exploser à deux ou trois mètres de mon VAB, à une dizaine de mètres de celui devant. Heureusement, il nous a pas percutés parce que je pense que le résultat n'aurait pas été bien. Cent cinquante à deux cents kilos d'explosifs... Je crois qu'il voulait faire le maximum de dégâts en touchant plusieurs VAB, mais il a mal joué parce qu'il est mort avant. Il y avait un cratère sur la route, un bout d'essieu, de porte, des morceaux du bonhomme partout, une main, un pouce, un pied, un morceau de colonne vertébrale. Voilà. Le cratère faisait trente centimètres de profondeur sur un mètre de diamètre.

J'ai des photos des VAB complètement carbonisés à l'extérieur, les pneus crevés, les antennes arrachées. À Tagab, à trois kilomètres à vol d'oiseau, ils ont entendu l'explosion, ça a fait trembler le PC. La tourelle avec l'arme de bord, ça fait trois cents kilos, elle a volé à vingt mètres. Si j'avais été à mon poste en tourelle, l'explosion m'aurait coupé en deux. C'était vraiment costaud. Avant d'être rapatriés à Tagab, à l'infirmerie, on a attendu environ vingt minutes, le temps de fumer dix clopes. Je me rappelle très bien, l'adjudant-chef m'a dit : « Viens voir à quoi on a échappé. » On a regardé le cratère, on a fait le tour du VAB. « Ah, ouais quand même ! » On a vu les morceaux du gars un peu partout, en fumant des clopes. Après on rigolait avec l'adjudant-chef et le pilote, on disait : « Il nous a ratés, cet enculé. » Je ne sais pas si j'ai eu vraiment le temps de penser à quoi que ce soit. J'entendais ce que les gens disaient mais je me posais des questions, j'avais les oreilles qui sifflaient. Ça a fait comme dans *Il faut sauver le soldat Ryan*, je ne sais pas si vous vous souvenez : quand Tom Hanks, à la fin, a les oreilles qui sifflent, il ne sait pas trop où il est, tout siffle et tout revient petit à petit, eh bien, c'est exactement ça ! Ce qui nous a le plus étonnés, c'est qu'il se soit mis à pleuvoir juste avant et que la pluie se soit arrêtée juste après l'explosion. Il a plu cinq à dix minutes avant et une fois que le mec s'est fait exploser, ciel bleu ! Il s'est remis à faire beau tout de suite. S'il avait pas plu, j'aurais été au tourelleau... C'était pas l'heure, on a été protégés. Moi je le prends comme un miracle. Ça a explosé vers 14 heures, il me semble, 14 h 06, je crois même. Il n'y avait pas assez de morceaux de corps pour qu'ils soient plusieurs. Non, il était tout seul. Ce sont les Witt qui s'occupent de ça, des experts américains et français. Chaque fois qu'il y a un incident de ce type, des blessés, des tués, ils travaillent sur place, relèvent des indices. Witt, c'est un sigle mais je ne sais pas ce que ça veut dire. C'est les *Experts à Miami* en fait, mais en Afghanistan.

On a été rapatriés sur Tagab. On appréhendait le trajet parce qu'on nous avait dit le matin qu'il y avait des risques d'IED sur le pont de Tagab et sur la MSR, la Main Superior Road qui traverse la Kapisa du nord au sud et qui permet de ravitailler les forces. On était à l'arrière du VAB, volets fermés, j'étais allongé. La route était en travaux, pleine de bosses. Je me demandais pourquoi on n'avait pas pris le chemin habituel. À Tagab, dans l'infirmerie, on s'est enfin sentis en sécurité. J'ai eu une dose de morphine, mon pilote aussi. Je me plaignais des brûlures sur les mains et sur les jambes, donc deuxième dose de morphine. Ensuite on a été héliportés sur l'hôpital de KAIA. Le pilote volait en vol tactique et ça bougeait beaucoup. À l'arrivée à KAIA on a tout de suite été pris en charge par les équipes de médecins pour passer des scanners et des IRM, ensuite direction bloc opératoire pour m'enlever l'éclat dans l'œil. Je me rappelle m'être réveillé le lendemain dans une chambre avec un cache sur l'œil, complètement paniqué. Je suis où ? Je ne vois plus rien de l'œil gauche, qu'est-ce que c'est ? J'ai peur, j'ai perdu mon œil. Dans la chambre il y a d'autres blessés, d'autres nationalités que je ne connais pas, j'ai complètement paniqué. Après, j'ai demandé aux infirmières d'être mis dans la même chambre que les autres blessés de mon groupe. On était six en tout. Principalement touchés aux oreilles par le blast de l'explosion, des entorses, des fractures aussi. On est sous perfusion tout de suite pour retrouver l'audition, pour que ça cicatrise plus vite. Peu de temps après le médecin entre dans la chambre. Il me rassure, je vais récupérer. À un millimètre, me dit-il, l'éclat se figeait sous la pupille et vous perdiez l'œil... On reste le temps de faire des audiogrammes. On a un entretien rapide avec une psy. Elle nous pose des questions sans entrer dans les détails : comment allez-vous ? Qu'est-ce qui s'est passé ? Pour moi, ça n'a servi à rien. Il aurait fallu que ce soit une vraie séance ou plusieurs.

Au bout de cinq jours, on rentre en France. On arrive à Charles-de-Gaulle et là, stupéfaction, personne pour venir nous chercher. Roissy, premier contact avec la France ! Un type vient d'ouvrir sa boutique, nous on rentre. Il nous engueule : « C'est pas mécanique, faut pas passer ! » On s'est barrés en l'insultant. Le mec, j'ai eu envie de lui démonter la courge. On était six blessés et il y avait personne pour nous accueillir. Au bout de deux heures et demie, l'ambulance arrive. « C'était pas prévu, nous dit le conducteur, j'ai mon planning... » On arrive à Percy, on est pris en charge. Je suis dans une chambre avec mon pilote. L'après-midi le commandant en second du bataillon vient nous rendre visite, il a fait le déplacement de Bourg-Saint-Maurice pour nous voir. Accueil plus que froid. Avant même de nous demander comment ça va, il regarde nos tenues. On est en treillis Félin. En France, ça n'existe pas. On a des chaussures sable, beiges, pas réglementaires en métropole. Il n'a pas fait de remarque, mais ça se voyait très bien. On s'est regardés avec mon pilote, on s'est dit : « C'est quoi, ce sketch ? » Ça nous a vraiment choqués. On reste un jour pour refaire des examens plus approfondis, ensuite on rentre dans nos familles. On est le 6 avril et je suis en perm jusqu'à la fin du mois.

Maman est venue me récupérer et je suis rentré à Cherbourg où mes parents habitent. Je suis arrivé, j'ai posé mes sacs. Au bout d'une semaine, je m'achète une voiture et je pars direction Poitiers où on a habité cinq ans, pour aller voir des potes, faire la fête, me balader, me changer les idées. D'ordinaire, faut vraiment pousser pour que je devienne agressif. Je me souviens, je l'ai été en arrivant à Poitiers. On s'envoyait un verre avec des potes, j'avais commandé trois burritos. Je pose les burritos et là il y a un mec derrière qui arrive et qui prend les burritos en disant : c'est à moi. Je lui dis : si vous voulez que je vous défonce, il n'y a pas de souci. Avant, je faisais pas ce genre de chose, quelque part j'étais à bout de patience. Le gars nous a laissé les verres, mais on s'était fait traiter de fachos. Je pense que c'était un étudiant, parce que j'ai les cheveux courts et aujourd'hui quelqu'un qui a les cheveux courts, qui s'habille avec une veste en cuir, pour beaucoup c'est un facho. Là ça m'a particulièrement énervé. Le mec, je ne l'ai pas démâté, je lui ai clairement fait comprendre qu'il ne fallait pas qu'il continue…

Fin avril, re-Percy, là ils ont vu que ça allait pas trop, que les oreilles n'étaient pas cicatrisées, que les tympans s'étaient pas refermés, je voyais flou. L'arrêt de travail a été reconduit jusqu'au 23 mai. Là, je suis retourné à Bourg-Saint-Maurice pour reprendre le boulot. Justement les potes revenaient d'Afghanistan, on était contents de se revoir. Pour moi, l'Afghanistan, c'était fini. Ceux avec qui je m'entendais bien, je leur ai dit, mais les autres non. Dans le bataillon, il y en a beaucoup qui sont partis mais très peu à savoir que j'ai été blessé. Quand j'ai repris, j'ai été envoyé à l'exercice Djalalabad : c'est un exercice brigade qu'on faisait pour préparer ceux qui partaient en Afghanistan. Moi, je jouais un chef insurgé, un peu paradoxal mais ça s'est super bien passé. On devait se balader en montagne, faire semblant de poser des bombes, de faire ce qu'ils faisaient eux. On a eu l'expérience de voir comment ils agissaient, les talibans là-bas, c'est pour ça qu'ils nous avaient demandé de faire les talibans. C'était assez sympa. Les autres qui sont toujours là-bas, en Afghanistan, quand je peux me connecter à Facebook, j'ai encore quelques contacts. Ils ont fait des opérations où il y avait vraiment le moyen de se mettre sévèrement avec les talibans. Ce qu'ils ont fait d'ailleurs. Je regrette un peu de ne pas avoir fait la fin du mandat. J'ai l'impression d'être parti et de ne pas avoir fini quelque chose. Un sentiment d'inachevé.

Avec Mathieu, mon pilote, on a repris le boulot ensemble. Lui devait partir à Saint-Maixent faire ses tests, mais il a échoué. Il se voyait déjà sergent. Ça, plus l'accident... Depuis, plus de nouvelles. Je n'ai même plus son numéro de téléphone, j'ai demandé à ses potes de la section antichars où il est. « Il n'est pas là. » On s'est revus plusieurs fois après l'accident. On n'en a pas reparlé entre nous. Si je le rencontrais, je lui demanderais : comment ça va, qu'est-ce que tu deviens, où t'es, est-ce que tu as quitté l'armée ? Plein de questions. S'il veut se barrer, c'est son choix, vaut mieux qu'il parte plutôt qu'il reste et qu'il fiche rien...

Je me suis mis à picoler, pas tout seul heureusement, mais régulièrement, un peu plus. L'adjudant de ma compagnie, avec qui j'ai des liens assez forts, m'a dit à un moment : « Il faut que tu ailles voir un psy, parce que là, tu fais de la merde. » En fait, je faisais pas mal de cauchemars, pas toutes les nuits mais fréquemment, toujours le même. Je rêvais tout le temps que je me faisais attaquer par des bestioles et je me réveillais en sueur en balançant ma couette et en me levant, en allumant la lumière pour regarder dans mon lit. Pendant presque un an j'ai refait l'événement, très souvent. Je rejoue le film, plus de nuit, quand on a fini le boulot. Ce qui revient c'est le flash lumineux, les oreilles qui sifflent. Tout blanc, le sifflement. Je pense que ça fait partie de moi, je vais me le trimballer toujours, je domine. Je suis très sensible au bruit, surtout dans un brouhaha, quand tout le monde discute, là ça me fait siffler les oreilles, je n'entends rien de ce qu'on me dit. Il y a certains sons, aussi, qui me font siffler les oreilles.

Le psy, j'ai finalement été le voir, il y a deux mois. Il n'était pas bête quand même, comme bonhomme. Il m'a expliqué que j'avais eu des brûlures et c'était peut-être justement ça à quoi je rêvais, ces bêtes qui m'attaquaient. Il me parle de tout. « Concrètement, si vous aviez été en tourelle, qu'est-ce qui se serait passé ? » J'ai dit : « Je ne serais plus là. – Comment ça ? Vous seriez mort ? – Oui, je serais mort. » Mais moi je disais : « Je ne serais plus là. » C'est lui qui m'a dit : « Vous seriez mort tout simplement, pourquoi ne pas le dire ? »

Il m'a fait du bien. Je suis devenu plus calme et plus raisonné, plus patient. Je touche une pension, mais il faut que je refasse des papiers pour demander que ce soit rééchelonné. Il y a pas de suivi, il y a rien. J'ai eu la médaille des blessés, qu'on n'a pas eu le droit de porter pendant un moment parce que c'était pas inscrit à l'ordre de la chancellerie de la Légion d'honneur. Quand j'ai vu qu'il y en a qui la portaient, je me suis dit : pourquoi je la porterais pas ? Il y en a qui ont la tête blessée, qui ont eu la valeur militaire, qui ont été blessés peut-être plus léger pour une entorse ou ce genre de truc, et qui l'ont eue, moi pas. J'ai demandé au père d'un pote de se renseigner et la réponse que j'ai eue c'est que cette journée, le 30 mars, n'est pas inscrite dans le JDO[1] du bataillon. Parce qu'il y aurait une faute du commandement et que les VAB n'avaient rien à faire là. Au sein de la section on s'entendait très bien, mais il y avait une ambiance pourrie parce que le chef de section et son adjoint ne pouvaient pas se supporter. Ils se tiraient dans les pattes, ils essayaient de pas trop le montrer, mais ça se voyait. Forcément ça se répercutait après sur les chefs de groupe et ça se passait pas très bien. Alors, est-ce que les VAB n'auraient pas dû stationner comme ça ? Je ne sais pas. C'était la première fois qu'on était en bordure de route. En tout cas, moi, je regrette de pas avoir tiré sur cette voiture. Il paraît que cette journée n'existe pas, ce que je trouve quand même un peu louche. Pas de trace du dossier, rien. C'est quand même bizarre que les dossiers soient perdus.

Si je repars, cette fois ce sera en tant que chef de groupe. Peut-être en Calédo ? En Guyane ? Ça peut être n'importe où. La mission ne sera pas la même. Et de toute façon, ça ne prendra pas le pas sur mes émotions. Mais le top serait que je réussisse le concours de l'EMIA[2]. Je viens de le passer. Si je suis pris, je fais deux ans aux écoles de Saint-Cyr-Coëtquidan et je sors lieutenant. Je pense que je prendrai les paras si jamais je peux. Le psy ? En principe, il faudrait que je le revoie. Je pense que c'est nécessaire, parce qu'une séance, c'est pas suffisant même si ça m'a fait beaucoup de bien. Clairement

1. JDO : Journal des opérations.
2. EMIA : École militaire interarmes, formant après concours les officiers issus du corps des sous-officiers.

je n'ai pas tourné la page, j'attends toujours, mais ça, il va bien falloir que je la tourne. J'en ai besoin. Je pense que reparler, ce ne sera pas du luxe.

Camp des Loges, 24 janvier 2014

KAIA, Kaboul International Airport Hospital, juillet 2010

Julie, infirmière, vingt-deux ans

Je me suis engagée le 26 janvier 2006, j'avais dix-huit ans. Après avoir réussi mon concours dans l'armée de l'air, j'ai été à l'École militaire paramédicale à Toulon faire mes études d'infirmière militaire pour une durée de trois ans et demi, durant lesquels j'ai eu beaucoup de stages en milieu hospitalier, surtout dans le milieu civil, et trois ou quatre stages en base aérienne. Ma formation militaire à ce moment-là était vraiment très light, une journée par-ci par-là, deux ou trois séances de tir, une formation d'infirmière classique, mais en enceinte militaire faite par des cadres de santé militaires, qui avaient déjà eu des expériences, pour la plupart en opérations extérieures.

Après l'obtention du diplôme, en janvier 2010, je me suis portée volontaire pour partir en opération extérieure. C'était une volonté personnelle, je m'étais engagée un peu pour ça, parce que je voulais vraiment voir du pays. À ce moment-là, j'avais juste mon diplôme d'infirmière en poche, et c'est tout. En février-mars, dans la foulée j'ai fait un stage aux urgences pendant un mois, à Percy. Généralement, quand il y a une évacuation médicale, les blessés arrivent directement à Percy. On s'arrange pour faire des retours la nuit, comme ça, il y a moins de monde à gérer, c'est plus agréable pour eux aussi d'être moins dans le flot des patients. Les blessés que je voyais, c'était plus des blessés psychologiques, je n'ai pas été trop en contact avec des gens revenant d'Afghanistan.

Au milieu du mois de juin, on m'a proposé de partir en dispositif sanitaire de veille opérationnelle en Afghanistan. Il fallait remplacer au pied levé des Portugais qui n'assuraient pas la relève à l'hôpital médico-chirurgical de KAIA, à Kaboul. J'avais vingt-deux ans, six mois de diplôme. Mon souhait c'était peut-être plutôt de partir pour une opération extérieure « facile », en Afrique, quelque chose d'un peu plus sympa, mais peut-être pas forcément directement dans le vif du sujet comme ça !

La date fixée pour le départ, c'était le 3 juillet. Je n'ai eu que deux à trois semaines pour me préparer, enfin préparer est un bien grand mot, parce que du coup je n'ai pas pu aller au centre de préparation Opex qui nous entraîne justement à avoir des gestes médicaux de l'urgence sur le terrain, à rencontrer aussi les personnes avec qui on va travailler. Là, clairement, c'était sans préparation, sans rien, tac, c'est parti ! En l'espace de trois semaines il a fallu être assez réactive, faire tous les papiers, le passeport, le paquetage... Tout ça a dû se faire assez rapidement Ce qui était un peu compliqué, c'est qu'en fait je me mariais le 26 juin, juste à la mairie. Du coup je me suis dit : c'est pas grave, on va pas annuler, ça tombe bien, comme ça au moins mon mari sera protégé au cas où il m'arrive quoi que ce soit là-bas. Donc c'est très bien, on maintient. Je me suis dit que j'allais annoncer à mes proches que je partais, en face à face, directement.

À la mairie, il y avait vraiment très, très peu de monde, le mariage religieux était prévu un peu plus tard, mon mari était militaire. Mais c'est un peu compliqué parce que maintenant je suis en procédure de divorce...

Je suis partie le 3 juillet, avec en fait quasiment aucune préparation psychologique. J'étais encore fofolle, dans la naïveté totale du départ, je me disais : c'est cool, ça va être génial ! Partir au pied levé, ça me plaisait. J'avais qu'une envie, c'était d'y aller, d'autant plus que j'apprenais qu'il y avait une fille de ma promotion d'infirmières qui partait avec moi à l'hôpital. Le jour de mon départ, deux autres filles de ma promotion partaient également, une pour Douchanbé, et une pour Kandahar. On se retrouve toutes les quatre à l'aéroport, ça a rajouté un peu de l'esprit, oui c'est ça, pas colonie de vacances, j'irais quand même pas jusque-là, mais oui, c'est vraiment sympa de partir toutes ensemble... Le voyage s'est bien passé. À un moment donné, on nous a dit qu'on survolait l'Afghanistan, on faisait des rase-mottes dans les montagnes. Dans l'avion, les personnels de l'armée de Terre étaient un peu malades, ça nous faisait rigoler. Oui, on était tous un petit peu dans une sorte d'insouciance joyeuse. On a atterri tranquillement, et là, on a été vite mis dans le vif du sujet.

À peine atterri, on a perçu la trousse individuelle du combattant, la frag, le casque lourd, le Famas et puis voilà, trois heures après on commençait à travailler.

Tout de suite, la réalité nous a sauté aux yeux. Ça a commencé par la frag. Ils avaient plus ma taille, dix tailles au-dessus, forcément ! Déjà que c'est un petit peu lourd... J'essaie d'échanger, j'en parle avec mes collègues, on avait tous eu des gilets trop grands. On se posait des questions : si le gilet est pas adapté, comment on fait si on doit courir ? Et le Famas ? Tu te souviens comment on le démonte, déjà ? Et puis, il y avait ce paradoxe du soignant militaire : finalement, je suis quoi ? Je suis infirmière ? Je suis soldat ? Si je vois un Afghan qui pointe son fusil vers moi, il va falloir que je tire en premier parce que c'est sa vie ou la mienne... Mais je suis infirmière, donc derrière il va falloir que je le soigne ! Il y a tout ça qui entre aussi en jeu, qui s'entrechoque...

L'hôpital est sur le site de l'aéroport, à deux cents mètres de la piste, du tarmac. Il y a une grille surveillée en permanence, à l'époque c'était les Belges, et de l'autre côté, la partie qu'on partage avec les civils, les Afghans. Une fois qu'on est dans l'hôpital, on en bouge plus, un très petit périmètre sécurisé. Dès notre arrivée, on nous a aussi donné des portables pour être joignables vingt-quatre heures sur vingt-quatre, au cas où il y aurait des afflux massifs de blessés. On est arrivés en milieu d'après-midi. Trois heures après on dînait et puis ça y est, il y en a qui dans la foulée prenaient leurs gardes de nuit. Moi, j'ai été de garde le lendemain. On était logés dans un bâtiment juste à côté de l'hôpital par chambre de trois. Neuf à dix mètres carrés pour trois personnes. Vraiment collés. Je me suis retrouvée avec deux filles qui étaient parties quasi en même temps que moi, mais que je n'avais pas croisées avant. Il y avait Séverine, une aide-soignante qui avait énormément d'expérience en opération extérieure, qui avait été au Kosovo en 2001, et Claire, une infirmière qui, elle aussi, avait dix à quinze ans de boutique. Pour le coup je me retrouvais vraiment jeune. La première nuit, lorsque je suis arrivée dans la chambre, Séverine m'a direct montré ses petits flacons. Elle avait rempli des petits flacons qu'on utilise généralement pour les analyses urinaires. Elle les avait remplis de Stilnox, de Xanax, de Lexomil et elle m'a dit : « Moi, c'est ma réserve pour tenir la mission. » Sur le coup, ça m'a paru un petit peu bizarre. Elles n'ont pas essayé de me materner, au contraire, elles ont fait en sorte d'être très peu protectrices envers moi pour que je m'aguerrisse. De là à en être quelquefois même trop dures, dans le sens où elles tenaient, et ça me plaisait, à ce que je vienne avec elles voir les patients qui arrivaient de combat, pour que je sois confrontée aux choses réelles et dures de la vie. Par contre, elles ont toujours été là pour me soutenir psychologiquement, et moi aussi, ça m'arrivait de les soutenir, c'était une sorte de symbiose qu'on arrivait à avoir ensemble.

Chacune avait son propre rythme. Claire était aux urgences, Séverine en hospitalisation. Il y en avait une qui terminait son service à 7 heures du matin, et l'autre qui commençait. Les grasses matinées, c'était même pas la peine d'y penser. Enfin bon, je crois qu'on a jamais eu un jour où on était de repos toutes les trois, mais ça nous arrivait d'être de nuit ou de jour toutes les trois ensemble.

On m'avait initialement affectée à l'hospitalisation, mais comme il y avait pas assez de monde en réanimation, du coup on faisait trois jours en 7 heures-19 heures, un jour de nuit, 19 heures-7 heures, un jour entier en réanimation, et ensuite on repartait sur le même cycle !

Le rythme a commencé tout de suite, dès le lendemain matin. On a eu un plan d'afflux massif de blessés le soir même. Quand il y a afflux massif de blessés, les gens qui sont en hospitalisation, en réanimation vont tous aux urgences, avec bien entendu un service minimum en réanimation et en hospitalisation, chacun a un poste bien défini dans chacun des boxes, qui deviennent des box de déchoquage, pour accueillir des patients très graves… Le même boulot, le même matériel qu'en métropole, sauf que ce n'était pas des patients qu'on voit en France parce qu'il y a eu des membres qui étaient arrachés ou ce genre de choses, mais il y avait pas eu de morts français. Les blessés venaient des forces en opération, des Français, des membres de l'Otan, en grosse majorité aussi, Dieu merci, des Afghans. C'était quand même beaucoup plus facile à gérer pour nous, psychologiquement, de soigner des Afghans plutôt que des Français…

Pour tout l'hôpital, on était deux cent cinquante soignants dont cent cinquante Français, mais il y avait aussi des Bulgares, des Portugais, des Anglais, des Allemands, des Américains. Du coup on parlait en anglais, très régulièrement, toutes les transmissions en hospitalisation, quand on faisait le tour des chambres pour dire l'état des patients, tout était en anglais.

Au niveau de l'hospitalisation, on avait une chambre de dix lits afghans masculins adultes, une chambre de dix lits féminins adultes et pédiatrie, une chambre de dix lits de membres de l'Otan, où il y a généralement que des Français, notamment pour des problèmes psychologiques ou mécaniques, et ensuite une chambre de trois lits pour les VIP. On avait un service de réanimation qui comprenait cinq lits de réanimation, qui débordait généralement sur la salle de réveil où on pouvait accueillir jusqu'à trois lits, deux salles de bloc opératoire, six box d'urgence, deux salles de déchoquage. Au niveau de l'hospitalisation, il y avait deux médecins, ensuite deux ou trois médecins anesthésistes réanimateurs, et puis après un chirurgien quasiment de chaque spécialité, un chirurgien viscéral, un chirurgien orthopédique, ceux-là, ils arrêtaient pas, un chirurgien ophtalmo, un chirurgien orthodontiste, un neurochirurgien, lui aussi il avait énormément de boulot, ça c'était au niveau français, avec aussi trois médecins urgentistes.

La situation particulière de cet hôpital, je l'ai réalisée quasiment tout de suite, étant donné que la grosse majorité des consultations et des opérations, c'était des Afghans. À cause des pathologies aussi. En France on ne laisse pas évoluer certaines pathologies à des points de non-retour. Le premier jour je me suis retrouvée à traiter un pied qui était devenu complètement nécrosé. Au départ, c'était juste un accident de la circulation, une voiture avait roulé sur la jambe d'un Afghan qui ne s'était pas soigné et avait laissé pourrir sa fracture ouverte. Du coup, le pied était devenu noir, totalement nécrosé, avec de la fibrine, une odeur vraiment très particulière, les os étaient quasi apparents.

Les femmes qui consultaient à l'hôpital, elles venaient en burqa, on avait des médecins afghans qui servaient de traducteurs en fait, qui faisaient la traduction afghan-anglais, ou français à l'occasion, et il y a jamais eu trop de gêne à ce qu'on les soigne. Là où moi j'ai eu un peu plus de difficultés, ça a été par rapport aux enfants afghans élevés comme des enfants rois et souvent en refus total des soins. Autant j'ai eu aucun souci de respect avec les adultes, hommes ou femmes, autant avec les enfants j'ai eu énormément de mal. Quelquefois ils nous jetaient des verres à la figure, des verres d'eau, ils essayaient de nous frapper, tout ça parce qu'ils étaient pas contents, tout simplement, parce qu'ils refusaient qu'on leur fasse quoi que ce soit. Beaucoup de ceux qui étaient hospitalisés avaient déposé des bombes. C'était ça qui les avait blessés ou mutilés. On nous a raconté, je ne sais pas si c'était vrai, que les adultes leur demandaient d'aller déposer des bombes, des mines, des IED. Du coup les enfants sautaient dessus et se retrouvaient à l'hôpital. Il y en avait déjà qui étaient hospitalisés avant même que je sois là. Il y avait un petit garçon qui ne nous a pas décroché un sourire de toute son hospitalisation. Lui, on voyait que c'était vraiment dur, il s'était endurci. Douze ans. Il venait parce que justement il s'était fait exploser un truc à la figure. Il a eu une grosse grosse laparotomie[1], c'était assez impressionnant, il avait posé un IED. Être soigné par des Français, je pense que ça lui plaisait pas. Mais il y avait aussi des moments de rire, des enfants qui quelquefois dessinaient des choses, du coup la mère

1. Ouverture chirurgicale de l'abdomen.

nous montrait, nous faisait signe : c'est toi ! Ils nous dessinaient. J'avais l'impression d'être vraiment utile. Bien sûr, on ne savait pas qui était taliban, qui ne l'était pas, c'étaient des patients, c'est tout. Par contre, les militaires français qui étaient hospitalisés, ils avaient plus de mal avec ça, eux ça les dépassait un peu...

Lorsqu'on était de jour, la tenue pour l'hôpital c'était le treillis avec une blouse blanche par-dessus, sûrement pour être opérationnels en permanence, en cas d'alerte. Le bâtiment était protégé contre les roquettes, mais seulement sur certaines parties, au niveau des toits, des toits antiroquettes en fait. Les seules fenêtres qu'il y avait dans l'hôpital, c'était pour les postes de surveillance du PC. Dans les salles, il y avait de toutes, toutes petites ouvertures en haut des murs, très, très fines, à tel point qu'on avait vraiment l'impression de pas en avoir du tout. S'il y avait une alerte roquette, il fallait déplacer l'ensemble des patients, sur un secteur de l'hôpital... C'est arrivé pas mal parce qu'en fait, durant la période où j'y étais, on a eu plusieurs événements : on a eu le ramadan, la conférence de Kaboul avec Mme Clinton qui est arrivée, on a eu M. Kouchner qui est venu nous voir également, donc tout ça, les Afghans sont au courant et ils nous le font payer d'une certaine manière. (Rire.) La seule chaîne qu'on avait, c'était I-télé. Quand on voyait quelquefois certaines personnes du gouvernement râler contre la burqa ou ce genre de choses, derrière il y avait des répercussions sur nous. C'est pas qu'on était contre le gouvernement, c'est pas ça, c'est qu'on se disait : purée, ils se rendent pas compte de la portée de leurs paroles... S'il y avait une alerte roquette, on avait des solutions de repli. À ces moments-là, pas de tension vraiment, mais une ambiance de cohésion, et c'est ça qui montre qu'on est vraiment en guerre. Il pouvait y avoir tellement de tension à l'extérieur et nous on était tellement sur le qui-vive que, du coup, il y avait une cohésion innée qui se mettait en place.

La première alerte roquette, c'est tout d'un coup une alarme qui retentit. Si on est à l'extérieur, on va dans le bâtiment le plus proche qui est antiroquette. Ceux qui sont en train de travailler déplacent les malades dans l'aile de l'hôpital qui est protégée. Pour les autres, la consigne, c'était de pas bouger. Les premières alertes que j'ai vécues, à chaque fois, j'étais dans ma chambre. Je me souviens de grands, grands moments d'attente. On nous avait dit que les chambres n'étaient pas protégées contre les roquettes et il fallait se mettre dans le couloir. Il fallait attendre que l'alerte passe, et ça nous est arrivé de poireauter pendant trois, quatre heures dans le couloir. Les roquettes, ils les tiraient de nuit, de jour, c'était très variable. J'ai même une collègue, elle, qui m'a raconté, version un peu Pearl Harbor, comme dans le film, elle courait et puis il y a une roquette qui lui est tombée pas loin…

Sur le moment, j'étais très fataliste en fait, dans le sens où, de toute façon, ce qui doit arriver arrivera et puis voilà, c'est comme ça que je tenais, d'une certaine façon. Les alertes de nuit, ça réveille, moi je me rendormais dans le couloir, c'est-à-dire, dans ces cas-là, je prenais ma couette, on était à même le sol et puis je dormais. Nous on pouvait rien faire, donc, autant que je profite pour dormir, parce que comme ça au moins, s'il m'arrive rien, je pourrai encore mieux aller bosser demain. Le stress, il est très individuel, pour le coup. Je m'en suis vraiment rendu compte de cette peur que quand je suis rentrée en France. Les autres qui étaient avec moi, je pense qu'elles étaient blindées par rapport à ça. Malgré tout, de manière générale, c'était très calme, du moins à mon époque.

On recevait quand même pas mal de patients pour des troubles psy, des militaires qui repartaient en France. Ils parlaient vraiment très peu. On avait accès à leur dossier, je lisais pas tout parce qu'il y avait énormément de choses, mais ils se confiaient un peu à nous, sur le rythme des bombardements notamment. Ils arrivaient pas à dormir à l'hôpital parce que c'était trop silencieux, parce qu'on n'avait pas autant de bombardements que dans leur camp. Les troubles psy, c'étaient pour la plupart des troubles du sommeil, avant d'en arriver à des syndromes plus graves qui eux, généralement, se déclenchent en métropole. C'est du syndrome post-traumatique. Ça peut aller de la simple insomnie au retranchement sur soi-même, sans parler à qui que ce soit dans sa famille, ça peut aller à des crises d'hystérie, c'est très variable.

Directement et très rapidement, on est entrés dans une routine. Dans l'hôpital, tout le monde se connaissait, tout le monde s'entendait bien. On n'avait pas de permission, pas de congé, juste des plages horaires libres. De toute façon, sur le camp, on avait très peu d'envergure, on ne sortait jamais de l'enceinte où, sur un kilomètre, étaient répartis l'hôpital et les chambres, le mess, la tente de sport et le marché afghan, un marché dans le camp, tenu par des Afghans, des vendeurs de bric-à-brac, de pierres précieuses, de téléphones. À côté de ça, on avait même un genre de Pizza Hut, un restaurant américain. Le sport, j'aurais bien aimé, mais il y avait eu des ragots, on disait que certains médecins faisaient du harcèlement moral, limite sexuel, sur certaines en salle de sport. J'en suis pas certaine, je pense que c'était juste des propos : ah ben oui, je vais mater des fesses ! Mais pour certaines ça a été mal vécu, et pour le coup, j'ai pas eu envie d'entrer là-dedans. Il faisait assez chaud comme ça ! La chambre servait de détente. Quasiment tout le monde avait un ordinateur, on avait internet, ça permettait de communiquer avec mon mari. J'avais apporté un iPod pour me permettre d'écouter de la musique et on s'échangeait la musique ou les films, on communiquait sur Skype. Je parlais très peu en fait de ce que je faisais, parce que, mine de rien, j'en parlais beaucoup avec mes collègues de chambre, et puis, c'était juillet-août, le moment des vacances aussi pour ceux qui étaient restés en métropole, donc c'était plus pour savoir comment se déroulaient les vacances de chacun... J'écrivais des poèmes aussi.

En fait, c'était toujours le calme avant la tempête. La routine, elle s'arrête quand on est réveillé à 3 heures du matin pour un plan d'afflux massif de blessés. D'un coup ça va être le feu pendant quatre heures. En France, ça n'arrive pas : à KAIA, on avait une liste qu'on appelle la nine line, qui établit le nombre de personnes qui vont arriver, et par catégories, catégorie A, B, C, des catégories très américaines. Ce sont des patients qui sont plus ou moins graves. Il y en a qui sont en hypothermie massive, qui ont des troubles neurologiques, qui ont eu des tracas au niveau de la face, qui sont intubés, ça généralement c'est du gros patient qui va arriver, mais ça va aussi jusqu'à la bobologie... L'organisation était toujours la même, tout le monde arrivait aux urgences, le service minimum était fait dans les différents services, chacun portait un badge qui était dévolu à chaque box, on savait pertinemment quoi faire, en fonction de ce qu'on allait recevoir. Ensuite, une fois que tout était prêt, les box vidés, préparés, tout le matériel, des lignes de perfusion prêtes, là arrivait une phase d'attente, plus ou moins longue, où les hélicoptères devaient atterrir. Une fois que les hélicoptères atterrissaient, plusieurs équipes des urgences allaient sur le tarmac récupérer les patients. Le nombre de blessés qui font un afflux massif, c'est très variable, ça dépend de la gravité des patients, ça peut même être à partir de trois blessés, si c'est trois très graves...

Quand on se retrouve la première fois face à des patients en salle de déchoquage et que, pour faire une prise de sang c'est pas sur une veine de l'avant-bras, c'est en artériel au niveau fémoral, là, l'adrénaline monte ! Face à certaines pathologies de blessures, c'est vrai que j'ai eu des petits coups de chaud. Le plus dur, c'est les cris, des cris de douleur comme j'en avais jamais entendu en France, parce qu'en France on pallie cette douleur très rapidement, on a des antalgiques, des analgésiques. Là, il y en avait, mais ils arrivaient que tardivement sur le terrain. Quand il y a quelqu'un qui tombe, qu'est-ce qu'on fait ? On traite sa douleur plus tard, on lui donne une dose de morphine, c'est tout. Après, on l'évacue le plus rapidement possible pour qu'il soit pris en charge au plus tôt, pour éviter qu'il meure, entre le moment de la blessure et l'arrivée à l'hôpital. On essaie que le temps de transport soit inférieur à une heure. C'est vachement court, mais ça peut être très, très long, d'autant plus qu'avec les transports en hélicoptère, il y a de gros risques d'hypothermie et l'hypothermie engendre des complications qui peuvent devenir fatales.

En temps ordinaire, c'était tendu parce que c'est un pays en guerre, mais c'est vrai que les tensions ont tendance à se renforcer quand il y a des événements comme le début du ramadan, comme la fête de l'Aïd. Dès qu'il y avait un élément qui les contrariait, il y avait forcément des réponses derrière. La réponse, c'était généralement des bombardements sur nous ou sur nos collègues en Kapisa. Chaque semaine, on avait un point d'information sur l'évolution de nos troupes, l'évolution des combats, l'évolution des roquettes, des engins explosifs : « Maintenant dans les IED, ils mettent plus ça que ça, donc au niveau fracture on peut s'attendre à ça... »

On a surtout eu des afflux massifs d'Afghans, liés à des IED, des attentats, à Kaboul, sur le marché, sur une école.

On a reçu pas mal de patients, des femmes enceintes, des bouts de chou aussi.

Après, oui, on préfère soigner des Afghans que des Français parce, quand c'est un Français, déjà il y a l'affect qui est là. Déjà on se dit, si ça se trouve, on le connaît... Personnellement, je trouve que c'est plus facile de soigner quelqu'un qu'on ne connaît pas.

Un soir, on a entendu une détonation. À chaque fois qu'il y a une détonation qui retentit au camp, c'est rassemblement de tous les personnels de l'hôpital, on fait des listes, chacun dit s'il est présent. Là, il manquait une personne. L'équipe des urgences qui était de garde à ce moment-là est allée dans le bâtiment de vie voir ce qu'il en était. Un de nos brancardiers secouristes qui travaillait avec moi dans mon box lors d'afflux massif de blessés était parti dans sa chambre, il avait pris son Famas, une cartouche et puis il était allé dans les toilettes et s'était tiré une balle dans la tête. L'équipe a dû escalader la porte des toilettes, retrouver le corps, l'évacuer et ensuite direction la morgue pour la préparation mortuaire. J'y étais pas. Là, c'est le psychologue et le neurochirurgien qui ont fait le nécessaire. Le garçon s'appelait Antoine, Il avait dix-neuf, vingt ans. Il y avait plusieurs raisons à cela, du moins on suppose, parce que bien entendu on pourra jamais en être sûr. Déjà à la base, Antoine avait des soucis psychologiques, et en plus, le jour de son suicide était le jour du suicide de son père. Ça a jeté un gros froid sur l'hôpital.

Il y avait eu, pas une vague de suicides, mais il me semble, deux Italiens qui s'étaient suicidés en une semaine et forcément comme c'est nous l'hôpital, c'est nous qui les voyons – tout ce qui est corps. Ils s'étaient suicidés chez eux. Le chef de l'hôpital nous a fait un long discours, on avait sur place un psychologue militaire qui était heureusement présent cette fois-ci, mais là, en fait, on a pas dormi pendant quasiment soixante-douze heures. Ce jeune faisait partie du régiment médical qui était avec nous. Les gens s'y connaissent depuis je ne sais combien de temps, comme des frères, ce sont des frères d'armes, réellement, ils partent en mission tous ensemble... Ça a été un peu compliqué à gérer. Personnellement, je me suis dit que c'était dur. De là à soupirer et à me dire que c'était plus dur que prévu, non, c'est pas encore à ce moment-là, c'est venu après. (Rire.)

Après, le summum pour moi, le moment où j'ai basculé dans un état de stress important, c'est lorsque j'ai remplacé ma collègue des urgences. Il fallait aller sur le tarmac chercher des blessés qui venaient d'hélicoptères. Là, en fait, j'ai la vision d'un patient qu'on sort de l'hélicoptère en position assise, ce qui arrivait quasiment jamais parce que lorsqu'ils étaient trop... on les endormait, on les intubait. Lui, il était en position assise parce qu'on avait pas pu le mettre en position allongée.

On n'avait pas pu l'intuber ni le sédater, parce qu'il avait des éclats de shrapnell dans le dos. Il s'était pris énormément de choses dans la figure. Il était en train de perdre son œil, il avait la tête totalement cachée et bandée, et c'en était à tel point que le sang gouttait des bandages et il criait comme pas possible. Ses cris, je me souviens, c'était affreux. Il me semble qu'il avait un garrot à la jambe droite parce qu'il avait un gros débris à cette jambe, la même chose au bras gauche, c'était vraiment de gros, gros débris. J'avais déjà vu des patients comme ça la semaine d'avant et encore la semaine d'avant. Ça m'avait pas fait ce coup-là, ça m'avait pas fait ça. Mais là, je sais pas pourquoi, c'était le patient de trop. Il était conscient. Sur le coup, je suis restée bloquée. Je m'en suis voulu après parce que je l'ai regardé, il m'a vue, en plus, je pense. Je suis restée bloquée, ça a dû durer une demi-seconde, mais moi, j'ai eu l'impression que ça avait duré dix minutes entières et je m'en suis voulu de pas avoir su quoi faire en tant que soignante. Et pour le coup je me suis retrouvée humaine et plus un robot, envahie par les émotions alors que je les fuyais depuis le départ, parce que je me doutais que, si je laissais place aux émotions, il s'ensuivrait forcément un état de stress important et, psychologiquement, ça allait pas aller. Et là, d'un coup, il y a tout qui est parti au niveau de cette protection. J'aurais aimé, avec lui, faire mon boulot. Déjà, pas rester bloquée dessus comme ça. Faire mon boulot, ça aurait été recevoir les transmissions, commencer à prendre sa ligne de perfusion, voir s'il était possible de le prendre en charge de manière médicale Là, je suis restée bloquée, ça a duré une fraction de seconde. Je sais que cette personne-là est vivante. Il est allé à Percy, il a perdu un œil quand même. C'est ce patient qui a marqué la bascule.

À partir de ce moment-là, j'ai eu des bouffées d'angoisse, j'ai dû me mettre sous Lexomil mais l'angoisse a été trop importante, si bien qu'à un moment, j'ai été aux urgences voir un collègue médecin qui m'a mise sous Xanax et Stilnox jusqu'à la fin de la mission. Stilnox, c'est somnifère, Xanax, anxiolytique. À la fin ça allait bien, en se voilant la face, parce qu'il y avait pas de travail de fond. Ce moment, c'était trop. Après, ça a été, ça n'a pas remis en cause ma mission d'infirmière militaire. Je ne sais pas qui était ce patient, ce patient de trop, un patient comme les autres en fait, on nous a dit qu'il avait été blessé à cause de tirs fratricides. C'était début août, peut-être à la mi-août.

Au total, je suis restée deux mois et demi. Je suis revenue en France le 9 septembre. Ces épisodes, on les racontait pas à l'extérieur de l'hôpital, on en parlait juste entre nous. À mon mari, j'en ai parlé mais pas comme ça, pas en détail. Parce que, en fait, tout ça, c'était dur aussi pour mon couple. Même si on venait de se marier, on se connaissait déjà depuis un petit moment, mais ça a été dur dans le sens où j'ai eu aucun contact avec lui pendant deux semaines, lorsque je suis arrivée en Afghanistan. Il pensait que j'étais en adaptation, du coup, il a pas cherché à me joindre alors que moi je lui ai envoyé plein de messages. J'en étais même arrivée à un point où je me demandais s'il avait pas eu un accident. C'est là que ça a commencé à aller mal dans mon couple. L'Afghanistan, ça a pas aidé. Limite, ça a accéléré les choses dans le sens où on n'était pas faits pour vivre ensemble de toute façon.

Au retour, on n'est pas passés par le sas de décompression de Chypre. Dès l'arrivée en métropole, on comprend qu'on arrive dans un autre monde. La première chose que j'ai vue à l'aéroport, c'est deux adultes en train de se disputer à propos du parfum d'un yaourt ! Quand on vient d'un pays où les gens n'ont rien... On ne se rend même plus compte de la chance qu'on a d'être en vie, de pouvoir emmener ses enfants à l'école sans avoir peur qu'une bombe nous tombe sur la figure. Moi en tout cas, en rentrant, j'ai eu l'impression de réapprendre à vivre. Il y a de nouveau tout qui est beau, rien que le fait qu'il pleuve, c'était génial ! J'avais pas vu la pluie pendant trois mois, il avait fait trop chaud, 45 degrés à l'ombre...

En même temps, le retour a été mille fois plus compliqué que la mission. Aujourd'hui je peux dire, c'est le patient de trop, ce patient-là qui m'a fait passer de l'autre côté, mais sur le coup... non.

Je me disais tout va bien, je ne sais pas pourquoi je suis anxieuse, bon d'accord, je vais prendre des cachetons, ça va aller mieux, ça m'a fait aller mieux, mais ouais, sur le coup, je n'avais pas envie de revenir en France, je serais bien restée en Afghanistan. À peine en France, on a envie d'y retourner. Le choc est venu petit à petit, sans que je m'en rende compte.

Je suis partie tout de suite dans ma belle-famille, pendant trois jours. Je suis revenue à Paris parce que j'avais un congrès, ensuite j'ai eu deux semaines de vacances. Un jour, à la fin d'un repas, dans ma famille, je crois que c'était limite avec le digestif, ma mère qui est aussi infirmière m'a demandé ce que j'avais rencontré là-bas comme pathologies. Je me suis levée et j'ai été chercher les photos que j'avais ramenées, des photos de ce qu'on pouvait rencontrer comme plaies là-bas, comme membres arrachés. J'ai eu besoin de partager avec eux ce trop-plein de souffrance, mais c'était aussi parce que je trouvais que c'était intéressant à voir, beaucoup de ces photos avaient été prises par des collègues. La réaction ne s'est pas fait attendre : « Ça ne va pas bien, ça ne va pas bien du tout, il va falloir faire quelque chose… » Ça les a choqués que je puisse avoir ce genre de photos, que je puisse leur montrer et que je puisse les garder. Au bout d'un an, toutes ces photos-là, je les ai mises à la benne.

Ensuite, j'ai repris directement le boulot parce que je commençais un diplôme médical. J'ai arrêté le Xanax, le Stilnox, je me suis complémentée en huiles essentielles et en même temps, au mois d'octobre, j'ai été voir un psychothérapeute militaire au Val-de-Grâce.

Le mois de septembre a été lourd à tirer. J'en voulais énormément à mon mari de pas m'avoir contactée pendant les deux premières semaines. Ça a été très dur pour moi d'accepter ça. Au départ, c'était plus parce que je me disputais beaucoup avec lui que j'avais été voir un psy. Au final, après que le psy m'a dit que c'était plus la peine de revenir, j'ai continué à me disputer avec mon mari mais au moins l'Afghanistan c'était réglé !

La reprise du travail avait été compliquée. Je dormais, je faisais pas trop de cauchemars, mais ce qui avait le plus changé chez moi, c'est que j'étais peut-être devenue un peu moins sensible face à certaines pathologies. Ça c'est beaucoup vu lorsque j'ai fait mes premières gardes aux urgences. Les patients me disaient qu'ils avaient mal, ils souffraient réellement, mais pour moi, ils avaient leurs deux bras, leurs deux jambes, ils me parlaient, tout allait bien... Je voulais pas entendre cette souffrance-là, et c'est pour ça que j'ai été voir un psy. Depuis, clairement, ça va mieux, mais c'est vrai que je suis peut-être devenue un peu plus insensible à ce niveau-là.

Mon rapport aux malades a évolué en ce sens que j'arrive moins à entendre les plaintes, donc je vais traiter plus précocement les patients pour ne pas entendre les cris. C'est ce qui me renforce dans ma vocation de devenir infirmière anesthésiste. On est là pour éviter que le patient ait mal, c'est important...

Après que les principaux soucis ont été résolus, le choc de la mission est resté longtemps présent. Une année plus tard, le 14 juillet, je ne pouvais pas entendre les feux d'artifice. Dès qu'il y avait un feu d'artifice, c'est pas que je me planquais sous la table mais quasiment. (Rire.) Donc le traumatisme était encore présent. Le traumatisme, on sait qu'il a disparu lorsqu'on arrive à vivre avec et non pas contre la mission, on arrive à vivre avec la mission, avec ce qui s'est passé. Je ne me suis jamais dit : je suis atteinte du syndrome post-traumatique, pourtant je pense que j'en ai eu un. (Rire.)

C'est la vie privée qui a payé, mais encore une fois, avec le recul, je pense qu'elle devait payer aussi même avant l'Afghanistan. Je peux pas dire que c'était voué à l'échec mais pas loin... De manière générale on me dit que j'ai pris dix ans. Aujourd'hui, je pense que je profite peut-être plus du fait d'être vivante et d'être dans un pays où on a énormément de chance de vivre. Dans un pays développé, dans un pays où il n'y a pas de guerre... J'ai un nouveau compagnon, infirmier militaire, lui aussi, j'ai un petit bébé, trois mois et demi…

On m'a parfois demandé : si c'était à refaire, est-ce que je retournerais en Afghanistan ? Pour moi, la réponse, c'est oui. Parce que, à part les heures qui ont suivi le suicide d'Antoine, j'ai pas le souvenir de jour où j'ai pas rigolé, on était assez soudés pour que, quand quelqu'un n'allait pas et que ça se voyait, les autres essayaient de le dérider… Actuellement ce que je souhaite, s'il y a un poste, c'est d'aller en antenne chirurgicale aérotransportable, cela veut dire ne pas être là pendant six mois sur douze. Avoir un enfant ne me fait pas appréhender un retour en Opex, parce que là, pour le coup, l'Afghanistan m'a confortée dans le fait que je sais ce que je veux. Actuellement mon souhait c'est d'être infirmière anesthésiste et de partir en opération extérieure pendant trois ans, c'est là que je me sens vraiment utile, en fait. De manière générale, je suis très exigeante, cette exigence s'est peut-être renforcée aussi. Aujourd'hui, je me sens toujours fragile. Sauf que j'ai peut-être une carapace plus importante. Si je repars en Opex avec des infirmières plus jeunes, je leur donnerai pas de conseil parce que je pense que chacun doit se faire sa propre expérience, par contre j'essaierai peut-être de protéger un peu plus que ce qu'on a pu. Le trauma de l'Afghanistan, il sera jamais derrière moi, il fera toujours partie de moi.

Fort neuf de Vincennes, 14 octobre 2013

Libye

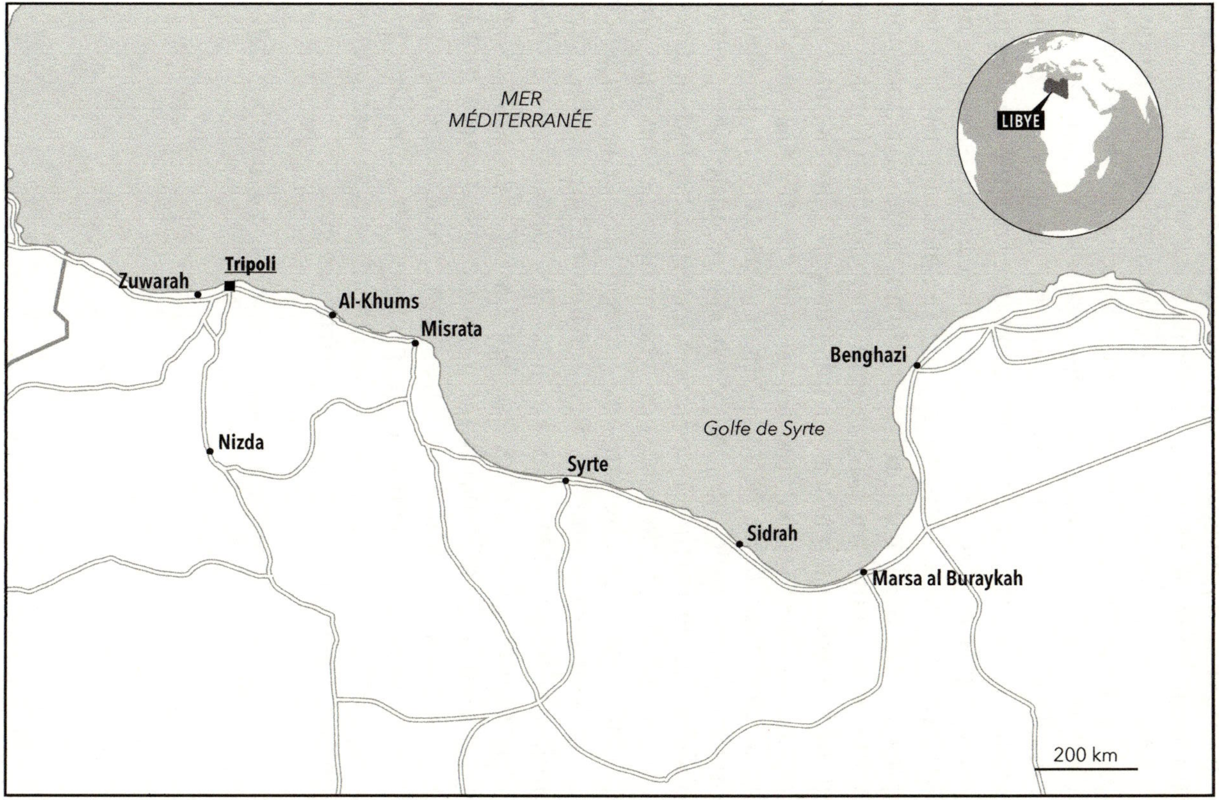

MER
MÉDITERRANÉE
LIBYE
Zuwarah
Tripoli
Al-Khums
Misrata
Benghazi
Nizda
Golfe de Syrte
Syrte
Sidrah
Marsa al Buraykah
200 km

LIBYE, 2011

Au pouvoir depuis 1969, le guide de la Révolution libyenne a endossé pratiquement toutes les figures du tyran charismatique en l'espace de quatre décennies : tout à la fois fascinant et détesté, il est resté imprévisible en raison de ses spectaculaires volte-face sur la scène internationale.

Il a tour à tour incarné le révolutionnaire nassérien nationalisant les pétroles libyens dès 1970, le terroriste panarabe soutenant et organisant des attentats meurtriers contre les intérêts occidentaux, comme l'attentat de Lockerbie en décembre 1988, puis le réconciliateur et le chantre de l'unité arabe et même, au-delà, de l'unité africaine. Figure emblématique de l'intransigeance révolutionnaire arabe à l'égard de la politique américaine, il s'est étonnamment rapproché des Occidentaux à partir de 2001, condamnant les attentats du 11 septembre et le terrorisme de Ben Laden. En 2003, il annonce l'arrêt de son programme d'armes de destruction massive. L'année suivante il reçoit Tony Blair à Tripoli et, avant la fin de l'année, les sanctions économiques américaines et européennes qui pèsent sur la Libye depuis 1982 sont levées.

Au moment où les Américains sont englués en Irak et en Afghanistan, l'abondance du pétrole libyen et la répression exercée par Kadhafi à l'encontre des islamistes plaident en faveur d'une réconciliation avec un pays que les États-Unis ont inscrit de longue date sur la liste des États voyous.

Les relations diplomatiques entre Washington et Tripoli sont rétablies en mai 2006 et en octobre 2007, la Libye devient même membre non permanent du Conseil de sécurité pour les deux années à venir. Décidément devenu fréquentable, le dictateur libyen est en visite officielle à Paris à la fin de la même année 2007. Les accords commerciaux et les contrats se multiplient. Kadhafi, dont on estime la fortune à cent trente milliards de dollars, obtient du président de la République d'être logé à l'hôtel de Marigny, non pas dans les appartements réservés aux chefs d'État étrangers, mais dans une tente de bédouin plus conforme, explique-t-il, à l'austérité de ses mœurs d'homme du désert... Kadhafi agace et fait aussi sourire lorsqu'il explique que Shakespeare est un grand écrivain arabe. Mais lorsqu'il proclame à Rome, en août 2010, que « l'islam doit devenir la religion de toute l'Europe », il inquiète.

Moins de quatre mois après cette tonitruante déclaration, une flambée de violence embrase la Tunisie après l'immolation par le feu de Mohamed Bouazzizi, un vendeur de légumes persécuté par la police. En quelques jours, à la fin de décembre, les manifestations parties du centre de la Tunisie gagnent tout le pays et contraignent le président Ben Ali à s'enfuir le 14 janvier 2011 vers l'Arabie Saoudite. Comme une traînée de poudre, l'agitation populaire se répand dans l'ensemble du monde arabe. En Égypte comme en Tunisie, la crise économique, le caractère autoritaire du régime et la répression policière se conjuguent dans une vague de mécontentement qui éclate le 25 janvier. L'appel à manifester relayé par les réseaux sociaux mobilise la jeunesse égyptienne ; mais malgré l'extrême violence d'une répression qui fait huit cent quatre-vingt-dix morts, Hosni Moubarak ne parvient pas à enrayer le flot de la contestation. Le 11 février, Moubarak démissionne et confie le pouvoir à l'armée.

En moins d'un mois, aux frontières de la Libye, deux régimes amis s'effondrent devant l'agitation populaire. À mille kilomètres à l'est de Tripoli, à Benghazi, deuxième ville de Libye, l'arrestation d'un avocat défenseur des droits de l'homme, le 15 février, provoque en réaction un sit-in de protestation violemment dispersé par la police. Reprenant l'exemple tunisien et égyptien, un appel à une journée de colère est aussitôt lancé sur Facebook. Les jours suivants, la répression très violente fait une vingtaine de morts. L'armée tire à l'arme lourde dans Benghazi. L'agitation gagne tout le pays, les manifestants se transforment en insurgés et s'emparent de villes entières. Benghazi tombe entre leurs mains. Des heurts violents ont lieu à Misrata, à deux cents kilomètres à l'est de la capitale. Aidée de mercenaires, l'armée kadhafiste tire sur la foule et l'aviation bombarde les quartiers de Tripoli connus pour leur opposition au régime. En moins d'une semaine la contestation a déjà fait plus de deux cent trente morts. À la télévision, Seif Al-Islam, le fils de Kadhafi, promet un bain de sang aux semeurs de trouble. À son tour, le chef de l'État libyen promet le 22 février de « nettoyer la Libye centimètre par centimètre, maison par maison, rue par rue, de ces manifestants, des drogués qui servent les intérêts d'Oussama Ben Laden ». Trois jours plus tard, l'insurrection contrôle les villes de l'est du pays. À Tripoli, les imams appellent au calme, mais la police tire sur des civils sans armes sortant de la prière.

Les défections commencent dans l'armée. Misrata est déserté par les partisans du régime. Passé le premier moment d'euphorie, la peur de la contre-attaque des kadhafistes s'empare des régions soulevées. Un nombre croissant de civils s'enfuit vers les frontières ou par mer avant la répression annoncée.

L'impuissance des Nations unies dans les guerres civiles des années quatre-vingt-dix avait contribué, en septembre 2005, à la reconnaissance par la communauté internationale du devoir de protéger les communautés menacées de génocide ou de crime contre l'humanité. Les troubles qui secouent alors la Libye et les menaces proférées par Kadhafi à l'encontre des rebelles conduisent le Conseil de sécurité à imposer au pays dès le 26 février un embargo sur la vente d'armes. La résolution internationale indique que les attaques systématiques contre la population civile « peuvent être assimilées à des crimes contre l'humanité ».

Barack Obama s'est prononcé en faveur des aspirations démocratiques du printemps arabe et, dès le 23 février, il déclare que « les actes de Kadhafi sont inacceptables ». Le 3 mars, il précise : « Kadhafi a perdu sa légitimité, il doit partir. » Pour autant, le président américain n'a pas l'intention d'intervenir dans la région. Son secrétaire à la Défense, Robert Barnes, explique d'ailleurs que « tout président américain qui se lancerait dans une nouvelle guerre terrestre au Moyen-Orient devrait se faire examiner psychologiquement »…

Le lendemain de la première résolution internationale, a été annoncée, à Benghazi, la création d'un Conseil national de transition (CNT) « seul représentant de la Libye », avec à sa tête un ancien ministre de la Justice de Kadhafi. Pour l'instant, le CNT demeure quasi inconnu.

Dans les deux premiers mois du printemps arabe, la France a adopté une grande prudence officielle à l'égard des mouvements en cours mais, le 10 mars, le président Sarkozy reçoit à l'Élysée les représentants du CNT, ouvrant ainsi la voie à la reconnaissance internationale des opposants à Kadhafi. Le président français soutenu par les Britanniques demande alors que l'UE propose un projet d'exclusion aérienne du territoire libyen pour empêcher l'aviation de Kadhafi d'écraser la rébellion. La Ligue arabe reprend cette demande.

Le jeudi 17 mars, le Conseil de sécurité adopte la résolution 1973 établissant une zone d'exclusion aérienne au-dessus de la Libye. La Russie et la Chine s'abstiennent, ainsi que trois des membres non permanents : l'Inde, le Brésil et l'Allemagne. Avant le vote, le ministre allemand des Affaires étrangères, Guido Westerwelle, a réaffirmé qu'« une intervention militaire reviendrait à prendre parti dans une guerre civile qui risquait de durer longtemps ».

Le 19 mars, alors que les forces de Kadhafi sont aux portes de Benghazi, les frappes aériennes françaises, anglaises et américaines détruisent l'aviation et le matériel lourd du dictateur. L'opération militaire qui commence porte alors différents noms : « Harmattan » pour les Français, « Aube de l'Odyssée » (« Odyssey Dawn ») pour les Américains et « Ellamy » pour les Britanniques. La coalition rassemble des moyens aériens et navals considérables. Pendant une dizaine de jours la coordination militaire est assurée par les États-Unis. À partir du 31 mars, le commandement de la coalition passe à l'Otan. L'opération s'appelle désormais « Unified Protector ».

Barack Obama s'est laissé convaincre de participer à l'opération contre Kadhafi ; il a toutefois établi plusieurs principes limitant l'engagement américain. L'opération qui commence est ainsi celle d'une force internationale où les Britanniques et les Français jouent le premier rôle. Les États-Unis fournissent un soutien essentiel avec leurs avions ravitailleurs, leurs radars, leurs moyens d'information, Awacs et drones, ainsi qu'avec la puissance de tir inégalée de leurs missiles Tomahawks ; mais l'objectif du président américain est d'adopter un leadership discret, en retrait : *leading from behind*, dira un de ses conseillers.

Signe de ce repli apparent, à partir d'avril et pour la première fois depuis 1945, une coalition occidentale est dirigée non par les États-Unis, mais par leurs alliés. Dans le camp des coalisés, la défection de l'Allemagne a entraîné derrière elle une large partie de l'UE. Seuls, la Norvège, le Danemark, l'Espagne, la Grèce, la Belgique et la Pologne ont suivi les Anglais et les Français qui bénéficient également du soutien du Qatar. Dans le conflit qui commence, l'UE reste ainsi incapable de parler d'une seule voix. Le doute vient également du flou concernant l'objectif poursuivi : initialement conçue comme une opération humanitaire, l'action internationale devient rapidement une guerre anti-Kadhafi.

Tout en paraissant accepter les pourparlers de paix, Kadhafi maintient la pression militaire sur la rébellion. Pendant des semaines, une bataille acharnée a lieu à Misrata. Assiégée, bombardée par les chars, la ville en ruine est le lieu d'intenses combats de rue jusqu'au 11 mai. À la fin du mois de mai, les forces de Kadhafi reculent mais bombardent toujours les villes tenues par les rebelles qui s'approchent de Tripoli sans parvenir à prendre un avantage décisif. L'impasse militaire conduit l'Otan à franchir une nouvelle étape à partir du mois de juin.

Les frappes aériennes ont détruit une grande partie des blindés de Kadhafi, mais les forces libyennes dissimulent désormais leur artillerie au cœur même des villes et de la population. À partir du 4 juin, les hélicoptères de combat britanniques et français reprennent leurs frappes, cette fois contre les pick-up kadhafistes armés de mitrailleuses lourdes, qui attaquent partout la rébellion.

Sur le plan international, la rébellion libyenne a gagné des appuis. Hillary Clinton parle, début juin, de la nécessité de « préparer l'après-Kadhafi ». Ce dernier, pourtant, continue de défier la coalition alors même que les rebelles encerclent la capitale.

Appuyés par des commandos français et britanniques, mieux armés grâce à l'aide du Qatar, protégés par les raids aériens de l'Otan qui ont repris avec une nouvelle intensité, les rebelles entrent dans Tripoli le 20 août. Les dernières poches de résistance kadhafistes tombent une semaine plus tard.

Il faut encore deux mois pour que les rebelles parviennent à s'emparer des derniers bastions fidèles au dictateur comme Syrte, sa ville natale, qui tombe le 20 octobre. Kadhafi qui s'est enfui de la ville trouve la mort le jour même, dans des circonstances encore incertaines.

Considérée comme une réussite par les dirigeants politiques français et anglais, la guerre, vue de Washington, est également un succès. Son coût a été très limité pour les États-Unis et, surtout, la libération de la Libye n'a entraîné aucune perte alliée. L'appréciation des opinions publiques est plus critique : deux Français sur trois ont approuvé le début des frappes aériennes mais, dès le mois d'août, la majorité d'entre eux dénoncent les risques d'enlisement du conflit.

Trois ans plus tard, la situation de la Libye semble confirmer cette inquiétude. La production pétrolière a chuté. Incapables de former un gouvernement stable, les anciens rebelles laissent les bandes armées et les milices islamistes imposer une insécurité jamais atteinte. Tout comme à la fin du règne de Kadhafi, le pays est aujourd'hui au bord du chaos.

Mirage dans le désert, été 2011

Benjamin, pilote

À la fin de l'année 2010, mon escadron avait été déployé en Afghanistan. L'escadron, c'est deux avions et cinq pilotes. Là-bas, on faisait 80 % d'appui feu au profit des troupes au sol, en patrouilles mixtes avec des mirages 2000D, et on faisait aussi de l'imagerie, de la reconnaissance tactique au profit de toute la coalition. Le 10 mars 2011, trois semaines après mon retour en France sur la base de Reims, on a été mis en alerte pour la Libye. L'escalade de violence avait débuté. Au-dessus de la Méditerranée, le Transall Gabriel avait commencé sa campagne d'écoutes électromagnétiques, mais il avait été décidé de le renforcer en utilisant des Mirages qui peuvent monter plus haut et voir plus loin.

Quand on est mis en alerte, il faut d'abord identifier un groupe de pilotes et de mécaniciens, préparer les avions avec suffisamment de matériel pour une campagne dont on ne connaît pas la durée. La première chose à quoi l'on pense, c'est la « caisse opération », tout ce avec quoi on va partir pour être un peu autonomes : une cafetière, des multiprises, des crayons, des ramettes de papier, une imprimante, un ordinateur portable. On vérifie les pods d'acquisition d'images, l'armement.

On étudie les cartes, les distances. Pour faire l'aller-retour de France en Libye, il faut un ravitaillement en vol et donc définir les rendez-vous possibles avec l'avion ravitailleur. Si on choisit la route maritime, au-dessus de la Méditerranée, c'est très long, mieux vaut passer par l'Italie. On a des accords permanents de survol du pays mais, en cas de conflit, il faut demander une autorisation spéciale. On définit l'altitude de vol, idéalement vingt, vingt-cinq mille pieds, huit kilomètres. Plus on monte, plus on peut recueillir de renseignements. L'autre avantage, c'est que la consommation en carburant diminue. Quand tout est au point, on appelle le secrétariat de la base en lui demandant de préparer les livrets médicaux, les passeports. Après, on attend. Notre point d'appui est en Corse, la base de Solenzara où se déroule un exercice et où l'on pourra se poser et cacher les avions sans attirer l'attention. Rien de notre mission n'a été divulgué. On sait qu'on doit partir au large de la Libye, à la limite des eaux internationales, écouter tous les signaux électromagnétiques émis par les dispositifs militaires libyens. Des sous-marins nucléaires ont pris position à dix kilomètres des côtes libyennes, mais tout cela est couvert par des éléments de langage « rouges » qui confirment le caractère secret de la mission.

Pendant le week-end, la situation se dégrade en Libye. Le mardi, on décolle à trois avions, direction Solenzara. Là, on s'installe dans une petite pièce, on barricade tout, on calfeutre les vitres avec des protections thermoformées. Tout notre matériel d'écoute est « confidentiel défense ». On reste cloîtrés vingt-quatre heures à préparer notre mission.

Le lendemain, on décolle. Un peu plus de quatre heures de vol. On dépasse la Sicile, ensuite cap vers le nord de la Libye. On écoute. On est à vingt-quatre mille pieds et à quatre cents kilomètres de la Libye, suffisamment loin pour ne pas être repérés, mais assez haut pour balayer une bonne partie du territoire et détecter au sol les radars des systèmes SAV, des engins à six roues dotés de missiles sol-air. Mon système de détection a déjà enregistré les signaux émis depuis la côte libyenne quand une panne hydraulique m'oblige à rebrousser chemin. L'avion risque de prendre feu et je dois revenir à Solenzara. Un autre Mirage repart dans la nuit terminer l'observation. L'armée libyenne se déplace le long de la côte en direction de Bengazi. Sultan Kadhafi a annoncé à la radio que la rébellion allait être réprimée dans des rivières de sang. Le lendemain, deuxième mission d'observation. Les troupes qui étaient la veille à Brega sont maintenant à cinquante kilomètres à l'est de la ville. Les satellites américains ont également détecté les mouvements des chars.

On est le jeudi 17 mars. À New York, aux Nations unies, l'action diplomatique française est en train de faire son effet. Le soir, le Conseil de sécurité vote la résolution 1973 qui autorise une zone d'exclusion aérienne au-dessus de la Libye pour protéger les populations civiles.

Tous les avions qui étaient en exercice remontent en France. On se prépare à l'intervention. On sait qu'il va y avoir une mission de frappe. Le samedi, après la décision de l'Élysée, le raid décolle en fin de matinée. Deux Mirages 2000D partent de Nancy. En fin d'après-midi, ils frappent les tanks au sud de Bengazi. Au même moment a lieu également la frappe des Rafales venus de Saint-Dié, celles des avions anglais et des Tomahawks américains. Lancés depuis des destroyers ou des sous-marins, les missiles de croisière détruisent systématiquement toutes les cibles militaires libyennes.

Dès le 19 mars, l'aviation ennemie est détruite au sol, les Mirages visent les tanks, le raid de Tomahawks anéantit les hangars à munitions. Les quatre Rafales vont travailler vingt-quatre heures sur vingt-quatre en se posant à Solenzara avant de repartir pour Bengazi. Dans les premières heures, tout part de France, mais un énorme ballet logistique se met en place autour de Solenzara où arrivent les forces de la coalition grandissante, des avions anglais, émiratis.

Sur la base, des hangars sortent de terre, on amène des structures aéromodulaires, des espèces de containers qui se déploient, s'allongent et deviennent des plateaux de travail précâblés. Les Rafales sont rejoints par un autre escadron de Mirages 2000D venus de Dijon.

Tout est orienté vers la frappe, mais nous on ne vole pas ! Ça va durer dix jours ! Dix jours où on assiste à tous les briefings sans avoir de prise sur l'opération. Moi, je suis toujours chef de détachement, je fais des fiches, on fait du sport, mais la situation n'est pas tenable, les gars s'embêtent. C'est un lundi soir et là, on m'annonce que le lendemain on repart faire de l'observation photo, cette fois plus sur la côte mais au sud de Tripoli, sur un site de missiles sol-air qu'un Rafale vient de détruire. Tous les jours suivants on part en mission d'observation sans savoir qu'on est déjà inscrits dans l'ordre de bataille de la coalition avec une nouvelle mission, cette fois de bombardement. D'autres Mirages nous ont rejoints. Des norias d'avions venus de métropole apportent le matériel, des lance-bombes. On va monter à neuf Mirages dont trois bombardiers. On parle de grosses concentrations de chars qui remontent du Sud libyen. On met le max de bombes sous les avions.

Le 4 avril, à 9 heures du matin, on décolle. Deux patrouilles. Pas beaucoup de visibilité, brouillard sur la piste. On est en patrouille de deux, un F1 bombardier et un Mirage 2000D équipé d'un pod de désignation laser que n'a pas le bombardier. Je suis dans la deuxième patrouille. L'avion est très chargé, il monte avec difficulté, il accélère mal. On ravitaille une première fois au bout de quarante minutes et le ravitailleur nous accompagne le plus loin possible dans le golfe de Syrte, pour aborder la côte avec le plein maximum. Un avion américain nous a indiqué deux zones avec des objectifs à détruire. La première patrouille se dirige vers l'est de Brega, nous vers l'ouest.

Il est 11 heures. On arrive sur la zone identifiée. Je me mets en orbite, le Mirage 2000 s'étage trois cents mètres plus bas. On se met en pilote automatique, on regarde à la jumelle. Dans le 2000, ils sont deux. Le navigateur vérifie la situation en se déplaçant point par point avec son pod laser. Moi, je suis au-dessus. La jumelle grossit quinze fois, vingt fois. On voit jusqu'à cinquante, soixante kilomètres. On peut détecter de la fumée, des mouvements de véhicules.

On est entre 18 000 et 19 000 pieds. L'ennemi ne nous voit pas, il nous entend. On cherche, on cherche, on cherche. J'ai l'œil attiré par une carrière, je demande l'autorisation d'aller la reconnaître. Je descends à 15 000 et 16 000 pieds et là, j'identifie formellement plusieurs porte-chars alignés, une citerne, des moyens pour déplacer du matériel lourd, du matériel de travaux publics. C'est bien un objectif militaire. Le Mirage 2000 a des bombes à pénétration qui pénètrent avant d'exploser, moi j'ai de la bombe en instantané qui explose à l'impact. On se concerte par radio. Je vais tirer en premier. On repart en sens inverse et on fait demi-tour, on appelle ça l'hippodrome. Entre le moment où on a repéré l'objectif et maintenant, moins de cinq minutes se sont passées. La cible est à dix nautiques. On est sur le cap opposé au cap d'attaque, on refait un tour pour finir la discussion, on se redonne les coordonnées de la cible pour être sûrs qu'il n'y a pas d'erreur, le navigateur du Mirage 2000 a extrait les coordonnées avec son pod laser et moi, avec le radar. On compare les deux, on est sûrs qu'on parle bien de la même chose, c'est bon, on a levé le doute. On est à la queue leu leu face à la cible. Le Mirage

2000 est à quatre kilomètres derrière moi. On s'approche. On entre dans la passe de tir. On monte dans le mode d'attaque, le processus est marqué sur la check list. Avec le doigt, je sélectionne « rentrer dans le mode d'attaque ». Là s'enchaînent au doigt cinq actions successives : lever toutes les sécurités armement, sélection de l'armement, combien de bombes, à quel moment ? Cinq actions doigt, cinq secondes. Sur l'écran de bord les moustaches apparaissent, deux petites barres qui indiquent que l'armement est prêt à tirer. Je sélectionne « prêt ». Le truc vert s'allume : « délivrance d'armement, prêt ». La cible est à un peu moins de dix kilomètres, ça laisse trente à quarante secondes de plénitude. À la radio, j'annonce : « on course », je suis prêt, je suis sur la ligne. Le pilote du 2000 me répond : « kirchard », je vois la cible, elle est identifiée. Je n'ai plus rien à dire avant « bomb gun, laser on ! ». Je lâche les bombes. Quand elles partent, j'entends juste « touc touc ». À ce moment, tout est automatique. Les deux bombes font deux cent cinquante kilos chacune. Entre le moment où j'ai tiré et l'impact, il n'y a pas plus de trente secondes. Je vois parfaitement l'impact. Ça prend feu, il y a énormément de carburant, soit dans le tank, soit autour, ça fait vraiment de belles flammes. Tout de suite je me replace avec l'appareil de photo que j'ai dans le nez de l'avion, je reviens au-dessus de la cible pour être sûr du résultat, je fais une passe photo, ça nous évitera de refaire une mission de reconnaissance. Sur les photos comme sur l'imagerie du pod, on ne voit personne bouger autour du char. L'engin était à l'arrêt sur une remorque.

Ce n'est ni la première ni la dernière fois que je tire. La première fois, en Afghanistan, mon cœur s'est emballé, le stress, l'adrénaline ont mis longtemps à redescendre. L'objectif c'était un Land Rover, je n'avais vu personne mais, derrière, il y avait une maison et là je ne voyais pas à l'intérieur. Après je n'ai plus jamais eu de stress. Quand je tire des bombes, il y a potentiellement des gens, que je vois ou que je ne vois pas. C'est peut-être un peu froid, mais ça ne me fait rien. Je ne suis pas un combattant, je ne combats pas avec mon Famas, je suis loin. La réalisation des actions n'est que mécanique : définition des paramètres, règles de sécurité, première, deuxième, troisième vérification. J'attends la bonne distance, je vérifie la vitesse, je lâche les bombes.

Après, on n'avait plus assez de carburant pour rentrer. Quand on vole depuis l'Afghanistan, on a toujours avec nous quatre à cinq mille dollars en grosses coupures, au cas où on aurait à atterrir, à acheter des gens, à faire le plein d'essence. Là, sur le vol de retour, le ravitailleur nous donne tout ce qu'il avait mais quand on s'est posés à Solenzara, le réservoir était quasiment vide. J'étais naze, ça faisait trois semaines qu'on était sur place, on avait fait l'intégralité de la mission, électromagnétique, imagerie, bombardement. Je repartais le lendemain chez moi, j'ai payé un pot à tout le monde. On a continué jusqu'en juin les missions images. J'avais vu sur TV5 monde un reportage sur l'artillerie qui pilonnait Misrata. J'ai dit à mon officier Rens : « Tu me trouves l'emplacement exact. » On l'a trouvé, les bombardiers l'ont détruite au mois de juin.

En cette fin de printemps, la situation de l'escadron est totalement éclatée. La base de Reims est en train de fermer et on doit assurer le déménagement à Mont-de-Marsan. On a vingt-six avions opérationnels mais qui volent dans quatre endroits différents dans le monde, en France, en Corse, en Afghanistan, en Libye !

Les avions rentrent en France mi-juillet. On était exténués, je prends cinq jours de vacances et là, on nous dit : vous repartez en mission bombes. Cette fois, on n'est plus à Solenzara mais en Crète, sur une base grecque où les préfabriqués n'arrêtent pas de sortir de terre. L'US Navy, les Awacs américains au nord, les F16 Grecs au sud. Côté français, on est trois cent soixante. Il y a dix-huit chasseurs. J'arrive le 9 août. Ma première mission, c'est le lendemain.

On vole tous les deux jours. Pour aller sur le théâtre d'opérations, il y a une heure de vol et déjà au bout d'une heure on sent la fatigue, mais rien n'a encore commencé. Imaginez que vous partez en vacances, de Paris. Vous faites trois heures de route. Vous arrivez à Bordeaux et là, vous faites de la formule 1 et vous continuez encore trois heures. La mission, c'est à peu près ça, sauf qu'à un moment le circuit formule 1 arrive n'importe quand. Il y a des pics, des temps morts, il faut savoir gérer cela dans la durée. Je vole un jour sur deux et, comme je suis le seul à être entraîné aux jumelles nocturnes, je vole de nuit. Le matin, je suis sur la plage, avec les poissons qui me chatouillent les pieds, le soir, je décolle à 22 heures, je suis au-dessus de Tripoli vers 3 heures du matin.

La différence entre l'Afghanistan et la Libye, c'est qu'ici, il n'y a pas de troupes amies au sol. Quand on choisit un objectif, on a peu de risques de faire du mal à des troupes amies mais, en même temps, il y a une telle imbrication entre les pro-kadhafistes et les rebelles qu'il est difficile de se repérer.

La mission, la nuit comme le jour, c'est une mission de combat : trouver, identifier, détruire les objectifs militaires, certains nous ont été indiqués à l'avance, des dépôts d'armement, de gros hangars, des postes de police. Les autres, c'est nous qui les trouvons. La nuit, on voit très bien les phares, les départs de tir, on voit les choses dangereuses, les tirs d'artillerie au sol. Je survole Tripoli, je vois les routes, les voitures et là, un ZSU 23/4 soviétique, un engin chenillé qui a quatre canons, une cadence de tir très forte, du 23 mm. Un engin très mobile qui sert aussi bien dans les combats sol-sol que pour la défense antiaérienne. C'est un gros camion, des orgues de Staline motorisés, il est au beau milieu d'un rond-point et tire en permanence, vzzz, vzzz, vzzz. On extrait les coordonnées, mais impossible de tirer, il y a la foule autour, des barbecues allumés. On a quand même des restrictions à l'emploi de la force, la distance entre l'objectif militaire et les personnes autour est trop faible. L'artillerie antiaérienne nous tire dessus mais ils sont malins, ils savent que, s'ils tirent en permanence, on va extraire les coordonnées et ils vont se prendre une bombe dans les deux minutes. Ils s'arrêtent. Il faut faire attention, ils ont repéré nos orbites et il y a toujours le risque de se prendre une roquette. C'est un peu comme le jeu du chat et de la souris, ils nous tirent dessus, ils se déplacent, ils font du couvre-feu, à un moment ils éteignent un quartier complet. Quand on a tiré, c'était au milieu du noir, ils avaient éteint un tiers de Tripoli, la ville était dans l'obscurité. Quand on regarde à l'œil nu, on ne voit rien. Avec les jumelles de vision nocturne, on voit les voitures qui roulent tous feux éteints, on voit le déplacement des armes, le camouflage, les batteries pro-kadhafistes qui se mettent en position près d'un pipe-line d'eau potable pour nous empêcher de tirer. Une nuit, j'étais dans le grand Sud, loin de Tripoli, j'avais décollé pour tirer sur des containers de missiles SR5, je repère la cible. Tir dans dix secondes. À la radio, ordre d'arrêter tout, de rebasculer sur Tripoli. Un drone américain a repéré un lanceur scud qui commence à entrer en action. On fait demi-tour, le Mirage 2000 qui est derrière moi tire, sans succès. Je mets une bombe de deux cent cinquante kilos, je tire, trente secondes, explosion. L'engagement a duré quarante minutes. On rentre.

Quand on fait des opérations, c'est tellement exigeant nerveusement et physiquement qu'on en sort épuisé. On est seul, on doit prendre des décisions de façon instantanée. Entre le moment où on reçoit un ordre et le moment où l'on tire, il peut se passer moins d'une minute et demie.

Il faut aussi être conscient de ce qu'on fait parce que l'effet des bombes est beaucoup plus puissant qu'un tir de roquette ou de canon.

Au retour, je ne décompresse qu'après le vol, une fois le debriefing terminé. Les plus grosses bêtises arrivent quand on est posés, sur le roulage retour. Il faut laisser la pression redescendre, aller boire un coup, se mettre sur la plage, penser à sa famille. Avant le vol, j'envoie un SMS à ma femme : « Je vais décoller. » Quand je rentre, je lui dis : « Je suis posé. » Comme ça, elle sait que ça s'arrête, elle est au clair, elle sait que je ne suis plus en danger.

École militaire, 1er avril 2014

Tripoli – Al-Khums, juin 2012

Vincent, plongeur démineur

J'avais fait mes études dans une école de commerce à Marseille. Je passais le plus clair de mon temps au bord de la mer à nager et plonger, et c'est comme cela que j'ai eu l'idée d'intégrer l'École navale. Aujourd'hui, j'appartiens à la cellule de plongée profonde de la marine nationale. Je suis nageur de combat, plongeur démineur et je dirige la section intervention sur drones sous-marins jusqu'à deux mille mètres. On n'imagine pas le nombre de mines datant des deux guerres mondiales qu'il y a encore au large des côtes, pas loin d'un million d'engins. Nos missions nous emmènent aussi souvent à l'étranger, déminer les côtes de pays en guerre ou même des rivières d'Amérique du Sud minés par des narcotrafiquants.

Les plongeurs démineurs, c'est un monde à part. Des gens qui ont passé une très forte sélection et qui en veulent vraiment. Pour plonger à quatre-vingts mètres et aller travailler sur de l'explosif, il faut vraiment placer le curseur de risque assez loin ! Cela en fait des gars qui sont détenteurs d'un savoir particulier mais n'acceptent pas qu'on le remette en question, des bonshommes qui se vexent vite, un peu caractériels. On est un peu des divas en fait, qu'on ne peut pas gérer comme des soldats classiques ! C'est tout cela qui m'intéressait, la performance, mais surtout d'être à la tête de gens comme ça qui vous donne un peu l'impression d'être un chef de bande.

Un mercredi de juin 2012, j'étais à La Spezia, en exercice, le pacha m'appelle et me dit : « Tu finis ta mission, tu passes le week-end chez toi et dans dix jours tu pars en Libye. » J'ai été chercher mon visa le lundi matin. J'ai dû repasser à l'état-major, rue Royale, et à 14 heures j'étais dans l'avion pour Tripoli.

Kadhafi avait été tué à la fin du mois d'octobre 2011. L'opération de la coalition s'était terminée en janvier 2012, mais il restait encore des katibas[1], quelques combats ici et là. Les couloirs aériens n'étaient pas sécurisés, les aéroports non plus. Le trafic maritime était à l'arrêt, les ports complètement obstrués par les épaves des navires bombardés l'été précédent. Depuis décembre des équipes de plongeurs-démineurs, des fusiliers marins français avaient été dépêchés pour rendre les ports au commerce.

J'ai pris l'avion avec un passeport civil, comme un touriste, avec un de mes adjoints, et on est arrivés à Tripoli. Dès l'aéroport, la tension, l'instabilité étaient palpables, on voyait partout des rebelles aux uniformes disparates qui faisaient les patrouilles leurs armes sorties, sur le qui-vive. C'était pas du tout une force conventionnelle. Il n'y avait pas beaucoup d'Européens et on se sentait regardés de façon particulière.

L'équipe de plongeurs qui nous précédait est venue nous récupérer et on est partis dans le 4x4 d'une katiba de Benghazi vers le centre de Tripoli. On s'est installés dans une *guest house*, une villa partagée avec des gens de l'Armée de Terre, des types des forces spéciales, en civil, plein de gens que je ne connaissais pas et qui étaient surtout là pour faire du renseignement et assurer la sécurité de l'ambassade.

1. Groupes armés rebelles.

L'attaché de défense m'avait demandé de former les démineurs de la nouvelle armée libyenne. Un premier embryon d'armée régulière se mettait en place. À Tripoli, c'était surtout des anciens des forces spéciales, des kadhafistes, qui avaient survécu au changement de régime. Le chef d'état-major était le même, la structure n'avait pas trop changé. Dans la région de Benghazi, là, tous les kadhafistes avaient été zigouillés et les rebelles intégrés à l'armée.

Pendant une semaine, on a grenouillé en civil dans Tripoli. On n'avait pas beaucoup d'armement sur nous, juste le 9 mm en port discret. On avait la carte de l'ambassade, le téléphone, et puis notre traducteur. Quand c'était vraiment dangereux, les gars des forces spéciales faisaient des reconnaissances avant nous.

On a pris des contacts pour comprendre qui était qui, parce que le pouvoir politique et militaire dépendait beaucoup des appartenances tribales. Nos interlocuteurs libyens avaient plus ou moins de pouvoir selon la famille à laquelle ils appartenaient. Il y avait tout un jeu de codes sociaux à comprendre. Mon prédécesseur m'avait prévenu : « Celui-là, quand tu iras le voir, il ne te donnera jamais de réponse, mais il faut quand même que tu lui expliques ta demande, l'autre en revanche il te dira systématiquement oui, mais, en fait, ce sera toujours non ! »

À Tripoli, il y a un port marchand, un port militaire et un arsenal. C'était un bastion kadhafiste avec des gens habitués à obéir aux ordres, à la discipline. Officiellement, j'étais conseiller maritime. Le matin, j'allais en uniforme faire la formation des plongeurs démineurs libyens. Un aviso français de la marine nationale avait apporté tout le matériel nécessaire au déminage. L'après-midi, j'étais en civil, à l'ambassade et, là, c'était plus une mission de renseignements, d'analyse des sites à déminer dans le pays. J'avais un 4x4, un traducteur.

Vers 9 heures, on arrivait à l'arsenal. C'était le moment du café. À la mode arabe, tout le monde était assis sur le tapis. Le chef des plongeurs s'appelait Ab-el Salam et il avait exactement la tête de l'emploi, un vrai chef tribal : grand, les yeux noirs, durs, la barbe, le pétard à la ceinture. Il était irascible et très sec dans sa manière de commander. C'est tout juste s'il n'avait pas le droit de vie ou de mort sur ses hommes, une quinzaine d'anciens kadhafistes de l'armée régulière plutôt des forces spéciales, des gars d'une vingtaine d'années, très athlétiques, qui avaient opportunément changé de camp l'année précédente.

En Libye c'est l'appartenance tribale qui détermine si vous êtes officier ou soldat, mais tous étaient très fiers et considéraient qu'ils n'avaient pas besoin des Français : « On n'a pas eu la victoire totale, disaient-ils, parce qu'on n'a pas gagné tout seuls, mais à terme on aurait gagné ! »

On buvait le café, on fumait, les gars jouaient avec leurs pistolets, des armes chargées sans vraie sécurité. Ils se visaient entre eux, ils me le braquaient sous le nez, pour rigoler. Ils étaient dans la violence pure et aimaient bien me provoquer. Leur grand truc, c'était de me montrer les vidéos qu'ils avaient faites avec leur téléphone, où on les voyait décapiter des gars à la tronçonneuse, accrocher à l'avant de leur pick-up des types qui étaient pulvérisés à grande vitesse, ça les faisait rigoler. Je leur ai tout de suite expliqué que ça ne m'intéressait pas :

« Je suis là pour vous former, pour vous aider ; mais des trucs comme ça, je trouve pas normal que ça circule, il faut avoir de la dignité. Le combattant fait son métier mais la torture, c'est pas dans la culture d'un militaire professionnel. »

Pour les prendre en main, il a fallu que je sois assez dur. Au bout du compte, ils ont fini par être plutôt respectueux. Ils m'avaient appelé « Capitaine Gelatina » ! Capitaine Explosif en italien !

Sur la base où on était, tout avait été détruit par les missiles alliés. Devant nous, des bateaux coulés. Sur le rivage, partout au sol, des munitions. Dans le hangar juste à côté de nous, des missiles avec trois cents kilos d'explosifs et leurs lanceurs défoncés ! Les tirs de la coalition avaient été très efficaces et tout ce qui était dangereux avait été détruit.

Le matin je faisais cours avec mon traducteur : j'emmenais six Libyens avec des détonateurs, des explosifs et je les drivais, je leur expliquais les règles de sécurité. Au départ il fallait leur faire comprendre le fonctionnement de l'explosif. L'explosif secondaire, le PLA-NP ou la dynamite, on peut donner des coups de pied dedans, ça ne risque rien. En revanche, vingt grammes ou même cinq grammes ou seulement deux grammes d'explosif primaire, vous soufflez dessus, ça peut déclencher une explosion. C'était assez stressant parce que les gars n'étaient pas du tout rigoureux. Ils faisaient n'importe quoi avec les explosifs, laissaient tomber à terre les détonateurs et, comme ils étaient assez fiers, ils n'acceptaient pas qu'on leur montre comment procéder, ils vous arrachaient l'explosif des mains… À un ou deux moments, j'ai bien cru qu'on allait tous se retrouver sur la photo…

Quand on allait plonger avec eux sous les bateaux qui avaient explosé, je leur montrais comment travailler sous des épaves, faire attention à eux, respecter des règles de sécurité, vérifier son matériel, comment se servir de son Lezerman, le couteau suisse du plongeur-démineur, avec sa pince pour dénuder les fils et la petite scie pour découper le PLA-NP, travailler avec des appareils magnétiques en plastique qui ne faisaient ni bulle ni bruit, avoir en surface, sur un Zodiac un directeur de plongée… On prenait une masse de précautions.

Les Libyens n'avaient pas vraiment la culture de la plongée, mais ils étaient assez physiques et ils partaient tout seuls, à l'arrache, sans Zodiac. S'ils ne revenaient pas, tant pis : inch'Allah !

L'après-midi, je me mettais en civil et j'allais travailler avec l'attaché de défense. La marine libyenne nous avait demandé de l'aide parce qu'il y avait encore bon nombre de munitions dangereuses qu'il fallait neutraliser. C'était en fait l'anarchie totale. Il faut imaginer des dépôts de munitions à ciel ouvert, en plein soleil ! Tous les jours on avait à désamorcer des obus de 76 mm, un calibre de tir naval, des munitions qui avaient été sorties de l'eau et séchaient dehors, ultradangereuses. Il suffisait de les faire tomber, ça pouvait partir.

Pour faire plaisir au Capitaine Gelatina, les gars m'en ramenaient pour décorer la salle de cours et si, je gueulais, ils allaient, vexés, fumer dans la salle du café, l'obus sous le bras...

Un jour on a été appelés à Al-Khums, une base navale à une heure de Tripoli, où il y avait des stockages de missiles Automat, des missiles franco-italiens qui ont un portée de quatre-vingts kilomètres et peuvent détruire en mer un navire de guerre. Ces missiles sont lancés depuis de gros camions ou par des bateaux de guerre. Le stock de munitions en plein air avait été détruit par l'Otan, mais certains de ces missiles très abîmés étaient restés là, en plein désert, depuis huit mois.

Quand l'explosif est exposé à une trop forte chaleur il peut picrater, il y a alors une réaction chimique qui le fait se cristalliser comme du sucre. À ce moment, il suffit d'un choc minime, d'un simple contact pour que la détonation se fasse. Un missile, c'est six à sept mètres de long, près de trois cents kilos d'explosif. Les missiles étaient encore dans leurs containers avec leurs propulseurs, c'est-à-dire deux cents kilos de propergol pour balancer le missile, sans compter le carburant pour alimenter la course de l'engin.

Imaginez la situation, le missile totalement shooté, avec l'essence qui fuit, le propergol, l'explosif ! On était au mois de juillet, il faisait entre 40 à 50 degrés, un cocktail plus qu'instable ! Les Libyens voulaient récupérer les installations et avaient demandé à des démineurs italiens de les débarrasser des missiles abîmés. Quand les Italiens ont vu l'état des missiles, ils ont déclaré que c'était trop dangereux et c'est là qu'on nous a appelés.

On nous a présenté la situation en nous disant qu'il fallait venir « faire une expertise d'un missile ». On arrive, encadrés par tout un convoi de l'armée libyenne. Autour du missile, il y a une trentaine de types en uniforme, des gens qui hurlent, un colonel. On s'approche du missile. Il est sur un chariot, dans son container dont la porte enfoncée est entrebâillée. La porte fait peut-être un mètre cinquante, deux mètres de haut. Je comprends qu'on est devant un truc impossible. À ce moment, les Libyens me disent : « Il faut nous en débarrasser ! C'est votre mission, vous êtes là pour ça ! »

On n'est que deux et on n'a pas la moindre idée de ce qu'on peut faire, d'autant qu'il ajoutent : « Derrière, il y en a un deuxième... » On fait cinquante mètres et là, derrière les buttes de terre destinées à protéger les silos, un autre missile mais cette fois à même le sol, la tête de l'ogive sortie du container. « Il faut faire les deux », nous disent les Libyens. On leur demande à voir la doc et on commence à réfléchir à ce qu'on peut tenter.

Le plus dangereux va être de les sortir de leurs containers. La ville la plus proche est à dix kilomètres. Les missiles ont une portée supérieure à quarante bornes, ils sont orientés vers la ville. Si on s'y prend mal... Si on rate la manip, soit le missile va direct sur la ville, soit il explose sur place et dans un rayon de deux cents mètres il n'y a plus personne de vivant...

Par-dessus le marché, les autorités libyennes me disent : « Vous allez avoir des Libyens avec vous parce que nous sommes dans le cadre d'un accord de coopération. Il faut que ce soit nos militaires qui fassent la manip, c'est comme ça ! »

Comme je ne peux rien décider seul, je retourne à Tripoli. L'ambassadeur autorise l'opération et me dit : « Je veux que ce soit un succès. » Mes autorités militaires n'y vont pas par quatre chemins non plus : « Tu te démerdes, les mecs seront avec toi. De toute façon, t'as pas le droit à l'erreur... ».

De retour à Al-Khums, je demande aux Libyens des gens formés pour travailler sur les missiles. Ce sont eux qui vont ouvrir le colis. À l'avant du container, il y a des boulons pyro, des boulons explosifs. Quand on active l'envoi du missile, la commande fait exploser les boulons, la porte éclate, laissant libre le passage pour le missile. Sur le nôtre, les quatre boutons explosifs sont bien là. De quoi y laisser la main, sans parler de l'explosion de l'engin. Il faut des outils spéciaux pour ôter les boulons. Je sais que les Libyens en ont et je demande à leur colonel de donner à ses hommes l'ordre d'ouvrir la caisse pour qu'après on puisse travailler sur le missile.

« C'est pas mon problème, me répond-il, je ne touche à rien, démerdez-vous ! »

Il n'existe aujourd'hui aucune méthode permettant d'ouvrir un container avec ses boulons à poste. Le déclenchement se fait par commande électronique, pas autrement. Et quand vous êtes démineur, vous intervenez toujours sur un missile sorti de sa boîte, jamais à l'intérieur du container ! D'autant que celui-là est défoncé, les boulons ont été choqués. Les parois, c'est du sévère, de la fibre de verre, aussi résistant que de la résine. Est-ce qu'on va prendre un 4x4 et tirer dessus à distance, comme dans les films ? Est-ce qu'on tire, comme ça, sur la porte ?

Ce qui paraît le plus efficace, ça serait de découper tout autour des boulons pyro avec une scie à métaux et, ensuite, désamorcer le missile…

Dans ma tête, je commence à gamberger : « Il y a trois boulons par porte avant de pouvoir atteindre le missile… la munition, je vais passer un paquet de temps dessus… les Libyens vont être à côté… la scie à métaux ça bouge… ça peut créer de la chaleur… »

Après nous avoir dit qu'ils voulaient que les deux missiles soient traités dans la journée, les Libyens nous disent : « Il faut que ce soit fait pour jeudi ! » On est mardi, on a le temps de prévenir Paris. J'appelle mes chefs, le CPCO[1] me donne le feu vert.

Le lendemain, on prépare notre matériel, on part en civil chercher des scies au Castorama local, un magasin de Tripoli qui vend des scies à métaux, des burins, des marteaux. Avec mon adjoint, on se répète la manip, on l'explique aux Libyens qui vont nous aider à préparer les explosifs. J'ai piqué du film alimentaire à la cuisinière marocaine de la *guest house*, de quoi faire des boudins d'explosif pour mettre sur la charge…

J'ai le temps d'appeler ma femme pour lui dire que le lendemain j'aurai peut-être du mal à la joindre. Pour la première fois de ma carrière de plongeur démineur, j'ai le sentiment que je peux y laisser ma peau et elle le sent. Elle me dit : « Attends, tu me fais peur ! » Heureusement elle m'encourage : « Tu me fais peur, mais t'es formé pour ça… »

Mon adjoint aussi me dit qu'il est confiant. En fait, il me l'a avoué après, il n'était pas serein du tout, mais bon, on est partis là-dessus… La nuit, je dors assez mal, ma fille n'a que quatre mois, je repense à tout ce qu'on a appris, je prépare nos méthodes d'action pour le matin.

1. CPCO : Centre de planification et de conduite des opérations.

Avec le traducteur, j'ai sélectionné les deux plus raisonnables de la bande qu'on avait formée, deux anciens commandos kadhafistes. On s'est mis en uniforme et on arrive avec l'attaché de défense à Al-Khums.

Il est 8 heures. On commence à découper tout autour du premier boulon. Rien ne vient, ça ne marche pas. Pour aller plus vite, on prend les marteaux et les burins pour faire céder la fibre de verre et là je vois tout à coup les Libyens qui tapent tout contre les boulons pyro ! On a vraiment eu chaud ! Je leur explique le danger sans que ça les effraie plus que ça. Ils se disent : si ça doit partir, c'est que c'était mon jour, inch'Allah, c'est le destin !

L'armée libyenne a établi un rayon de sécurité de deux mille mètres autour de nous. La température est montée à 40 degrés et on abandonne la tenue pour se mettre torse nu. Au bout de deux heures, on arrive à ouvrir la première porte et on s'aperçoit qu'on n'aura jamais le temps de faire la deuxième. Maintenant, il faut entrer dans le container et placer sur le missile le premier boudin d'explosif. Entre le missile et le haut de la caisse, il y a moins de cinquante centimètres. Je suis le chef, c'est à moi d'y aller. Rien à faire ! Physiquement je ne passe pas ! Mon adjoint qui est tout sec, tout maigre, tout petit, se glisse à l'intérieur. Il est couché sur le missile, il rampe dessus, parvient au fond du container et installe le premier boudin d'explosif. C'est fait. Il me fait signe, je le tire par les pieds, il sort, je lui repasse de l'explosif. À ce moment, j'entends une voix qui dit : « Est-ce que vous voulez de l'eau ? » Je me retourne et vois l'attaché de défense qui a passé le périmètre de sécurité pour nous apporter la flotte ! Je gueule : « Mon colonel, c'est pas votre place ! » Mais lui, il insiste : « Ma place, c'est près des hommes et puis, de toute façon, on est en Libye, il n'y a pas de règles de sécurité, alors moi je suis avec vous ! »

La manip va prendre une bonne heure pour placer l'explosif sur les deux propulseurs, sur la charge à l'avant. Un dispositif supercompliqué parce qu'il ne faut pas la moindre erreur. On arrive à refermer la caisse comme on peut, avec des bouts de bois. Des deux côtés on fait sortir le cordon détonant que les Libyens déroulent loin à l'extérieur. Ensuite on fait venir les tractopelles. Ils vont recouvrir le missile sous un tas de sable de vingt mètres de haut. Du sable mouillé, pour étouffer le souffle de l'explosion.

La matinée est passée et il nous reste le deuxième missile. Les Libyens qui ont quand même un peu flippé nous disent : « Bon, on en a fait un, on s'arrête ! » Je leur réponds : « Pas question, vous ne vous arrêtez pas. On y est, on y est ! Le deuxième est encore plus abîmé. On ne mange pas, on n'a pas le temps, c'est parti ! »

Le colonel libyen vient par-dessus le marché me mettre la pression : « À 15 heures il faut que ce soit fait, avant que je rentre à Tripoli ! »

Le deuxième missile est encore plus instable. On recommence, on gagne un peu de temps parce que la porte est déjà ouverte. Je neutralise directement les deux boulons pyro, je les shunte directement à la main, pas le temps de découper autour. De nouveau les boudins, mais cette fois, c'est un Libyen qui entre à l'intérieur. Le missile n'est plus sur son support et il y a un peu plus de place. On refait la même manip, on remet le sable. Dix minutes avant l'heure H, les deux missiles sont préparés. On repart au pas de tir, on branche les exploseurs.

Je ne suis toujours pas tranquille : les deux missiles ont été un peu travaillés, on a ajouté plein d'explo, si l'explosion ne se déclenche pas et qu'on rate les tirs, il faudra repartir là-bas pour réamorcer, et là ce ne sera pas pareil ! Enlever vingt mètres de hauteur de sable pour réaccéder aux missiles, c'est impossible ! Par-dessus tout, j'ai pas envie qu'on passe pour des pintades...

On est installés au pied de la tour de contrôle, à deux kilomètres des missiles. Je donne le top de l'explosion, le colonel libyen appuie sur le déclencheur pour le premier missile, l'attaché de défense pour le second. Explosions. Les deux tas de sable se volatilisent. Affaire réglée ! À cinq minutes d'intervalle, les deux missiles ont été détruits. Sur place, il n'y a même pas un cratère. Soulagement ! Les Libyens hurlent dans tous les sens, tirent à la Kalachnikov, l'attaché de défense nous félicite, le colonel libyen aussi. On nous a préparé une grande bouffe mais nous, on est rincés physiquement. J'étais épuisé. J'avais perdu six litres d'eau. Du déminage j'en avais fait plein de fois, mais là on était tout seuls, à l'étranger, c'était des munitions conventionnelles, modernes, très perfectionnées, abîmées. Ça a vraiment été une belle manip, une journée particulière...

Le soir tard, j'ai pu appeler ma femme. Elle était soulagée mais m'a dit : « Bon, écoute, à l'avenir, évite de me dire ce que tu fais ! Ne m'en parle pas... »

Paris, 19 février 2014

GUERRE AU MALI

Au cours des années 2000, la France avait dû intervenir à plusieurs reprises en Côte-d'Ivoire avant de parvenir au printemps 2011 à rétablir la stabilité politique en permettant au vainqueur de l'élection présidentielle de décembre 2010, Alassane Ouattara, de reprendre le pouvoir confisqué par Laurent Gbagbo. Moins de deux ans après la fin de la guerre civile, la Côte-d'Ivoire se reconstruit. Avec un taux de croissance de près de 9 % par an, ce pays constitue la deuxième économie d'Afrique de l'Ouest. Au même moment, à la frontière nord, le Mali est frappé par une crise tout à la fois économique, sociale et politique.

2012 est l'année d'une grave sécheresse touchant particulièrement le nord du pays et les communautés d'éleveurs appartenant souvent à la minorité touareg. Depuis des années, les politiques d'ajustement structurel imposées au pays ont aggravé la pauvreté d'une population poussée à l'exode : d'abord vers Bamako, la capitale, puis vers la France. La fragilité accrue de l'économie malienne se manifeste à la fois par la dépendance alimentaire d'un pays qui importe les trois quarts des céréales consommées, mais également par la faiblesse de ses recettes fiscales. Miné par une corruption généralisée et par le développement à grande échelle des trafics de drogue, d'armes et de cigarettes, le pays est classé parmi les dix pays les plus pauvres du monde.

Mali, 2013

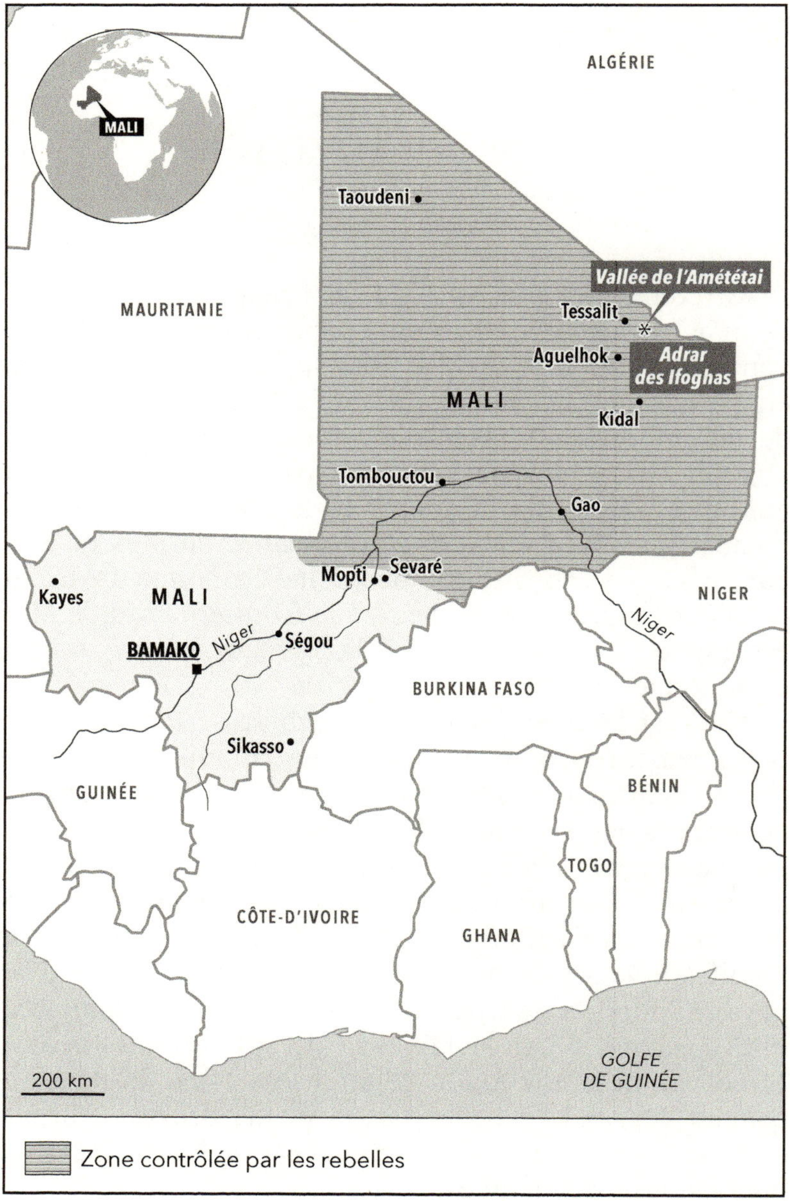

MALI
ALGÉRIE
Taoudeni
MAURITANIE
Vallée de l'Amététai
Tessalit
Aguelhok
Adrar des Ifoghas
MALI
Kidal
Tombouctou
Gao
Mopti
Sevaré
Kayes
MALI
NIGER
Niger
Niger
Ségou
BAMAKO
BURKINA FASO
Sikasso
GUINÉE
BÉNIN
TOGO
CÔTE-D'IVOIRE
GHANA
GOLFE DE GUINÉE
200 km
Zone contrôlée par les rebelles

Grand comme deux fois la France, le Mali est également menacé de fragmentation par le développement de mouvements sécessionnistes de la minorité touareg au nord du pays, mais surtout par la présence de groupes salafistes et djihadistes qui ont, depuis 2006, établi leurs bases et leurs propres lois dans les massifs montagneux du Nord-Est.

Historiquement persécutés, les Touaregs du Nord, répartis comme les Kurdes sur plusieurs États, ont trouvé un soutien avec Kadhafi. La chute du dictateur libyen leur permet alors l'accès à des armes lourdes provenant du pillage de ses immenses arsenaux. En janvier 2012, éclate au nord du pays une rébellion armée. Le Mouvement national pour la libération de l'Azawad (MNLA), créé par des Touaregs auparavant réfugiés en Libye, revendique un État touareg indépendant. Un autre groupe, Ansar Eddine, « défense de la religion » en arabe, proclame sa volonté d'imposer la charia à tout le pays. À ces deux groupes s'ajoutent les djihadistes d'Al-Qaida au Maghreb islamique (AQMI). Déjà présents dans le pays, ils y ont constitué un réduit islamiste avec un groupe issu d'une dissidence d'AQMI, le Mouvement pour l'unicité et le jihad en Afrique de l'Ouest (MUJAO.) Ces deux groupes ont en commun le combat djihadiste et la pratique d'enlèvements d'otages.

À 80 % les Maliens sont musulmans. Dans les régions peu à peu privées de l'aide de l'État, le développement d'actions sociales caritatives menées par les islamistes radicaux a donné à l'islam wahhabite conquérant des djihadistes une nouvelle légitimité. Touaregs et islamistes sont provisoirement parvenus à une alliance. Au début du mois de février 2012, la rébellion s'étend à tout le nord du pays. Sur le modèle des guerres nomades d'Afrique de l'Ouest, les rebelles défient les rares actions de l'armée malienne en se réfugiant de l'autre côté de la frontière commune avec l'Algérie.

À Bamako, les premières photos de soldats maliens égorgés lors de ces combats provoquent des troubles anti-Touaregs. L'armée malienne est limitée à sept mille hommes et le président démocratiquement élu, Amadou Toumani Touré, semble incapable d'enrayer les progrès de la rébellion.

Le 21 mars 2013, devant l'inaction gouvernementale, un groupe de militaires putschistes s'empare du pouvoir. Profitant de la crise politique, au même moment, en trois jours, du 30 mars au 1er avril, les combattants d'Ansar Dine, du MNLA et d'AQMI s'emparent de Kidal, Gao et Tombouctou, et contrôlent la moitié nord du pays. En moins de deux mois, les manuscrits islamiques les plus anciens de la bibliothèque de Tombouctou sont pillés, les mausolées de saints musulmans détruits par les rigoristes wahhabites d'AQMI et d'Ansar Eddine.

Dans les zones occupées par les rebelles se multiplient assassinats, viols, enrôlement de force d'enfants-soldats. Les dépôts de vivres sont pillés, les écoles et les hôpitaux fermés. Les combattants d'Ansar Eddine imposent à la population de nouvelles règles : port du voile pour les femmes, interdiction de bagues, bracelets pour les hommes, interdiction de se raser, de fumer, interdiction de la musique profane. La séparation entre hommes et femmes est partout imposée, la charia devient la loi commune. Des centaines de milliers de Maliens fuient l'avancée des rebelles, cent mille gagnent le Sud, près du double se dirige vers les pays voisins.

Incapable de faire face à la dislocation du pays, la junte au pouvoir, isolée diplomatiquement, condamnée pour ses arrestations arbitraires, est contrainte d'accepter la formation d'un gouvernement de transition, mais la crise gouvernementale va durer jusqu'à la fin de l'année. La présence d'otages français et algériens détenus par les djihadistes au Nord-Mali, le risque de voir l'ensemble du

Sahara et du Sahel, une zone grande comme l'Europe, devenir une sorte d'Afghanistan nomade aux mains d'islamistes radicaux, poussent la communauté internationale à intervenir au Mali.

Le 12 octobre 2012, le Conseil de sécurité adopte une résolution pressant les pays de l'Ouest africain de la Communauté économique des États d'Afrique de l'Ouest (CEDEAO), de préciser les plans concernant une intervention militaire pour reconquérir le Nord-Mali. Le 20 décembre, une nouvelle résolution internationale prévoit la création de la MISMA, la Mission internationale de soutien au Mali, une force africaine sous conduite africaine qui devra aider les forces maliennes à reconquérir le pays et dont le déploiement est prévu pour septembre 2013.

Le 9 janvier 2013, une nouvelle offensive djihadiste menace les villes du centre du Mali et, de là, l'accès au Sud et à la capitale. À la demande du gouvernement malien, le président de la CEDEAO, l'Ivoirien Alassane Ouattara, demande officiellement l'aide de la France au Mali. Le 11 janvier, François Hollande annonce l'engagement de la France « dans le cadre des résolutions internationales ». L'opération « Serval » commence.

À la fin de janvier, les villes de Gao et Tombouctou sont reprises aux islamistes. En visite à Tombouctou le 2 février, le président français réaffirme que « la France restera le temps qu'il faudra ». Les combats continuent au nord-est du pays jusqu'à la chute du réduit djihadiste de l'Adrar des Ifoghas, le 25 mars. Un accord de cessez-le-feu est signé mi-juin. Succès militaire, l'opération « Serval » est la première intervention militaire extérieure menée par le président Hollande. La présentation médiatique du conflit a mis en avant l'efficacité et la rapidité des opérations, mais la difficulté du terrain et l'intensité extrême des combats ont rarement été évoquées, à la différence de l'Afghanistan.

En Afrique, tout en reconnaissant la réussite de « Serval », les dirigeants de la CEDEAO notent qu'une nouvelle fois, après la Côte-d'Ivoire et en l'espace de moins de deux ans, c'est le recours à l'ancienne puissance coloniale qui a permis d'éviter la catastrophe. En France également, l'opinion publique approuve globalement l'opération, à quelques exceptions notables comme l'ex-président Valéry Giscard d'Estaing qui dénonce « le risque d'une action néocoloniale en Afrique ». Certains experts, plus circonspects, remarquent à regret que la France a perdu une nouvelle occasion d'impliquer davantage les autres pays de l'Union européenne. D'autres notent enfin qu'en se plaçant comme fer de lance d'une opération qui devait initialement se dérouler sous commandement africain, la France n'a guère modifié son image traditionnelle de gendarme de l'Afrique.

Pour les spécialistes du terrorisme international, l'action militaire n'a fait que repousser les échéances sans véritablement régler la menace. Un jugement partagé également par tous ceux qui voient dans la fragilité économique et sociale des États de la région la cause principale des menaces à venir. Six mois à peine après l'opération « Serval », l'intervention en République centrafricaine vient confirmer ce sentiment.

« Serval », « Lynx », « Panthère », janvier 2013

Xavier, chef opérations

À la fin du mois de décembre 2012, entre les fêtes, nous étions en exercice à Mailly-le-Camp avec nos camarades britanniques quand les affaires du Mali se sont déclenchées. On a arrêté l'exercice le samedi soir, le 19 janvier, à 20 heures, on a tout démonté dans la nuit, on a rejoint Paris en bagnole pour prendre les ordres.

Mailly, ce n'est pas un endroit très réjouissant, mais remonter sous une tempête de neige la nationale 3, c'était lugubre. La route était couverte de neige, personne n'était passé avant nous. On est arrivés à Paris en début d'après-midi. On était six. Le chef d'état-major, le représentant des RENS[1], des OPS[2], le chef des communications, de la logistique. J'avais été désigné comme patron du G8, les troupes aéroportées. Normalement c'était la place réservée au général commandant la brigade parachutiste, mais comme sur place il allait y avoir le général Barrera commandant la force Serval, le général Lecointre dans le cadre de l'Union européenne, le général de Saint-Quentin qui allait prendre le niveau opératif, un quatrième général dans le dispositif, cela faisait un peu beaucoup ! Il a donc été décidé que ce serait l'adjoint qui partirait.

---

1. RENS : renseignement militaire.
2. OPS : opérations.

En Afrique, j'avais été en République centrafricaine, au Gabon, au Tchad, au Togo, au Rwanda, au Congo Brazza, en république démocratique du Congo, mais je ne connaissais pas le Mali. Tout ce que je savais alors des événements au Mali, c'était des bribes, la radio, le bruit de fond.

Les forces spéciales avaient donné un coup d'arrêt à l'offensive djihadiste une semaine plus tôt, le 11 janvier, mais la première chose était de savoir dans quel contexte général nous allions être plongés. Où se trouvait l'ennemi ? Quand et avec quels moyens allions-nous être engagés ?

Le but de ce *brain storming*, c'était d'étudier les différentes options et d'évaluer les moyens dont nous aurions besoin. Quelques heures plus tôt on était dans notre exercice, en train de réfléchir à la prise des ponts de Rethel et Attignies dans les Ardennes et là, en plein week-end, on préparait une opération aéroportée, on regardait sur le transparent de la carte du Mali un petit point, Gao, en se demandant comment on allait sauter.

Toutes les options évoquées envisageaient la prise d'une des deux villes emblématiques du Mali, Gao, Tombouctou, soit simultanément, soit l'une après l'autre, crochet du droit, crochet du gauche.

Gao, au nord-est, avec le premier pont sur le Niger, c'est aussi l'entrée de l'Adrar des Ifoghas, du désert, et l'étape qui commande plus au sud les routes vers le Mali utile. Tombouctou, c'était une ville avec un aéroport important, un symbole fort, la ville historique et religieuse qui avait subi des sévices. Il fallait absolument la délivrer.

Les parachutistes avaient sauté en opération à Kolwezi en 1978, mais, à la différence de Kolwezi, à Tombouctou tout s'est passé de nuit. La dernière opération avec laquelle on peut vraiment comparer ce que nous avons mis sur pied, c'est celle qui a eu lieu à Suez, en 1956.

On a travaillé sur ces différentes options. On a finalement décidé un posé d'assaut sur Gao, un parachutage sur Tombouctou. Je suis entré le dernier de la bande, j'ai rejoint Toulouse lundi en fin de journée pour préparer mon sac et redécoller le lendemain matin avec une équipe réduite en direction d'Ouagadougou pour planifier l'opération.

À Gao, les djihadistes avaient obstrué la piste avec des engins blindés. Il restait moins de neuf cents mètres de piste mais cela suffisait pour faire un posé d'assaut, permettre aux commandos de partir immédiatement au combat à peine l'avion posé, de décharger les premiers véhicules des forces spéciales et de prendre possession de l'aéroport.

À Tombouctou, la piste d'atterrissage avait été obstruée. Les djihadistes avaient placé en travers de la piste un vieil Antonov, multiplié les buttes de terre et de cailloux pour empêcher tout appareil de se poser. Il fallait absolument sauter ou arriver par voie terrestre, et ensuite déblayer l'aéroport avec des engins du génie largués par parachutage.

On ne pouvait pas sauter directement en venant de métropole. Il nous fallait un aérodrome intermédiaire, un endroit où on était chez nous, pas trop loin du théâtre, mais loin des yeux ennemis et avec toutes les commodités. On a choisi Abidjan. On est partis en Airbus, à plus de sept cents : cinq cent cinquante du bataillon para, cent types du régiment de train parachutiste, un petit état-major et le poste de commandement parachutable de la brigade. Les deux cent cinquante légionnaires du REP sont arrivés directement de Calvi le 24, dans l'après-midi.

À Abidjan, il y avait douze appareils de transport militaire, Antonov, Transall, Hercule, sur un aéroport international plus petit que celui de Toulouse. La consigne était de dire qu'on allait remplacer le dispositif Licorne monté au Mali. Tout le monde nous a crus.

Ensuite, on a préparé le saut techniquement. On avait déjà pas dormi beaucoup auparavant. Moi, j'étais à deux nuits blanches.

On a choisi de faire le parachutage de nuit. Pour un avion militaire français aussi jeune que le Transall ou l'Hercule, mieux vaut décoller à la fraîche. Plus il fait chaud, plus la capacité de fret ou de personnel est réduite. Il a fallu également déterminer les niveaux de nuit. Le transporteur a besoin d'une nuit ni trop sombre ni trop claire. Au cours d'une même nuit, il y a différents niveaux de clarté. En fait, le choix de l'horaire était simple, je voulais que les paras soient à terre, regroupés, prêts à remplir leur mission avant le début de la prière où tout le monde est réveillé. La prière, c'est 5 heures du matin, il fallait être en place à 4 heures. On savait qu'il fallait quatre heures pour aller jusqu'à Gao. La première mission était de s'emparer du pont et de l'aéroport de la ville. La deuxième mission était de prendre le contrôle des sorties nord et est de Tombouctou, de détruire tout élément djihadiste qui en sortirait, puis de s'emparer soit de l'aéroport, soit de la ville tout entière.

Ce qui devait se faire un moment en simultané, s'est fait successivement. Le nom de code pour l'opération sur Gao, c'était « Lynx », pour Tombouctou, « Léopard ».

On nous avait signalé la présence de pick-up ennemis équipés de mitrailleuses lourdes, on a choisi une zone de largage hors de portée de ces armes. Les deux zones de saut étaient initialement prévues au sud de la ville, mais il y avait des épineux, de la caillasse, on a préféré une zone au nord, plus longue, plus large, plus dégagée. Dans la nuit, on a chargé le matériel, mille six cents parachutes passant d'un Antonov à l'autre.

À 2 heures du matin, les avions ont décollé d'Abidjan. Le posé d'assaut sur Gao a eu lieu l'après-midi du 26. Le parachutage sur Tombouctou, dans la nuit du 27 au 28.

Deux cent quarante-six paras ont sauté de nuit sur une zone de trois kilomètres de long. En une heure et demie ils étaient regroupés. Ils étaient chargés comme des mules. La zone n'était pas aussi plate qu'on le pensait d'après les photos aériennes. Il y avait des ondulations de terrain, suffisamment pour avoir des difficultés à se repérer, et des blessés, quatre en tout, dont un grave, le chef OPS du REP.

À Tombouctou, tout se passe bien, la ville est prise. Il n'y a pas de combat. Les djihadistes ont quitté les lieux. Sur l'aéroport, des paras ont sauté avec trois engins, un bulldozer, un tracto-chargeur de quatre tonnes et une petite benne, ce qui leur permet de dégager la piste d'atterrissage. Tout s'est déroulé comme on l'avait conçu. Si surprenant que cela puisse paraître, il n'y a eu ni surprise ni erreur de conception dans la phase parachutage.

La veille au soir j'avais rejoint Gao par Transall, en posé d'assaut pour prendre le commandement des forces qui s'y trouvaient. Il y avait là le groupement des forces spéciales, une centaine d'hommes, qui avait détruit la menace djihadiste autour de l'aéroport et sur le pont avant notre arrivée, ma compagnie parachutiste, cent cinquante hommes, des bataillons maliens. Plus tard sont arrivés la colonne du commandant Berger partie de Côte-d'Ivoire et qui remontait vers Gao depuis Bamako, le bataillon malien du colonel major Dako, les forces nigériennes malo-nigériennes venues de Niamey. En tout on est montés jusqu'à trois mille hommes.

Face à nous, il n'y avait plus rien. Comme à Tombouctou, les djihadistes avaient quitté la zone. Notre premier travail a été d'organiser la défense de l'aéroport. On dégage plus de neuf cents mètres de pistes obstruées par des engins blindés et une butte de terre au beau milieu de manière à permettre aux avions de transport de se poser. On organise les premières patrouilles mixtes avec l'armée malienne, les premiers check points, on sécurise la ville. On aide le maire à relancer l'activité, à remettre en marche la centrale électrique, la distribution d'eau. Les écoles ouvrent à nouveau. Tous les bâtiments officiels avaient été occupés par les djihadistes, les écoles, la caserne, la prison, le commissariat de police, l'hôpital, la mairie et il faut dépolluer les différents sites. Autour de l'aéroport qui a été bombardé, des munitions traînent encore, partout ailleurs, les djihadistes ont laissé des IED qu'il faut désamorcer. Les djihadistes sont revenus les 8 et 9 février. Ils se sont emparés à nouveau de certains bâtiments officiels, il y a eu des attentats suicides mais on les a neutralisés.

Ensuite, on est montés sur l'Adrar des Ifoghas. Là, ce n'était pas planifié. Après les uppercuts donnés par les forces spéciales et l'aviation dans la région de Mopti et Sévaré, les djihadistes ont subi des pertes importantes, mais ils ont également compris qu'ils ne pourraient pas tenir Tombouctou et Gao. Ils se sont alors repliés vers le nord-est. Sur les trois mille qu'ils étaient au début de notre contre-offensive, on a estimé qu'entre six cents et neuf cents s'étaient réfugiés dans leur forteresse naturelle de l'Adrar, qu'ils occupaient depuis une dizaine d'années et qu'ils pensaient inexpugnable.

Après leur saut sur Tombouctou, les gens du REP ont été rapatriés à Abidjan. Ils sont ensuite revenus à Tombouctou assurer la sécurité de la visite du président de la République avant de sauter à nouveau, mais cette fois tout au nord, sur Tessalit. Ils ont commencé par contrôler les abords de la piste du camp et le village avant de reconnaître à quarante kilomètres de là le débouché de la vallée d'Ametetaï, première étape de l'opération de nettoyage de l'Adrar qu'on nous avait demandé de mettre sur pied.

Pour mener à bien l'offensive « Panthère » 3 dans l'Adrar des Ifoghas, j'avais récupéré des forces, une compagnie qui était restée à Abidjan, une compagnie du REP rentrant du Gabon, qui était en stand-by à Niamey, plus le GTIA[1] 3 du 1er RIMa. À Gao restaient les hommes du 92e RI[2] et une partie des hélicoptères.

Dès le début de cette reconnaissance, le 19 février au matin, les gars trouvent des groupes électrogènes, des munitions, des camions, les premières caches djihadistes. Ils voulaient aller plus loin dans la vallée. Ils étaient accompagnés d'un escadron de chars.

À l'entrée de la vallée de l'Ametetaï, à Aguelhok, il y a un goulot d'étranglement et là, contact. Les commandos parachutistes sont au contact à moins de dix mètres. C'est là que meurt Vormezeele, touché au défaut de son gilet pare-balles. J'étais à Tessalit, mais j'ai su aussitôt par radio qu'on avait perdu un homme. Il a fallu une bonne demi-journée pour sortir les gens du contact, récupérer le corps de ce pauvre Harry, se replier, se mettre en barrage. On a su d'emblée qu'on avait en face de nous des gens déterminés. Il y a eu quarante coups de 105, des tirs explosifs sur les positions. Un Tigre a pris dix-neuf impacts dans la caisse, un autre trois ou quatre.

Ça a été un moment déclencheur. Auparavant, l'ennemi avait disparu du paysage, maintenant, on savait qu'il était là. On a donné l'ordre de conserver la position, de bloquer la sortie ouest de la vallée.

Le lendemain, l'escadron blindé est allé vérifier leur présence. Et là, nouveau contact. On s'est repliés sur les

1. GTIA : groupement tactique interarmes.

2. RI : régiment d'infanterie. Les auteurs remercient les soldats rencontrés bien que leur témoignage n'ait pas été repris ici.

positions initiales tout en leur interdisant de sortir de la vallée par ce côté mais, au même moment, j'ai demandé aux Tchadiens d'intervenir à l'autre bout, à l'extrémité est de la vallée. Côté tchadien, les combats se sont soldés par un bilan très lourd, vingt-trois morts, soixante-cinq blessés. Tout cela signifiait que la vallée était bien tenue aux deux extrémités par des djihadistes parfaitement retranchés et déterminés à nous empêcher d'entrer.

Cette vallée d'Ametetaï fait une trentaine de kilomètres de long. Encaissée, orientée ouest-est, elle mesure dans sa plus grande largeur une petite dizaine de kilomètres mais se resserre par endroits à quelques centaines de mètres. Au fond de vallée, du sable, des oueds à sec. Tout autour, des barrières rocheuses. Quelques pistes traversent le massif de l'Adrar mais l'ensemble est impraticable pour les véhicules. Depuis longtemps les djihadistes avaient fait fuir les habitants et, à la veille de notre attaque, ils ont fait évacuer leurs propres familles, les femmes, les enfants, du côté des Tchadiens. Cachés dans des creux de rochers ou dans de simples trous dans le sable derrière des épineux, ils étaient parfaitement retranchés.

Pour les déloger, on a décidé de les surprendre en ne suivant pas l'axe naturel, le fond de vallée à découvert qui n'était pas favorable à nos fantassins, mais en descendant de nuit, depuis le versant nord rocheux jusqu'à leurs positions au cœur de la vallée, les puits et le village d'Ametetaï avec les jardins, les potagers que les djihadistes cultivaient pour leur propre consommation.

Quand on dit village, on a en tête la réalité française. Là-bas, c'est le puits qui est le plus important. La flotte, les jardins, quelques bâtiments en parpaings, voilà le village de l'Ametetaï.

L'idée du dispositif était d'avancer simultanément aux deux extrémités, ouest et est, et de converger vers le centre pour éviter qu'ils réalisent que l'on venait en même temps par le flanc nord.

La descente de nuit sera l'affaire des légionnaires, les deux cent cinquante parachutistes du colonel Desmeulles, rejoints par sa compagnie du REP venant du Gabon, cent cinquante, plus cent cinquante du 1er RCP, plus des sapeurs, environ six cents hommes.

Au total, il y avait quinze kilomètres, mais la marche sera beaucoup plus longue que prévue. Elle va prendre plus d'une douzaine d'heures. Un truc de fou. Il faisait chaud même la nuit, le terrain était difficile, les gars très lourdement chargés ne pouvaient pas avancer en ligne droite, ils devaient mettre en place des appuis, progresser petit à petit.

Ils arrivent en milieu de journée sur les positions nord de la vallée de l'Ametetaï et aussitôt c'est parti, premiers accrochages. Les combats ont duré douze à treize jours, non stop, accrochages tous les jours. Ça commençait dès le lever du jour, vers 6 heures, 6 h 30, dès que nos troupes reprenaient leur progression. C'était toujours nos troupes qui avançaient. Les autres étaient en défensive, dans des cavités, des grottes. L'initiative venait des légionnaires. Quand ils redémarraient leur action, ils se dévoilaient dans le paysage, se faisaient accrocher, ce qui leur permettait de savoir d'où venaient les tirs et de réduire les positions adverses. Le début de l'après-midi et la fin de journée, il faisait très, très chaud et d'un commun accord les combats diminuaient d'intensité.

Les ordres du chef de corps, c'était de réduire l'ennemi au fur et à mesure, de ne rien laisser derrière. Un ratissage systématique de façon qu'il n'y ait aucun danger derrière lui, une fois franchie la première ligne de défense. Il y avait en permanence un appui feu fourni par les avions, les hélicoptères, des Tigres ou des Gazelles, ou par l'artillerie, les deux canons de 120 du 3e RAMa[1], les Césars[2] du 11e RAMa.

L'objectif c'était de matraquer avant de pouvoir aller à pied. La progression était très difficile. C'était un paysage lunaire, chaotique, avec des blocs de pierre volcanique enchevêtrés.

Quand on a perdu Cédric Charenton, le caporal du 1er RCP, j'ai vu revenir une dizaine d'hommes avec des entorses de chevilles et de genoux. J'en ai compris la raison en regardant les images qu'on m'avait envoyées. Sur le terrain, il y avait du sable, mais après c'était des empilements rocheux. Pour éviter de se faire descendre, les gars n'avait pas d'autre choix que de sauter d'un rocher à l'autre pour se mettre à l'abri au risque de se péter la cheville ou les genoux.

Je suis allé sur place dans la nuit du 22 au 23 pour récupérer les corps et les blessés tchadiens. J'ai vu Desmeulles qui venait de s'emparer des jardins de l'Ametetaï. Dans la vallée, il y avait environ six cents djihadistes, des combattants entraînés, aguerris, rustiques, qui n'avaient pas peur de la mort, de redoutables combattants. La moitié s'est évanouie dans la nature, les autres ont été rendre visite au paradis qu'on leur promet...

On a eu des prisonniers. Quand on a pu discuter avec eux, on l'a fait. Certains ne parlaient pas le français, d'autres refusaient de l'utiliser. Parmi eux, il y avait des enfants de douze à quinze ans. Des enfants qui avaient été ramassés à Gao, à Tombouctou et qui avaient été enrôlés.

En tant que prisonniers, ils ont été traités comme il se doit. Ils avaient à manger, de l'eau, de quoi faire leurs ablutions, mais ça restait quand même des jeunes dangereux. Au combat, lorsqu'ils avaient une Kalachnikov,

1. RAMa : régiment d'artillerie de marine.
2. Canons de la dernière génération.

qu'ils tiraient contre un soldat français, à la distance où ils étaient au contact, c'étaient soit eux, soit nous.

Parmi les djihadistes, il y avait aussi un Français de trente-sept ans. Il s'est rendu aux commandos parachutistes. Ce n'est pas un scoop puisqu'il a fait la une de la presse : Djamel dit le Grenoblois, bien connu des services de police. Il a certainement dû avoir une conversion soudaine en prison et il est parti faire le djihad au Mali. À un moment, au cours des combats, il a entendu parler français, il a levé les bras pour se rendre, mais il avait certainement une autre intention parce qu'il a tenté d'entraîner les chasseurs du 1er RCP vers les positions de ses amis, sans doute pour les faire tuer. On l'a remis à la justice française qui le réclamait.

On nous avait initialement annoncé trois mille djihadistes pour tout le pays et je pense qu'à quelques dizaines près on est sur ce chiffre. Sur le plan politique, le président avait été clair, le ministre aussi. La mission c'était de détruire les types. C'est la première fois de ma carrière que j'ai eu un ordre aussi clair, c'est l'ordre du chef des armées. Si dans les premiers combats de l'Adrar, j'avais perdu dix parachutistes ou marsouins ou légionnaires, je pense que ça aurait un peu toussé et que l'option « allez-y les gars ! » aurait peut-être été transformée... C'est compréhensible.

Au cours de l'opération dans l'Adrar, on a eu deux morts. Les morts au combat, on sait d'emblée que tôt ou tard on en aura. Au moment de la préparation de l'opération, on m'avait posé la question : « À combien t'estimes les pertes liées au saut ? » Je n'y avais pas pensé. J'ai répondu 1 %. Sur deux cent cinquante types, j'ai eu deux blessés graves et deux légers. Mais il suffisait qu'il y ait un djihadiste qui dorme mal la nuit et qui aille faire un tour avec sa Kalachnikov au moment du largage. Il m'en aurait descendu cinq, les statistiques étaient fauchées...

Avoir un ou plusieurs morts au combat, c'est un risque conscient, pris en compte dans la conception de l'opération. Les blessés, il y en a eu beaucoup, il y a aussi ceux qui ont eu de la chance.

Un lieutenant a eu une balle qui s'est arrêtée à un centimètre du défaut de la frag. Elle lui a explosé ses chargeurs et son Famas. Un autre a eu une balle, là, qui lui a fait une belle balafre. J'ai eu au moins cinq ou six types qui ont été des miraculés grâce à leurs équipements de protection. J'ai eu tous types de blessés, mais plus d'entorses que de blessés par balle. Malgré le surpoids, les équipements de protection ont limité le nombre de morts.

Avant d'engager la troupe, j'avais voulu m'assurer d'avoir tout ce qu'il fallait pour lancer l'opération. J'avais insisté pour que l'antenne chirurgicale aéroportée soit déployée à Tessalit, non pas à Gao. Mes priorités étaient d'avoir suffisamment de munitions de 120 pour approvisionner mes mortiers, suffisamment de monde dans le rapport de force avec l'ennemi. On les avait estimés entre trois cents et six cents dans l'Adrar, je multiplie par trois, il me faut au moins mille huit cents types, c'est tout. En plus, en face, ce sont des mecs qui sont retranchés, je sais que je vais perdre du monde, je fais en sorte que mon système d'évacuation sanitaire soit le plus proche et le plus réactif possible.

Ça a été quand même un exploit d'avoir projeté autant d'hommes en aussi peu de temps sur de telles distances, de métropole jusqu'au Mali, de Bamako jusqu'à Gao et Tombouctou, de Gao à Tessalit à l'Adrar des Ifoghas. J'ai eu la chance d'être l'adjoint du général Barrera et de commander les troupes aéroportées. Des choix ont été faits et je les assume, des choix de priorité : j'ai préféré avoir mes obus 105 explosifs, mes mortiers de 120 mm, que d'avoir les treillis sable ou les pompes dernier cri qu'on aurait dû percevoir à Abidjan mais qu'on n'a pas pu nous expédier, l'avion qui devait les apporter étant bloqué en France par une tempête de neige !

Les logisticiens ont fait ce qu'ils ont pu dans des conditions très particulières. Maintenant, on est en guerre et il est évident qu'il y a un certain nombre de matériels qui sont inadaptés, usés. Les matériels ont été mis à rude épreuve dans l'Adrar des Ifoghas. On était quand même dans des situations extrêmes, exceptionnelles. Les mecs ne pouvaient pas poser le derrière par terre, il fallait qu'ils posent un carton de flotte pour pouvoir s'asseoir sur la roche, autrement ils se brûlaient.

Les pompes rafistolées ? Je ne peux pas le nier. C'est tombé au plus mauvais moment, cette question des rangers qui se décollaient, ça s'est fait en plein milieu des combats. J'ai commandé un régiment en Polynésie française et j'avais déjà dit que les colles qu'on avait ne tenaient pas sous les climats chauds. On a profité des rotations d'avions et du monde resté à Abidjan pour aller fouiller dans les sacs et récupérer des rangers. La prochaine fois on aura peut-être des treillis qui seront plus résistants aux genoux ou aux coutures de pantalon, il n'y avait pas non plus de pantalons de rechange...

On peut toujours être mécontent, mais ils ont eu l'essentiel. Ils ont eu des munitions, ils ont eu à boire, ils ont eu des rations, ils ont eu du carburant pour faire voler les hélicoptères, on a pu évacuer nos blessés et nos morts, ça fonctionnait. On est partis pour la guerre, et puis on a fait avec, le reste, on verra plus tard.

Bien sûr, dans la position d'un chef, même si on a des responsabilités et qu'on ne dorme pas, on n'a pas les mêmes contraintes que le gars qui porte son sac et qui va se faire tirer dessus. Mon rôle, c'était de faire en sorte que ce qui était créé ne soit pas trop idiot, que ça fonctionne.

Dans ces conditions, les soldats m'ont surpris, le REP sans surprise, une belle mécanique, bien commandée.

Les gars du RCP aussi qui étaient beaucoup plus jeunes, vingt ans pas plus, des gamins courageux. Quand on monte trois fois à l'assaut d'une position, alors qu'on a perdu un de ses camarades, pour aller déloger l'ennemi retranché avec deux mètres de rocher devant soi, bon, je leur tire mon chapeau ! Ils enduraient quelque chose de très dur, dans des conditions climatiques extrêmes. Des gamins qui étaient à Abidjan, en attente depuis un mois l'arme au pied, en se disant : on y va, on y va pas, et d'un seul coup, il se retrouvent en moins de vingt-quatre heures, transférés d'Abidjan à Tessalit, au milieu de nulle part et en avant mon gars !

Cette opération au Mali, elle a été dure, aussi dure que l'Afghanistan, mais ce n'est pas fini, il aurait fallu d'autres moyens si on avait voulu poursuivre. On devait changer de portage. On avait trouvé l'ennemi, on lui a mis la raclée. Après, ce n'est pas avec cinq mille hommes qu'on règle un problème qui date de plus de dix ans. Parce que, ensuite, il y a la reconstruction de l'État malien, de l'armée malienne, il y a beaucoup de choses à faire. En même temps, se battre ne suffit pas.

Ce que j'emporte avec moi de ces trois mois au Mali, ce qui m'a le plus frappé ? Le visage de Vormezeele, les cadavres des combattants tchadiens. C'est des choses qui restent.

Toulouse, état-major de la 11e brigade parachutiste,
5 mai 2014

Tombouctou, Adrar des Ifoghas,
janvier-mars 2013

Cristian, trente-sept ans, adjudant-chef
Sirin, trente ans, soldat de 1e classe

Cristian

Ça a commencé en décembre, avec l'alerte Guépard. Le régiment, le 2e REP, c'est onze cents hommes. On a appris l'alerte Guépard à la fin de l'année, en décembre, et le 23 janvier on est partis. j'étais à Calvi. Ça s'est clashé comme ça. J'étais officier de permanence, c'est moi qui recevais les messages d'alerte et boum, la nuit, il y a un message qui vient, crypté : « Le 2e REP est mis en alerte Guépard. Départ dans les douze heures. »

Moi, je regarde... Wouah, j'ai pas l'habitude de recevoir un message comme ça ! C'est moi qui dois donner l'alerte, en pleine nuit, il faut suivre le schéma d'alerte exact, vérifier que les choses que l'on dit sont justes, faut téléphoner à tout le monde, au chef de corps, au chef du bureau des opérations. Le matin, le chef de corps part à Paris recevoir les ordres. On prépare tout, le matériel, les listes de personnels, les passeports. Le départ, c'est demain matin, à 7 heures.

Il y avait cinq avions. Deux avec le matériel, trois pour les personnels. Quatre-vingt-cinq par avion, en tout on était deux cent soixante-sept.

Sirin

Moi, en Centrafrique, j'ai eu connaissance tout de suite que le régiment était en alerte Guépard, mais on savait pas, après, on était toujours prêts, parce qu'on avait tout le matériel avec nous.

Cristian

Dans un premier temps, on se prépositionne à Abidjan. On attend le matériel, le regroupement des avions, le ravitaillement, les munitions. Pendant dix ans, j'ai été commando parachutiste et, pour cette action, j'étais officier de renseignement, je faisais partie du commandement. Je savais ce qui était nécessaire aux militaires. On avait pas mal d'informations sur l'ennemi, comment il est, quel matériel il a, quelle façon il a de s'organiser… Les infos, c'est toujours ce qui est électromagnétique, les écoutes, les vidéos, les photos, les avions qui passent, les chars qui observent, les drones, tout ça. C'est pas vraiment sûr à cent pour cent. Cent pour cent, c'est l'homme à pied qui découvre qu'en dessous des arbres, il y a des caches d'armes. Toutes ces informations, elles permettent de ne pas se faire surprendre. C'est pour ça aussi que de notre côté on a pas eu tellement de morts.

On nous avait dit qu'on pouvait partir sur Tombouctou ou bien sur Gao. On a préparé les deux actions et d'un coup c'est parti, pouf, vous allez à Tombouctou. La mission était de contrôler les sorties nord de la ville. Les troupes amies montent du sud, un rouleau compresseur de véhicules, mais il n'y a pas de contact. Pas de contact, pas de contact. Seules les forces spéciales sont au contact. On se demande ce qui va se passer. Est-ce que ça va s'arrêter à Tombouctou ? Est-ce que l'ennemi va s'y mettre en défenseurs et aller au combat ? Est-ce qu'ils vont se réfugier vers l'Adrar des Ifoghas, leur forteresse, ou carrément sortir du pays ?

On est partis d'Abidjan vers 11 heures du soir. Le vol dans le Transall, c'est quatre heures. Les pilotes nous informaient, une patrouille d'hélicos était déjà sur zone en train de chercher l'ennemi. Les Tigres ne voient rien, pas d'ennemi. On continue, on continue. On est entre la Côte-d'Ivoire et le Mali. On était tous chargés à bloc. Le gilet pare-balles, ça fait entre dix-sept et vingt-cinq kilos, la musette, avec l'eau. J'avais récupéré six litres. À manger, pour vingt-quatre à quarante-huit heures. Une ration à manger et une ration de survie si jamais on se perd. Une trousse santé, avec perfusion. Beaucoup de munitions. Moi j'avais déjà vingt chargeurs. À l'époque, j'avais combien ? Cinq cent cinquante sauts, mais en opérationnel c'était le premier. Pour les autres aussi. Ils étaient jeunes, dix-neuf, vingt et un ans. On avait pas sauté en opérationnel depuis Kolwezi. Quatre heures sans bouger, comme ça, pfft, on voulait que sauter. Vers 3 heures, on se prépare pour le largage. Voum ! Tout le monde se lève. Les lumières s'éteignent, tout devient noir, on attend que la lumière verte pour sortir. L'adrénaline, ça monte. C'est pas chaud si vous avez pas peur de ce qui va arriver, mais c'est quelque chose de nouveau. Vous êtes déjà debout, accrochés, serrés vers l'avant et vous attendez le Go ! Go ! Vous savez que toujours vous allez arriver au sol, mais on sait pas comment, c'est tout. Les trois avions viennent l'un derrière l'autre, boum, boum ! Le premier largue quatre-vingt-cinq parachutistes, les autres arrivent, toujours sur le même axe, boum, boum, boum ! Encore quatre-vingt-cinq et encore quatre-vingt-cinq : deux cent cinquante parachutistes ! Les avions larguent à deux cents mètres.

On saute vers 3 heures du matin, à deux kilomètres au nord de Tombouctou, dans les dunes. On sait qu'on doit rejoindre les points de regroupement déjà mis en place par les commandos, de grandes antennes lumineuses, rouges, bleues, jaunes, correspondant aux axes d'infiltration des trois compagnies. La première compagnie doit se regrouper sur le signal rouge, la deuxième sur le jaune, la troisième sur le bleu. J'étais dans le troisième avion, je saute, je tombe dans un ravin, en dessous des dunes. Je ne vois rien. Je commence à marcher. Par rapport au point de regroupement, j'avais un kilomètre et demi à faire dans le sable. On avait une consigne d'infiltration : ne dépassez pas cette distance, parce que sinon, après, il y a plus rien. Un gars me rejoint, un troisième et après boum, boum, ça regroupe. On n'a pas de visuel. On continue, on arrive, on tombe sur le chef de corps avec son radio qui appelle tout de suite les commandos : « Vous êtes où ? Je suis là. Donnez-moi les coordonnées. Tac, tac, tac, on récupère les coordonnées, on met un GPS et on commence à marcher. Il y avait encore des mecs qui arrivaient. « Vous allez où ? – Le point vert... – C'est bon, venez derrière... » Le regroupement, ça a pris deux heures. Il y avait beaucoup de colis, les missiles Milan, avec les trépieds, les grandes mitrailleuses lourdes, plein de choses comme ça. Le chef des opérations s'était blessé en tombant dans le sable. Il pouvait pas rester tout seul. Il a fait un kilomètre et demi avec le pied fracturé, sac sur le dos. Une force morale... j'ai été impressionné ! C'est lui qui gérait tout, il est arrivé et, après, les opérations ont commencé.

Après le regroupement, bam, c'est parti ! Tout le monde doit dire : regroupé ! Cent pour cent regroupé ! Et voum ! Les gens se mettent à partir vers leur objectif. On commence à s'infiltrer. On attend le contact avec l'ennemi. Le combat, c'était d'interdire les sorties de la ville sans mettre les véhicules. Toum, toum, combat et jusqu'à la mort et c'est comme ça. On avance en ligne. C'est toujours le désert. La ville est à deux kilomètres, mais on n'a pas de visuel. À l'approche de l'ennemi, c'est un autre combat. Les appuis se mettent en place, les hommes commencent à avancer. Une fois les appuis assurés, on se place. Les autres avancent. On savait que l'ennemi était à Tombouctou. Le jour commence à se lever. À 6 heures et demie, on arrive à la ville. La population ne nous a pas encore vus. Par les renseignements on sait qu'il y a des check points ennemis. Notre action, c'était la prise de ces check points avant le lever du jour parce que, s'ils commencent à nous voir, ils nous cartonnent à distance. Ils avaient plus de puissance de feu de longue portée par rapport à nous. Ils avaient des 14,5, des 23 mm, des armes à grande portée, des armes de Libye, des stocks récupérés à l'armée malienne. Moi, j'étais avec l'état-major, un peu en arrière. La compagnie de commandos parachutistes fait la reconnaissance. Le point stratégique c'était une école coranique transformée en un camp d'instruction djihadiste. Les commandos y arrivent, pas d'ennemi sur zone, pas de population à l'extérieur. On se met en appui, tac, tac, tac, les trois groupes s'avancent, c'est bon, tout est en place.

Le jour se lève, la population sort. Ah ! Il y a des militaires là-bas. Ils commencent à sortir les drapeaux français, ça veut dire que la population n'est pas hostile à notre présence. Déjà, ça change le mode d'action. « On change de posture, dit le chef de corps, on enlève les casques, vous mettez les bérets, on montre qu'on n'est pas hostiles, qu'on n'est pas venus pour conquérir. » Au même moment, les troupes venues par le sud entrent à leur tour dans Tombouctou. Les ennemis ont fui la ville. On se coordonne. On fait la liaison avec l'armée malienne qui est déjà là. On commence des patrouilles mixtes pour montrer à l'armée malienne qu'on la soutient et aussi qu'il faudra faire le travail correctement, qu'ils n'ont pas le droit de faire n'importe quoi. Ça veut dire pas de pillages, pas de viols, pas de trucs comme ça. Tombouctou, c'est une grande ville, un carrefour, une ville de passage vers le nord du Mali. Cent mille habitants. Avant, la population était pro-djihadiste. Pas mal de gens ont fui avec eux. Il y a un centre historique, les mausolées, les mosquées. Tout ça a été détruit par les djihadistes. Il y avait une grande bibliothèque avec des manuscrits très anciens. On y est rentrés, beaucoup de choses avaient été détruites ou emportées par les islamistes pour les vendre. Pfff...

La population de la ville est moitié touareg, moitié arabe. Dans chaque quartier, il y avait des milices de défense qui sont devenues pro-djihadistes et qui ont fait basculer les habitants de leur côté. Les islamistes du Nord sont ensuite venus prendre le contrôle de la ville. En patrouillant, on découvre des caches de ravitaillement, beaucoup de munitions. Toujours pas d'ennemi. Quand on discute avec les habitants, ils nous disent que les djihadistes sont partis dans la nuit juste avant qu'on arrive. Ils ont pas tiré, ils sont partis comme des mecs normaux, sans rien. Ils ont dû mettre quelque chose sur le visage, camoufler leurs armes et monter dans leur 4x4. Est-ce qu'ils savaient qu'on allait arriver ? J'en sais rien, je ne connais pas leur système d'information. Nous, depuis notre arrivée à Abidjan, on n'avait plus aucune liaison téléphone, plus de contact extérieur pour éviter toute fuite. Mais il y avait aussi l'avance des troupes venant du Sud. La population les a renseignés. Peut-être que cette grosse troupe du Sud leur a fait peur et qu'ils se sont dit : « Pas de problème, on vous attend dans l'Adrar des Ifoghas. »

On est restés deux jours à Tombouctou. Les amis qui venaient du Sud ont pris l'aéroport, un grand aéroport permettant de faire un plateau aérien pour le transport de personnel et de matériel. Nous, on a eu deux jours pour sécuriser la ville. Deux jours pour sécuriser une ville de cent mille habitants, c'est pas énorme, mais le régiment a pas mal d'expérience de contact avec les populations. L'armée française, elle connaît l'Afrique. Moi, je suis roumain d'origine, je parle roumain et français. Dans une section, il y a toutes les nationalités, russe, polonais, tchèque. Vous arrivez n'importe où, il y en a toujours un qui peut vous aider dans les situations difficiles et qui comprend vraiment la population. C'est ça la Légion étrangère. Dans la deuxième compagnie, il y avait un Malien qui pouvait faire des traductions, discuter avec les gens : « Vous avez vu les djihadistes ? – Oui, ils ont été là-bas, tous dans cette baraque. » Alors, hop, cordon en place, on sécurise, on trouve des armes... mais l'ennemi était parti, et nous, on n'a pas été au contact jusqu'à l'Adrar des Ifoghas. C'est exactement ça qui s'est passé.

On a eu la visite du président de la République, le 2e REP a assuré le cordon de sécurité, et puis on est repartis sur Abidjan.

La deuxième mission, c'est Tessalit. Les forces spéciales ont avancé vers le nord. Elles ont pris Gao, Kidal, une ville proche de l'Adrar des Ifoghas. Elles ont poursuivi leur remontée, sauté sur Tessalit, une ville ennemie, et contrôlé l'aéroport. En même temps, une colonne de véhicules venue du Sud arrive à Tessalit. C'est à ce moment qu'on repart d'Abidjan. On saute sur Tessalit et là, la mission, c'est la reconnaissance des villages proches de l'Adrar des Ifoghas. Dans cette région du Nord-Mali, il y a un axe saharien qui monte vers l'Algérie et passe par Gao, Kidal, Aguelhok, et enfin Tessalit, à la frontière avec l'Algérie. Cet axe est l'axe de ravitaillement djihadiste.

À l'est, l'Adrar des Ifoghas, c'est un massif montagneux, grand comme la moitié de la France. Aller reconnaître à pied, c'est costaud. Une zone énorme, peu d'axes de passage... On commence par la reconnaissance d'un village sur l'axe saharien. Les écoutes ont montré qu'il y avait sur place une présence djihadiste. Au sud, les Français sont à Gao, à Kidal, il y a les forces spéciales avec les Tchadiens. L'action commence ici : trois axes d'infiltration vers la frontière algérienne et en même temps trois axes vers l'est. Il y a des véhicules renforcés par des chars AMX 10RC, des commandos parachutistes autour des chars, des groupes du génie.... Dans ce premier village, pas de contact avec l'ennemi. On trouve juste des indices. On arrive dans des endroits où on voit qu'il y a eu un campement. Dans le désert, les Touaregs sont chez eux. Ils arrivent avec leurs chameaux, ils s'installent, allument un feu, préparent à manger. Ils ramassent les ordures et les brûlent. Les djihadistes, non, ils s'en foutent. Ils sont de passage et laissent tout comme ça. Ils font pas de feu pour pas se faire repérer par les avions... Ils laissent en plein désert des traces de véhicules qui mènent nulle part et puis il y a les caches avec de la bouffe au milieu du désert, Ça c'est des indices. Ça veut dire que ça bouge, qu'il y a quelque chose. Après, commence la deuxième action, chercher l'ennemi. L'Adrar des Ifoghas, depuis dix ans, aucune force malienne n'y était entrée. Les djihadistes y étaient les maîtres. C'est comme les zones tribales du Pakistan, à la différence que les djihadistes au Mali n'appartenaient pas à la région. J'ai parlé avec des Touaregs qui étaient nos traducteurs, nos guides. Ils nous ont dit : « On n'est jamais entrés ici. Je me rappelle parce que, quand j'étais petit, j'étais parti de la famille qui était ici mais après c'était fini, une fois qu'ils sont arrivés, plus personne n'est entré. »

Dans toutes les villes qu'ils ont conquises, à Gao, Aguelhok, les djihadistes ont réquisitionné les Caterpillars. Ils les ont ramenés dans l'Adrar des Ifoghas, ils ont creusé des trous, préparés des fosses de combat, des positions de défense. C'était leur sanctuaire. Ils étaient bien installés, bien préparés, ils attendaient l'armée française. Nous, quand on arrivait dans un village, on prenait contact avec le malek, le maire. Du coup, tout le monde disparaissait. Les djihadistes étaient prévenus par téléphone : « Les Français sont là. ». Les chars sont arrivés face à un défilé entre deux pans de montagne. Ils ont commencé à s'engager et là, bam ! Contact ! Une embuscade. Personne n'était préparé. C'était des tirs à longue distance, trois cents, quatre cents mètres, PKM, Kalachnikov. Les chars veulent déborder, ils remontent au contact avec l'ennemi, à cent mètres, envoient deux trois pelos, mais le terrain, c'était du granit, très difficile à casser, à traverser. Les commandos parachutistes commencent à manœuvrer. Le premier groupe de vingt se met en défense, l'autre monte sur les hauteurs. Riposte. Mais au même moment, putain ! Blessé sur ma position, Vormezeele a été touché. Je demande un appui aérien. La chasse arrive tout de suite. Bam ! Les Tigres entrent en contact, ils avancent. Les unités décrochent parce que le but de l'action, c'était de la reconnaissance, pas d'engager massivement.

Les écoutes identifient à proximité une multitude de liaisons téléphones ou radios ennemies, on est ici face à un centre de gravité djihadiste. On n'imaginait pas trouver si vite la menace, on pensait qu'ils étaient plus à l'intérieur de l'Adrar. La mort de Vormezeele ? Putain, oui, on l'a su tout de suite. Vous savez, moi je suis commando parachutiste, le chef de corps il est ancien commando parachutiste, le chef des opérations aussi. Ça travaille dans la famille, on réfléchit, qu'est-ce qui s'est passé sur place ? Pour nous, un mort, c'est le moment le plus compliqué. Ça fait mal au cœur. Moi, côté renseignement, je me dis : « Est-ce que j'ai bien géré la situation pour le préparer, pour qu'il ait tout pour se sauver ? » Vormezeele, il avait trente-deux, trente-trois ans. On se connaissait bien, depuis huit ans, on avait fait des missions ensemble. C'est moi qui suis rentré à la morgue, à l'hôpital, pour le couvrir et le ramener. C'est moi qui donnais les ordres à ceux qui portaient le cercueil. C'était costaud de le voir comme ça en sachant comme il était avant, combattant, avec l'envie de combat, de chercher l'aventure et tout ça. Putain, le monde, la vie, elle est rien !

La nuit commence à arriver, le chef de corps stoppe le mouvement, ordonne le regroupement. La sortie de l'axe de circulation est interdite, les troupes restent en couverture devant le village ennemi et, le lendemain matin, les chars remontent à l'assaut, restent à distance mais cartonnent la position ennemie. Contact ennemi ! Contact ennemi ! Appuis aériens. Bam ! bam ! bam ! Ça bastonne. Tout de suite, les radios ennemies commencent à tchatcher : « Ouais, ouais, je veux des renforcements positions, je veux... » Le chef de corps dessine la manœuvre : les Tchadiens vont rentrer à l'est de cet axe, la compagnie qui est en Centrafrique va venir nous renforcer, avec encore une section d'appui, des mortiers, des Milans, des 12,7...

Avant même qu'on entre en contact, une compagnie de montagne avait fait la reconnaissance des alentours du village de Tessalit. Ils avaient vu comme le terrain était difficile, il va falloir de l'eau, du matériel. Les cartes étaient pas tellement à jour. Moi j'étais au bureau des opérations. Comme officier de renseignement, on savait qu'il y avait entre cent cinquante et trois cents djihadistes avec cinquante pick-up, des lance-roquettes, des armes lourdes. Il fallait préparer l'action pour ceux qui allaient s'engager. Gérer la situation logistique sur le terrain pour le combattant, chaque jour, chaque nuit, qu'il lui manque pas la flotte, qu'il lui manque pas la bouffe. Cela voulait dire aussi récupérer du gazole, former des convois logistiques qu'on devait surveiller. Il y avait les avions, les hélicos. On ne dormait pas, tout le monde bossait pour donner au fur et à mesure les informations, ne rien oublier, préparer correctement les hommes, comprendre leur niveau de fatigue, ne pas se faire surprendre, ne pas les mettre en danger.

Le but de l'action, c'était conquérir toute cette montagne-là, conquérir la vallée d'Ametetaï qui était le plot logistique djihadiste de tout le Mali. En arrivant, on avait trouvé un GPS djihadiste qui donnait tous les chemins d'infiltration permettant venir de Libye, du Niger, de partout. C'était un très grand secteur. On a tout fait à pied, le commandement à l'arrière, les unités à l'avant. Soixante, soixante-dix kilomètres à pied au total. Dix à vingt kilomètres par jour, au combat, et le plus pénible, la chaleur, 50 degrés ! Une chaleur de fou. Des journées de quatorze heures de marche dans le désert, avec cinquante kilos sur le dos. On était casque sur la tête, avec le gilet pare-balles, vingt-cinq kilos, l'eau, six kilos, la musette, les armes, les munitions. La 12,7 c'est trente-sept kilos en une seule pièce, plus encore douze kilos pour le canon. Le Milan, c'est dix-sept kilos, et en avant !

Les Tchadiens arrivent par l'est dans la vallée d'Ametetaï. Bam ! Ils entrent au contact et là, pff !!! Ils voient des mecs assis comme ça avec leurs armes, qui lèvent les bras. Les Tchadiens s'approchent pour les récupérer et là, les types baissent leurs armes, vroum, ils flinguent plusieurs soldats d'un coup. On n'imaginait pas ce mode d'action, des suicide bombers comme ça, au milieu du désert, des types prêts au combat jusqu'à la mort, des tireurs d'élite parce que la majorité des Tchadiens tués ont été touchés au cœur ou à la tête. Ça a fait des morts et des morts. Les Tchadiens en ont pris plein la gueule, vingt-trois tués et cinquante-six blessés. On savait ce qui nous attendait, un ennemi très aguerri, jusqu'au-boutiste, qui s'en foutait de mourir, prêt à tout, à l'explosion, à mourir en martyr. Ça a changé notre mode d'action. Les djihadistes occupaient la vallée, ils avaient de l'eau, des puits, ils tenaient les hauteurs avec des armes à longue distance. Le but de l'action, c'était de conquérir toute cette montagne. Les Tchadiens sont restés bloqués trois jours sans pouvoir avancer dans la vallée. De l'autre côté, les chars ont commencé à avancer, mais l'ennemi avait mis des mines, des IED qui ont commencé à sauter. Nous, on a choisi un chemin qu'ils n'avaient pas envisagé, on est passés par le nord, dans les montagnes, un terrain très dur, très difficile.

On a fait le silence radio pour l'ennemi, parce qu'ils savaient qu'on les écoutait. On n'a plus eu la possibilité de les détecter parce qu'ils s'étaient mis dans des creux de rocher. On a avancé, yeux grands ouverts, on a cherché. On avait reçu l'ordre de s'imbriquer. On savait par la chaîne de renseignement que l'ennemi se cachait dans des grottes où il y avait tout pour survivre, des vivres, des sanitaires, de quoi se faire des piqûres. Il y avait que l'eau qui leur manquait. On a dit aux troupes : « Faites attention. Vous allez ratisser chaque endroit en ligne. Vous trouvez un trou, vous entrez dedans. Il ne faut pas que l'ennemi puisse faire des dégâts derrière nous. »

Sirin

Nous on est arrivés de Centrafrique en avion, par l'aéroport de Tombouctou qui avait déjà été sécurisé. Le chef de groupe, un sergent, nous a dit qu'on allait rencontrer des ennemis, beaucoup d'ennemis, bien entraînés, avec tel type d'armement. Il nous a dit aussi ce qu'on devait faire si un ennemi levait les mains. Le premier contact, ça a été dans les montagnes. L'ordre était de neutraliser l'ennemi. Les ordres viennent du chef de groupe. Si on tombe sur l'ennemi, on fait un compte rendu au chef de groupe, c'est lui qui donne l'ordre. On est tombés sur deux mecs qui se cachaient de l'armée tchadienne. Ils ne nous ont pas vus. Ils ont contourné une petite montagne et sont tombés sur nous. Ils étaient armés de Kalachnikovs. On les a traités tout de suite, après bien sûr avoir fait le compte rendu.

Cristian

En fait, ça dépendait des situations. Vous repérez un mec armé. Vous voyez qu'il se prépare à combattre. Il va mettre en danger quelqu'un d'autre, bam, on le cartonne ! C'est pas possible de le laisser faire. Maintenant, le type est sans arme, on arrive à courte distance, on lui dit : « Déshabille-toi ! » Il se déshabille, c'est bon. S'il se déshabille pas, ça veut dire qu'il a peut-être quelque chose, bam ! C'est la légitime défense, il n'y a pas d'autre possibilité. Maintenant, vous arrivez sur le poste de combat, ils sont en train de tirer, vous faites une manœuvre tactique. On s'approche d'eux, sans qu'ils nous voient, on est professionnels, et hop, on surprend l'ennemi, on l'a vu avant. Le chef de corps nous avait dit : « Politiquement, on ne peut pas se permettre d'avoir beaucoup de dégâts de notre côté. Votre but, c'est de détecter l'ennemi avant, de le traiter à longue distance et de lui montrer notre supériorité. » Mais parfois on s'est approchés carrément dans les trous de combat, carrément à trois mètres.

Sirin

J'ai jamais été surpris, parce qu'on savait qu'on allait trouver les ennemis. On a toujours avancé sur leurs positions, jamais l'inverse. On était dix. On travaillait au geste, discrets. Les missions, l'ennemi ne savait jamais. Il y avait de gros rochers, ils avaient carrément creusé dedans. Ils attendaient. Nous on les a vus, on avait l'expérience des caches de combat. On avait repéré un petit tunnel où ils étaient cachés. Le sergent a donné les ordres : « On reste dehors, on limite les dégâts, on tire. » Contact. On savait pas combien ils étaient. À la fin, ils étaient encore trois. On a jeté la grenade et après ça a explosé.

Cristian

Un matin, j'étais chef de section, je me réveille, je commence à marcher sur une plaque de granit, je saute sur un deuxième rocher et là, carrément en dessous de moi, crr, crr, je vois un mec qui sort d'une grotte en rampant. Peut-être qu'il pensait qu'on avait avancé et qu'il pouvait sortir pour nous tirer dessus par-derrière. Ce que je fais ? Bam ! bam ! Je le cartonne. J'entends des mecs qui bougent dans la grotte, tac, tac, tac, une rafale à l'intérieur. Le bruit continue, je jette une grenade, bam ! bam ! J'entre à l'intérieur, je vois encore un mec debout qui tient une Kalachnikov, je tire. Au début, c'est l'adrénaline mais, quand vous êtes engagé au combat pendant dix jours, ça descend. Ces dix jours de combat, ça a été dix jours de combat ininterrompu. Il n'y a pas eu des tirs de mortier de tous les côtés, des chars tirant partout, mais ça a quand même été du combat de haute intensité, la surprise tout le temps. On est engagés par tranche de terrain. Une fois qu'on a mis en place les appuis, on regarde, on détecte l'ennemi, là-bas ! Tirs de mortiers, bam ! On guide le mortier, à gauche, à droite. Sur place, go ! Après, il faut reconnaître la position, puis mettre l'appui, la couverture en place. Ensuite, vous, vous montez à l'assaut. On a reconnu le terrain, mais on ne sait pas que là-bas, après le gros rocher, il y a un trou, une cache…

Les gens qui étaient au contact disaient que, dans les postes de combat ennemis, il y avait toujours trois Africains et un Arabe. J'avais cette information. Une fois la manœuvre terminée, je diffusais l'info à tout le monde : « Vous allez arriver sur un poste de combat identifié, il y a toujours quatre personnels, avec un Arabe. Si vous trouvez trois Africains, il faut trouver l'Arabe. Si vous trouvez l'Arabe, attendez-vous à voir les trois autres. On a aussi récupéré des mecs. Des gamins que les adultes avaient abandonnés, habillés comme les adultes, qui combattaient comme eux. On essayait de les faire parler : « Vous étiez combien ? C'est qui, ton chef ? – Abou Zaid. – Tu vas où ? Ici, qu'est-ce qui t'a manqué ? – L'eau. – Ah déjà on sait qu'il faut tenir les puits, il faut pas les laisser. – Qu'est-ce que tu savais ? – Les bombes, les bombes dans la montagne. Beaucoup de bruit mais pas de morts… » C'était du renseignement de proximité immédiate.

On a trouvé plus de trente tonnes de munitions de tous types, des grenades, de l'armement, des vivres en quantité pour préparer le combat dans tout le Mali, des ordinateurs, des téléphones portables, des GPS, des passeports, des pièces d'identité européennes, de tous les pays. On ne pensait pas trouver un ennemi aussi organisé. Ils avaient des mots de code, des transmissions, des radios. Ils avaient camouflé leurs véhicules, creusé au bulldozer des fosses de combat. On a trouvé des vestes de suicide bombers, des ateliers de fabrication d'IED. Ils voulaient les mettre sous des chars. Vous roulez par-dessus et boum, ça pète le char. Ça, c'était le type d'action qu'on trouvait en Afghanistan, en Tchétchénie, avec une coordination, c'était préparé.

Leur structure de commandement, on la connaissait. Il y avait le chef de ce grand Za ha ra, il y avait Abu Zaid, Mokhtar ben Mokhtar, qui est indépendant maintenant et ne fait plus partie d'AQMI.

C'était des chefs politiques et militaires. Abu Zaid, il avait déjà combattu en Tchétchénie, le chef du grand Za ha ra, aussi. On savait que c'était des gens comme ça, avec une grande habitude du combat, une putain de formation militaire, un terrain très bien organisé, des postes de combat, des changements de poste de combats, des combats avec véhicules. Ils avaient organisé tout cela, parce c'était le centre logistique de toute la vallée d'Azawad.

Maintenant, il faut que vous ayez une idée sur toutes les actions. En tout, on a eu cent dix-sept ennemis tués. Les ordres c'était de les fouiller, de prendre des photos, de les enterrer. D'abord pour éviter qu'ils traînent partout et que les bêtes sauvages les trouvent. On les a enterrés, on a recouvert les corps de cailloux, on a noté, le jour, la position pour qu'on ne puisse dire plus tard qu'il s'agissait d'un charnier, d'un massacre fait par l'armée malienne, on est des militaires, on fait les choses correctement, et puis le code d'honneur du soldat et du légionnaire, c'est qu'il faut respecter les ennemis vaincus...

Centre de recrutement de Versailles, 9 juillet 2013

Opérations spéciales, Nord-Mali, 2013

Sébastien, forces spéciales

J'ai fait mes études jusqu'au bac et, quand j'ai eu dix-huit ans, je me suis engagé. Je voulais aller chez les paras, mais j'ai été affecté dans un régiment d'artillerie. Avec ce régiment, j'ai fait plusieurs missions en Afghanistan, c'était plus de l'appui, il n'y avait pas vraiment de contact. Moi, ce qui m'intéressait c'était vraiment le contact, l'infanterie, le combat quoi ! J'ai donc fait une formation complémentaire et j'ai intégré un groupe des forces spéciales et après ça a été le départ en mission pour l'opération « Serval ».

Avant de partir, j'ai pu prendre un peu de vacances en famille. J'ai vingt-six ans, je suis pacsé, j'ai une petite fille. J'ai seulement dit à ma compagne : « Je pars. » Je ne dis pas où, je suis tenu par le secret professionnel, mais je lui explique que je pars dans le désert sahélien pour qu'elle ne reste pas dans l'interrogation totale. De toute façon, sur internet on trouve tout de suite l'information. Ce n'est pas en mentant à sa famille qu'on va avoir sa confiance. On est tenus par le secret professionnel, il y a des choses qu'on n'a pas le droit de divulguer. Pour que ma famille comprenne où je vais, je lui dis que je pars dans le désert sahélien. C'est aussi dur pour nos femmes que pour nous, si ce n'est plus… Elles restent seules à la maison pendant que nous, on est entre nous, soudés, en équipe. Elles sont costaudes. Le boulot à la maison est doublé parce que la deuxième personne qui devait être là n'est pas là. Elles ont beaucoup de paperasse à faire. Ce n'était pas la première fois que je partais mais, là, ma petite avait vingt mois. Pour que les femmes de l'équipe restent en contact, on a essayé de faire un truc avec une bonne ambiance, une petite bouffe pour que nos femmes se voient avant notre départ.

Donc voilà, c'est parti. On est arrivés sur le théâtre le soir. On a eu jusqu'à minuit pour préparer nos affaires. À minuit, on monte dans l'avion. Vers 4 heures du matin, on arrive dans le désert, en plein centre du Mali. On avait des renseignements indiquant que des patrouilles djihadistes circulaient dans la région. Certaines villes étaient contrôlées par l'armée tchadienne, mais le désert sahélien est tellement vaste que les djihadistes arrivent toujours à se déplacer sans attirer l'attention et à passer des armes. À l'aube, on prend un hélico et toute la journée on part reconnaître des camps touaregs. Ce n'était pas des camps djihadistes, juste des familles de nomades. Dans le désert, le bruit de l'hélico, on l'entend avant son arrivée et, en général, quand les Touaregs voient en pleine journée un hélicoptère débarquer, ils sont plutôt coopératifs. Même si on ne sait pas très bien ce qu'ils faisaient cinq minutes auparavant… On débarque avec l'interprète, on inspecte le campement. On trouve des positions GPS notées sur des papiers. C'est des choses qui peuvent servir. On prend le maximum de renseignements. Pas de combat pour cette première journée, mais une très grosse chaleur, cinquante degrés. Ça nous a donné le tempo de la mission qui nous attendait pendant les quatre mois à venir. Après cette longue journée, on retourne sur notre base et, là, grand calme pendant un bon bout de temps, pas de combat, pas d'action concrète jusqu'à ce qu'on ait du renseignement. Il n'y avait pas grand-chose pour la nourriture ou pour se laver. On s'est efforcés de garder la forme, de s'entraîner, on a fait quelques séances de tir.

Au bout d'une dizaine de jours, on a été envoyés sur une autre action. On avait repéré en plein désert une personnalité djihadiste, le numéro deux d'un groupe important, avec son escorte. Peu après minuit, ils s'arrêtent pour dormir. Un homme armé monte la garde. On est à deux cents kilomètres. Décollage à 2 heures du matin. Pendant le transport, on fait les derniers check, on vérifie par binôme, lunettes de vision nocturne, tout le matos. Le problème c'est qu'on manque toujours de temps. Pour ne pas être détectés, les deux hélicos arrivent à contresens du vent, mais on est repérés avant d'arriver, ça leur laisse du temps... Il y a du mouvement sur zone, les personnes commencent à bouger. Dès qu'on sera à portée, le but du jeu sera de se poser au plus près sans pouvoir risquer de se faire tirer dessus... Mais, avant même qu'on se pose, on se fait tirer dessus. Il n'y a pas de lumière mais eux, à force de rouler de nuit, leurs yeux sont habitués et ils savent où on est. On se pose donc à proximité du pick-up, ça continue à tirer, on sort vite, on se met en ligne pour avoir un maximum de champ de tir. On est à vingt, trente mètres les uns des autres. Dans l'hélicoptère d'appui, resté en survol, les deux tireurs d'élite font des tirs de sommation. Et en face, ça continue à tirer ! Nous, on doit respecter les règles opérationnelles d'engagement. On commence par les sommations, ensuite, si l'adversaire continue de nous prendre à partie, on tire. On a donc avancé petit à petit pour les débusquer, dans ce désert il n'y a pas trop de cachettes. Juste des buissons d'herbe à chameau qui font pas plus d'un mètre de haut, mais qui suffisent à masquer ce qu'il y a derrière. On a les jumelles nocturnes et des moyens de vision thermique. Eux, ils connaissent bien le terrain. Ils portent de gros blousons à capuche pour cacher au maximum leur signature thermique. On avance dix mètres par dix mètres, on s'arrête, on observe jusqu'à ce qu'on tombe « nez à nez », en gros à quinze mètres, avec l'un deux. Et là on le neutralise. Cette fois-ci, il y a eu deux mecs qui se repliaient et qui ont été pris en compte par l'hélico. Deux autres qu'on a affrontés, un autre qui était parvenu à s'échapper et qui est revenu le matin. Il nous a tiré dessus : on l'a abattu. Ils étaient cinq en tout dans le pick-up, dont plusieurs djihadistes importants. À la fin du combat, on a respecté les traditions de l'adversaire. Les personnes tuées en plein désert, on les met dans des sacs mortuaires, on creuse des trous, on les enterre, face à l'est conformément à leur religion. Nous, on respecte l'ennemi et ses traditions : on ne sait pas s'ils feraient pareil pour nous, mais nous on le fait. L'action s'était terminée avant l'aube. On est rentrés à la base à 16 heures. Le combat n'a pas pris plus de deux heures, mais on a eu l'impression que ça durait ! On est tellement pris qu'on ne voit pas le temps passer. Ça a été la première action de la mission.

Plus tard, on a identifié un autre responsable djihadiste. Cette fois, on était deux groupes en alerte. On savait qu'il passait la nuit dans un petit campement, toujours dans le désert. Et là, pareil. On nous réveille, il devait être minuit, on nous met en place. Les chefs préparent la manip pour un départ vers 3, 4 heures, juste avant le lever de soleil. Pour nous, c'est un avantage de bosser de nuit parce qu'on a des moyens qu'ils n'ont pas, et puis il y a toujours l'effet de surprise provoqué par la nuit. La désorientation de l'ennemi, c'est quelque chose sur quoi on joue vachement parce que, en pleine journée, il a ses repères beaucoup plus facilement, il connaît mieux son terrain. Là, on part en deux groupes. On arrive. Trois cases rondes, en plein milieu du désert. Pas de mouvement. Le premier hélico se pose, pas au bon endroit, et soulève un nuage de poussière, un nuage de sable qui vole partout. Derrière, le deuxième hélico n'a plus aucun repère : gros bordel, tout le monde est désorienté. J'étais dans le premier groupe, on comprend qu'il y a un problème. Le pilote reste en stationnaire à cinq mètres et fait sortir une grosse corde lisse qui arrive jusqu'au sol. Les gars descendent les uns derrière les autres. On s'avance vers la première maison. On arrive à cinq devant la maison, une case d'une vingtaine de mètres de diamètre, une seule pièce. À l'intérieur, un homme, une femme, plusieurs enfants réveillés par le bruit des hélicoptères. L'homme est sorti : il lève les mains, il coopère. Il fait sortir la femme et les enfants qui sont un peu déboussolés, on essaie de les calmer. On a nos jumelles de vision nocturne et des lampes infrarouges qui nous permettent d'éclairer l'intérieur sans pénétrer dans la case. Il n'y a plus personne à l'intérieur. On vérifie rapidement. On arrive devant la deuxième case. On a appris quelques mots : « Ne bougez pas ! » Les enfants et les femmes sont séparés des hommes qu'on fait tous coucher à terre. On vérifie qu'il n'y a pas de danger, pas d'arme. Au début, le traducteur qui est avec nous reste en retrait. La deuxième partie de notre équipe va vers la troisième maison et, là, on voit deux personnes qui courent s'y réfugier. À l'intérieur, trois hommes et deux enfants. Même procédure, on met les hommes sous surveillance, on met les enfants à l'écart. Pas d'armes, rien. En l'espace de vingt minutes les trois maisons sont vérifiées. On essaie de chercher le maximum de renseignements. Il y a pas mal de sacs, on regarde s'il n'y a pas d'armes et de matériel sensible. À l'extérieur des baraques, il y a un véhicule. On l'inspecte aussi. Tout est clair. On prend les photos des personnes pour identification et on envoie instantanément tout ça à la base. Le jour se lève. On a les réponses pour les photos. Les chefs nous disent qui on emmène, qui on n'emmène pas. Il y en avait un qui nous intéressait, celui pour lequel on avait été envoyés. Le type était dans la troisième maison. Quand on est arrivés, il s'était barré dans la dernière maison. On l'a embarqué. On l'a emmené en hélicoptère jusqu'à la base. Les autres n'ont pas réagi. Ils savaient qu'il avait des choses à se reprocher, ça ne les a pas surpris. Les femmes et les enfants, pas de réaction.

Dans ce type d'opération, les personnes se sentent dérangées, c'est normal. On sent pas mal de choses : la peur, la misère, le mépris de certains villageois. Il y a des endroits où ils vont être contents que nous soyons là, d'autres pro-djihadistes qui les aident. Il y a toujours de la coopération de leur part, La haine, ils ne la montrent pas parce qu'on essaie d'être le plus fermes possible pour éviter que ça déborde. Quand ils nous voient passer, certains enfants nous lancent des « bonjour », ailleurs ça peut être des signes de mépris. Ce qui m'a surpris, ce sont tous les jeunes qui se retrouvent en face de nous, il y en a énormément. Je pense que c'est dû à la pauvreté de leur pays : ils n'ont pas vécu grand-chose, ils peuvent facilement se faire enrôler. Il y a tellement de misère, on voit tellement de choses là-bas qu'on se dit, c'est pas normal, mais c'est compréhensible.

On était rentrés de deux semaines de terrain, on en profitait pour s'entraîner, se reposer un peu, faire du sport, quelques sauts d'entraînement, quelques séances de tir pour toujours rester au top niveau et là, une nuit, on nous prévient qu'on a des informations sur une dizaine de personnes armées qui avaient fait un campement à trois pick-up en plein milieu du désert. Donc, là, ça va très vite, on a une heure pour préparer la mission, on monte dans l'hélico à 3 heures du matin. Il nous fallait une heure et demie de vol à deux cent quatre-vingts kilomètres/heure pour arriver sur l'objectif, le but c'était d'arriver avant qu'ils partent, d'être le plus discrets, le plus rapides possible. On se pose à proximité du premier pick-up, c'était des dunes, on n'avait pas vu se poser l'autre hélico, on n'avait pas de contact visuel avec l'autre groupe, on était un peu désorientés. Avec mon binôme, je me place sur la dune. En avançant, je vois, à peu près à cent cinquante mètres, deux types courir. Ils ne fuyaient pas. Pas du tout de panique, au contraire, une certaine assurance. J'ai senti qu'ils étaient armés et venaient se mettre en place pour tenir la position. Je continue d'avancer sur ma petite dune, je dessine au laser et je lance à la radio : « Deux personnes qui courent, armées, prêtes à aller se positionner. » Avec mon binôme, on fait une cinquantaine de mètres en avançant en ligne sur la dune et là, planqué derrière un petit arbre à chameau à quinze, vingt mètres, il y avait un kéké[1] devant moi. Je sens un gros choc sur ma jambe, un gros coup de jus. Je pense que j'ai sauté sur une mine. Je tombe au sol. Je touche ma jambe, elle est encore là. Je comprends que j'ai été blessé par balle, je lance direct à la radio : « Blessé ! Blessé ! » Pour me protéger, mon binôme riposte et neutralise l'adversaire. Le sang coule, ma jambe gauche est mouillée, un gros jet de sang. Je ne sens plus ma jambe droite, je saigne beaucoup. Gros coup de choc. Je mets cinq secondes à reprendre mes esprits. C'est l'instinct de survie qui reprend le dessus. C'était une nuit de pleine lune, une nuit superclaire, je voyais le sang gicler, ça pissait énormément. J'ai compris tout de suite que l'artère fémorale était coupée. « Faut que je reste calme. Si tu veux t'en sortir, il faut que tu sois le plus compréhensible possible. » En moins de deux minutes, mon collègue de gauche vient directement sur moi. Je lui explique : « J'ai été blessé par balle ici, mets-moi le garrot le plus rapidement possible. » Le fémur droit était cassé, l'artère

1. Jargon militaire : un buisson.

fémorale tranchée par la balle. On est entraînés à ce type de situation, mais là c'est un peu la panique quand même. Ça été très vite. En moins de trois minutes il soulève ma jambe cassée et me met le garrot au niveau de l'aine, à travers le treillis. Je sens qu'il ne serre pas assez. Je lui dis : « Serre plus fort, serre plus fort ! » Et là, plus que la douleur de la balle, je sens la douleur du garrot qu'il a serré au maximum. J'avais déjà perdu deux litres de sang. Pendant ce temps, mes collègues d'à côté sont toujours au contact. Ça tire toujours. Les mecs en face ne sont pas prêts à se rendre. Certains se sont cachés derrière les arbres à chameau, d'autres ripostent. L'infirmier arrive sur ma position. Avec mon binôme, ils me mettent en lieu sûr, cinquante mètres en arrière. La chance que j'ai eue, c'est que les hélicoptères qui nous avaient déposés étaient en stationnaire au-dessus, à cinq minutes de vol. L'hélico s'est posé sous le feu, de nuit : il y en a pas beaucoup qui sont capables de faire ça ! En face, il y en avait deux ou trois qui étaient déterminés, qui tiraient à la Kalachnikov : un autre préparait une grenade. Dans l'hélicoptère, une fois qu'on s'est éloignés de la zone de combat, la douleur s'est réveillée. Je suis resté conscient tout le temps. Ça ne saignait plus. Sur le terrain, les combats ont continué pendant une heure. Par chance, tout s'est bien passé, j'ai été le seul blessé et nous avons fait un prisonnier.

On est rentrés à la base et quarante-cinq minutes plus tard un avion m'a emmené à l'hôpital de campagne de Gao. Trois heures après le combat j'étais sur la table d'opération. J'ai été opéré par un chirurgien vasculaire et un chirurgien orthopédique qui étaient sur place : quand ils m'ont enlevé le garrot c'était limite. Il ne fallait pas que je le garde une heure de plus sinon j'aurais perdu la jambe. Ils m'ont fait un pontage avec une veine qu'ils ont prise sur la jambe gauche, ils m'ont mis un fixateur externe pour réparer la fracture du fémur. J'ai été emmené à Bamako et puis en France directement, par avion spécial.

J'étais depuis quelques jours à l'hôpital de Percy, dans mon lit, tranquillement en train de prendre mon déjeuner et là, d'un coup, je vois du sang plein le lit, je me suis senti tout bête. J'ai regardé ma jambe, le sang giclait. J'ai compris que le pontage avait lâché. L'infirmière qui passait a été très réactive, elle m'a directement fait un point de compression. En fait, quand la balle est entrée avec le sable, j'ai chopé des germes tropicaux qui ont attaqué le pontage. Une semaine après, rebelote, nouvelle hémorragie. Les antibiotiques ne marchaient pas. Ils ont décidé de me faire une greffe pour éviter que la suture soit en contact avec le foyer germique qui était en plein centre de la cuisse. Les chirurgiens ont très bien bossé, ils ont été très têtus ! Au niveau de la fracture, ils m'ont fait une greffe d'une artère d'une vingtaine de centimètres. Comme elles n'étaient plus en contact avec le germe, les sutures ont tenu. Par contre, le germe a attaqué l'os, du coup ils ont dû raboter la partie infectée. C'est pour ça que j'ai perdu sept centimètres sur ma cuisse. Maintenant j'ai une jambe plus courte que l'autre. En fait, j'ai eu de la chance parce que à un moment j'étais un peu sur la sellette : ils parlaient de me couper la jambe. La balle, j'ai eu beaucoup de chance de l'avoir prise au niveau du fémur. Si elle m'avait touché vingt centimètres plus haut, elle était en plein dans le ventre, une zone beaucoup plus complexe. Donc finalement je ne m'en sors pas si mal que ça...

Il existe une opération pour rallonger la jambe, une opération longue. Il faut attendre deux ou trois ans que tout soit consolidé, guéri, ensuite il faut revenir à l'hôpital, on recasse le fémur, ils remettent le fixateur externe et petit à petit, tous les jours, je devrai mettre des coups de clé pour allonger la jambe, le corps créera du cal osseux autour de la fracture. Mais bon, ça prend six mois à un an. Pour l'instant je n'en suis pas là. Je vais d'abord essayer de me guérir de mes blessures et après j'y penserai, tout dépendra de la façon dont je le vis au quotidien. Le fixateur externe, je dois le garder trois mois. Mon mental ça va. C'était un peu dur au début parce que, quand on arrive ici, on est pas mal shooté contre la douleur. En tout, je suis passé vingt-deux fois au bloc opératoire. Quand on dit qu'il faut six mois pour se remettre d'une anesthésie générale, vingt-deux anesthésies générales en deux mois ça fait pas mal !

Au début, même si j'avais un gros soutien de la part de mon régiment, tout ça, et de ma famille, je souffrais un peu d'être rentré de la mission, de laisser les collègues sur place. C'était une mission qui était vraiment intéressante. Quand mon groupe est rentré, ils sont tous passés me voir, il y a un certain lien qui se crée dans ce genre de mission. Pour la suite, mon objectif, c'est de retourner au régiment. Je sais qu'avec sept centimètres en moins ça va être difficile de revenir au niveau où j'étais avant parce que c'est un boulot qui est pas mal physique, mais je vise cet objectif-là. L'avenir dira si je peux ou pas. Je sais que dans tous les cas le régiment ne me laissera pas tomber.

Percy, c'est vraiment un bon hôpital, les infirmières sont supersympas mais six mois à l'hôpital, ça suffit largement. Ça fait loin pour la famille. Même si la CABAT[1] fait très bien son boulot et que tout est pris en charge, c'est compliqué pour ma femme. Elle travaille, c'est toute une organisation avec la petite de monter à Paris. C'est pour ça que j'ai décidé d'aller dans un centre de rééducation près de chez moi pour me rapprocher de ma famille.

---

1. CABAT : cellule d'aide aux blessés de l'armée de Terre. Chaque armée possède sa propre cellule d'assistance.

Ma petite fille, je l'ai revue deux fois depuis que je suis rentré. La première fois, cela faisait deux mois et demi que j'étais à Percy, j'étais complètement dans les vaps, je ne me rappelle plus trop. La seconde fois, c'était il y a un mois. Autrement, je la vois sur internet, sur Skype. Elle a vingt mois. Ça fait sept mois qu'elle voit son père sur un écran vidéo : je pense qu'elle doit se poser pas mal de questions…

Hôpital de Percy, 13 mai 2014

OPÉRATION « SANGARIS », CENTRAFRIQUE

Pays enclavé, plus pauvre encore que le Mali, totalement dépourvu d'infrastructures mais paradoxalement riche en minerais, pétrole, uranium, or et diamant, la République centrafricaine est sans doute, de tous les pays d'Afrique, celui qui depuis les années soixante-dix a vécu le plus continûment sous perfusion de la France.

L'instabilité chronique des gouvernements, la violence permanente des groupes armés au nombre desquels l'armée régulière et la contagion des conflits ravageant les pays voisins, Soudan, Congo, Tchad, ont progressivement enfoncé le pays dans une situation désespérée : très peu d'écoles, presque pas de routes, pas d'infrastructures sanitaires et une population livrée à elle-même, contrainte souvent à l'autodéfense contre les bandits coupeurs de route.

Au Nord comme au Sud, les zones frontalières sont devenue la terre d'élection de tous les groupuscules armés oscillant entre le banditisme et l'extrémisme religieux chrétien ou musulman, Armée de la résistance du Seigneur avec ses enfants soldats, membres de Boko Haram, d'AQMI terrorisant les populations.

Après le coup d'État qui lui avait permis d'accéder au pouvoir en 2003, le général François Bozizé, chrétien comme 80 % de ses compatriotes, s'était fait élire président de la République en 2005.

Tout en concentrant l'opposition conjointe des musulmans majoritaires dans le Nord et de ses adversaires politiques dénonçant son autoritarisme, la corruption généralisée et la fraude électorale, le président Bozizé amorce une politique économique en rupture avec la traditionnelle influence de la France qui lui avait pourtant fourni, en 2006, une aide aérienne contre les rebelles du Nord. Bozizé met à distance les grands groupes français, Areva et surtout Total, jusque-là très implantés dans le pays. En 2012, il confie l'exploitation du pétrole découvert à la frontière tchadienne, à la China Petroleum Corporation. Il se tourne enfin vers la collaboration militaire avec l'Afrique du Sud. En décembre 2012, un de ses principaux opposants passé à la rébellion, Michel Djotodia, parvient à fédérer autour de lui la Séléka, une alliance comprenant les rebelles musulmans du Nord. Les milices armées des Sélékas, vingt mille combattants souvent armés de simples machettes, marchent alors vers Bangui, semant la terreur dans les villages chrétiens. Bozizé, qui a appelé les chrétiens à former des milices d'autodéfense, les antibalakas (antimachettes), ne parvient pas à enrayer la rébellion.

Contraint à un accord de paix en janvier 2013, il se résigne au partage du pouvoir et forme un gouvernement de coalition avec la Séléka. Deux mois plus tard, la coalition vole en éclats. Aidés par les Tchadiens, les rebelles reprennent l'offensive et s'emparent de Bangui. Bozizé s'enfuit. Djotodia se proclame président de la République mais son contrôle sur les milices Sélékas est inexistant.

À partir de l'été, les miliciens sélékas, dont la solde n'a pas été payée, sont sans ressources. En août, sous le prétexte de la chasse aux partisans de Bozizé, ils se livrent à Bangui et ailleurs au pillage et au massacre systématique des chrétiens, tous accusés d'être membres des antibalakas, les milices de l'ancien président. Au mois de décembre, les milices antibalakas chrétiennes infiltrées dans Bangui se livrent à leur tour à des représailles contre les musulmans, supposés soutiens des Sélékas. La riposte séléka déchaîne la violence dans les quartiers chrétiens livrés au pillage. Les massacres font un millier de morts en quelques heures. Dès le mois de novembre, le ministre des Affaires étrangères français, Laurent Fabius, avait évoqué un génocide en préparation en Centrafrique.

Le 5 décembre 2013, le Conseil de sécurité autorise le déploiement de la MISCA[1] pour une période de douze mois. Le soir même, François Hollande annonce l'intervention française : « La situation en Centrafrique est devenue alarmante et même effrayante. Des massacres y sont perpétrés en ce moment même, explique le président de la République, la France n'a pas d'autres objectifs que de sauver des vies humaines. » Avant même le déploiement de la force africaine, les soldats français reçoivent l'ordre de quadriller les points sensibles de Bangui, c'est le début de l'opération « Sangaris ».

Dans une ville d'un million d'habitants divisée par les affrontements entre milices armées, les mille cinq cents soldats français reçoivent comme mission le « désarmement impartial, sans discrimination », selon la formule du ministre de la Défense, Jean-Yves Le Drian.

Comme au temps de la guerre en Bosnie, commence ainsi une impossible opération de sécurisation où il n'y a ni ennemi ni ami. Une mission de police où, pour reprendre la formule de Michel Goya, les forces déployées n'ont pas véritablement « le pouvoir de s'imposer à tout le monde en même temps, de manière que les désarmés ne soient pas tout de suite les victimes des représailles de ceux qui ne le sont pas encore ».

---

1. Mission internationale de soutien à la Centrafrique sous conduite africaine.

Centrafrique : opération « Sangaris »

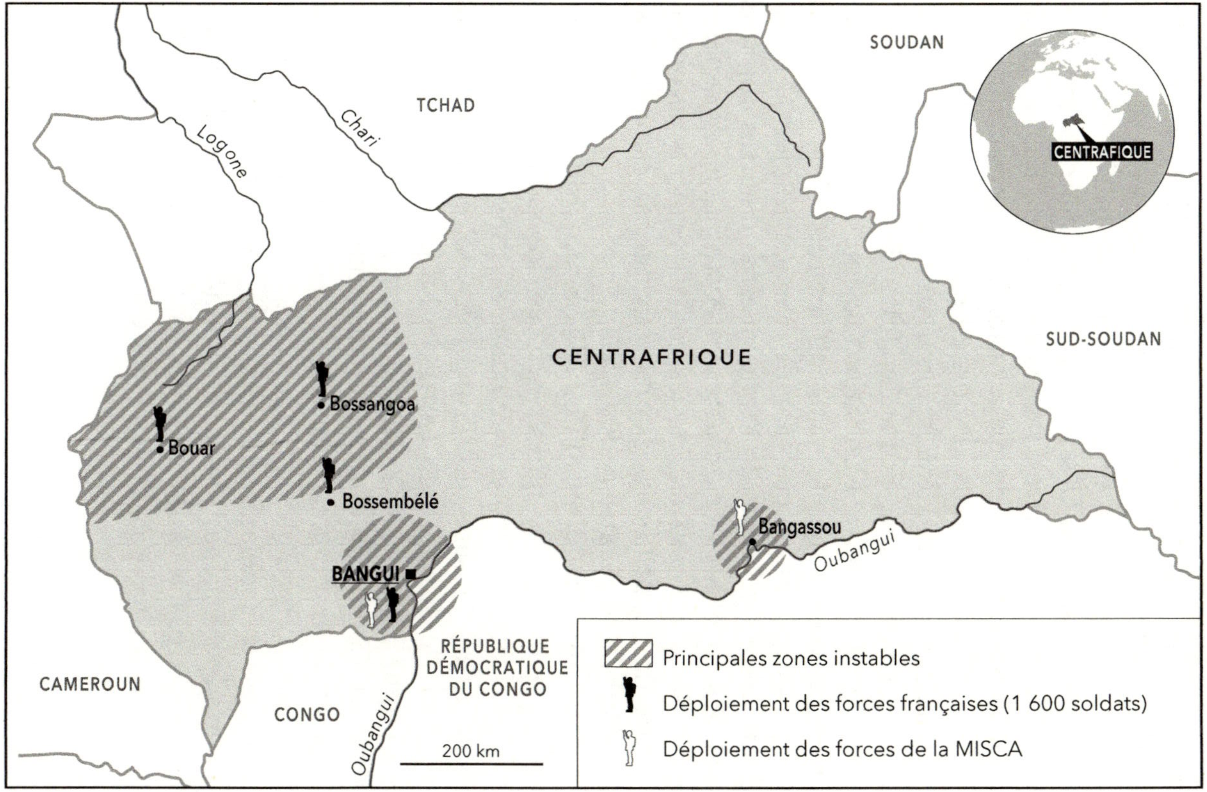

Bangui, « Dieu a quitté l'Afrique », janvier 2014

Vianney, vingt-sept ans, lieutenant ;
Benoît, vingt-huit ans, sergent,
126e régiment d'infanterie de Brive

Vianney

Je suis sorti de Saint-Cyr en 2011. Après un an à l'école de l'infanterie, je suis arrivé au 126e RI en août 2012. J'ai vingt-sept ans, je suis marié, j'ai trois enfants. Je termine ma deuxième année au régiment. Le 18 octobre 2013 on est partis en Côte-d'Ivoire et le 28 décembre en Centrafrique. C'est ma première opération extérieure.

Benoît

J'ai vingt-huit ans. J'ai passé mon bac, je me suis engagé dans la foulée en tant que militaire du rang. J'ai été une première fois en Centrafrique à Birao fin 2006. J'ai été ensuite en Afghanistan en 2008, en Nouvelle-Calédonie en 2009, à nouveau en Centrafrique en 2011. De retour de Centrafrique, j'ai été en formation à Saint-Maixent pendant deux ans et pratiquement dans la foulée je suis parti en Côte-d'Ivoire avec le lieutenant.

Vianney

En Côte-d'Ivoire, c'était de la présence, on formait les sous-officiers de l'armée ivoirienne pendant deux semaines, après on prenait la garde du camp, le camp de Port-Boué, on partait une semaine dans des régions reculées de la Côte-d'Ivoire pour rencontrer la population. On a passé deux jours à Niablé, frontière avec le Ghana. On a rencontré le maire, le roi, les différents acteurs de la vie locale, pour savoir comment ça se passait. Ils n'avaient pas vu de Français depuis cinq ans. On a été accueillis plus ou moins bien. Les gens étaient contents de voir les Français. L'administration ça allait, mais c'était surtout les gendarmes qui étaient hostiles, ils sont restés pro-Gbagbo.

Benoît

Nous, on a fait pas mal de patrouilles à Abidjan, pour sentir la tension et marquer la présence militaire française. On circulait en jeep, zen, le béret sur la tête, l'armement n'était pas visible. Des fois on était bien accueillis, des fois on avait des regards, des petits signes, le pouce en travers de la gorge, montrant qu'on n'était pas les bienvenus. Pas d'embuscade, quelques projectiles, des cailloux, vraiment pas grand-chose.

Vianney

Depuis le renversement de Gbagbo en 2011, ils n'ont plus trop envie de rigoler avec l'armée française. Ça a quand même été violent. Les chars ont débarqué, les Gazelles ont tiré sur le palais présidentiel. Les Ivoiriens ne s'y attendaient pas, ils ne pensaient pas que la France allait intervenir.

Quand on est arrivés en Côte-d'Ivoire, on nous a dit que la compagnie était d'alerte Sahel, on risquait d'être projetés au Mali, mais le truc est progressivement tombé à l'eau. L'alerte en Centrafrique, on n'a rien vu venir. Le soir de Noël, on était de garde. On a été informés le 26 décembre, un vendredi. On a eu un briefing vite fait, la veille du départ, le samedi soir. On nous a expliqué les derniers affrontements, les deux camps, Séléka, antibalakas, avec la MISCA sur place, les derniers affrontements. On ne nous a pas dit quelle était notre mission. On a juste su que la compagnie partait. On a posé des questions, on nous a dit qu'on verrait sur place. Le dimanche on était dans l'avion pour Bangui.

Benoît

C'était la grande inconnue. Je savais depuis 2006 que la Centrafrique c'était une poudrière.

On a décollé dimanche en début d'après-midi. On a atterri à 17 heures, la nuit tombait. Arrivé au-dessus de l'aéroport, j'ai tout de suite regardé sur la droite, il y avait une masse inhabituelle, quelque chose qui n'était pas là l'année précédente. À peine sortis de l'avion, on a été saisis par l'odeur. À deux cents mètres de l'aéroport, séparés des pistes par deux rangées de barbelés, il y avait le camp de réfugiés. Un camp immense, plusieurs kilomètres de long. Il commençait un peu à droite de la tour de contrôle jusqu'au bout des pistes, deux à trois bornes de long, sur plus de la largeur de l'aéroport, monstrueux. Des tentes à l'arrache, aucune protection, que dalle ! Cinquante mille personnes le jour, cent mille la nuit, qui venaient chercher la sécurité de l'aéroport.

Vianney

Notre mission, c'était d'assurer la sécurité de l'aéroport, assurer à tout prix son fonctionnement tout en laissant aux réfugiés la possibilité d'y entrer. Le camp militaire était lui aussi à proximité. Le commandant en second nous a accueilli en nous disant : « À minuit vous relevez le 1er RCP, vous assurez la garde de l'aéroport. » On a tous pris nos petites lampes, on a vidé toutes les caisses, récupéré les armements, les frags, les munitions, tout ça de nuit, un binz total. On prend les consignes, on relève les mecs. Les postes de garde étaient derrière des sacs à sable face au camp de réfugiés. Il y avait un hangar dans lequel étaient stockées les passerelles d'accès aux avions, on nous dit : « C'est votre zone vie. » On s'est tous couchés là, à 3 heures du matin. J'ai pris mon gilet pare-balles, je l'ai balancé en arrière et je me suis allongé dessus. Trois heures après j'étais levé. Cette première nuit, il ne se passe rien. On entend quelques tirs au loin dans Bangui. L'activité de l'aéroport reprend tôt, les avions atterrissent, les réfugiés se réveillent, il y a pas mal de mouvement, on entend des chants, ils font du feu. Le matin, on reprend la garde de l'aéroport et celle du camp militaire. Une section reste en permanence sur le toit de l'aéroport, avec les tireurs d'élite et les Milans, le groupe mortier monte la garde à l'entrée de l'aéroport.

La journée se passe. Le soir, on est complètement enfumés par les feux du camp. Comme le matin, les chants recommencent. Des hymnes religieux, des chants de louange de ces réfugiés qui sont chrétiens. Le lendemain, on reprend le tour des postes. Le dispositif est plus que précaire, deux rangées de barbelés et en face, la foule qui nous regarde. Les femmes font sécher le linge sur les barbelés, les mômes passent partout. On n'a pas le droit de les laisser circuler, mais bon... Au total, on est quatre-vingt-dix, trois sections de trente qui se relaient. De part et d'autre des barbelés, ça tchatche. Les réfugiés parlent français. Ils nous expliquent ce qu'ils nous répéteront pendant deux mois, les Sélékas ont ruiné le pays, les Sélékas sont ici, ils sont là, ils vont venir faire des massacres. Énormément d'infos qui relèvent parfois de la psychose mais qui sont souvent vérifiées. Ils donnent énormément d'infos, parfois vérifiées, mais qui relèvent souvent aussi de la psychose. Ils nous demandent d'intervenir davantage, de les protéger. Pour l'instant ils restent calmes. Cela va durer trois jours. On entend des rafales à droite et à gauche, on voit pas mal de patrouilles françaises d'autres régiments qui partent vers le centre-ville mais on ne sait pas trop ce qui se passe. Tout est assez confus. À part la garde de l'aéroport, on n'a pas de mission claire, on ne sait pas vraiment qui est l'ennemi. Le 31 décembre, on est de garde de l'aéroport, un de mes chefs de groupe vient me voir : « Ça fait trois fois qu'on se fait tirer dessus sur notre poste de combat. » Je le suis, il me montre les manguiers au milieu du camp de réfugiés. C'est de là qu'on leur a tiré dessus. Les réfugiés viennent nous voir : « C'est les Sélékas ! Ils montent dans les arbres pour vous tirer dessus. » Mais nous, on ne voit rien. Je pars faire mon compte rendu et là je tombe sur un gars de ma section, une sentinelle. Le type est collé contre le mur, comme ça, il ne bouge pas. Je lui demande ce qu'il fout là. Il me répond : « Je viens de me faire tirer dessus sur mon poste. » Un peu plus loin, il y a un homme allongé par terre, un civil. Deux gars de ma section sont penchés sur lui. Le type était juste derrière la sentinelle, il s'est pris une balle, ça saigne pas trop, mais il y a sa femme qui nous hurle dessus et demande qu'on l'évacue. On lui fait un pansement par compression. Je rends compte à la radio, mais l'infirmerie me dit qu'ils ne prennent pas les civils, du coup je décide de l'envoyer à l'hôpital de Médecins sans frontières qui se trouve à l'intérieur du camp de réfugiés. J'y entre pour la première fois, pour chercher un brancard. On met le blessé sur le brancard. Il était choqué mais conscient. On arrive à l'hôpital à l'intérieur du camp et là, il y a un médecin, une femme, belge, qui commence à nous gueuler dessus parce qu'on était entrés dans le camp avec nos armes. On n'a pas trop compris. On leur a rendu le brancard, on est sortis du camp et ça s'est arrêté de tirer. Ma sentinelle était en état de choc. Il s'est fait encore deux fois tirer dessus pendant le mandat. Une semaine avant le départ, il était sur un poste avec un autre type. L'autre dormait. Il le réveille tout d'un coup en lui disant : « On nous tire dessus ! » L'autre tente de le rassurer : « Non, y a rien ! » Mais le type, complètement paniqué, part en courant. Il s'est pris dans les barbelés et s'est blessé. Pendant les deux mois qu'on a passés là, je suis incapable de dire qui nous a tiré dessus. Chaque fois, c'était complètement confus.

Benoît

Ça a commencé à chauffer dans la nuit du 31 décembre au 1er janvier. De mémoire c'est parce qu'ils commençaient à parler de la démission de Djotodia, le président Séléka, qui démissionnera finalement le 7 février. Le 31 au soir, on était de sécurisation sur l'aéroport. Toute la journée, il y avait en permanence des gens sur la piste, même la nuit, certains y dormaient carrément. Dès qu'un avion atterrissait ou décollait, on se mettait sur les carrefours qui débouchaient sur la piste pour bloquer les passages des gens et permettre à l'avion de décoller. Le matin du 1er janvier, il devait être aux alentours de 6 h 30, on part dégager la piste pour permettre le décollage d'un Antonov ou d'un Iliouchine qui évacuait des ressortissants tchadiens, tous musulmans. En quelques minutes, la foule s'est massée au pied de l'avion pour l'empêcher de décoller. Sur l'aéroport, il y avait des soldats tchadiens qui appartenaient à la MISCA. Ils sont très vite arrivés en pick-up pour dégager l'avion. Sans sommation, ils se sont mis à tirer à balles réelles sur la foule. Les cent cinquante personnes qui étaient là se sont éparpillées. L'avion qui ne pouvait pas décoller est revenu se garer sur le taxiway, face à la tour de contrôle. On a reçu l'ordre de nettoyer la piste. On a ramassé quatre cadavres. Il y avait un mec qui était encore vivant, il avait pris une cartouche de 7,62 en pleine bouche, il nous regardait. On l'a emmené. Il est mort une heure après. On est retournés à notre zone vie mais peu après, il y a eu un nouvel attroupement, cette fois, mille, mille cinq cents, deux mille personnes qui revenaient bloquer l'avion des Tchadiens. Ça a commencé à partir en vrille. On était une trentaine, même pas une section. Les mecs commençaient à nous contourner derrière avec des machettes. Ils avaient les yeux bleus, un cercle bleu autour des pupilles. Ils devaient prendre je ne sais quelle drogue, ils étaient complètement shootés, complètement alcoolisés. Avec eux, il y avait plein d'enfants, ils les mettaient devant eux en sachant que nous, les soldats français, on n'allait pas tirer. On a fait un cordon de sécurité, mais les enfants ont petit à petit gagné du terrain. On s'est peu à peu retrouvés sur l'aéroport. La foule ne bougeait pas. Ça a duré huit heures, en plein cagnard, avec tous les équipements, jusqu'à l'arrivée de la police congolaise. Les Congolais ont tenté de parlementer, ça n'a rien donné. Ils ont balancé des lacrymos[1] et ont chargé la foule qui

1. Grenades lacrymogènes.

a commencé à se disperser. À ce moment, j'ai vu se planter devant moi un gamin de cinq ou six ans avec un bébé dans les bras. Un bébé de deux mois, pas plus. Au début, j'ai cru que le bébé suffoquait, qu'il nous l'amenait pour qu'on le soigne. Avant même qu'on puisse faire quoi que ce soit, le gamin a pris le nouveau-né à bout de bras, il l'a retourné tête en bas et l'a jeté au sol. La tête s'est fracassée sur le bitume. Des réfugiés se sont rués sur le gamin et ont commencé à le défoncer à coups de bâton. Nous on a récupéré le bébé qui était encore vivant mais inconscient, on l'a amené à l'hôpital de MSF. Le médecin belge nous a regardés : « Qu'est-ce que vous avez fait ? » Limite, c'était notre faute si le bébé était comme ça... Pourquoi ça s'est passé comme ça, je ne sais pas. Tout ce que je peux vous dire, c'est qu'après, quand on est revenus, ceux qui se disaient antibalakas et qui avaient attrapé le gamin étaient plus loin sur la piste, en train de découper un type à la machette, sous nos yeux. La foule était indifférente. Il y avait des gamins partout, c'était trop loin pour qu'on puisse intervenir. Ceux qui découpaient, c'étaient des chrétiens. Pourquoi ? Je ne peux pas dire. Ils étaient camés. Celui qui se faisait découper à la machette, c'est lui qui avait filé le bébé au gamin, c'est ce que j'ai entendu dire. Au début, on pensait que nous devions faire interposition entre les Sélékas musulmans et les antibalakas chrétiens. Là on s'est aperçus que même chez les antibalakas, il y avaient des mecs qui se tuaient entre eux, il n'y avait pas d'ennemi défini. La fin de l'après-midi a été plus calme.

Le soir, quand on a pris la défense de l'aéroport, on a eu quelques cartouches qui sont passées près de nos postes. Des gens du camp de réfugiés sont venus nous prévenir que les Sélékas attaqueraient le camp de réfugiés dans la nuit. Vers minuit, ça tire un peu, sans plus. Le lendemain matin, on est toujours sur nos postes et là, grosse débandade. Les Sélékas sont entrés dans le camp et commencent à tirer et à grenader la foule. À ce moment, je ne peux pas vous dire combien ils sont, mais toute la masse du camp de réfugiés fonce sur l'aéroport. Il y a des enfants, des femmes qui tombent dans les barbelés, ils ne se ramassent même pas entre eux, ils se piétinent pour partir, pour fuir. Panique totale. Je laisse mon adjoint avec le groupe et moi je pars avec cinq éléments pour essayer de voir ce qui se passe. On rentre dans le camp en mode combat loc[1]. Toute cette foule qui nous fonce dessus, on est aux aguets. Des gens viennent de partout. Impossible de savoir si le gars qui passe à côté de vous ne va pas vous mettre un coup de machette. On sait qu'ils sont armés, on entend les coups de feu, les déflagrations des grenades. Il y a des blessés qui ont pris des balles dans les jambes, des blessés à la grenade... On se fait une petite bulle de sécurité à 360 degrés, c'est tout ce qu'on peut faire, on n'a aucun moyen d'intervenir, on attend au cas où il y aurait un Séléka qui se baladerait à mobylette dans le camp. On essaie d'être en mesure de protéger la population mais là, c'est toujours pareil, c'est la grande inconnue : les mecs sont en civil, il n'y a aucun uniforme qui les différencie des autres. Je donne mes ordres pour que chacun prenne son secteur, et après on avance, on est à vingt, trente mètres les uns des autres. On m'a donné l'ordre d'entrer dans le camp, mais aucune consigne d'ouverture du feu. De toute façon, il y a tellement de monde qu'il est impossible de tirer. Cinq ou six Sélékas étaient entrés dans le camp. Un tireur était dans le manguier et faisait du snipping. Nos tireurs d'élite qui étaient sur le toit de

1. Combat en localité, combat en zone urbaine.

l'aéroport ne voyaient rien, mais on entendait bien les tirs, les déflagrations des grenades. Je ne pourrais pas vous dire combien de temps on est restés. On a reçu l'ordre de décrocher et de virer la foule qui était sur l'aéroport et de l'expulser vers le camp de réfugiés. J'ai fait un tube arrière, exfiltré mes personnels et je me suis mis en surveillance face au camp de réfugiés, avec toujours cette masse qui arrivait, qui fonçait sur moi. Dans ma tête, je me suis dit : je les arrête pas, je les laisse passer. Si les mecs se font défoncer, j'ai pas envie de participer à ce massacre. Je préfère qu'ils soient en sécurité sur l'aéroport plutôt que de les refouler et de les laisser se faire massacrer. C'est la décision que j'ai prise. Après, ça s'est calmé.

Sur le coup, l'histoire du bébé, ça m'a un peu travaillé, mais je pensais plus à la santé de mes gaziers, savoir comment ils se sentaient moralement. Certains avaient déjà fait l'Afghanistan en 2010, d'autres ont moins bien accusé le coup. On en a parlé après. C'est vraiment quand je suis rentré, que j'ai retrouvé ma femme, mon fils, que je me suis dit ouf ! Mon fils est né quand j'étais à Bangui, le 16 janvier.

Vianney

À ce moment-là, j'étais sur le camp de M'Poko, le camp militaire, on prenait la garde, quand j'ai appris qu'il se passait le truc sur l'aéroport, je m'y suis rendu avec un groupe. On a vu la section qui était devant avec tous les gamins qui hurlaient, la foule, des mecs avec des machettes un peu plus loin, des gamins qui couraient voir ces mecs, qui leur donnaient des consignes. On avait l'ordre de rester en retrait. Il y avait sur la piste un Antonov ukrainien, le pilote était venu de demander quand il pourrait redécoller. Tout son équipage était monté sur le toit de l'avion. Les mecs étaient en maillot de bain, ils filmaient la foule avec leurs portables, c'était surréaliste ! Ça ne faisait que trois jours qu'on était là. Une semaine plus tard, on a appris la démission de Djotodia, qui est parti se réfugier au Tchad. Le soir même, le camp de réfugiés a fait la fête, les gamins dansaient partout sur les pistes. Dans les jours qui ont suivi, les Sélékas ont été rassemblés dans des camps. Les réfugiés chrétiens ont commencé à sentir que le vent tournait en leur faveur. Nous, on a continué nos manips en alternant la garde du camp militaire, de l'aéroport. On est partis aussi plusieurs fois en patrouille dans Bangui, la ville semblait plutôt tranquille. Un soir, on nous a demandé d'aller au nord de la ville sécuriser une zone entre un quartier antibalakas et un camp séléka dont le chef avait pour nom de guerre « Dieu a quitté l'Afrique ». Les Sélékas étaient sur une hauteur, dans une ancienne caserne. Dans la journée, ils avaient tiré sur les militaires français qui avaient riposté. En bordure du golfe, les soldats du 8e RPIMa avaient découvert un charnier, une dizaine de corps, des chrétiens, des civils de tous âges, des deux sexes. Tous avaient été massacrés à la machette, les tendons arrachés, coupés. Ça devait pas être très vieux parce que les corps étaient assez bien conservés. On devait monter la garde autour pendant la nuit. Le lendemain, les corps devaient être enlevés. Les antibalakas nous avaient dit : si demain matin les corps sont encore là, on attaque. On était en camions et en jeeps. J'ai mis mes gars face au camp séléka. On n'était pas sereins parce qu'on avait réalisé que les Sélékas étaient très bien armés. J'ai jamais vu les mecs surveiller aussi bien, j'étais derrière eux, je leur disais : ça va ? Ils ne se retournaient même pas pour me dire oui ou non. On a passé la nuit. Le lendemain, les gens de l'Onu et les gendarmes sont venus constater le massacre.

Le lendemain, en repartant au camp, j'arrive à un carrefour, le rond-point de la Colombe. Il y avait un attroupement. Au début, je n'y prête pas attention, mais je me rends compte qu'il y a un corps sur la route. Je m'approche. C'était le cadavre d'une adolescente qui avait pris une balle dans la tête. Je demande ce qui s'est passé. Les gens me disent : « Ce sont les Sélékas ! » Le quartier musulman était juste en face. Le temps de faire le compte rendu à la radio, je vois la foule qui part tout d'un coup en courant. Je pense qu'il doit y avoir un Séléka quelque part, je rattrape un type, je lui demande pourquoi tout le monde court, il me montre derrière nous des Rwandais de la MISCA qui se mettaient en place. Les Rwandais, ils nous tirent tout le temps dessus, me dit-il. J'essaie de parler avec les Rwandais mais, depuis 1994, ils ne nous aiment pas trop, du coup, je rentre au camp sans savoir ce qui s'est vraiment passé. Tout était vraiment confus. On patrouillait dans des quartiers complètement déserts, la ville s'était vidée, tout était fermé, il n'y avait plus rien, on ne sentait pas la ville en guerre, mais il y avait des cadavres un peu partout.

Un soir, j'ai reçu une nouvelle mission, surveiller l'entrée du camp Derou, le plus grand camp séléka de Bangui. Le capitaine m'avait dit : « Tu mets un véhicule face à l'entrée du camp, tu surveilles que personne ne sorte. La 12,7 était braquée sur l'entrée principale. On avait reçu l'autorisation de tirer sur toute personne armée hostile à l'extérieur du camp. En fait, on était en situation largement défavorable. S'ils avaient voulu sortir, ils auraient fait un carnage. À l'entrée du camp, il y avait plusieurs mecs armés, avec des RPG, des roquettes. Ils avaient aussi des pick-up. On leur a expliqué qu'on avait ordre de ne pas les laisser sortir et on a commencé à parler avec eux. Jusque-là, on avait discuté qu'avec les antibalakas du camp de réfugiés. Un de ces mecs venait du nord de la Centrafrique, cela faisait dix ans qu'il était dans la rébellion. Au Nord, nous a-t-il dit, on est les laissés-pour-compte du pays, c'est pour ça qu'on est descendus. Et, bon, le mec nous explique que oui, il a massacré des gens, que ça ne le dérange pas, la veille encore, il a chopé un gus et il lui a scarifié son prénom dans le dos pour qu'il se souvienne de lui. Des mecs franchement plus graves que les antibalakas mais en même temps, on a commencé à comprendre que notre vision du conflit opposant les gentils antibalakas et les méchants Sélékas étaient en train de se modifier. Le curseur a commencé à se déplacer, après la démission de Djotodia. Les antibalakas qu'on était jusque-là censés protéger de la menace séléka ont commencé à devenir vraiment hostiles à notre égard. Tous les pillards, tous les connards de Bangui se sont alors déclarés antibalakas pour pouvoir faire leurs petites magouilles. Les mecs se sont mis à faire les chauds. On nous a demandé de désarmer ces antibalakas qu'on voyait rentrer avec des machettes dans le camp de réfugiés. La plupart des réfugiés, c'étaient des paysans, les antibalakas on les reconnaissait à leurs grigris, leurs vestes de treillis. Il y en avait un qui voulait rentrer dans le camp, on avait vu qu'il était armé d'un couteau. On lui a confisqué. Le bonhomme a alors commencé à s'énerver, à trembler, il avait les yeux rouges, il mettait des trucs dans sa bouche, des lames de rasoir pour faire le véner, l'excité. La foule commençait à arriver, une centaine de personnes autour de nous, des gamins. Les mecs nous insultaient, gueulaient que les Sélékas étaient partout, la pression montait. À ce moment, un mec arrive devant nous avec une machette, j'avais jamais vu un truc comme ça. Derrière lui, il y en avait un autre avec un arc, qui nous pointe comme ça, avec ses flèches. Là, j'ai dit au caporal-chef : tu lui rends son couteau, on dégage. On lui a rendu son couteau. Quelques jours plus tard, on était d'alerte au camp militaire de M'Poko. Les gendarmes avaient attrapé un voleur. Ils le relâchent juste devant l'entrée du camp. Il y avait là des dizaines de mecs avec des machettes. Ils récupèrent le gars et l'emmènent. Le planton qui était en faction voit la scène mais ne bouge pas. On vient me prévenir. Je sors du camp. Personne. Je suis la route. À la sortie du camp, à gauche, il y avait un grand champ. Je m'avance. Je marche un peu et je tombe sur un gamin qui me dit : « Il y a un corps, là-bas. » J'ai dû arriver peut-être un quart d'heure après l'enlèvement du voleur. Le corps était au sol, pantalon baissé. Ils lui avaient dépecé le sexe. Ils l'avaient égorgé et lui avaient mis le sexe dans la bouche. J'ai recouvert le corps, j'ai fait le compte rendu et j'ai posté des mecs à distance, ça servait à rien qu'ils voient ça.

Souvent on croisait des types ligotés qui étaient baladés par plusieurs gars avec des machettes, pour moi c'était à peu près clair, mais ça ne l'était pas toujours pour le soldat. Une fois, on était de sécurité de piste, les mecs de chez moi étaient par deux le long de la piste. Ils voient arriver un gars avec une corde autour du cou avec une dizaine d'autres armés des machettes autour de lui. Ils les laissent passer. Quand j'arrive, je vois qu'il y a un peu de tension dans le groupe, le soldat a raconté ça au sergent, le sergent lui dit : « T'as rien fait ? » Ma première réaction, ça a été d'engueuler le type : « Pourquoi tu les as pas arrêtés ? T'es vraiment qu'un con, t'as un mort sur la conscience ! – Attendez, ils étaient deux fois plus nombreux ! De toute façon je pouvais pas leur tirer dessus… » Au fur et à mesure qu'il me parlait, je me suis arrêté, c'était pas forcément un mec brillant, il n'avait pas reçu d'ordre, il n'avait pas la liaison radio. Je lui ai dit : « Bon, écoute, je t'en veux pas, tu étais tout seul, t'as été confronté à une décision qui était largement au-dessus de ton niveau de responsabilité, t'as pas à t'en vouloir... » J'avais du mal à clarifier pour les soldats ce qui se passait. Pas mal de fois, j'ai eu le sentiment qu'on était retombés dans des conflits onusiens, dans les mêmes bêtises qu'on avait pu faire au Rwanda ou en Yougoslavie, en envoyant les gens en forces d'interposition sans leur donner les moyens de se défendre. À part faire des traumatisés, ça sert à rien. On a passé un mois et demi en RCA. Pas mal d'hommes de ma section avaient fait l'Afghanistan, là-bas, ils s'étaient fait tirer dessus deux fois plus, mais ils avaient surtout pu riposter, ce qu'on n'a jamais pu faire, nous, et ce qui, je pense, aurait permis d'évacuer une partie du stress. En Afghanistan, ils n'avaient jamais vu de cadavres dans l'état de ceux de RCA, des cadavres découpés à la machette, pour rien.

Une autre compagnie du régiment repart en RCA et je pense qu'aujourd'hui la situation est différente. Sur le terrain, la situation n'est pas plus claire. Ce qui est plus clair, c'est ce que, nous, on vient y faire. Déjà, pendant notre mandat, les choses ont évolué. Au début, on n'avait pas le droit de tirer sur la MISCA. Et puis, on s'est aperçus que dans la MISCA il y avait les Tchadiens qui prêtaient main-forte aux Sélékas pour faire du porte à porte et tuer les chrétiens. Ils ont même prêté leurs brassards verts aux Sélékas pour qu'ils circulent librement. On s'en est aperçus petit à petit et, du coup, la règle a évolué, on nous a dit : vous tirez sur toute exaction en cours, d'où qu'elle vienne. Les ordres se sont clarifiés. Le problème, c'est que chaque fois les ordres sont venus en réaction à ce qui se passait.

Benoît

En fait, on avait la sensation de ne pas pouvoir faire grand-chose, d'avoir les mains liées. Là-bas, ça fait des années que c'est le bordel, ça sera toujours la même chose tant que les ethnies n'arriveront pas à s'accorder pour marcher ensemble.

Vianney

Moi, je pense que le risque le plus immédiat, c'est une scission entre le Nord et le Sud. Les Sélékas sont repartis dans le Nord. Le répit est provisoire.

On est rentrés en France le 12 février. À la fin du mandat, on nous avait parlé d'un séjour de décompression au Gabon ou en Côte-d'Ivoire. En fait, on a juste eu un repas amélioré. On a rendu la garde le soir, on a tout remis en caisse. On a pris l'avion pour Libreville. On y a dormi. Le lendemain soir, en fin d'après-midi, on est arrivé à Toulouse. Le soir, on dormait chez nous.

Benoît

Maintenant, je suis en fin de contrat. J'ai envie de mener une vie de famille. Ce que j'ai vécu en Centrafrique ? J'en ai parlé brièvement avec mon frère, ma femme, je n'ai pas eu envie de la tracasser ou de l'embêter avec ça.

Vianney

Moi, c'est l'inverse, je lui ai tout dit. Pas sur le moment parce que je ne voulais pas qu'elle s'inquiète mais, une fois rentré, je lui ai raconté. À mes parents aussi. Je pense qu'il faut que les gens sachent ce qu'on fait. Autrement, ils vivent un peu dans les nuages...

Camp des Loges, 30 juin 2014

RETOURS 2009-2014

Trente-cinq mille militaires français sont en mission hors de métropole en 2011. Douze mille d'entre eux sont alors déployés en opérations extérieures dans six régions du globe : en Afghanistan, en Libye, au Tchad, dans l'océan Indien, en Côte-d'Ivoire.

Ceux qui partent en Afghanistan y passent six mois. Pour toutes les autres opérations extérieures, le mandat moyen est de quatre mois, en général précédés de longs mois de préparation et d'une période de mise en alerte.

En une décennie, la nature de ces opérations extérieures a radicalement changé. Les opérations de maintien de l'ordre, comme celles du Kosovo, ont laissé la place, à partir de la guerre en Afghanistan, à des combats de haute intensité.

Professionnalisée depuis la suspension du service militaire en 1997, l'armée a vu son image publique se transformer profondément. Au début des années 2000, le soldat est avant tout, dans l'opinion, un spécialiste qui part en opération humanitaire au bout du monde. À partir de 2008, il est désormais perçu comme un combattant très exposé.

Présenté comme un lien historique fondamental entre la nation et son armée, le service militaire, en s'effaçant du paysage public, a paradoxalement ouvert la voie à une réappréciation du métier des armes, comme le prouvent tous les sondages indiquant l'amélioration graduelle de l'image des militaires dans l'opinion depuis cette époque.

La guerre en Afghanistan, avec ses premières victimes françaises, amplifie les mouvements de solidarité médiatique de la période précédente. En 2006, les députés approuvent la création d'un hommage particulier rendu aux soldats morts pour la France en opérations extérieures, et comportant notamment des funérailles avec honneurs militaires dans la cour des Invalides, à Paris.

Même si, depuis la fin de la guerre d'Algérie, la France ne s'est trouvée impliquée dans aucun conflit majeur, le nombre des soldats mobilisés en cinquante ans dans l'ensemble des opérations extérieures dépasse les quatre cent mille. Plus de six cents morts au combat au cours d'escarmouches, d'embuscades ou d'attentats. Mais à part les reconnaissances professionnelles, décorations, carte du combattant ou témoignages de satisfactions, il n'y avait pas, jusqu'au début des années 2010, de reconnaissance officielle et publique de la nation à l'égard de ces soldats en opérations extérieures, de plus en plus souvent désignés sous le nom de « combattants de la quatrième génération du feu », succédant aux combattants des deux guerres mondiales et des guerres d'Indochine et du Maghreb.

Quelques très rares monuments publics évoquaient ces combats menés au nom de la France. Dans la Meuse, à Haudainville, un monument consacré aux Veilleurs de paix, soldats tués en Bosnie, avait été édifié en 2002. En 2011, pour la première fois dans une commune française, le monument aux morts de Saint-Aupré, dans l'Isère, faisait figurer à la suite des noms de ses morts pour la France celui d'un chasseur alpin de la commune, Clément Chamarier, tué à dix-neuf ans en Afghanistan.

La reconnaissance officielle du pays à l'égard des soldats envoyés en opérations extérieures est exprimée officiellement par le président de la République, Nicolas Sarkozy, lors de la commémoration du 11 novembre à l'Arc de triomphe :

> Pour que tant de souffrances et de sacrifices n'aient pas été consentis en vain, nous avons un devoir moral : faire en sorte que cette histoire construite sur tant de destinées tragiques continues d'être une histoire partagée dans laquelle chacun reconnaît une part de lui-même et puise cette fierté de notre pays que nous voulons garder et que nous voulons transmettent à nos enfants [...] Depuis dix ans, cent cinquante-huit soldats ont perdu la vie et près de mille cinq cents ont été blessés dans ces opérations extérieures. En ce 11 novembre où pour la première fois nous rendons à tous nos morts un même hommage solennel, je voudrais que nous ayons une pensée particulière pour les vingt-quatre soldats qui depuis un an sont morts en Afghanistan.

Le président de la République annonce également l'édification à Paris d'un monument dédié aux soldats morts en opérations extérieures, sur lequel leurs noms seront inscrits. Pour la première fois, cet hommage solennel d'un président de la République s'adresse non seulement « aux morts mais aussi à ceux que la guerre a meurtris dans leur chair, aux blessés, aux mutilés, à ceux qui souffrent toute leur vie d'avoir fait leur devoir ».

Près d'un siècle plus tôt, dans son discours d'investiture devant les députés, Georges Clemenceau évoquait le 20 novembre 1917 : « ces Français que nous fûmes contraints de jeter dans la bataille [qui] ont des droits sur nous ». Dès le lendemain de la Grande Guerre, la reconnaissance et la prise en charge des blessés sont assurées, notamment pour les gueules cassées.

Symptomatiquement, c'est cette même expression qui revient à partir de 2009. Les journaux évoquent ainsi les gueules cassées d'Afghanistan pour désigner ces grands blessés, revenus vivants mais amputés, dont les corps sont polyfracturés, polycriblés par balles ou par éclats d'obus, touchés par toutes sortes de projectiles, grands brûlés, sans compter ceux souffrant de lésions cérébrales, paraplégiques ou tétraplégiques.

Les précédentes générations de combattants avaient connu l'épreuve inimaginable du retour brutal à la vie civile et à la paix après les combats. La majorité était revenue sans blessure, mais tous avaient vu le spectacle terrible de camarades tués ou blessés au combat. Pour éviter ce choc de la guerre à la paix, l'armée britannique avait créé, dès 2005, un sas de décompression à Chypre, trois jours de repos pour les soldats de retour d'Afghanistan. En 2009, l'armée française crée à son tour cette pause pour les retours d'Opex, à Chypre également. Être vivant ne signifie pas être indemne. Au retour de la guerre d'Algérie, les appelés qui avaient été confrontés aux attentats, à la guérilla, au terrorisme et au contre-terrorisme avaient, comme leurs prédécesseurs des deux guerres mondiales, vécu le retour à la paix dans le silence et l'oubli.

Les blessures psychiques et les traumatismes innombrables hérités de cette période commencent seulement aujourd'hui à être reconnus. Aux États-Unis, c'est la guerre du Vietnam avec ses trois millions de combattants qui fait émerger chez les psychiatres la notion de syndrome de stress post-traumatique. Selon l'armée américaine, soixante-dix mille vétérans seraient aujourd'hui victimes de ce SSPT. En France, il faut attendre la fin des années 90 pour que le psychiatre des armées, Louis Crocq, évoque les blessures psychiques de guerre et la nécessaire prise en charge non seulement des combattants, mais aussi des civils victimes d'attentats.

Dans les armées, la prise en charge du stress post-traumatique s'est effectuée au début des années 2000. Le rapport sur la condition militaire consacré en 2011 aux Opex évoque les statistiques de militaires victimes du SSPT dans les contingents alliés en Afghanistan. Pour le contingent britannique 4 à 6 %, pour le Canada 4 % et 10 à 15 % pour les USA.

L'ampleur des dispositifs d'aide aux soldats frappés par ces blessures invisibles s'est démultipliée, s'étendant même depuis 2011 à la création de services externalisés de soutien psychologique destinés non plus seulement aux militaires mais également à leurs familles touchées, elles aussi, de plein fouet, par les conséquences affectives, psychologiques et matérielles de ces opérations extérieures.

Le sas, Chypre, 2009-2012

Antoine, psychologue

Pendant longtemps, la psychologie, dans l'armée de Terre, a été avant tout axée sur l'évaluation des conscrits au cours de la période du service national. À partir de 1996 est apparue l'évaluation des engagés, la question du recrutement et des ressources humaines et, en 2000, le bureau de soutien psychologique, plus directement centré sur la difficulté du métier militaire en opération extérieure et en métropole, du fait de la guerre.

Le problème psy est redécouvert à chaque conflit. À chaque conflit, on se dit : il y a de la souffrance psy, du traumatisme. La médecine, le service de santé des armées se disent : il faut qu'on fasse quelque chose. Émerge alors une notion, celle de soutien psychologique. On en parle après la Première Guerre mondiale, après la Seconde, pas après les conflits de décolonisation où rien de spécifique n'est mis en place. Des soldats rentrant d'Indo ou d'Algérie ont pu être vus, mais il n'y a pas eu de suivi général. Trente ans plus tard, le conflit des Balkans fait redécouvrir la crucialité de la souffrance psychologique liée pas seulement au combat, mais liée aux opérations militaires.

En 1997, était sorti en Angleterre un film, *Warriors, l'impossible mission,* une fiction filmée comme un documentaire et racontant l'histoire d'une section d'infanterie mécanisée anglaise dans les Balkans, entre 1991 et 1995. Le film montrait l'incertitude dans laquelle étaient plongés ces hommes qui ne savaient pas véritablement quelle était leur mission, ce qui altérait les relations au sein de la section minée peu à peu par l'agressivité, les rivalités, conduisant même certains au suicide.

Tous mes camarades qui étaient alors lieutenants, capitaines en mission en ex-Yougoslavie m'ont confirmé que c'était exactement ce qu'ils avaient vécu. Une souffrance psychologique avérée, se manifestant par des épisodes de dépression profonde allant jusqu'au suicide.

Des mecs, pourtant solides dans leur tête, qui se foutaient à chialer comme des gosses sur le théâtre d'opérations. Auparavant, la guerre que l'on imaginait s'inscrivait dans une logique frontale de bloc contre bloc, mais l'ex-Yougoslavie a vraiment été un moment de découverte que tout cela, le sens clair, l'action collective, la guerre comme défense, tout ce à quoi on croyait, avait explosé...

La Yougoslavie, c'était le mélange des genres. Entre la résolution de l'Onu et l'ordre donné au bataillon, rien n'était clair, personne ne pouvait dire ce qu'on avait à faire et les gars se demandaient un peu ce qu'ils foutaient là. Et cela du haut en bas de la hiérarchie.

Lorsque le général Morillon, commandant de la Forpronu, monte sur le capot d'une jeep à Srebrenica et s'adresse aux habitants en leur disant : « Vous êtes maintenant sous la protection des Nations unies [...]. Je ne vous abandonnerai pas ! », ce n'est pas un coup de pression subit, c'est parce que, depuis six mois, il voit l'étau qui se resserre autour de la ville et qu'il n'a pas d'instructions, il n'en peut plus, il ne sait plus quoi faire. Au même moment, il y a la situation à Sarajevo, c'est l'époque des snipers, il y a les ordres et les contrordres concernant le mont Igman, une zone où personne ne doit aller et d'où l'on tire sur les forces alliées ; tout était tellement compliqué que la troupe s'est trouvée complètement perturbée. J'ai en mémoire un gars du génie qui s'est suicidé après avoir construit un pont sur une rivière près de Sarajevo. Un autre, un de mes camarades de Saint-Cyr, un type parfaitement stable psychologiquement qui m'a dit : « En ex-Yougoslavie, j'étais chef de section. Le soir, je pleurais dans ma chambre, parce que je ne comprenais pas ce qu'on me demandait de faire. »

Voilà pourquoi je pense que l'ex-Yougoslavie a été un déclencheur. Le problème, c'est qu'on n'a aucune étude statistique là-dessus. À cette époque, lorsqu'un gars était en état de souffrance psychologique, on le ramenait en France pour être soigné en hôpital militaire, mais l'aveu de cette souffrance psy était malgré tout plutôt mal considéré.

La préoccupation du service de santé c'était qu'il fallait extraire le soldat de son environnement qui l'avait conduit à la souffrance, au trauma psychique et le ramener en métropole. Ce point de vue empêchait d'agir immédiatement en situation de crise au profit du groupe sur le terrain.

Au début des années 2000, le général Roisin, ancien chef de corps du 2e RIMa, décide alors de monter un dispositif d'aide psychologique dit « de l'avant », avec des cellules d'intervention, des capacités à être projetés, un soutien de proximité, immédiat, au bénéfice de la cohérence opérationnelle de la troupe, mais sans extraire les gens sauf les plus gravement impliqués.

La première directive sur le soutien psychologique dans l'armée de Terre date de 2002. Elle évoque la révolution des conflits, la redécouverte des conflits de basse intensité, des effets délétères de l'imprécision du brouillard de la guerre sur des individus. L'approche française de la souffrance psychiatrique était centrée sur le cas individuel. Le nouveau service se propose de prendre en charge les situations où plusieurs personnes sont impliquées, une méthode qui s'inspire de la psychologie anglo-saxonne, du debriefing de groupe, du déchoquage après action, du *defielding*, de la stabilisation collective, partant du principe, qu'il y a des troubles communs dont l'étude permet ensuite de remonter aux cas individuels.

On s'est inspirés de cette manière de voir, très anglo-saxonne, et le premier dispositif de soutien psychologique a été mis en place entre 2002 et 2004, au moment où les forces françaises sont déjà engagées en Afghanistan. Au départ, la CISPAT[1], le soutien psy, c'était quatre psychologues puis huit, prêts à se déplacer sur demande dans n'importe quel coin du globe pour aider à la gestion de situations de crise autour de la mort. Les premières années, le mécanisme est encore artisanal, le nombre de psychologues insuffisant. Le déclencheur, en 2008, c'est l'embuscade d'Uzbeen. Le choc provoqué par la mort des dix parachutistes conduit le chef d'état-major de l'armée de Terre à monter un dispositif complet de soutien psychologique commençant par une alerte précoce, l'identification et l'orientation vers des soins spécialisés et le conseil au commandement. C'est finalement la reconnaissance du fait psychologique, cette espèce de boîte noire qui fait que les gens sont irrationnels, qui doit être prise en compte.

Le dispositif créé part du plus haut niveau du commandement jusqu'au niveau des sections. Il ne s'agit pas de dispenser des soins psychologiques : cela, c'est l'affaire du service de santé ; mais de prendre en compte les phénomènes psychologiques individuels et collectifs dont la détérioration risque de peser sur l'action militaire. Le dispositif part du plus haut niveau, jusqu'à celui des sections. Il faut d'abord identifier et référencer

1. CISPAT : cellule d'intervention et de soutien psychologique de l'armée de Terre.

tous ceux qui vont avoir en charge ce soutien psy. Au niveau de chaque théâtre d'opérations, en l'occurrence à cette époque l'Afghanistan, il y a un psychologue. En dessous, dans chaque bataillon, un conseiller facteur humain, un type dont le job en opérations est la prise en compte des phénomènes psychologiques individuels et collectifs.

Ce gars n'est pas un spécialiste, en général c'est un sous-officier, qui a reçu une formation. On le forme ici, au bureau de soutien psychologique, en cinq semaines. On lui enseigne des petites procédures bien claires de prise en compte du stress au combat, des situations de crise, de l'amélioration de la condition de vie, favorisant la stabilité psychologique.

On lui explique que le combat et l'entraînement au combat amènent chez l'individu l'apparition d'un certain nombre de mécanismes comportementaux d'adaptation à ces situations extraordinaires, d'opposition, de gestion de la violence. Ces mécanismes qui se mettent en place par la restitution et la répétition d'actes simples de vigilance, des réflexes de sécurité sont peu à peu intériorisés par le soldat mais, pour autant, ils ne sont pertinents que pour les actions de combat, ils n'ont rien à faire par exemple au retour dans la vie de famille. C'est ce que ce « M. Facteur humain » devra expliquer aux gars en rentrant, non pas en leur disant : « Changez de comportement ! » mais en leur expliquant qu'il s'agit de leurs comportements au combat.

Une autre de ses missions, pour les *Troups in contact*, en Afghanistan, c'est d'identifier tous ceux qui ont été confrontés à une menace IED ou à des trucs comme ça, pour s'assurer que personne ne sera oublié dans l'identification des potentiellement traumatisés : untel avait tel job, il a été témoin direct, indirect, impliqué. Il était en arrière, il a sauté avec son véhicule sur l'IED.

Cette simple identification des gens aide énormément dans la prise en compte du soutien psychologique. Ça permettra après coup de faire reconnaître des droits à pension, des droits à blessure de guerre, etc.

Les premiers comptes rendus d'expérience, c'est après Uzbeen. Les premiers psys arrivent en Afghanistan en avril 2009, ils y passent chacun deux à trois mois. En fin de mission, ils font un compte rendu indiquant le nombre d'entretiens qu'ils ont réalisés, qui ils ont vu, après quel événement.

Figurent aussi des constats plus généraux sur l'état psychologique de la troupe. En quoi la fatigue opérationnelle détériore les relations, en quoi un soutien logistique plus ou moins efficient amène à des comportements de non-coopération, des choses plus diffuses mais qui rendent compte aussi d'une gravité psychologique.

Parallèlement, un an plus tard, l'armée de Terre décide de créer ce qu'on appelle le sas de Chypre : trois jours de repos à Chypre, sur le chemin du retour, pour faciliter le retour et que les soldats, quand ils rentrent, soient moins étrangers à leur famille. Le sas de Chypre, c'est vraiment trois jours de repos, d'apaisement psychologique après six mois intenses. Chypre, c'est de la détente, l'accélération du retour à la normale, sans véritable action de psychologue.

J'ai été à Chypre, en juillet 2009, au moment où la troupe rentrait. En trois semaines, on a vu environ six cents personnes qui arrivaient par groupe de deux cents à peu près.

Chypre, c'est un processus complet, qui allie des moments de vraie détente à des moments d'entretiens collectifs et d'entretiens individuels, certains à la demande, d'autres imposés parce qu'on pense que sur des postes particuliers les choses peuvent être importantes à être débriefées.

Dans les moments d'information formels, on explique quels sont les enjeux de retour en famille, quels sont les mécanismes et les réactions de stress opérationnel qu'ils ont acquis sans le savoir.

Les types revenaient d'Afghanistan. En 2012, j'en ai également vu revenir du Mali, ils étaient contents d'être à Chypre. Quand on a dit à la force Serval : « Pour vous, il y aura un sas de Chypre », ça a transformé leur motivation à être au Mali. Le sas, c'est pas des vacances, déjà c'est trois jours, ils savent qu'ils ne sont pas là pour glander une semaine, ils sont encadrés, pris en charge, orientés mais en même temps ils ne sont plus en opération. Ils sont dans un hôtel cinq étoiles. Ils passent de leur Algeco ou de leur tente 56 à une chambre à deux. On leur file un bed, un lit ! C'est physiologique mais ça a un effet psychologique d'apaisement qui est énorme.

Les mecs, quand je les revois, ils me montrent des photos de leur piaule, en me disant, « Mon colonel ! Ah ! le sas de Chypre, tiens, j'ai encore la photo de ma chambre ! » Ils retrouvent des choses fondamentales comme pouvoir dormir correctement. En opération, ça reste un basique de l'équipe psychologique, le repos. Et là, tout d'un coup, ils constatent que c'est possible, normal.

Ils ont un emploi du temps, ils ne peuvent pas se lever à l'heure qu'ils veulent. S'ils arrivaient à Chypre, par avion militaire ou par avion civil affrété par l'armée, à 3 heures du mat, on ne leur disait pas : « Bon, vous allez vous lever à 7 h 30 ou 8 heures, début des activités », on leur disait : « Là, c'est rendez-vous à midi. » Pas de caporalisme inutile, un emploi du temps et des ordres clairs.

Sur place, il y a une équipe de soutien, une vingtaine de gus, qui sont là pour mettre tout ça en musique, faire que l'hôtel leur soit accessible. L'hôtel, le Coral Beach Hotel, est immense. Les gars sont mélangés avec des touristes russes, bulgares, allemands. Au début, c'était open bar, mais il y a eu trop de débordements. On a supprimé l'open bar et on leur a dit : vous avez un ticket par jour de boisson gratuite, un cocktail. Si vous voulez consommer de l'alcool, c'est au verre, pas à la bouteille. Mais dans la réalité c'était assez différent...

Avec les filles, les Bulgares, les Russes ? Franchement, je pense qu'il y a eu des problèmes, mais la boîte qui nous loue l'hôtel ne nous a pas dit au bout de six mois : « On n'en peut plus, on ferme » : elle était contente de voir arriver des Français. Certaines parties de l'hôtel étaient réservées à la troupe française, la restauration était dans une salle à part, les activités aussi, mais pour le reste, c'était la mixité. Les soirées de l'hôtel, la piscine de l'hôtel, les gars pouvaient y aller. Ça a duré quatre ans. La boîte a trouvé son compte financièrement, même si le coût n'était pas très élevé. C'était bien pour elle aussi en termes de lisibilité hôtelière. Cela, c'était le cadre, le décor.

Ce qu'on a retenu des debriefings, des entretiens qu'on a eus avec les gars, a été plutôt édifiant. On a été frappé par le nombre de mecs qui rentraient en colère. Les mecs satisfaits de leur mandat ? Il n'y en avait pas ! La première réaction, c'était une réaction de rejet, de colère : « Ce mandat, c'est de la merde, ça fait chier, on était mal commandés, ça rimait à rien ! » C'était verbalisé en debriefing collectif ou individuel, ça dépendait. Une chose est sûre, quand je parle de colère, c'est d'abord à cause du sentiment d'iniquité, d'injustice qu'ils ont ressenti à propos de la mission qu'on leur avait confiée et de ses conditions de réalisation.

Un exemple. En juillet 2012, je vois rentrer du Mali des gens du groupe aéromobile. Dans ce groupe aéromobile qui est un groupe de deux cent cinquante hélicoptères, il y a une section de protection, trente gus, des types récupérés dans les régiments de l'ALAT, cuistots, conducteurs, secrétaires. Arrivés au Mali, ils se forment à la protection, pro-terre, au combat d'infanterie légère pour la protection du groupe aéromobile à Gao. Il y a trente soldats, un sous-officier chef de section et un adjoint sergent-chef. Ces gars-là passent six mois au Mali. Au début, ils sont là pour faire de la protection, ils s'entraînent. Au bout d'un mois on leur dit : « Votre boulot, ça sert à rien ! »

Déjà les mecs se disent pfff… ! On leur explique donc : « Comme votre boulot ça sert à rien, on va vous employer à autre chose, on va faire de vous la section de service général ! » Pendant un mois, ils ont fait de la protection, des missions de garde et, tout d'un coup, le service général, c'est toutes les tâches ancillaires possibles. On leur demande en particulier de monter des tentes climatisées. Gao en été c'est 50, 60 degrés le jour et 30, 35 degrés la nuit. Pendant quatre mois, ils montent ces tentes climatisées, mais il n'y en a jamais pour eux. Donc ça leur fout un peu les croquettes quand même ! Ils ne se reposaient jamais, ne se refroidissaient jamais, la chaleur était telle qu'en moyenne on perdait entre cinq et dix kilos là-bas. Alors, pour éviter de péricliter physiquement, ils avaient développé des petites stratégies : dès qu'ils avaient un peu de temps libre, ils marchaient et le courant d'air créé par la marche permettait de refroidir un peu le corps. On avait acheté à coups de francs CFA, des frigos en quantité mais comme eux n'y avaient pas eu droit, ils creusaient des trous dans la terre et y mettaient de l'eau à peu près fraîche. Ils la gardaient pas pour la boire, mais pour se rafraîchir le corps et les pieds qu'ils maintenaient au frais en portant trois ou quatre paires de chaussettes de laine… Quand ils n'étaient pas en patrouille, leur stratégie, c'était de pouvoir aller déjeuner à l'ordinaire qui, lui, était climatisé. Ne pas rater l'heure et demie de fraîcheur ! Dans cette chaleur et cet environnement assez carabiné, ils étaient malgré tout parvenus à maintenir un peu de cohésion, un petit campement, – une tente 56 –, une vie de section à peu près acceptable.

Au bout de quatre mois, un mois avant leur départ, le camp de Gao se restructure. On vient leur dire : « L'endroit où vous êtes, on en a besoin pour notre état-major. Donc, vous allez ailleurs, parce que là, c'est une zone de parking de bagnoles ! »

Ils se préparent donc à déménager. À Gao, le camp est sur l'aéroport. Et là, on les fout à l'extrémité du camp, deux bornes plus loin, en bout de piste. Il n'y a rien, aucune commodité, pas de sanitaires, pas de chiottes. On leur dit : « Vous vous installez là, vous êtes très bien. »

C'est le mois de juillet et au Mali c'est la saison des tornades, des tempêtes. Trois fois en quinze jours, toute leur petite stratégie d'abri vole en éclats en un instant. Avec les tornades, les tentes s'envolent à cent mètres de haut, leurs fringues sont dispatchées sur quatre à cinq bornes.

Ils parviennent quand même tant bien que mal à se réinstaller, mais, finalement, ils retournent à l'endroit d'où on les avait chassés. Quand ils arrivent, ils voient que ce n'est pas devenu un parking, mais qu'on y a installé la popote à laquelle ils n'ont pas accès, et je peux vous assurer que c'était pas de la ration de combat ! Ça leur fout encore plus les boules. Ils n'ont jamais eu de tente climatisée, ils ont vécu comme des clochards au fond de leur piste et là, il y a ce dernier truc ! Quand ils arrivent à Chypre, ils ont vraiment envie de tout péter. Ils étaient en colère et du coup ils se lâchent et ils se mettent à raconter tout ce qui s'est passé à Gao. Il y en a eu des belles, comme cet accident de circulation au camp : une jeep est rentrée dans la tente de l'encadrement de telle unité pour tout dézinguer parce que le mec qui conduisait, il en avait ras le bol et n'avait qu'une envie : se farcir ses chefs.

Autre exemple de colère et d'iniquité. La troupe qui rentrait de patrouille, de mission dans le désert malien avait interdiction de se déplacer en tee-shirt sur le camp. Tu rentres de trois semaines ou quinze jours de combat, tu es en frag, en treillis de combat. Tu mets un treillis normal, et tu vas prendre ta douche. Tu rentres dans ta cabine de douche en treillis, et tu ne sors pas de ta cabine de douche torse nu, tu sors de ta cabine de douche en treillis ! Tu ne peux pas foutre tes fringues à dix mètres ! Voilà, c'était le style à Gao ! Il y avait un médecin-chef à Gao, un colonel médecin, un type respectable qui justement va prendre sa douche, sort torse nu et se voit convoqué parce qu'il « ne respecte pas la loi » !

Voilà ce que la troupe vous raconte. On pourrait se dire que les gens rentrent stressés, fatigués, traumatisés, mais en fait leur état psychologique n'est pas que là, il est aussi dans la colère, l'irritabilité, c'est ça qui revient majoritairement.

Je suis en train de mener une étude sur les comptes rendus des quatre années du sas de Chypre. Pour bien comprendre l'état des mecs qui rentraient, on leur faisait passer un petit questionnaire simple en cinq questions : « Dans quel état étiez-vous en partant en opération ? Dans quel état êtes-vous maintenant ? Qu'est-ce que vous appréhendez pour le retour ? » On a récupéré tous ces questionnaires, trois mille sept cents questionnaires pour savoir ce qu'il en ressort. Les comptes rendus sont envoyés au chef d'état-major de l'armée de Terre. On n'édulcore pas. Parfois, le chef de bureau me dit : « On transmet ça comme ça ? – Ben ouais, vérité des prix ! » Je ne suis pas là à faire ma guerre à part, je m'en fous, mais j'essaie de dégonfler l'idée fantasmatique, complètement fantasmatique et inutile, que tout va bien, que nos chefs sont sincères, que le chef d'état-major n'a pas à tout savoir.

Quand c'est trop carabiné, mon chef me propose un petit parapluie en fin de compte rendu : « Ce point de vue est celui de la base, celui de la troupe… » Ce qui revient dans ces questionnaires, c'est la question de la cohérence, du sens de l'action menée.

Un exemple. À la question : « Qu'est-ce que vous appréhendez le plus pour le retour en famille ? », le mec répond : « Je ne sais pas ce que je vais pouvoir dire à ma femme pour lui expliquer quel était ce mandat de merde ! » Il disait ça le mec ! Il est mili ou quoi ? « Je ne sais pas ce que je vais pouvoir expliquer »… C'est son état psychologique individuel, je ne peux pas trop généraliser mais pendant six mois il n'a pas compris ce qu'il a fait, il s'est fait chier, voilà…

Des trucs comme ça, il y en a plein. Je me fiche d'être le mec qui fait émerger la vérité, ce n'est pas du tout mon problème. Ce qui m'importe, c'est de faire connaître au commandement un périmètre un peu plus complet des situations psychologiques pour pouvoir ensuite agir au profit de la force.

Ce qui ressort encore de ces questionnaires, c'est aussi l'absurdité, le sentiment d'avoir été mis en danger inutilement.

Un autre exemple, en Afghanistan, cette fois en 2012. J'ai été sur place, il n'y avait quasiment plus rien. C'était au moment de la fermeture du camp Warehouse, à l'est de Kaboul. C'était un immense camp international, le PC opérationnel juste avant le niveau stratégique et politique pour toute la force, tout le monde squattait là. Les Français avaient reçu le mandat de soutien logistique du camp et ce sont eux qui ont fermé le camp physiquement pour le filer à l'armée afghane.

Tout le monde devait se replier ensuite sur KAIA, qui est aussi une base française. De Warehouse à KAIA, il y a à peu près cinq ou six bornes. La moindre sortie de Warehouse se faisait dans une ambiance de sécurité maximum, un VAB devant, un VAB derrière.

Pour ces convois logistiques, les mecs sont en procédure guerre tout le temps. Ils mettent, je ne sais pas, trois, quatre heures à faire quatre bornes. Ils s'arrêtent tout le temps. Dès qu'il y a un Afghan qui les regarde, ils s'arrêtent. Donc voilà, procédure guerre, tout se passe très bien. Ils rapatrient toute la log possible sur KAIA puis ferment le camp à Warehouse. Le chef de corps qui était un mec excellent fait en sorte que cette manœuvre de reflux logistique soit une vraie opération militaire jusqu'au bout. Avec une attitude militaire. Je balaye, il n'y a rien. Il fait de la fermeture du camp un objectif majeur et donne une forte cohésion à ses mecs. Il a appelé l'opération « Ice breaker », le nom du repli de la Wehrmacht à Stalingrad…

Le jour J, à l'heure H, ils quittent tous Warehouse et rentrent à KAIA. La sécurité est maximale. Une compagnie d'infanterie et un escadron du train assurent la cohérence générale du boulot. Arrivés à KAIA, pendant dix jours, ils ne font à peu près rien. Et puis un matin, trois mecs du train, un sergent et deux hommes, une escouade, reçoivent l'ordre d'aller chercher, à cinquante bornes de Kaboul, une boîte de vitesse de T54, un char russe de l'armée afghane dont il ne reste plus que la carcasse, pour le musée du blindé. On leur dit : « Vous y allez en 4x4, prenez quand même votre frag et votre Famas. » Pendant quatre mois, on me dit : vous devez à tout moment vérifier que la sécurité est « plus, plus », et là, je dois y aller en bagnole, sans escorte ni rien !

Le mec il n'y comprend plus rien. Ce qu'on lui demande de faire lui paraît n'avoir aucun sens et il en ressort avec le sentiment d'avoir été pipeauté et exposé inutilement.

Il y a des debriefings qui ont été assez intenses, collectifs ou individuels. Moi, je voyais plutôt l'encadrement, le capitaine commandant la section de protection en Afgha, des mecs comme ça ! Et même chez eux, j'ai trouvé parfois de vraies colères. Ils sont sincères, parce que je pose le cadre, je leur explique que ça ne sortira jamais, je ne suis pas le bœuf-carottes de l'armée de Terre, je suis là pour faire un point, par pour les psychologiser. L'entretien ne dure qu'une heure et, du coup, ils sont sécures et se lâchent.

Ils ne vous vendent pas du rêve, mais la réalité humaine avec tout de même quelques belles histoires comme celle de ce mec qui rentre d'Afghanistan, son mandat fini. Mais il ne passe pas par Chypre et revient directement en France. Visiblement ses subordonnés en ont gros sur le cœur. Pour qu'ils se lâchent sur leur chef, c'est que c'était quand même un peu carabiné. « De toute façon, me disent-ils, quand il atterrira en France, il y aura deux flics qui l'attendront sur le tarmac... » Le mec faisait du trafic de pierres précieuses et de diamant avec tous les bijoutiers de Kaboul. Il était dans une position qui lui permettait d'accorder des passe-droit à certains Afghans.

Il n'y a eu qu'un mandat où les gars sont arrivés à Chypre avec une banane jusque-là ! C'était le début de l'opération au Mali, « Serval » 1, une opération offensive française, comme on n'en avait pas vu depuis des années. Les questionnaires remplis par les paras du 1er RCP au retour montrent qu'ils avaient vraiment la pêche. « Le Mali, c'était génial. J'ai combattu vraiment, l'ennemi je savais qui c'était, la population m'était acquise. Les dégâts collatéraux, je n'en faisais pas. »

Tout avait été clair. On avait dit aux gars : « T'es un soldat, tu fais la guerre, tu la fais bien et en plus tu la gagnes ! » Les mecs étaient heureux. Ces types étaient revenus usés d'Afghanistan, et là, « Serval » leur permettait d'avoir la reconnaissance de leur action, de leurs mandats. Pourtant, physiquement, le Mali, c'était dur, du combat vraiment dur. Un mois dans les Ifoghas : je ne suis même pas sûr qu'en Algérie, il y ait eu souvent un mois de combat comme ça. La 12e division parachutiste, en Algérie, quand elle faisait un mois de crapahut complet, après, les hommes rentraient, ils étaient en tenue de sortie, à Bizerte ou à Oran. Là, au Mali, ils ont fait un truc assez énorme, je pense qu'on s'en rendra compte plus tard. Ils ont tué des gens quasiment à l'arme blanche, ils ont eu l'ennemi en face les yeux dans les yeux. En plus, ils ont été sur une logistique un peu juste, leurs grolles explosaient à la chaleur…

Tous ceux qui passent par Chypre, en théorie, ce sont des gens qui vont bien, enfin, qui ne sont pas en stress dépassé ni chronique, parce qu'en fait le trauma c'est un coup de fusil dans un ciel bleu. Ça arrive sans crier gare. Quand je faisais mes études, en psychiatrie, j'étais psychologue en service, j'ai suivi un gars qui a déclenché son trauma quarante ans après. Les symptômes renvoyaient à un événement qui avait eu lieu quarante ans plus tôt.

Le trauma, c'est un trouble à déclenchement différé très variable selon les individus, statistiquement de trois à six mois. Pour l'armée française, le nombre de traumatisés psychiques est de huit cents. Huit cents qui sont suivis, pris en charge par le service de santé, qui ont été identifiés grâce à notre système d'identification et au relais des conseillers facteurs humains…

Huit cents, c'est pas mal ! Et encore, il ne s'agit que des cas suivis, référencés, on n'est que deux pour centraliser l'ensemble. Lorsque le gars part en opération, on ouvre son dossier Opex avec une fiche de suivi opérationnel qui est fermée trois mois après son retour en métropole. Dedans il y a toutes les situations caractéristiques de combat ou d'engagement qu'il a vécues avec la date, s'il a été vu après. Théoriquement, ils sont vus par leur commandement au bout de trois mois pour faire un point. Cette fiche, elle est dans son dossier administratif, à titre d'archive. S'il y a, par la suite, un trouble psychologique, cela doit permettre de faire le lien avec les circonstances passées.

C'est le service de santé qui gère la politique de suivi des blessés, de suivi de soins. Mais, dans l'armée de Terre, en terme de suivi individuel autour du trouble psychologique, on n'est pas très forts, même s'il y a dans chaque régiment un gars chargé de ça qui s'appelle le chef du bureau environnement humain. Lorsqu'un gars, au retour, entre dans une logique de prise en charge, il va y avoir un médecin, l'assistante sociale, c'est un système de suivi, de commission de suivi des blessés, des malades, c'est un suivi temporel un peu administratif, pas un vrai suivi psychologique…

Pour ces huit cents mecs atteints de trauma, c'est toujours lié à la circonstance de mort.

Comment se fait-il que je me suis vécu mort, ce qui est impossible, et en même temps que je sois vivant ? C'est un peu ça, c'est l'écart, en fait. C'est le point de vue théorique d'où l'on part pour une compréhension des gens. La mort n'est pas que liée au danger : la mort, la menace vitale pour soi, pour un proche, ça va être un peu moi qui meurs. C'est aussi la vision d'atrocités, c'est-à-dire la mort par saturation, les charniers et puis la mort donnée.

Un exemple. Un tireur d'élite, de retour d'Afghanistan, est récompensé sur le front des troupes. Le jour où on lui remet sa médaille, il pète un boulon, fond en larmes, sort des rangs et quitte la cérémonie. Pourquoi le trauma se déclenche à ce moment-là ? Parce que, à la base, il y a quelque chose qui fait sens pour lui seul. Il y a des circonstances qui font le déclenchement du trauma. Je pense à des cas en particulier, au Mali. Là-bas, le mec, pour gagner le combat, il fallait qu'il tue. Il fallait qu'il ait l'assurance que l'ennemi était « en charpie » – et là je mets des guillemets parce que jusqu'au bout le type pouvait avoir sa grenade. Pour gagner le combat dans les Ifoghas, il a fallu qu'ils aillent jusque-là. Tuer les gens, des mecs qui leur arrivent dessus, qui en ont rien à foutre de mourir. Face à eux, il leur est arrivé d'avoir des enfants soldats. Ils ont dû combattre des enfants soldats, ils ont dû en tuer. Certains avaient des gosses du même âge. Là, le trouble psychologique est venu tout d'un coup de l'impossibilité pour les soldats d'inclure ce qu'ils faisaient dans une éthique, dans une vertu humaine, et ça, franchement, c'est énorme.

La particularité de cette blessure psychologique, c'est qu'elle est dynamique, c'est un trouble qui va, qui vient, qui est en rémission ou qui s'aggrave, où l'échec est possible.

La CISPAT intervient également sur les suicides. Pour 2012, on trouve les chiffres dans le septième rapport sur la condition militaire : sur l'ensemble de l'armée de Terre, on est autour de cinquante tentatives, sept ou huit réussites, plutôt moins que pour l'ensemble de la société.

Actuellement, je suis en train de travailler sur le brouillard de la vie civile. On s'est rendu compte qu'il y avait un trou dans la continuité vie privée-vie professionnelle au moment du retour de guerre. On dit au soldat : « Tu vas retrouver ta famille, tu fais attention à ça, voilà comment tu es, voilà comment est ta famille. » Mais on n'a jamais dit à la famille : « Tu vas retrouver ton soldat avec ce que tu es et voilà ce que tu es. » Ce qui est en cause, c'est la perception et la cohérence des représentations au moment des retrouvailles. Un jeu à deux acteurs, le soldat et sa famille, mais à quatre faces : le soldat tel qu'il s'est construit et se vit dans ses mécanismes d'adaptation au combat, le soldat tel qu'il comprend sa famille, la famille telle qu'elle comprend le soldat, la famille telle qu'elle se comprend elle-même.

En fait, la famille vit elle aussi son Opex. Elle se réarticule, elle a ses propres mécanismes d'adaptation, pas au combat mais à l'absence. Elle ne se rend pas compte qu'elle a elle-même changé lorsque son soldat est de retour. Elle a continué à vivre sa vie, elle voit débouler son militaire, et elle réalise qu'elle ne comprend plus le type et que le type ne la comprend plus !

On essaie de prendre ça en compte parce que ça nous revient par tous les bouts, par les familles elles-mêmes qui nous demandent qu'on prenne vraiment en compte le retour du militaire. Les gens nous disent : « Qu'est-ce que vous foutez à l'armée pour les milis ? Parce que nous, pour les familles, ça déborde dans tous les sens ! »

On a mis en place un dispositif de soutien psy aux familles, financé par la Défense, un accompagnement psychologique externalisé par l'intermédiaire d'un réseau de psys présent dans toute la France au profit des familles. Les réseaux sociaux « familles de milis » apprennent aussi énormément de choses sur le retour. C'est pas toujours très heureux, il y a des problèmes de violences, des problèmes de couple, ça reste chaud. Mais les gens voient malgré tout une différence entre le mec qui est passé par le sas de Chypre et le mec qui antérieurement n'y était pas passé.

Rien que pour ça, pour le retour en famille, le sas était assez bénéfique.

Aujourd'hui, Chypre, c'est fini. La principale raison de la suppression, ça a été le coût. Pas tellement le coût de l'hôtel Coral Beach, à Paphos : la boîte ne facturait pas très cher, six cents euros pour trois jours par homme, dans un hôtel cinq étoiles, en incluant la prise en compte des équipes de soutien. Le vrai coût, c'étaient les mecs. Comme ils étaient toujours en opération, c'était la solde Opex, avec l'indemnité service spécial à l'étranger qui double la solde. Trois jours de plus, ça coûte très cher. Rien que pour « Serval », l'armée de Terre a dû trouver au débotté un million et demi. Sans compter le coût de transport par avion. Bamako-Chypre, cela obligeait à faire cinq mille bornes à l'est et puis encore quatre mille à l'ouest. Pour deux cents gars, c'était plus de cent mille euros.

Il avait été décidé de faire un truc à Dakar, mais finalement le dispositif a été abandonné. J'ai fait le dernier Chypre, le 19 juillet. Le commandement des forces terrestres a décidé qu'il n'y aurait pas de sas pour les opérations où il n'y a plus d'engagement de combat : « Pas de sang, pas de sas ! »

Personnellement, après cinq ans de synthèse, je pense que c'est un peu plus compliqué[1].

École militaire, 17 décembre 2013

---

1. Le sas de Chypre a aujourd'hui été remis en fonction.

La consultation

Camille, psychiatre

Je suis psychiatre dans un hôpital militaire et quand un contingent est projeté en Afghanistan, au Mali, je peux partir en mission pour deux ou trois mois. On est basés à l'endroit le plus adéquat pour rester mobiles, à l'hôpital, mais plus de la moitié du temps, on est avec les forces, sur le théâtre des opérations. En consultation, on a une attitude de veille, d'aide pour répondre aux souffrances individuelles, quelle qu'en soit l'origine, traumatique, confrontation à la mort, épisode dépressif. Et puis nous nous déplaçons pour rencontrer des groupes qui se sont trouvés collectivement en situation d'exposition traumatique.

Au Mali, on est partis à deux, un psychiatre et un psychologue. On est arrivés à Bamako, on s'est réparti les rôles et les zones. J'avais plus d'expérience opérationnelle que ma collègue dont c'était la première mission. Je suis monté au nord, à Tessalit, puis à Gao. Tessalit, c'était en mars. Il y avait eu des morts, Vormezeele, Charenton, Pingaud. En un laps de temps assez court, trois décès : il y avait vraiment besoin d'un soutien. En arrivant à Tessalit, j'ai pris contact avec les médecins, ceux du 1er RCP. J'en connaissais un certain nombre, on avait déjà travaillé ensemble deux ans plus tôt en Afghanistan. Quand il y a un mort ou des blessés, on commence d'abord par savoir quels étaient les personnels présents à ce moment-là. Parce que finalement, quand un militaire quitte un théâtre d'opérations, avec quoi repart-il ? Pas avec l'histoire officielle. Il repart avec ce qu'il a vécu, avec son histoire personnelle. Ce qu'il va garder, ce n'est pas ce qui s'est passé, c'est ce qu'il a vécu, lui. Ceux que l'on va voir ont été impliqués dans l'événement, ils l'ont vécu sur le plan psychique. La façon de faire, c'est d'abord d'identifier ceux qui étaient présents, de reconstituer l'événement : qui était présent ? Comment ça s'est passé ? Ensuite, on va voir les groupes impliqués. Parfois ils sont d'unités différentes. Ce sont des gens en souffrance, on ne les fait pas attendre... Le problème, c'est que ces militaires, ils ne se sentent pas forcément malades. S'ils sont là, c'est qu'ils sont *a priori* en bonne santé. Le psychiatre, c'est quand même le médecin des fous, c'est pour ça qu'il est important que ce soit nous qui nous déplacions et allions dans leur environnement. Ils ne viennent pas dans l'environnement du psychiatre, c'est le psychiatre qui vient. C'est important. Si quelqu'un a mal et qu'on ne lui demande rien, est-ce que ça ne favorise pas son silence ? Quelqu'un qui souffre sans rien dire, cela ne gêne personne, mais cela dérange le médecin qu'il puisse souffrir sans qu'on fasse rien. On préfère poser la question. Une fois qu'on a identifié les personnes impliquées, on cherche à quel moment les rencontrer parce que les combats continuent. Ce n'est pas parce qu'il y a eu un blessé ou un mort que la mission s'arrête. On attend aussi qu'ils aient récupéré un peu, on ne va pas leur sauter dessus. Dans l'infanterie, le groupe de combat, c'est huit à dix personnes. Ceux qui ont vécu le même événement, on les voit ensemble. On se présente, on dit ce qu'on fait et comment ça va se passer, de manière justement à démystifier un peu le rôle du psychiatre. Je commence à parler et, effectivement, ils me regardent arriver... Au-delà de l'appréhension de la rencontre avec un psychiatre, il y a celle de voir intervenir quelqu'un qui est extérieur à l'événement. « Ce type-là, il ne sait pas ce qu'on a vécu. Pourquoi on irait lui raconter quelque chose ? Il ne peut pas comprendre ce que nous on a vécu. » J'explique pourquoi je suis là, en particulier lorsqu'il y a eu un décès. Je leur dis que dans ce cas deux processus différents se déroulent sur le plan psychique. Le processus du deuil, c'est la perte de quelqu'un que l'on connaît. Plus on est lié à quelqu'un, plus c'est douloureux. C'est un processus physiologique, c'est normal. Si on n'en tient pas compte, c'est là qu'on est mal reçu, parce que c'est normal de souffrir à la mort d'un proche. Là, la seule chose que le psychiatre puisse faire, c'est de respecter cette douleur-là. Elle a une valeur, une signification

Mais sur le plan psychique, l'autre phénomène qui se produit, c'est la confrontation à la mort. On sait tous que nous sommes mortels et cela ne nous apporte pas grand-chose de le savoir. Mais lorsque quelqu'un est confronté à la mort, avec un effet de surprise, là, il se trouve en face de quelque chose d'impensable. Impossible de penser qu'on vit cela. Et c'est cette impossibilité qui crée le traumatisme psychique et justifie l'intervention d'un spécialiste. Comment fait un chirurgien avec un blessé ? Il explore. Quels sont les dégâts ? S'il n'y a rien, il n'y a rien. Je dis cela pour expliquer pourquoi j'interviens. Il y a l'aspect du deuil que je respecte et que je ne touche pas, qui n'est pas la raison de ma venue. Ce n'est pas parce qu'on a perdu quelqu'un que je suis là, c'est parce qu'il y a eu une exposition traumatique. Pas besoin de connaître la personne ou d'y être attaché pour que le traumatisme soit là. Si on apprend la mort de quelqu'un, on vit un deuil. Si on est témoin du décès d'un inconnu, on est exposé. Lorsqu'on est témoin du décès d'un proche, on est à la fois endeuillé et exposé à un risque traumatique. Voilà ce que j'explique.

Avant de leur donner la parole, je leur parle aussi du stress. Le stress, c'est une réaction d'adaptation face à une menace, un danger. C'est le côté animal. La première réponse est biologique. C'est l'adrénaline qui entraîne une réaction d'alerte de l'organisme pour détecter d'où vient le danger, faire face ou fuir. Ce qui est en jeu, c'est la survie. Réfléchir prend du temps et, face au danger, le temps, ça peut être une perte de chance. Spontanément, la partie corticale du cerveau se met en veille, tout comme la zone qui gère les émotions, parce que, face à une menace, les émotions paralysent l'action. Ne restent plus à l'œuvre que des automatismes, des automatismes rodés jour après jour à l'entraînement, jusqu'au moment du combat. Les gars se sont entraînés, encore et encore, individuellement, collectivement de telle manière que le jour où ils sont exposés, cela ressorte tout seul. Ils n'ont même pas besoin d'y penser : « Là, j'ai pas réfléchi, je me suis posté, j'ai réagi... » Ils restituent un savoir-faire acquis par réflexe, automatiquement... C'est vrai pour tout un chacun en situation de stress, pour les soldats comme pour les soignants. On peut fonctionner comme ça sur un mode automatique pendant un certain temps, mais pas très longtemps. C'est un peu comme quand on court un cent mètres, après, ça s'arrête. Une fois que c'est terminé, qu'il y a moins de danger, les émotions ressortent. Parfois dans n'importe quel ordre : ça peut être de la colère, de la joie, des rires, des larmes. Ensuite, le fonctionnement cortical, cérébral se remet en marche, après quelques heures, parfois quelques jours. On se refait le film et on se dit : punaise qu'est-ce qui s'est passé ? On analyse : qu'est-ce que j'ai fait, qu'est-ce que j'aurais pu faire ? Qu'est-ce qu'on aurait dû faire ? Plus la menace a été forte, plus le niveau de stress est intense. Et lorsqu'il y a confrontation à la mort, là, la vie s'arrête. On passe dans un autre mode de stress avec des phénomènes de dissociation péritraumatique. Tout ce que l'on perçoit, le temps, l'espace, est ressenti d'une autre façon. Habituellement, on a une idée du temps qui passe, on sait ce qu'est une durée de cinq minutes, une demi-heure, une heure. Dans ces cas-là, le sujet ne peut pas nous dire combien de temps l'action a duré. Cela peut paraître très court ou très long. C'est la menace qui est devenue l'unité de mesure du temps. Il y a des instants très courts qui peuvent paraître une éternité. Quelques secondes qui n'en finissent pas. Inversement, vous avez des combats de plusieurs heures, parfois d'une journée, que les hommes n'ont pas vus passer et qui semblent n'avoir duré un quart d'heure. Voilà la perception du temps dans les phénomènes de stress. La perception de l'espace, c'est la même chose. Habituellement, on se dit : on règle la hausse à combien ? Cinquante mètres, deux cents mètres ? Là, l'unité de mesure, c'est le danger. Le rocher à côté, pour m'abriter, c'est près ou c'est loin ? Face au danger, tout le champ de la conscience oublie notre perception habituelle et même la perception de soi. En temps normal, on sent la fatigue, la douleur. Mais là, dans ce type de situation, toute l'attention est focalisée sur le danger. Après une marche de dix heures, le sujet ne sentira pas la fatigue et pourra courir cinq cents mètres pour aller chercher un camarade ou se poster. Il peut être blessé, il ne sentira pas sa douleur, il va courir, marcher, porter son camarade. Après, une fois que c'est passé, tout va revenir, la fatigue, la douleur. Dans ces moments de danger, la perception de l'environnement est, elle aussi, différente. En temps ordinaire, on est sensible à ce qui se passe autour, aux mouvements, à la lumière, au jour qui tombe. Là, toute l'attention du sujet se porte sur le danger. Parfois, il ne verra qu'un détail de la menace, le reste, il ne le verra pas. Il ne traitera pas l'information. Si l'ennemi est près, ça peut être un regard, ça peut être une arme, parfois une direction. En Afghanistan, un soldat pris à partie était resté comme sidéré, fixant la vallée d'où venaient les tirs, mais ne voyant plus rien autour. En métropole, un gendarme pris en otage me disait : « Je ne voyais plus que les deux trous du fusil de chasse qui était braqué sur moi. Je ne voyais plus rien d'autre. » L'attention se fixe parfois sur un détail. Le détail, ça peut être un camarade blessé, la blessure, une couleur, une odeur. Cela varie selon les individus et les situations. Par la suite, ce qui va rester de l'événement, c'est ce détail-là. Ceux qui l'ont vécu vont se réveiller la nuit, avec cette image, ce souvenir. À cela s'ajoute l'impression d'irréalité. On s'est préparé à tout, sauf à ce qui est en train d'arriver. La situation semble tellement irréelle, l'effet de surprise est tel qu'on a l'impression d'être d'un coup plongé dans un film, de ne plus être acteur mais spectateur de ce qui se passe. C'est parfois l'affaire de quelques secondes, très vite on se reprend ou bien ce sont les camarades qui viennent vous sortir de cet état de sidération et vous mettre à l'abri. Dans ces moments apparaissent des phénomènes de déréalisation et de dépersonnalisation. Certains expliquent : « Je voyais la scène comme si j'étais au-dessus de ce qui se passait… »

Voilà ce que je dis en préambule. Je le dis parce que parfois cela vient dans la conversation mais aussi parce que, dans certains cas, rien ne sort. Les gens qui ont vécu un événement de ce type se disent : « Si je raconte ça, je vais passer pour un fou. » Mais lorsque j'explique ce qu'on peut observer, chez tout le monde, dans un état de stress extrêmement poussé, les gens après, bon sang, ça libère leur parole ! Ils disent : « Oui, ce que vous avez dit, c'est tout à fait cela ! » Je parle ensuite des heures ou des jours qui suivent. Là, on peut être encore dans l'événement, entendre les bruits, revivre la scène. Souvent, cela s'estompe au bout de quelques heures, quelques jours. Si ça dure, il faut s'en inquiéter. Ensuite, j'explique : « Voilà comment on va faire. Maintenant, vous allez me dire, vous, ce qui s'est passé pour votre groupe. Et chacun est invité à prendre la parole à tour de rôle. Je n'oblige personne à parler. » Je vois tout le monde, mais je ne force pas les gens à dire quelle action, quelle position ils ont eues dans l'événement, ce qu'ils ont pu ressentir, penser. Et les gens parlent, oui ! Même ceux qui, au début, sont un peu réticents. Le stress, c'est eux qui l'ont vécu et, quand ils ont tout d'un coup des outils pour comprendre ce qui s'est passé, ils disent : « C'est vrai que vous nous apportez quelque chose. »

La durée de la séance est variable, environ trois heures. Il y a d'abord le temps du debriefing du groupe, puis les debriefings individuels. La première vertu de ce moment est de permettre à chacun d'enrichir sa représentation de ce qui s'est passé. Le but n'est pas de produire un récit commun. Ils s'écoutent, complètent leur représentation des événements et, à la fin, ont une représentation de ce qui a été vécu par le groupe. La deuxième vertu concerne le plan émotionnel. Tout le monde n'a pas la même facilité à identifier ses émotions, à les exprimer. Certains ont beaucoup d'aisance parce qu'ils ont été nourris en vocabulaire, en émotions, d'autres ont plus de difficultés. Il suffit qu'il y en ait un, un ancien, un chef, qui commence à parler : « Ben voilà, moi j'ai ressenti ça, et là j'étais pas bien… » Les autres écoutent, ça les aide à reconnaître une émotion, à la nommer : « J'ai ressenti quelque chose et j'aurais pas su… Peut-être que ce que j'ai ressenti, ça s'appelle comme ça… » Certains disent : « Je ne veux pas parler mais ce qui a été dit, ça m'a aidé. » Ensuite je leur annonce : maintenant, je vous vois tous à titre individuel, parce qu'il y a des choses qu'on n'a pas envie d'exprimer devant des camarades. Ou parce que ça rappelle un autre événement, plus personnel, avant l'événement, et qui lui-même, par sa charge, peut faire souffrir. Je précise que tout ce qui est dit est confidentiel et ne sort pas du groupe. Je garde quand même une trace dans les livrets médicaux réduits, je note simplement « vu en debriefing », pour leur suivi médical ultérieur. S'ils continuent à souffrir, cela permettra de remonter et d'aller à la pêche aux informations. Le debriefing individuel se fait dans la foulée du debriefing collectif, ça peut être cinq minutes, parfois vingt. Certains qui n'ont rien dit dans le groupe vont beaucoup parler, certains craquent, parfois même dans le groupe. C'est pour cela que c'est bien d'être à deux. En général celui qui est associé est un médecin ou un infirmier qui n'a pas été impliqué dans l'événement. Je vois les groupes de combattants, mais aussi les personnels sanitaires qui ont assuré la prise en charge des blessés, les sapeurs qui sont arrivés les premiers sur une zone après l'explosion d'un IED. Ce qui frappe le plus les gens ? C'est la confrontation à la mort... Risquer de mourir ou donner la mort, le soldat y a réfléchi avant. Il s'est préparé, non pas à mourir mais à être confronté à la mort, au fait qu'il pouvait perdre la vie, perdre un camarade ou tuer quelqu'un. Mais le jour où ça arrive, l'effet de surprise est tel qu'on avait pensé à tout sauf à ça ! C'est cela qui crée le traumatisme, ce camarade, ce moment-là, de cette façon-là... on avait pensé à tout sauf à ça ! Lorsque, à un moment donné, un élément inédit fait irruption dans le champ du représentable, quelque chose qu'on n'avait pas pu imaginer dans le cadre de son métier, quelque chose d'impensable, là, tout bascule. Les situations peuvent être variables, par exemple la jeunesse d'un ennemi, un enfant ou un adolescent qui porte les armes. On ne s'est pas préparé à faire la guerre contre des enfants. En Afghanistan, des enfants ont été utilisés pour faire passer des armes, donner des renseignements par téléphone. Au Mali, les enfants pouvaient porter les armes. La situation à laquelle les combattants s'étaient préparés, c'était l'inverse : protéger les civils, les enfants, faire la guerre aux combattants. Quand tout à coup le combattant est un enfant, là, il y a conflit psychique. Soit je ne fais rien et je laisse passer un combattant au détriment de mon existence ou de mon groupe, soit je fais quelque chose parce que c'est un combattant et, à ce moment-là, je peux être amené à tirer sur un enfant. Et là, on passe du conflit armé au conflit intrapsychique. Cela n'a pas été un cas isolé, il y en a eu plusieurs. Tous les soldats ne sont pas traumatisés non plus, mais certains nous disent : « Moi, j'ai des petits frères, des enfants qui ont cet âge-là... » Là, il y a un phénomène d'identification, et ça devient quelque chose qui entre dans l'histoire personnelle. Autre impensé : le suicide bomber. Nos fantassins, on ne les entraîne pas à mourir. Ils viennent pour combattre. Ils ont fait le choix de cet engagement. Le combat, ils s'y préparent, ils en ont envie, ce n'est pas quelque chose qui leur fait peur, c'est assumé. Parfois il y a des combats et puis des ruptures de contact. Contact, rupture de contact. Ok, tout le monde a eu chaud, ça s'est bien terminé, on fait parler les armes et puis après, chacun rentre chez soi. Mais quand quelqu'un arrive avec une ceinture d'explosifs, ça va se solder forcément par la mort, la sienne, la vôtre, ça confronte nécessairement à la mort et à la nécessité de la donner. Le suicide bomber n'est pas toujours repérable. Il n'arrive pas avec une pancarte « je suis suicide bomber », il peut être présent dans la foule. Ça crée une menace, un sentiment d'insécurité permanent et une hypervigilance constante.

J'ai vu des groupes où il n'y avait eu ni blessés ni morts, mais qui avaient subi un niveau de stress extrêmement intense lié à ce type d'attaque. À Tessalit, un aide-soignant dont le VAB avait sauté sur un IED m'a décrit ce qu'il avait éprouvé alors : « À ce moment-là, j'ai d'abord vu les graviers se soulever, et après, j'ai entendu le son... » C'est là qu'on mesure la différence entre la vitesse de la lumière et la vitesse du son ! Être capable, à un mètre du foyer de l'explosion, de discriminer la vitesse de la lumière et la vitesse du son ! C'est vous dire ce que c'est qu'un état de dissociation péritraumatique ! L'intensité ! Et là, il a eu le temps de voir sa vie défiler. Certains voient des moments de leur vie, des proches, en un flash ils remontent du présent vers le passé ou du passé vers le présent. Pour eux, ils vont partir, ça y est, et donc ils font le bilan de leur existence. Quelqu'un m'a raconté qu'à un moment donné où il pensait que c'était la fin, il s'est dit : « Si je m'en sors, je prends des notes, il faut plus que je refasse les mêmes conneries ! » À l'issue du debriefing, certains m'ont dit : « Avant je savais qu'on pouvait mourir, maintenant je sais ce que c'est de perdre la vie, je sais ce que ça vaut, la vie. Du coup, je ne vivrai peut-être plus complètement de la même façon. »

Autre situation traumatique, toujours au Mali : une patrouille avance dans une ville, des djihadistes arrivent en face. Les gus se mettent à couvert, le chef de bord sort du VAB et se met à tirer. Mais les types, en face, continuent d'avancer. « À un moment, me raconte-t-il, un des ennemis n'est qu'à quelques mètres de moi. Il avance, malgré les balles qui le transpercent. Tout se passe au ralenti, comme dans un film. Le djihadiste, je le vois précisément, je sens l'odeur de sa transpiration... Juste le temps de me retourner et là, je vois un éclair, et un bout de mur qui passe devant moi. J'ai eu le temps de noter tous les détails, les pierres à l'intérieur du mur. Après, j'avais l'impression qu'il neigeait de la cendre, de la poussière... » La situation était irréelle : il était à la Minimi, il tire, il tire, il tire. Il se met à l'abri, l'autre continue d'avancer. On lui tire dessus, ça ne lui fait rien. Le djihadiste avait une ceinture d'explosifs, il s'est fait exploser à moins de deux mètres. À sa place, il y avait un cratère. Le gus a senti le danger, il s'est détourné, il ne sait pas pourquoi. Quand tout a pété, le camarade qui était en tourelle à l'arme de bord, à la 12,7, lui, il a cru que son camarade était mort. Il y a eu l'explosion, des morceaux de chair sont tombés sur le véhicule, des morceaux de chair brûlée. Il a cru que c'était la chair de son camarade qui retombait sur la tourelle et qui continuait à brûler sur le canon chaud de l'armement Pour lui, c'était son camarade qui était en train de brûler en morceaux. Il est resté tétanisé. Le véhicule était tapissé de la chair du suicide bomber. Le véhicule est parti se mettre à l'abri. Le chef de bord, qui n'était pas mort, est allé se réfugier dans une rue. Il n'avait plus de contact avec personne. Il s'est retrouvé isolé et s'est dit : « Merde, qu'est-ce que je fais là ? » Il s'attendait à voir arriver des djihadistes de partout. Il se sentait en grande situation de vulnérabilité. « J'étais tout seul et je ne savais pas comment j'étais en vie, et même encore après, je ne sais pas comment je survis. » Il arrive à retrouver son véhicule. Soulagement, il grimpe dans le truc, il ferme la porte, la porte ne ferme pas. Il y avait un bout de bras qui empêchait de fermer... Voilà, pour dire que quand même ça secoue un peu... Est-ce qu'on peut se préparer à ça ? Ce à quoi on se prépare, c'est à la situation concrète, réelle, pas à ce côté inimaginable.

En Afghanistan, j'ai rencontré des cavaliers dont le VAB avait sauté sur un IED : « On s'est sentis soulevés et, après, on s'est retrouvés dans un nuage de poussière. On ne savait pas si on était vivants ou si on était morts... » Avec l'onde de choc, il y a un blast qui provoque la surdité. Les gars n'entendaient plus rien. Ils ne voyaient plus que la poussière. Dans l'air en suspension, ils se sentaient voler, plus aucun rapport avec le monde normal. En Afghanistan, cette menace des IED était permanente, même pour les non-combattants. J'ai rencontré des logisticiens, des conducteurs de régiments de train qui présentaient des états de stress post-traumatiques après leur séjour en Afghanistan à cause des risques permanents d'IED et d'embuscades qu'il y avait à chaque parcours. Au Mali, les combats ont été extrêmement intenses, durables, à très courte distance. Dans les grottes de l'Adrar des Ifoghas, il fallait aussi aller au bilan sans savoir s'il y avait encore une menace au fond, un ennemi armé ou portant une ceinture d'explosifs. Ce sont les sapeurs qui ont été en premier vérifier les corps et là, effectivement, ils ont vécu des choses difficiles. Voir s'il y a toujours un risque, quand il s'agit d'un suicide bomber, ratisser la zone, ramasser des bouts de ceci, de cela. Personne n'est préparé à ça ! Mais les gars ne flanchent pas devant les autres même s'ils sentent que ça va être dur, et puis il y a un sentiment de solidarité : « Je vais pas laisser mes camarades faire le sale boulot. »

Dans mes premiers contacts avec les groupes, j'utilise des images de leurs champs de compétence pour évoquer ce qu'ils ont vécu. Je leur explique que c'est un peu comme dans une zone minée, polluée, on n'y va pas parce que c'est dangereux. Qu'est-ce qu'on fait ? On envoie les sapeurs en avant et puis on check la zone, on sécurise, tout si on a le temps, sinon au moins un trajet, et puis après on sécurise plus large.

Eh bien, c'est un peu ça, mon travail ! En les invitant à s'exprimer les uns avec les autres, je les conduis finalement à faire un trajet vers la mémoire. On a tous une boîte noire où tout est enregistré, au moins sous forme d'expérience sensorielle. Le fait de progressivement mettre des mots pour faire un trajet dans ce qui est mémorisé même si tout n'est pas dit, cela fait un chemin balisé. Ce qui fait que ce sera peut-être moins difficile d'en reparler parce qu'on aura fait un itinéraire reconnu au moins entre l'expérience et la parole.

À l'issue du debriefing, je leur explique que, sur le plan médical, il n'est pas anormal d'être encore dans l'expérience dans les heures ou les jours qui suivent. Ce qui est préoccupant, c'est si dans les semaines, les mois ou les années, le souvenir s'impose, revient, pendant la journée, la nuit, sous forme de cauchemars. Si l'on a des troubles du sommeil, de l'anxiété ou l'impression de revivre les choses, il faut aller consulter. Si le sujet tout d'un coup n'est plus dans sa vie d'ici et maintenant mais lorsque c'est arrivé, s'il est dans son passé, cela signifie que l'expérience est mémorisée non comme un événement passé, mais comme un événement toujours présent.

Le problème, c'est lorsque hier se confond avec aujourd'hui ! Lorsque le niveau de stress n'est pas vécu comme un souvenir mais que le patient se retrouve des mois, des années plus tard, plusieurs fois par nuit, plusieurs fois par semaine, avec le même niveau de stress, menacé, confronté à la mort, là, tout de suite, maintenant. Les gens que l'on suit à l'hôpital, ils sont dedans. Ils sont encore dedans. Et puis il y en a qu'on ne suit pas et qui sont encore dedans. Avec les soins ça peut diminuer mais souvent, aux dates anniversaires, tout revient. Parfois ils se disent : ce qu'on a vécu est tellement anormal qu'il est normal d'en souffrir ! On leur répond que non, que ça se soigne. Il y a une surveillance épidémiologique des états de stress post-traumatiques mais certains se déclenchent très tard, parfois même lorsque les gens sont redevenus civils.

Quand je parle du traumatisme, j'aime bien prendre des images concrètes, comme pour les blessures physiques. Vous avez par exemple un VAB qui saute sur un IED ou un accrochage au cours d'une patrouille. Il peut n'y avoir aucun blessé. Il peut y avoir un mort, il peut y avoir plusieurs blessés. À la base, ils ont tous le même équipement, le même entraînement. Ça tient à pas grand-chose. Ils ont pu permuter de place. La balle tape à deux centimètres, elle taperait à cinq, ça change tout. Parfois la blessure reste superficielle. Le sujet n'y est pour rien. Sur le plan psychique, c'est un peu la même chose ! Pour le groupe qui vivra le même événement, certains seront touchés, d'autres pas. À quoi ça tient ? Il y a des histoires individuelles, et puis il y a le fait que l'événement se présente comme ça dans la vie du sujet à ce moment-là. Il aurait pu se présenter autrement à un autre moment, il aurait été vécu différemment par la même personne. Une blessure, quand c'est superficiel, ça cicatrise, il y a des choses qui cicatrisent toutes seules, avec ou sans soins. Quand c'est plus profond, qu'est-ce qu'on fait ? On explore pour voir ce qui a été touché. On essaie de réparer, de faciliter la cicatrisation. Si c'est trop profond, le médecin fait appel au chirurgien. Sur le plan psychique, c'est un peu la même chose. Suivant le degré de souffrance et l'impact qu'il y a eu, cela peut nécessiter plus ou moins de soins, plus ou moins longtemps. Parfois, les gens se sont engagés dans l'armée pour fuir des situations difficiles. Le jour où ce qui leur permettait d'oublier leur propre histoire commence à s'effondrer, la difficulté surgit. Ils sont soudain rattrapés par ce qu'ils ont fui…

Depuis l'Afghanistan, une plus grande attention est portée au stress, à cette souffrance. Lors des debriefings, des consultations, les soldats nous parlent parfois de traumatismes passés, de séjours en Afrique, en Bosnie, de choses beaucoup plus anciennes avec lesquelles ils ont vécu, dont ils n'ont jamais parlé, qui les ont fait souffrir. Aujourd'hui, la blessure psychique est reconnue au même titre qu'une blessure physique. Il y a les circonstances de la blessure, ensuite une expertise faite par un expert désigné par les services des anciens combattants, et même une indemnisation de complémentaire. Ce qui est couvert par les pensions des anciens combattants, ce sont les séquelles, pas la souffrance liée à la blessure. Beaucoup plus récemment, une loi est entrée en vigueur qui permet de d'indemniser la souffrance et le préjudice liés à la pathologie. Du côté du soin, on explore et puis on essaie de favoriser la réparation.

Lorsqu'ils viennent en soins, ils ont beaucoup d'appréhension. Trois jours avant, ils dorment déjà moins bien, parce qu'ils savent pourquoi ils viennent me voir. Je leur donne souvent une image : « Une plaie, personne n'aime qu'on gratte à l'intérieur ! » Une fracture, une blessure physique, ça fait mal, on prend des antalgiques pour soulager la douleur. Sur le plan psychique, c'est un peu ça : on peut utiliser des médicaments pour diminuer la souffrance aiguë. Après, au lieu de mobiliser du muscle et de l'articulation, on mobilise du souvenir et donc de l'angoisse. Au début, ça fait un peu mal et il ne faut pas trop forcer sur la douleur. On y va petit à petit, au fur et à mesure, jusqu'à ce que finalement, le sujet puisse faire face à ses propres souvenirs. Il n'est plus dedans. Le passé redevient un passé, il parle de son passé avec les émotions du présent, le passé a rejoint le passé, et il est présent à son présent, plus à son passé. Il peut se rappeler des choses douloureuses sans souffrir à leur évocation. Ce qui n'empêche qu'à d'autres moments de la vie, lorsque surgissent des difficultés, des sources de stress, l'angoisse ancienne se réveille, alors qu'elle ne faisait plus du tout souffrir.

Dans les facteurs prédictifs du questionnaire médico-biographique qui est associé aux échelles de stress, l'âge et la durée de service sont des facteurs de risque : plus les gens ont du métier, plus ils risquent d'avoir un trouble. Parce qu'ils ont accumulé un certain nombre d'expositions, à un moment donné, le risque de développer un stress post-traumatique se développe. Aujourd'hui, on a une armée d'engagés, beaucoup mieux préparés à l'engagement, mais moins préparés au contact avec la mort.

Sur le théâtre, ce que je retiens en tant que médecin, c'est précisément l'intensité de ces moments vécus avec des gens qui vivent au quotidien des enjeux de vie ou de mort et qui se retrouvent d'un coup confrontés à la question du sens. Tout ce qu'on vit, tout ce qu'on fait, on le fait parce que ça a du sens. Sinon on ne le ferait pas. Lorsque quelque chose se produit dont le sens nous échappe ou qui tout d'un coup n'a plus de sens, c'est là que survient l'angoisse. Les premiers mécanismes de défense contre cette angoisse sont la culpabilité et la projection : ce qui est arrivé n'était pas possible et pourtant c'est arrivé... C'est ma faute, c'est sa faute. À l'angoisse s'ajoutent la culpabilité, la honte. « J'ai fait un truc que je n'aurais pas dû faire. Comment j'ai pu me mettre dans une situation pareille ? Qu'est-ce que les autres vont penser de moi ? Quand même, je voulais pas ça. Personne pourra me comprendre... »

Cette mise en question causée par la surprise et la brutalité de l'événement soulève aussi la question du rapport à l'ennemi. Nos soldats sont conscients qu'en face, ce sont des hommes, et même le suicide bomber. Le suicide bomber, je n'ai pas d'état d'âme, je le tue, sinon c'est moi qui y passe ou c'est mon camarade. Mais celui que je tue, c'est quand même un homme.

On parle beaucoup de la Syrie, des Français qui vont y faire le djihad, mais on a rencontré des Français islamistes au Mali. Des soldats qui ont grandi dans les banlieues m'ont dit : « Moi, je me rappelle que, petit, il y avait des missionnaires qui venaient du Pakistan, d'autres qui prêchaient... Moi, j'ai choisi une autre voie. Si ça se trouve, j'aurais pu être de l'autre camp... À quoi ça a tenu que je sois de ce côté-là ? Les autres en face, ils sont comme moi, ils n'ont pas eu de chance. Il faut faire quelque chose parce qu'ils nous menacent, mais finalement ils n'ont peut-être pas choisi. »

Chez certains, bien sûr, il y avait aussi de la colère, mais globalement, j'ai surtout remarqué ce regard respectueux pour l'ennemi et pour ceux que l'on peut être amené à tuer parce qu'ils se trouvent du mauvais côté.

École militaire, 19 mars 2014

Verdun, juin 2011

Alice, femme de pilote d'hélicoptère

Je suis née en 1977 à Confolens, une petite ville de Charente, entre Limoges et Angoulême. Mon père était fonctionnaire, contrôleur du travail, maman mère au foyer. Je suis l'aînée de trois filles. Le bac en poche, je ne savais absolument pas ce que je voulais faire, j'étais amoureuse, j'avais rencontré Matthieu, l'année de mes dix-huit ans, à une chorale inter-scoute.

Je suis entrée en fac d'histoire à Limoges, lui, il s'est inscrit en BTS d'ostréiculture à Marennes-Oléron. C'était un passionné de la mer. Faire du surf, du morey, rénover les bateaux, manger des huîtres de Marennes au petit déjeuner, c'était génial. Il aurait aimé être pilote d'hélicoptère dans la marine mais, à cause d'un accident de parachutisme, il n'était pas apte. Son père et son grand-père maternel étaient dans l'armée. Avant même de finir son BTS, il s'est présenté au concours de Saint-Maixent. Il y est entré en mars 1997.

En septembre, on est fiancés, on se marie civilement à la fin de l'année suivante. À sa sortie de l'école, Matthieu est parti à Dax faire l'école de pilotage d'hélicoptère avant d'être affecté à Pau comme pilote dans l'escadrille des Piranhas, une escadrille mythique qui n'existe plus aujourd'hui. Mariage religieux en avril 1999, je le rejoins après mes exams, à la fin de l'année scolaire. J'essaie de boucler cette fichue licence d'histoire, mais je suis enceinte tout de suite. Comme on n'avait qu'un seul salaire et pas beaucoup de revenus, je ne prenais pas le bus, j'allais à la fac à pied avec mon gros ventre : sept kilomètres par jour aller et retour ! J'ai accouché en mars 2000 : une petite fille. J'étais ravie, lui un peu déçu, il voulait un fils. Je me souviens de sa mère posant sa main sur mon ventre en me disant : « Vous attendez l'héritier ! » Je me disais : « Mon Dieu, quelle pression ! Pourvu que je n'aie pas de garçon ! » J'étais d'une famille de filles, entourée de cousines, c'était très rassurant pour moi d'avoir une fille, un bébé du sexe connu. Jeanne est née en 2000. Ensuite il y a eu Henri en 2002, Cyprien en 2005, Joséphine en 2007 et Louis en 2011. J'ai cinq enfants, je dis souvent que j'ai quatre enfants ET Louis. Je l'ai très souvent dit quand il était encore bébé. Maintenant il a deux ans et demi et il va entrer à l'école : j'intègre de plus en plus que j'ai cinq enfants.

Au départ, Matthieu n'a pas fait trop d'Opex, juste le Kosovo en 2002, après la naissance d'Henri. Il préparait le concours de l'EMIA, pour passer officier, ouvrir des perspectives de carrière. D'abord à cause de la pression familiale : son grand-père était général, son père commandant. Être officier, c'était la fierté de la famille. De mon côté aussi, je le poussais, on était catholiques pratiquants, nos enfants étaient dans le privé, nos manières de vivre, nos codes sociaux correspondaient beaucoup plus aux stéréotypes de l'officier que du sous-officier. Les copains de boulot de Matthieu qui étaient sous-officiers nous chambraient, on était un peu le cul entre deux chaises. Aujourd'hui, je me suis affranchie de cette manière de voir mais, à l'époque, j'étais toute jeune, c'était difficile d'être parachutée dans le milieu militaire, c'était assez pesant et je pense que, pour moi, il avait envie d'être libéré de tout ça.

Il a préparé le concours avec un copain, restant dormir au régiment pendant quinze jours, pour ne pas être dérangé par les bébés qui pleurent et pour donner un dernier coup de collier. Il l'a raté de peu. La deuxième année, on se dit que c'est la bonne et il ne l'a pas, la troisième fois non plus. Je lui disais : « Je ne vois pas pourquoi tu te réinscris, c'est pas important, on a fait notre trou, tu n'as rien à prouver à personne. » Quand on est en bas de l'échelle, ça permet de distinguer les gens qui ont une réelle valeur, des gens qui fréquentent les officiers et les épouses d'officiers supérieurs pour se placer. Quand on se retrouve dans les dîners à fréquenter les mêmes personnes, on hésite à vous inviter avec le colonel machin alors que vous êtes mariée au maréchal-des-logis chef… J'ai fini par lui dire : « Tu sais, je suis très contente d'être épouse de sous-officier parce que, au moins les personnes qui me tournent le dos, je sais pourquoi elles le font. »

Matthieu a toujours eu une belle image de l'armée, un idéal aussi. C'est quelqu'un qui est volontaire, sur lequel les gens peuvent vraiment, vraiment se reposer ; si on lui confie quelque chose, il le fait jusqu'au bout avec sérieux. C'est quelqu'un qui s'implique, c'est un appui solide avec un haut respect de la hiérarchie et du système militaire. Pas du tout le même caractère que moi. Ça le troublait souvent parce que, quand on arrivait quelque part, je rencontrais des femmes et quand je lui disais : « J'ai rencontré Mme Machin », il me disait : « Tu sais qui est son mari ? C'est mon nouveau chef de corps ! » Je lui répondais « Et alors ? » Je m'en fichais, je ne voulais surtout pas savoir qui était son mari. Il avait ce côté militaire parfait tandis que moi, je ne regardais jamais les galons sur les épaules, je ne voulais surtout pas reconnaître les grades, je ne les connais pas plus aujourd'hui, d'ailleurs. La valeur d'un homme ne devrait pas se mesurer à ses galons.

Beaucoup plus tard, en 2009, Matthieu a fini par réussir le concours des OAEA[1], c'était la petite petite porte qui lui a permis enfin de passer sous-lieutenant. Quand j'ai accédé au statut de femme d'officier, j'ai vu le changement mais, à ce moment, j'avais finalement compris que le fait qu'il soit officier n'était pas important pour être reconnu. Les gens m'appréciaient ou pas, je pouvais être moi-même, j'avais acquis une certaine maturité, je m'étais un peu affranchie des codes. C'est à ce moment que nous sommes revenus à Pau. On avait quitté la ville à cause de moi. Par pur hasard, j'avais passé un concours du Trésor public, la catégorie C, niveau BEPC. Il n'y avait même pas d'oral, un QCM, un petit résumé de texte, des problèmes mathématiques, histoire de montrer qu'on sait se servir de sa tête, qu'on est rapide et efficace. J'ai passé ce concours, je l'ai eu, mais le seul poste disponible, c'était Rouen ou Le Havre. On était en plein milieu d'année scolaire, j'avais deux petits enfants, mon mari était là, pas là, je ne voulais pas y aller. J'ai pu obtenir un report d'affectation et en 2004, après deux mois de formation à l'école du Trésor de Noisy-le-Grand, j'ai été nommée dans l'Oise. Il n'y a pas beaucoup de conjoints qui suivent leur épouse. Matthieu, lui, m'a suivie. Il a obtenu sa mutation sur la base de Margny-lès-Compiègne.

La base a fermé trois ans plus tard, il a fallu redéménager à Pau, pour notre plus grand bonheur, mais je n'avais pas eu ma mutation. J'étais enceinte, en congé parental « forcé ». J'ai beaucoup regretté de ne plus travailler et de me retrouver à la maison : mon travail au Trésor

1. OAEA : officiers d'active des écoles d'armes.

m'intéressait énormément. C'était un arrêt subi mais on était ravis de retrouver Pau, on connaissait bien la ville, on y avait des amis, c'était rassurant. Matthieu a réussi le concours des OAEA en mars 2009. Il y avait un an de formation au Luc-en-Provence. C'était encore en milieu d'année scolaire, les enfants avaient déjà énormément changé d'école : on a décidé qu'il partirait tout seul. Au départ, il ne devait pas rentrer toutes les semaines, mais moi j'ai trouvé ça très compliqué, très dur. Autant l'Opex ne me dérange absolument pas, il part quatre, cinq mois, je m'organise, je suis alors officiellement le seul maître à bord, c'est défini, mais le célibat géographique, je trouve que c'est épouvantable pour les couples, pour la famille, pour les enfants. Je lui ai dit : « Écoute, je préfère que tu rentres tous les week-ends, c'est trop difficile, je gère sans gérer, les enfants jouent sur les deux tableaux, c'est un peu comme un divorce finalement. » Entre Le Luc et Pau, il fallait compter vingt heures de train pour passer vingt-six heures sur place ! Au Luc, Matthieu s'est retrouvé avec des petits jeunes, beaucoup de cyrards[1]. Lui, il avait trente-six ans, quatre enfants, c'était un peu l'ancien, le papy, le grand frère. Sa personnalité, d'abord facile, l'a aidé à s'intégrer. Juste après, il a été muté à Étain près de Verdun. Il y est parti le 1er mars 2010. Donc là encore, célibat géographique. J'ai fini à Pau l'année scolaire. Je n'étais pas vraiment pressée d'aller à Verdun. Quand on vient du grand Sud-Ouest, la Meuse, à part y avoir de la famille, ce n'est pas très vendeur.

Là-bas, Matthieu est resté très peu de temps, quatre jours et demi en septembre, le temps de monter une cuisine équipée, faire les saignées pour l'électricité, bouger

1. Nom donné aux officiers issus de l'école de Saint-Cyr-Coëtquidan.

un évier de place pour que tout soit prêt, absolument clean avant son départ. À la fin du mois, il est parti en Opex en Afrique jusqu'à la mi-décembre, pour les élections en Côte-d'Ivoire, mais on savait déjà que dès janvier, il commencerait la prépa pour partir en Afghanistan en mai 2011.

En 2009 on ne s'était pas vus pendant neuf mois et en 2010 on ne s'était pas vus pendant dix mois. J'ai fait ma reprise de boulot toute seule. J'avais obtenu ma mutation en octobre dans le nord de la Meuse. Ma fille aînée était déjà très mature, elle me secondait beaucoup. J'ai eu la chance d'être dès le printemps rapprochée à Verdun : un accueil extraordinaire, des gens sympa, de tous âges, hommes et femmes qui m'ont immédiatement invitée au café en me demandant qui j'étais, ce que je faisais. Un accueil hyperchaleureux.

Matthieu est revenu mi-décembre sous plus de cinquante centimètres de neige. Un vrai choc thermique après la Côte-d'Ivoire ! Les collègues partaient déjà. La prépa Afghanistan commençait en janvier et impliquait de nouveau une semaine sur deux d'absence, en exercice, à Pau ou ailleurs. Il y avait beaucoup de papiers, de démarches administratives. Pour lui, tout devait être absolument au carré et réglé, les papiers faits, triés, rangés, la cave rangée comme si on voulait y habiter. Tout cela avec la volonté de me laisser avec zéro contrainte. Après la naissance de Joséphine en 2007, j'avais pris beaucoup de poids. La grossesse avait été physiquement très éprouvante. Je ne voulais pas de cinquième enfant. Je m'étais fait opérer des yeux, des varices aussi, deux fois, et les médecins m'avaient déconseillé une nouvelle grossesse. Un soir, Matthieu regardait un film et il me dit : « J'aimerais bien un petit cinquième quand même ! » Je sortais de l'hôpital, je portais encore des pansements. Je lui balance un coussin dans la figure :

« Tu te fous de moi ? C'est pas toi qui subis. T'es gentil ! » Je voulais continuer de bosser. Je ne suis pas très patiente, quatre enfants c'était très bien, c'était raisonnable. Mais les accidents, il peut y en avoir et donc, au printemps 2011, le cinquième était en marche. Quand j'ai su que j'étais enceinte, j'en ai pleuré. Je l'ai gardé pour moi pendant une semaine. Je lui ai dit au resto. J'avais même fait une couleur pour teindre les cheveux blancs, c'est la seule fois de ma vie que je l'ai fait. Et lui, à la nouvelle, il pleure de joie, voilà, et ça a été une grossesse qui physiquement pour moi a été très, très difficile, encore plus que celle de Joséphine. Mais lui, il était hypercontent, et on finit par être contents à deux quand même.

Quand on prononçait le mot Afghanistan, et même encore aujourd'hui, il y avait cette espèce de pression, de climat particulier. Je ne suis pas sûre qu'il y ait beaucoup d'Opex pour lesquelles on soit prévenus un an et demi à l'avance. Le régiment avait organisé une grande réunion pour nous expliquer, à nous les épouses, les facteurs psychologiques, mais je n'y suis pas allée. Je n'avais pas envie de plonger dans cette espèce de climat, d'être dans un truc de psycho. Il avait déjà été deux fois au Kosovo, il revenait de Côte-d'Ivoire, je me suis dit : c'est une Opex comme les autres. En réalité, aucun départ d'Opex ne s'était passé comme celui-là. Les autres départs, j'étais très sereine, tandis que là, c'est un très, très, très mauvais souvenir. Je me vois, trois jours avant son départ, pleurer devant ma machine à laver alors qu'il était à l'étage, avec les enfants. Je mettais les affaires dans la machine, les caleçons, les chemises, et je pleurais sans pouvoir rien contrôler. Je suis dans un climat de stress, je lui fais déjà la tête parce qu'il va partir, parce que je suis enceinte de quatre mois et demi, cinq mois. Il y avait cette tension. Les trois dernières semaines, toutes les nuits, il faisait des cauchemars, il se réveillait en sueur. Ça ne lui était jamais arrivé.

Une semaine avant son départ en Opex, Matthieu s'est retrouvé le dos bloqué. On devait se rejoindre pour récupérer les enfants à l'école. Il m'a appelée au téléphone : « Je suis sur le banc public dans le parc, je ne peux plus bouger ! » Il marchait, hypercambré en arrière, complètement bloqué. On avait deux amis, Violaine et Sylvain Nguyen, tous les deux médecins militaires. On les a appelés pour qu'ils le remettent sur pied le plus vite possible. Le week-end qui a précédé le départ en Opex, ils m'ont dit : « Voilà le contrat, on vient lui faire une injection. Toi, tu viens déjeuner à la maison, tu viens avec tous tes enfants, pour qu'il se repose... »

Je l'avais un peu mauvaise parce que du coup, le dernier week-end, on allait me l'enlever, je n'allais pas en profiter... Les jours précédents le départ, je me sentais avare de chaque minute passée avec lui, je le suivais comme une ombre. Il y avait un nombre de démarches incalculables qui tombaient mal et qu'on devait faire à l'arrache. Moi qui ne voulais pas d'iPhone, un gadget très masculin, il m'en a acheté un. L'argument, c'était : « Tu auras accès à internet et à Skype avec les enfants depuis la Charente-Maritime. » On a ouvert un compte ; pour m'expliquer, ça a pris un temps monstrueux, je n'imprimais plus rien. Ce départ n'en finissait pas, je n'en pouvais plus, je me disais : mais quand est-ce qu'il part ? Lui, il était à la fois stressé de partir, de lâcher sa famille, et en même temps, l'Afghanistan, c'était hyperexcitant, une Opex mythique. Et puis on lui avait dit d'y aller, c'était son devoir, ça lui suffisait pour partir et faire les choses du mieux possible. Il se devait d'être un maillon infaillible. J'avais réussi à négocier avec les médecins la date de la deuxième échographie. La veille de son départ, on a pu y aller tous les deux. On a demandé le sexe du bébé. Quand j'ai appris que c'était un garçon, j'ai pleuré. J'avais déjà deux garçons que je peine souvent à comprendre et à gérer, j'aurais aimé avoir une petite fille. J'étais plus faite pour être mère de filles. On a mis toutes les photos de l'échographie sur une clé usb, pour qu'il puisse les emporter avec lui.

Le départ, c'était un vendredi. Jusqu'au dernier moment, il s'est occupé à gérer tout ce qu'il y avait encore à faire, parce qu'il ne voulait pas que ce soit moi qui m'en occupe. Jusqu'à faire la déclaration d'impôts dans la nuit, la veille du départ. Une demi-heure avant de partir prendre le bus pour l'Afghanistan, il tondait encore la pelouse. Moi, j'étais en train de souffler, de pleurer en disant : « Arrête, je trouverai quelqu'un pour m'aider, j'ai besoin qu'on passe du temps tous les deux, dans le canapé, avec les enfants. Arrête d'essayer d'en faire plus, tu n'y arriveras pas. » C'est la seule fois où on l'a accompagné. C'était un vendredi après-midi, je n'avais pas mis les enfants à l'école, il faisait un temps pas terrible. On est allés jusqu'au bus sur la base. Mon fils pleurait à grosses gouttes. C'était le week-end de la Fête des mères, le 27 mai.

Après son arrivée en Afghanistan, on communiquait le plus souvent possible par téléphone, par mail. Quinze jours plus tard, on devait s'appeler le soir, il partait, il décollait pour faire une escorte classique. À midi, il m'envoie un mail de deux phrases. Il faisait l'aller-retour entre deux bases. « Je repars cet après-midi, mais pas de problème, je t'appelle ce soir. Je t'aime. »

Au boulot à la Trésorerie, cette journée du 10 juin a vraiment été horrible, une journée de merde. Je suis debout tout le temps, en remplacement à la caisse. Je dois faire les encaissements de l'office HLM. Les gens viennent payer leur loyer en espèces, c'est une population pas toujours agréable, on n'a même pas le temps de classer les billets, il faut aller faire des décaissements au coffre, c'est assez mal foutu, c'est non stop, on brasse beaucoup d'argent. Devant moi, il y a un vieil Arabe qui conteste un truc concernant son loyer ; à un moment, il me crache dessus : il crache sur la vitre. Ça ne lui sert pas à grand-chose. J'encaisse le loyer, mais c'est violent, je travaille, je représente l'administration. Quand on est au contact avec les gens, il faut toujours être irréprochable, de bonne humeur : cette notion de service public, j'y suis très attachée. Je reste ferme, j'essaie de garder le sourire, mais la journée est très compliquée. J'ai à peine une demi-heure pour aller manger sur le pouce, j'en ai plein les jambes parce que j'ai pris énormément de poids et que mes problèmes de circulation se sont accentués. La journée se termine parce qu'il y a un impératif : aller chercher les enfants à la garderie du soir. En général, ils sont dans les derniers. À ce moment de l'année, l'organisation est démultipliée, parce qu'il y a toutes les inscriptions scolaires, les spectacles de fin d'année avec les répétitions, il y a tous les trajets en voiture, c'est un peu la course et j'ai hâte d'avoir mon mari le soir au téléphone.

À la fin de la journée, quand les enfants sont couchés, je me mets devant la télé. Le lendemain matin, Jeanne a une répétition à 9 heures pour son gala de danse qui a lieu dans quinze jours. Je ne vais pas me coucher trop tard mais j'attends le coup de fil. Je me mets devant une série policière sur M6. Je n'aime que les séries américaines : elles sont ultraviolentes, c'est vrai, mais je trouve que les séries françaises sonnent faux. Après, je zappe sur une émission sur les plongeurs de l'extrême, je comate un peu devant la télé, ça a du bon de faire l'autruche. J'ai déplié la banquette BZ devant la télé. On y a dormi juste avant son départ et il y a encore son odeur sur l'oreiller. Le matin je ne lave pas les draps, j'ai le sentiment de dormir un peu plus avec lui. Je mets le traversin vertical dans le lit, comme ça, les premières nuits, j'ai la sensation de renvoi de chaleur, de ne pas être toute seule. C'est curieux, ce qu'on fait des fois ! Je l'ai dit à d'autres copines, pas la peine d'avoir un psy ou alors on fait un tir groupé parce qu'on est plusieurs ! Je pousserais même le vice à dire que si, en plus, on met une robe de chambre en polaire sur le traversin, la polaire renvoyant la chaleur, on a vraiment l'impression de dormir avec... (Rire.) Donc je dors dans la salle télé, je regarde ces trucs-là en attendant le coup de fil. Je l'attendais vers 10 heures, il est 10 h 30. Et là, mon portable sonne.

C'est Violaine, mon amie médecin. Je suis contente de l'entendre parce qu'il y a quelques instants, j'ai entendu un bruit en bas, quelqu'un qui toquait. La fleuriste de la rue a été braquée quelques jours plus tôt et ça m'inquiète un peu. Je décroche et je lui dis : « Tu tombes bien, j'entends du bruit en bas de chez moi, je vais discrètement voir et surtout tu me gardes en ligne, s'il y a un problème, je veux que tu puisses m'entendre. » Elle me dit : « T'inquiète pas, c'est nous. » Je me change, j'essaie de mettre mon pyjama, impossible de passer la deuxième jambe. (Rire.) Je descends, j'allume la lumière, j'ouvre la porte, je vois Violaine : « Qu'est-ce qui t'arrive ? » À côté d'elle, il y a son mari en grand uniforme, je ne l'avais jamais vu comme ça. Il y a aussi l'épouse du chef de corps et le chef de corps, lui aussi en uniforme. Sur le coup, je me dis qu'ils rentrent d'un dîner officiel. Ils ont dû crever : 10 h 30, c'est encore une heure raisonnable pour sonner. Voilà à quoi je pense en ouvrant la porte et, tout d'un coup, je me retrouve dans la série américaine avec les autorités en uniforme, et là j'ai un flash : « C'est Matthieu ! »

Ils me disent : « Est-ce qu'on peut entrer ? Matthieu a eu un accident... » Je ne sais plus s'ils m'ont dit : « Il est mort, il est décédé de ses blessures », je ne sais plus, ils me le disent direct, ils n'attendent pas d'être assis. De toute façon, moi j'ai compris.

Les enfants dorment, on va discuter jusqu'à 1 heure du matin. Je pleure, je ne peux rien changer, les nerfs lâchent mais en même temps je tiens tout, mes idées sont claires, nettes. De façon très pragmatique je me demande comment je vais m'organiser. Dans la demi-heure qui suit, je leur dis deux choses fondamentales. D'abord que je ne peux pas continuer ma vie toute seule. Je ne resterai pas seule, un jour je rencontrerai quelqu'un. Je leur annonce aussi que je quitte Verdun et que je déménage à Bordeaux. À Verdun, je me suis fait de nouveaux amis, mais rien ne me retient ici. Je dis que je ne continuerai pas ma vie toute seule, et pourtant je suis avec mon mari depuis 1995. Je suis toute jeune, j'ai trente-quatre ans. J'ai vécu la moitié de ma vie avec lui. La construction de ma personnalité, de ce que je suis, s'est faite grâce à lui. Toute ma vie repose dessus. C'est ma pierre d'édifice, le fondement, et tout d'un coup il n'y a plus rien. Grâce à lui, j'ai une personnalité forte, je suis équilibrée, il m'a révélée.

Il avait beau être la pierre de l'édifice, je me substitue à lui, je l'intègre et je deviens pierre à mon tour. Donc, je suis obligée – là je vais pleurer, c'est pas cool –, je suis obligée par rapport à l'image qu'il a de moi de rester telle que je suis, je ne vais pas changer (la voix se brise), c'est respecter son âme, son souvenir, ce pour quoi il m'a choisie, il y a dix-neuf ans.

On en avait discuté au début de notre mariage. J'avais rencontré dans un dîner à Pau une jeune femme de vingt-sept ans, Nathalie, épouse de militaire, qui avait deux enfants, qui était enceinte de son troisième quand son mari est décédé brutalement à la suite d'un entraînement de sport. Cette nana était toute jeune, superdynamique, toujours le sourire, c'était un couple extra, et au bout de deux, trois ans, elle a choisi de partir à Paris où elle avait de la famille, des amis et elle a dit : « Attendez, j'ai vingt-sept ans, j'ai la vie devant moi, ce n'est pas ne plus aimer mon mari et ne pas respecter son âme et notre couple que de dire : je veux continuer, je veux rencontrer quelqu'un. » Je l'avais dit à Matthieu : « Si un jour il t'arrive quelque chose, je ferai comme Nathalie, c'est mon tempérament et toi, tu ferais quoi ? – Moi, je m'effondrerais, j'appellerais ma mère pour m'aider, je ne referais pas forcément ma vie. » Je lui avais répondu : « C'est pas possible, tu ne peux pas te dire ça, c'est du gâchis ! Regarde tes copains, regarde les maris de mes copines, il n'y en a pas beaucoup qui t'arrivent à la cheville. »

Je suis très objective en disant ça. Au départ, j'avais la chance d'être super bien tombée. C'est un homme qui faisait autant la couture que la mécanique ou les gros travaux, profondément gentil, tourné vers les autres, un papa poule, papa pélican qui prend ses entrailles et les distribue à sa progéniture, comme sur le bas-relief de l'église basque d'Ainhoa. Moi, jamais je ne partagerais ma gamelle pour tout donner à mes enfants, j'ai une part d'égoïsme qui fait que je garderais un morceau pour moi. Je suis quand même l'élément fondateur. Pour que les enfants soient heureux, il faut que je sois bien, donc je me laisse quand même passer un poil avant. Lui, il aurait tout donné pour ses gosses.

Le chef de corps est reparti avec son épouse. Tout s'est mis en branle, ils m'ont demandé l'accord pour donner une photo au JT. On a cherché cette fichue photo, j'ai passé des coups de fil. La première personne que j'ai appelée, c'est Philippe, un ami très proche. Il est pilote comme Matthieu, il est gentil comme lui. Je ne pouvais pas appeler Matthieu, j'appelle son équivalent. Je fais son numéro fixe, il est 1 heure du mat, personne ne décroche, je fais le numéro du portable jusqu'à ce qu'il décroche. « Philippe, c'est Matthieu, il a eu un accident, il est mort en Afghanistan, il s'est crashé. » Avec le chef de corps, j'avais pleuré, c'était des pleurs de stress. Là ce sont des pleurs d'abandon, on pleure tous les deux, c'est la personne avec qui je peux partager ça. Ensuite, très brièvement, j'appelle ma belle-mère, mes parents. Ils me disent qu'ils vont rouler toute la nuit pour être là au matin.

Je ne pensais qu'à une chose, aller me coucher. J'ai dormi d'un sommeil extrêmement profond, sans cauchemar. Je ne me suis pas couchée seule, Violaine a dormi avec moi, dans le même lit. Arrive le matin, mes enfants dorment. Ils vont se réveiller et se demander pourquoi toute la famille est là. Il faut que je leur annonce avant. La chose la plus dure, ce n'est pas qu'on vous annonce le décès de votre mari, c'est de devoir le dire à vos enfants. Ils avaient entre dix ans et trois ans et demi. La douleur et la détresse de vos enfants, ça c'est un souvenir monstrueux. Il faut que je leur dise tôt parce que Jeanne doit se réveiller à 8 heures. À 9 heures elle a sa répétition de danse, il faut que je la dépose.

Voilà, j'ai bien dormi, mes enfants dorment bien innocemment, très sereinement. Je les réveille, je les rassemble tous dans la chambre de Joséphine, la petite dernière.

« Voilà, les enfants, il est arrivé quelque chose à papa, l'hélicoptère de papa s'est crashé en Afghanistan. Papa est mort. » Ma fille aînée qui est déjà très grande en taille – elle faisait un mètre soixante, soixante-cinq –, se jette par terre, elle tire sur ses cheveux, elle se tord de douleur, et comme c'est quelqu'un qui prend toujours beaucoup sur elle, ce spectacle est affreux. Une énorme souffrance. Ce n'était même plus un corps, ça ne ressemblait à rien. Après, il faut calmer.

Notre second, Henri, pleure, mais il n'est pas du tout dans cette expression-là. Il était invité l'après-midi à son premier anniversaire chez un copain qu'il venait de se faire. Il me dit : « Et mon anniversaire ? Est-ce que je vais pouvoir y aller ? » Ma première réaction c'est : « Putain, Henri ! Ton père vient de mourir et tu penses à quoi ? À aller à un anniversaire de copain ! Quand est-ce que tu vas avoir du plomb dans la cervelle et que tu vas prendre en compte la réalité des choses ? » Neuf ans, ce n'est pourtant pas bien grand, qu'est-ce que ça peut bien changer ? Il va y avoir plein de monde, c'est son premier anniversaire, la consécration de son intégration dans la classe, lui le petit nouveau... « Oui, tu vas à l'anniversaire. »

Après, il y a Cyprien qui allait entrer au CP. Il est en larmes. C'est un petit bonhomme qui va avoir six ans en septembre. Son père devait être là pour la rentrée, à un ou deux jours près. Il me dit : « Papa va jamais me voir lire ! Il va pas être là pour mon anniversaire ! »

Et puis il y a Joséphine. Elle a été extraordinaire, mais je ne suis pas sûre d'arriver à tout dire. Les enfants avaient assisté à des obsèques dans la famille, les mois précédents. La conscience de la mort à trois ans et demi ! Quand elle comprend que son papa s'est crashé, qu'il est mort, qu'il ne reviendra pas, elle, elle focalise longtemps, tous les soirs, dans la journée et le soir en se couchant : « Je voudrais juste faire un bisou à mon papa, là, sur sa joue, dit-elle en pointant sa joue avec le doigt. Il est au ciel, on peut mettre une échelle pour que j'aille lui faire un bisou, là, sur sa joue ? » Ça, elle l'a répété chaque fois qu'on la couchait, pendant quinze jours, trois semaines. Elle a continué d'aller à l'école dans la deuxième quinzaine de juin. Elle se plantait devant les copains en disant : « Na, na, na nère ! Eh ben, mon papa il est mort ! » Voilà, elle se l'est approprié, à sa manière. Le fait qu'il était mort, elle, elle le verbalisait et elle nous a portés par sa manière de rebondir, d'exprimer les choses. Voilà comment je leur ai annoncé le décès. Je me suis moi-même abandonnée aux larmes, à ma profonde douleur. C'était aussi l'occasion de manifester aux enfants l'amour immense que j'avais pour mon mari. Je leur ai dit : « Vous vous asseyez sur le lit, vous fermez les yeux ! » Et là, je vais dans la salle de bains, je prends un flacon d'« Habit rouge », c'était le parfum de mon mari, tous les matins, il s'en aspergeait et il allait ensuite embrasser chacun dans son sommeil avant de partir. Je leur ai tous fait respirer, et je leur ai dit : « Ça c'est quoi ? » Et ils m'ont dit : « Papa ! » Par l'odeur, le souvenir olfactif, la personne est là. J'ai promené la bouteille un certain temps dans mon sac à main, la sortant après une visite à la Sécu, à l'hôpital. J'ouvrais mon sac et, chaque fois, ah ! j'avais l'odeur ! C'est quelque chose qui m'est resté très, très longtemps. De temps en temps, je sais que je peux ouvrir les caisses contenant encore les pulls qu'il n'a portés qu'une fois, je me plonge là-dedans, et là, vous avez l'odeur de la peau, le mélange de parfum. Je crois que je la sens encore.

Après, on subit. Quand on est quelqu'un comme moi qui aime bien mener la barque, il faut apprendre à se laisser faire. J'ai découvert mon aptitude à me laisser faire. Là, tout est en branle, les cérémoniaux, les horaires, il va y avoir le ministre, non, on redécale, là, c'est bon. Il y a eu les contacts avec la cellule d'aide aux blessés, la CABAT, l'assistante sociale du régiment. Le régiment m'a prêté deux potes de mon mari, tous les deux volontaires, deux « têtes blondes », que je peux appeler tout le temps, qui sont mes deux anges gardiens, qui m'accompagnent partout, qui sont à mes petits soins, ma tête et mes bras.

Après, j'ai plein d'images, des moments drôles, des moments durs. Comme à l'institut médico-légal, au moment d'aller voir le corps. C'est moi qui ai voulu décider qui allait voir mon mari. Il est visible, il a eu un accident météorologique, il a fait une chute de quarante mètres. Avec un trauma crânien, des cicatrices. Est-ce que ça va être tuméfié, boursouflé ? Entre le 10 juin et le moment où je le vois, il s'est passé un certain nombre de jours. Je préférerais qu'on me dise avant dans quel état il se trouve pour pas avoir de trop mauvaises surprises. Est-ce que les enfants peuvent le voir ? Je n'en sais rien, la décision n'appartient qu'à moi, il faut la prendre vite. Je suis aux Invalides, il y a tout un convoi, la voiture officielle, les motards, une organisation très lourde à respecter. Si je dois avoir un privilège, pour moi, c'est ça. Je veux être la dernière à le voir, à le toucher. J'ai accordé à sa maman ce même droit, parce que c'est son fils, mais c'est tout. C'était mon protocole à moi. J'irai la première, je sortirai, elle verra son fils toute seule. Pas envie de partager ça, on n'a pas la même façon de vivre notre douleur, notre deuil. Voilà : j'ouvrirai le bal, ensuite ce sera ma belle-mère et j'y retournerai enfin.

On rentre dans l'institut médico-légal. Là, il y a une jeune femme, toute pomponnée, maquillée, jolie, qui m'explique comment ça va se dérouler. J'entre, je vois le plan incliné, avec dessus le cercueil, face à moi, le cercueil ouvert comme un plumier. Il y a juste les épaules et la tête qui dépassent. Le drapeau, le petit coussin rouge à pompons sur lequel sont posées les décorations, la photo, que j'ai transmise qu'on a déjà vue un peu partout, à la télé et tout. Je me penche pour distinguer les mains sous le couvercle, l'alliance a été remise. Je dis à la jeune femme : « Excusez-moi, je n'imaginais pas ça du tout comme ça. Je pensais voir mon mari, je ne veux pas en voir qu'un bout, je veux le voir en entier, est-ce que c'est possible ? » Elle me dit : « Il y a le protocole militaire... » Mais moi, il n'y a qu'une seule fois où je peux le voir, donc le protocole militaire... J'ai demandé qu'on me retire tous les falbalas, donc tout est retiré. Dans le couloir les généraux, les officiels s'inquiètent de ma réaction. On me refait entrer.

Là, le couvercle est posé debout contre le mur. Je vire le napperon qu'on lui a posé dessus, pour le voir de tout son long. Je regarde, il a des rangers toutes neuves, le treillis nickel, impeccable. Je lui parle, je le palpe, je l'embrasse, je lui fais plein de commentaires. Je regarde un peu ce qu'on lui a fait. Il n'est pas abîmé, il est gonflé, ça c'est très frappant, c'est quelque chose d'assez impressionnant. Avec la chute, malgré le casque, la caméra thermique qu'il s'est pris puisqu'il était en place de commandement de bord, tout ça, l'impact, ça a gonflé. Ils ont camouflé la partie ecchymosée, il n'a rien d'abîmé, il est intact, paisible, bronzé et maquillé, couleur terre cuite. C'est bien lui, mais j'ai besoin de voir sa carnation, je regarde au niveau du cou, je remonte une manche le plus possible, j'ai besoin de toucher. Je prie, je dépose une photo de famille que mes parents avait prise à Pâques, où on est avec les quatre enfants à Verdun, il faisait un temps magnifique. Je mets un chapelet béni rapporté de Pologne, des petites choses des enfants, je lui parle, je lui dis que je vais revenir, je lui raconte plein de trucs, je lui fais des commentaires sur sa tenue, voilà et là je ressors, et je dis à ma belle-mère que c'est à elle. Après j'y retourne pour refermer et puis voilà. Je suis rejointe par les autres et une petite dame de l'institut médico-légal, la cinquantaine, rien à voir avec la jeune femme de tout à l'heure. Elle tient devant elle la photo encadrée de mon mari et affiche une tête de circonstance. Elle fait son métier. Je parle aux uns et aux autres, et je remarque que chaque fois que je me tourne à droite ou à gauche, elle oriente lentement la photo dans le même sens. Du coup, je m'amuse à bouger. Je donne un grand coup de coude au copain qui est à côté de moi : « Regarde, regarde ! On se croirait dans un film de Mister Bean… » (Rire.)

On sort de l'Institut et là, dehors, j'entends un hélico qui passe juste au-dessus. Je murmure : « Voilà, t'as même droit à ton hélico… » Et au moment où l'on charge le cercueil, un autre hélico passe. Pendant plus d'un an, j'ai vu, j'ai entendu un hélicoptère tous les jours ! Il y n'avait pas une journée sans hélico au-dessus de moi, quel que soit l'endroit où je me trouvais, à la plage ou n'importe où.

La veille du départ de Matthieu en Afghanistan, on avait fait l'échographie le matin, on était dans le jardin. Il rangeait deux ou trois trucs. Je lui ai dit : « Comment tu veux l'appeler ? » On hésitait entre Anselme et Louis. « Tu veux qu'on tire à pile ou face ? Il me répond : « Pas la peine, il y en a un qui me vient naturellement, c'est Louis ! » Je lui ai répondu : « Allez hop ! Va pour Louis ! » Il a donc choisi le prénom de son fils. Louis, c'était son bébé et qu'est-ce qu'il lui ressemble ! Déjà quand il est né, il est venu au bon moment. J'avais eu le temps d'acheter la maison, de trouver les écoles. Quand il est venu au monde, la première voix qu'il a entendue, c'est celle de Matthieu que je garde sur mon téléphone et que ma sœur qui est sage-femme lui a fait écouter. Et bien sûr, au-dessus de l'hôpital, il y avait un hélicoptère…

L'année dernière, en janvier, j'ai envoyé en pleurs, en panique, un SMS à mes deux anges gardiens parce que ça faisait deux jours que je n'avais pas vu, pas entendu d'hélicoptère. Ça a été un moment très très difficile. « Est-ce qu'il m'abandonne ? Est-ce qu'il se dit : je peux te lâcher ? » Tanguy m'a répondu : « Est-ce que tu ne crois pas que tu as mis trop d'importance dans ce truc-là ? » Je lui ai dit : « C'est pas possible, il n'y a pas de coïncidence. »

En fait, je n'ai de cesse de sentir son amour, sa présence à mes côtés. Je suis persuadée d'une chose : on vit avec nos morts et ils sont avec nous, ils sont vivants à travers nous…

Invalides, 30 juillet 2014

Table des opérations extérieures
Participation des armées françaises
1983-2015[1]

1. Le document est une actualisation d'un produit du site jgrattepanche.free.fr. Nous en remercions les auteurs.

Date Début	Date Fin	Nom Opération	Pays	Cadre
09/08/1983	07/11/1984	MANTA	Tchad	National
19/01/1984	19/01/1984	CHEVESNE	Liban	National
27/02/1984	16/07/1984	ACHERNAR	Océan Indien	National
25/03/1984	31/03/1984	CARRELET	Liban	National
27/03/1984	02/04/1986	DETOBS	Liban	National
01/08/1984	01/09/1984	GRONDIN	Mer Rouge	Multi-latéral
15/08/1984	30/09/1984	MUGE	Mer Rouge	Multi-latéral
01/09/1984	30/09/1984	MONT-LOUIS	Belgique	National
21/09/1984	20/11/1984	MIRMILLON	Libye	National
01/10/1984	01/12/1984	SILURE	Tchad	National
10/07/1985	10/07/1985	SATANIC	Nouvelle-Zélande	National
31/07/1985	26/08/1985	MATISSE	Atlantique	National
01/12/1985	01/05/1986	GRIFFON	Guinée-Bissau	National
21/12/1985	26/12/1985	BIOFORCE 1	Djibouti	National
16/01/1986	28/01/1986	ADEN	Yémen	National
13/02/1986	01/08/2014	ÉPERVIER	Tchad	National
01/04/1986	01/04/1986	HORTENSIA	Tunisie	National
03/04/1986	10/04/1986	GARDÉNIA	Liban	National
06/05/1986	07/05/1986	BIOFORCE 2	Djibouti	National
21/05/1986	09/06/1986	MIMOSA	Mer Noire	National
22/08/1986	23/10/1986	MELTEM	Liban	National
20/11/1986	04/12/1986	NORDET	Méditerranée	National

06/01/1987	04/03/1987	ORIFLAMME	Méditerranée	National
01/03/1987	24/04/1987	THALIE	Méditerranée	National
01/07/1987	16/09/1988	PROMÉTHÉE	Golfe arabo-persique	National
03/09/1987	20/09/1987	ATELE	Mer Adriatique	National
04/09/1987	25/09/1987	AGAMI	Mer Noire	National
01/01/1988	01/01/1990	SALAM	Afghanistan	Cdt ONU
11/02/1988	03/03/1988	ALBACORE	Mer Adriatique	National
11/03/1988	02/04/1988	EIDER	Liban	National
01/08/1988	26/05/1989	NÉRÉÏDES	Golfe arabo-persique	National
08/12/1988	19/12/1988	ARMÉNIE	Arménie	National
18/12/1988	01/06/1989	ELLÉBORE	Soudan	National
14/04/1989	19/04/1989	ACANTHE	Liban	National
23/04/1989	15/08/1989	BASILIC	Liban	National
29/04/1989	16/05/1989	NOUADIBOU	Sénégal	National
15/08/1989	15/10/1989	CAPSELLE	Liban	National
15/10/1989	21/11/1989	MÉDOR	Liban	National
21/11/1989	06/01/1990	ORQUE	Liban	National
01/12/1989	01/12/1989	APOGÉE	Saint-Martin	Multi-latéral
12/1989	12/1989	ACAJOU	Roumanie	National
04/12/1989	20/12/1989	OSIDE	Comores	National
06/01/1990	04/08/1990	GLYCINE	Liban	National
23/05/1990	02/06/1990	REQUIN	Gabon	National
26/05/1990	en cours	CORYMBE	Golfe de Guinée	National
11/07/1990	15/07/1990	PELLERIN	Congo, mer Adriatique	National/ Multilatéral

10/08/1990	30/09/1990	SALAMANDRE	Mer rouge	ONU/Multilatéral
13/08/1990	10/05/1994	ARTIMON	Golfe arabo-persique	ONU/Cdt UEO
24/08/1990	01/08/1991	BUSIRIS	Émirats arabes unis	ONU/Multilatéral
16/09/1990	01/06/1991	DAGUET	Arabie Saoudite	ONU/Multilatéral
04/10/1990	01/12/1993	NOROÎT	Rwanda	National
17/10/1990	01/05/1991	MÉTEIL	Qatar	ONU/Multilatéral
1991	1991	FRANCOLIN	Soudan	National
1991	1991	JUBARTE	Sénégal	National
03/01/1991	09/01/1991	BÉRÉNICE	Somalie	National
30/01/1991	01/04/1991	PHÈDRE	Mer Rouge	ONU/Cdt UEO
06/04/1991	20/07/1991	LIBAGE	Turquie	ONU/Multilatéral
09/04/1991	17/03/2003	MONUIK	Koweït Cdt	ONU
18/04/1991	31/05/1991	RAMURE	Iran	ONU/Multilatéral
05/1991	07/1991	MERRAIN	Koweït	National
24/05/1991	OS/06/1991	TOTEM	Éthiopie	National
26/05/1991	12/06/1991	GODORIA	Djibouti	National
07/07/1991	31/12/2000	ECMM	Bosnie-Herzégovine	ONU/Cdt UE
13/07/1991	31/12/1996	ACONIT	Turquie	ONU/Multilatéral
16/08/1991	30/04/1995	ONUSAL	Salvador Cdt	ONU
17/08/1991	02/09/1991	BADGE	Afghanistan	National

29/08/1991	29/08/1991	BADGE	Liban	National
23/09/1991	18/10/1991	BAUMIER	Zaire, Congo Kinshasa, république démocratique du Congo	National
01/10/1991	en cours	MINURSO	Mauritanie	Cdt ONU
18/10/1991	22/02/1992	MACLE	Zaire, Congo Kinshasa, république démocratique du Congo	National
01/11/1991	01/03/1992	VERDIER	Bénin	National
12/11/1991	15/03/1992	MIPRENUC	Cambodge	Cdt ONU
17/11/1991	10/02/1992	CHAMADE	Mer Adriatique	National
1992	1992	FÉRULE	Gabon	National
25/02/1992	01/06/1999	ISKOUTIR	Djibouti	National
12/03/1992	14/12/1995	FORPRONU	Bosnie-Herzégovine	Cdt ONU
15/03/1992	15/11/1993	APRONUC	Cambodge	Cdt ONU
17/03/1992	08/04/1992	BIO FORCE 3	Centrafrique	National
01/05/1992	28/05/1992	SIMBLEAU	Sierra Leone	National
01/06/1992	16/01/1998	DANUBE	Hongrie	ONU/Cdt UEO
11/07/1992	22/11/1992	SHARP VIGILANCE	Mer Adriatique	Multilatéral
26/09/1992	11/05/2003	ALYSSE	Arabie Saoudite	ONU/Multi latéral
01/11/1992	05/11/1992	ADDAX	Angola	National
15/11/1992	18/11/1992	SANAA	Somalie	ONU/ National
22/11/1992	15/06/1993	SHARP FENCE	Mer Adriatique	ONU/Cdt UEO

07/12/1992	12/04/1993	ORYX	Somalie	ONU/Multilatéral
25/01/1993	11/05/1993	ZMAS	Angola	National
26/01/1993	22/12/1995	BALBUZARD	Mer Adriatique	National
29/01/1993	14/02/1993	BAJOYER	Zaire, Congo Kinshasa, république démocratique du Congo	National
09/02/1993	11/02/1993	VOLCAN	Rwanda	National
27/03/1993	20/12/1995	COURLIS	Bosnie-Herzégovine	ONU/Cdt OTAN
03/04/1993	13/04/1993	CAP SKIRING	Sénégal	National
03/04/1993	12/12/1999	FARINEX	Yémen	National
06/04/1993	20/12/1995	CRÉCERELLE	Italie	ONU/Cdt OTAN
04/05/1993	15/01/1994	ONUSOM 2	Somalie Cdt	ONU
18/06/1993	17/06/1996	SHARP GUARD	Mer Adriatique	ONU/Cdt OTAN
24/08/1993	15/06/2009	MONUG	Géorgie	Cdt ONU
23/09/1993	01/06/1996	MINUHA	Haïti	Cdt ONU
01/10/1993	01/10/1993	YAMBO	Burundi	National
16/10/1993	13/12/1993	EDICBER 1 ET 2	Somalie	National
18/10/1993	02/10/1994	VENTIS	Haïti	ONU/Multilatéral
15/11/1993	15/05/1994	UNMLT	Cambodge Cdt	ONU
20/12/1993	15/03/1994	ONUSOM 100	Somalie	Cdt ONU
1994	1994	CARAVANE	Algérie	National
02/01/1994	22/03/1994	TATOU	Togo	National
01/02/1994	01/08/1998	BALATA	Cameroun	National

08/04/1994	14/04/1994	AMARYLLIS	Rwanda	National
05/05/1994	28/05/1994	DIAPASON 1, 2 ET 3	Yémen	National
15/05/1994	01/05/1995	UNCONSMIL	Cambodge	Cdt ONU
20/06/1994	22/08/1994	TURQUOISE	Rwanda	ONU/Multilatéral
20/07/1994	27/07/1994	ADEN	Yémen	National
15/09/1994	01/10/1994	PAULINE	Haïti	National
17/09/1994	27/09/1994	HAITI	Haïti	ONU/Multilatéral
01/11/1994	01/11/1994	CROIX DU SUD 1	Niger	National
22/11/1994	08/12/1994	CADUCÉE	Guinée-Bissau	National
01/01/1995	01/03/1995	UNITED SHIELD	Somalie	National
01/03/1995	01/03/1995	UNAVEM Ill	Angola	Cdt ONU
31/03/1995	15/01/1996	FOPAINU	Croatie	Cdt ONU
31/03/1995	28/02/1999	FORDEPRENU	ARYM	Cdt ONU
03/06/1995	14/12/1995	HERMINE	Bosnie-Herzégovine	Multilatéral
01/07/1995	31/12/1995	CROIX DU SUD 2	Niger	National
30/09/1995	08/10/1995	AZALÉE 1	Comores	National
15/10/1995	23/03/1996	AZALÉE 2	Comores	National
21/12/1995	20/12/1996	SALAMANDRE 1	Bosnie-Herzégovine	ONU/Cdt OTAN
21/12/1995	30/12/2002	MINUBH-GIP	Bosnie-Herzégovine	Cdt ONU
17/02/1996	30/06/2008	ARAMIS	Cameroun	National
01/04/1996	01/12/2000	HÉLIANTHE	Liban	National
18/04/1996	08/05/1996	ALMANDIN 1	Centrafrique	National

18/05/1996	31/08/1996	ALMANDIN 2	Centrafrique	National
01/06/1996	01/03/2001	CONDOR	Érythrée	ONU/ National
01/07/1996	31/07/1997	MANUH	Haïti Cdt	ONU
09/09/1996	14/12/1996	ALMANDIN 3	Centrafrique	National
25/09/1996	28/09/1996	BADGE	Afghanistan	National
01/11/1996	2003	ALGÉRIE	Algérie	National
21/11/1996	08/02/1997	MALÉBO	Congo	National
21/12/1996	01/12/2004	SALAMANDRE 2	Bosnie-Herzégovine	ONU/Cdt OTAN
1997	1997	NEPTUNE	Mer du Nord	National
23/01/1997	24/01/1997	GRETELLE	Madagascar	National
25/01/1997	30/04/1998	BUBALE	Centrafrique	National
13/03/1997	20/03/1997	HARMONIUM	Albanie	National
14/03/1997	19/03/1997	ISARD	Congo	National
17/03/1997	01/08/1997	PÉLICAN	Congo	Multilatéral
07/04/1997	08/08/1997	ALBA	Albanie	ONU/ Multilatéral
31/05/1997	07/06/1997	ESPADON	Sierra Leone	National
07/06/1997	15/06/1997	FLAMBEAU	Mer du Nord	National
08/06/1997	20/06/1997	PÉLICAN	Congo	National
16/06/1997	28/06/1997	MARACUDJA	Mer des Caraïbes	National
25/06/1997	08/08/1997	BLACKARROW	Congo	National
30/06/1997	01/05/1999	MONUA	Angola	Cdt ONU
16/09/1997	01/12/2001	EMCP	Albanie	ONU/Cdt UE
15/10/1997	17/11/1997	ANTILOPE	Congo	National

27/10/1997	15/04/1998	CIGOGNE 1 ET 2	Centrafrique	National
28/11/1997	15/03/2000	MIPONUH	Haïti	Cdt ONU
28/11/1997	06/12/1997	SHEBELLE	Éthiopie	National
03/12/1997	05/12/1997	LYRA BIRD	Papouasie-Nouvelle-Guinée	National
01/1998	01/1998	MELCHIOR	Liberia	National
01/02/1998	2003	FURET	Gabon	National
08/03/1998	16/03/1998	FLYING FISH-FLYING FOX	Papouasie-Nouvelle-Guinée	National
15/04/1998	28/02/1999	MINURCA	Centrafrique	Cdt ONU
15/04/1998	01/03/2001	MURÈNE	Centrafrique	National
21/05/1998	20/02/2001	INDONÉSIE	Indonésie	National
01/06/1998	01/01/1999	ALADIN	Arabie Saoudite	Cdt ONU
05/06/1998	18/05/1999	IROKO	Guinée-Bissau	National
13/07/1998	21/10/1999	MONUSIL	Sierra Leone	Cdt ONU
23/07/1998	30/07/1998	NOTOU	Papouasie-Nouvelle-Guinée	National
11/08/1998	27/10/1998	MALACHITE	Zaire, Congo Kinshasa, république démocratique du Congo	National
31/08/1998	23/09/1998	CARIB VENTURE	Mer des Caraïbes	Multilatéral
24/09/1998	12/10/1998	GEORGES	Haïti	National
04/11/1998	27/11/1998	CORMORAN	Nicaragua	National
14/11/1998	20/03/1999	KVM	Kosovo	ONU/ OSCE
04/12/1998	06/2014	TRIDENT	Kosovo	ONU/Cdt OTAN

08/12/1998	12/02/1999	PÉCARI	Liban	National
15/12/1998	28/02/1999	CIGOGNE 3	Centrafrique	ONU/ National
22/01/1999	25/01/1999	DANI	Vanuatu	National
24/01/1999	28/02/2001	KHOR ANGAR	Djibouti	National
28/01/1999	17/06/1999	RECAMP BIS-SAU	Guinée-Bissau	ONU/ Cdt CEDEAO
28/01/1999	23/06/2000	OKOUMÉ	Congo	National
24/02/1999	28/02/1999	TYROL	Autriche	National
26/03/1999	15/08/1999	TRIDENT HUMANITAIRE	Kosovo	ONU/Cdt OTAN
01/06/1999	2000	ARDOUKOBA	Djibouti	National
22/08/1999	20/09/1999	MAMET	Turquie	National
08/09/1999	30/12/2008	MINUK	Kosovo	Cdt ONU
16/09/1999	07/02/2000	SANTAL	Timor	ONU/Multilatéral
21/10/1999	01/09/2003	MINUSIL	Sierra Leone	Cdt ONU
30/11/1999	30/06/2010	MONUC	Congo Kinshasa	Cdt ONU
25/12/1999	30/12/1999	KHAYA	Côte-d'Ivoire	National
15/01/2000	30/04/2000	MYRRHE 2000	Océan Indien	National
15/01/2000	15/01/2001	ATNUTO	Timor	Cdt ONU
15/02/2000	26/03/2003	BONURCA	Centrafrique	Cdt ONU
19/02/2000	12/03/2000	LIMPOPO 1 ET 2	Mozambique	National
13/03/2000	22/03/2000	MANGORO	Madagascar	National
15/03/2000	06/02/2001	MICAH	Haïti	Cdt ONU
08/04/2000	20/04/2000	HUDAH	Madagascar	National

08/05/2000	13/06/2000	SLOUGHI	Sénégal	National
16/10/2000	09/11/2000	AOSTE	Italie	National
20/11/2000	20/12/2000	CIGALE	Liban	National
06/12/2000	31/07/2008	Ml NUÉE	Éthiopie	Cdt ONU
31/12/2000	31/12/2007	EUMM	Bosnie-Herzégovine	ONU/Cdt UE
20/05/2001	14/06/2001	SAMSONNETTE	Madagascar	National
20/08/2001	15/10/2001	CÉRÈS	ARYM	ONU/Cdt OTAN
28/09/2001	31/03/2003	MINERVE	ARYM	ONU/Cdt OTAN
10/10/2001	2014	HÉRACLÈS	Afghanistan	ONU/Cdt OTAN
02/01/2002	2014	PAMIR	Afghanistan	ONU/Cdt OTAN
24/01/2002	25/06/2005	AMARANTE	Méditerranée	National
04/02/2002	10/02/2002	LOMA	Sierra Leone	Cdt ONU
01/03/2002	18/03/2002	ANACONDA	Afghanistan	Multilatéral
16/04/2002	01/12/2014	ÉPIDOTE	Afghanistan	ONU/Cdt OTAN
07/06/2002	28/06/2002	MOBY DICK	Atlantique	National
22/09/2002	01/01/2015	LICORNE	Côte-d'Ivoire	National
01/10/2002	30/11/2002	COHERENT BEHAVIOUR	Méditerranée	Multilatéral
14/10/2002	15/10/2002	COROSSOL	Mer des Caraïbes	National
25/10/2002	29/10/2002	CARIB ROYALE	Mer des Caraïbes	Multilatéral
01/01/2003	30/06/2012	MPUE	Bosnie-Herzégovine	ONU/Cdt UE
01/01/2003	08/12/2005	RESOLUTE BEHAVIOUR	Méditerranée	Multilatéral

21/02/2003	09/04/2003	TARPAN	Arabie Saoudite	Cdt ONU
16/03/2003	en cours	BOALI	Centrafrique	National
31/03/2003	15/12/2003	ALTAÏR	ARYM	ONU/Cdt UE
03/06/2003	25/09/2003	MAMBA	Zaire, Congo Kinshasa, république démocratique du Congo	ONU/Cdt UE
06/06/2003	11/06/2003	PROVIDENCE	Liberia	National
01/10/2003	en cours	MINUL	Liberia	Cdt ONU
15/12/2003	14/12/2005	PROXIMA	ARYM	ONU/Cdt UE
05/01/2004	24/01/2004	TYRAN	Égypte	National
28/02/2004	30/06/2004	CARBET	Haïti	ONU/Multi latéral
08/03/2004	19/04/2004	CASTOR	Vanuatu	National
23/04/2004	en cours	CALAO	Côte-d'Ivoire	Cdt ONU
01/06/2004	en cours	MINUSTAH	Haïti	Cdt ONU
02/07/2004	06/07/2004	ROBERT	Golfe de Guinée	National
31/07/2004	28/01/2008	DORCA	Tchad	National
01/08/2004	30/08/2004	MCOPEST	Estonie	Multilatéral
01/10/2004	30/01/2011	EIS	Philippines	Cdt ONU
20/10/2004	21/10/2004	CARIB SHIELD	Mer des Caraïbes	Multilatéral
02/12/2004	2012	ASTRÉE	Bosnie-Herzégovine	ONU/ Cdt UE
04/01/2005	07/03/2005	BÉRYX	Indonésie	Multilatéral
08/06/2005	en cours	EUSEC	Congo	UE
08/10/2005	31/03/2006	BAHRAL	Pakistan	National

24/11/2005	en cours	EUBAM RAFAH	Israël	Cdt ONU
12/06/2006	30/12/2006	BENGA	Zaire, Congo Kinshasa, république démocratique du Congo	National
16/07/2006	21/02/2008	BALISTE	Liban	National
11/08/2006	en cours	DAMAN	Liban	Cdt ONU
06/03/2007	06/03/2007	BIRAO	Centrafrique	National
01/04/2007	31/07/2007	BALTO	Pays baltes	OTAN
31/07/2007	en cours	MINUAD	Soudan	ONU/Cdt UA
16/11/2007	02/02/2008	ALCYON	Somalie	National
28/01/2008	31/05/2009	EUFOR TCHAD	Tchad	ONU/Cdt UE
16/02/2008	en cours	EU LEX KOSOVO	Kosovo	Cdt ONU
04/04/2008	11/04/2008	THALATINE	Somalie	National
05/05/2008	27/06/2008	AIRISLANDE 08	Islande	OTAN
07/05/2008	29/05/2008	ORCAELLA	Birmanie	National
15/09/2008	en cours	MSUE	Géorgie	UE
08/12/2008	en cours	ATALANTE	Somalie	ONU/Cdt UE
15/03/2009	31/12/2010	MINURCAT	Tchad	Cdt ONU
04/01/2010	30/04/2010	AIRBALTIC	Pays baltes	OTAN
13/01/2010	30/09/2010	SÉISME HAÏTI 2010	Haïti	National
25/01/2010	en cours	EUTM SOMALIE	Ouganda	ONU/Cdt UE
01/07/2010	en cours	MONUSCO	Congo Kinshasa	Cdt ONU

22/07/2010	30/10/2010	SABRE	Mali	National
15/11/2010	21/02/2011	AGAPANTHE	Océan Indien	National
19/03/2011	31/10/2011	HARMATTAN	Libye	ONU/ Cdt OTAN
28/04/2011	02/09/2011	BALTIC 2011	Pays baltes	OTAN
Août 2012	Août 2012	SABRE	Sahel	National
11/01/2013	01/08/2014	SERVAL	Mali	National en liaison avec MISMA et MINUSMA
05/12/2013	en cours	SANGARIS	Centrafrique	ONU
01/08/2014	en cours	BARKHANE	Sahel : Mauritanie, Mali, Burkina Faso, Niger et Tchad	Multilatéral
01/01/2015	en cours	FFCI	Côte-d'Ivoire	Accord binational

Remerciements

Nos premiers remerciements, les plus chaleureux, vont à ceux qui ont accepté de témoigner :

Damien Appriou, David Arneton, Michel Auvert, Julie Bompard, Vincent Bureu, Stéphane Chenel, Jean-René Drouillard, Frantz Fordant, Sylvain Fresnay, Alice Gaudin, Jean-Luc Goutorbe, Arnoud Goery, Farid Guerdad, Etienne Huet, Henri Delattre, Vianney Le Ménager, Benoît Luisetti, Laurent Luisetti, Cristian Mitu, Michel Oliva, Xavier Renou, Patrice Rocolle, Sorin Rusu, Jean-Louis Salomé, José Souvigné, Daniel Tamagni, Marc Tarazewski, Dahhaoui Tsriat, Xavier Vanden Neste, Benjamin Vinot-Préfontaine, sans oublier Antoine, Bernard, Camille, Colin, César et Sébastien qui se reconnaîtront.

Merci de leur spontanéité, de leur disponibilité et surtout de leur confiance.

Merci également à ceux qui nous ont soutenus et encouragés dans notre démarche, en premier lieu les généraux Hervé Charpentier et Benoît Royal, et à ceux qui l'ont favorisée d'une façon ou d'une autre, en particulier le général de Saint-Quentin, les colonels de Pompignan, Thouvenin, Maloux et Bert, le personnel du CIRFA de Versailles, de l'hôpital militaire de Percy, de la CISPAT, de la CABAT.

Merci également, pour leur aide précieuse et leur contributions diverses, à Léonor, Léa Drouet, Angélique Mangenot, Pierre Friedling, John Larsen (US marine corps),

Didier Bize, Armelle Rageot, Gaétan de La Vergne, François-Xavier Blin, Alain Bompard, Nicolas Blassel, Elisabeth Lastennet, le général Arnaud Iralour, Stéphanie Sendra, le colonel Bernard Maitrier, Alexis Bévillard, Gilles Anrès, Jean Thiébault, Éric de Lapresle et l'ami Paul. Merci aussi à Arnaud Marande et à son équipe, ainsi qu'à tous les habitants de la Citadelle d'Armangor.

Merci enfin à tous ceux qu'il n'est pas possible de citer, qui nous ont ouvert des pistes et dirigés vers ces rencontres inoubliables.

Achevé d'imprimer en juin 2015 sur rotative numérique Prosper
par Soregraph à Nanterre (Hauts-de-Seine).

Dépôt légal : février 2015
ISBN : 979-10-210-0484-9
Numéro d'édition : 3759
N° d'impression : 14586

Imprimé en France

L'imprimerie Soregraph est titulaire de la marque
Imprim'vert® depuis 2004.